한국 상고문화와
중국 동북지방

한국 상고문화와
중국 동북지방

박대재 · 최광식 · 임상택 · 안신원
정인성 · 조법종 · 이종수 · 조윤재

KOREA
UNIVERSITY
PRESS
고려대학교
출판문화원

이 저서는 2010년도 대한민국 교육부와 한국학중앙연구원(한국학진흥사업단)을 통해 한국학 특정분야 기획연구(역사기초자료번역) 사업의 지원을 받아 수행된 연구임.(AKS-2010-AGC-2102)

책머리에

이 책은 한국학중앙연구원의 지원을 받아 연구한 성과이다. '한국 상고문화의 기원과 중국 동북지방'을 주제로, 중국의 요령성, 길림성, 흑룡강성 및 그 주변 지역인 내몽고자치구, 하북성 등에 분포하는 관련 유적·유물을 조사하였다. 한국사의 초기국가인 고조선과 부여가 요령의 요하 유역과 길림의 송화강 유역에서 각각 일어났으며, 그를 계승한 고구려 역시 그 사이의 혼강 유역에서 국가를 형성하였다. 중국 동북지방이 한국 문화의 기원과 깊이 관련된 지역임은 역사적으로 보아 분명한 것이다.

중국 동북지방은 현재의 요령성, 길림성, 흑룡강성 등 이른바 동북 3성 지역을 가리킨다. 청나라 이후 근대에는 이 지역을 '滿洲'라고 불렀으며, 그 이전에는 '遼東'이라고 많이 불렀다. 좁은 의미의 요동은 遼河 동쪽, 엄밀히 말하면 요하의 분수령인 醫巫閭山 동쪽 지역을 가리키지만, 넓은 의미의 요동은 山海關 밖 동쪽의 오지를 포괄하는 것이었다.

요동이 우리 역사의 기원과 관련이 있음은, 이미 고려시대 李承休가『帝王韻紀』에서 지적한 바 있다. 요동은 중국과 구분되는 하나의 별천지였으며, 그 가운데서 조선이 일어났다고 하였던 것이다. 이러한 인식은 조선시대의 李瀷이나 李鍾徽 등의 실학자나 양명학자들에게 계승되었다.

근대에 이르러 만주 지역에 대한 고고학적 조사가 이루어지기 시작하였는데, 그 단초는 일본의 인류학자 도리이 류조우(鳥居龍藏, 1870~1953)에 의해 열렸다. 도리이는 청일전쟁 직후인 1895년 7월~1896년 1월에 요동 지역을 처음 답사하였는데, 이때 海城 析木城의 지석묘 등이 조사되었다. 그로부터 120년이 지나는 동안 무수히 많은 유적이 새로 조사되었지만, 그 가운데 1964년 조·중 공동 고고학발굴대에 의해 조사된 旅順의 岡上·樓上 유적은 특별한 의미를 지닌다. 두 유적은 청동기시대의 적석총으로, 북한과 중국의 고고학자들이 처음으로 공동 발굴 조사한 성과였다. 안타깝게도 조·중 공동 조사는 그 후 이어지지 못했다.

1992년 한국과 중국이 국교를 수교하면서 교류가 활발해졌지만, 아직까지 이 지역에 대한 한·중 공동 조사는 이루어지지 않고 있다. 오히려 10여 년 전 진행되었던 중국의 동북공정으로 인해, 국내 연구자들이 이 지역 유적에 접근하기 더욱 어려워지게 되었다. 최근 국내에서 상고사를 둘러싼 논쟁이 새삼 비등해지고 있는 것도 동북공정의 여파라고 할 수 있다.

중국 동북지방에 분포하는 유적·유물이 북한지방과 시·공간적으로 연결됨은 물론이다. 지석묘, 비파형동검, 미송리형토기 등의 청동기문화가 두 지역에 걸쳐 공통적으로 나타난다는 것은 널리 알려진 사실이다. 이러한 양상은 정착생활이 시작된 신석기문화 단계에서부터 이미 확인되고 있다.

이 책에서는 신석기문화로부터 고구려에 이르기까지, 중국 동북지방과 한국 문화 사이의 유기적인 상호관계에 대해 시기별로 정리하였다. 그러면서도 개설적인 설명보다는 그동안 크게 주목하지 않았던 분야를 중심으로 새로운 자료와 성과를 소개하려고 노력하였다.

남과 북이 분단된 현실에서 중국 동북지방과 북한 지역의 문화상에 대한 연구는 자연스레 한계가 불가피하다. 하루 빨리 한국과 중국의 공동 조사,

나아가 남·북한의 공동 조사가 함께 이루어져서, 상고문화의 전체상을 세울 수 있는 학술적 토대가 마련되기를 기대해 본다.

그동안 조사와 집필을 위해 노력해 주신 공동 연구자 선생님들께 깊이 감사드리며, 함께 수고해 준 연구보조원(고려대 박수정 · 이장웅, 한양대 배현준, 영남대 문재은 · 심수연, 부산대 송현경)들에게도 고마움을 표하고 싶다. 끝으로 이 책을 출간해 주신 고려대학교출판문화원의 유석훈 원장님과 편집에 수고해 주신 편집실 선생님들께 감사드리고 싶다.

2015년 11월

연구책임자 박대재

제3부 부여-고구려의 문화와 중국 동북지방

제1부

한국의 선사문화와 중국 동북지방

한국 岩刻畵의 기원과 중국의 동북·산동 지역

최광식

I. 머리말

한반도의 암각화 유적은 1971년 경상남도 울산 천전리 암각화가 처음 발견된 이래 지금까지 28곳 정도에서 확인되었다.[1] 특히 울주 천전리·대곡리, 고령 양전동·안화리·지산동·봉평리, 경주 석장동·상신리, 안동 수곡리, 영주 가흥동, 영천 보성리, 포항 칠포리·인비리, 대구 진천동·천내리, 부산 복천동, 남해 양아리, 함안 도항리, 의령 마쌍리, 밀양 활성동·안인리 등 대부분의 암각화가 경상도 지역에 집중하여 분포하는 특징을 보이고 있다. 그리고 전라북도 남원 대곡리, 전라남도 여수 오림동, 나주 운곡동 등에서도 암각화가 발견되어 경상도 지역의 암각화와 연결시켜 볼 수 있게 되었다.[2]

한반도 암각화의 종류는 具象 암각화와 幾何文 암각화로 나누어 볼 수 있는데, 동물을 새긴 具象 암각화는 반구대 암각화가 연구의 중심이 되었

---

1 이하우, 2011, 『한국 암각화의 祭儀性』, 학연문화사, 18쪽에 28개의 암각화 유적이 표로 정리되어 있다. 전호태, 2013, 『울산 반구대암각화 연구』, 한림출판사도 참고된다.

2 울산암각화박물관, 2011, 『한국의 암각화(부산, 경남, 전라, 제주編)』, 울산암각화박물관; 울산암각화박물관, 2012, 『한국의 암각화 2(대구 · 경북編)』, 울산암각화박물관.

고, 幾何文 암각화는 한반도에서 가장 넓은 지역에 분포하고 있는 양전동식의 소위 검파형 神像 암각화가 소위 한국형 암각화로 불리기도 하면서 한국 암각화 연구의 중심이 되었다. 이 암각화에 대한 명칭은 학자들마다 다양하게 부르고 있지만, 모양으로 보아 검파형 암각화이며 神像을 상징하는 암각화라는 점에는 대부분 동의하고 있음을 알 수 있다.[3] 이외에도 최근에는 윷판형이나 고누형 암각화들도 많이 발견되고 있다.[4]

그동안의 암각화 연구는 표현물의 형태 분석을 통해 조형이나 상징성을 분석한 연구가 주로 진행되었고,[5] 암각화 표현물에 반영된 제의적 요소의 흐름이나 문화적 변천을 살피려는 연구가 간헐적으로 진행되었다.[6]

한국 암각화의 기원에 대한 연구는 경상도 지역 이외에 중부지방과 북부지방에서 암각화가 발견되지 않아 그 계통을 연결시킬 고리가 부족하였다. 이런 상황 속에서 연구의 초창기에는 그 원류를 시베리아나 연해주 일대에서 동해안을 따라 경상도로 전파 유입된 것으로 보거나,[7] 한반도 청동기 문화가 미누신스크→오르도스→요령에서 온 것으로 보아 천전리나 대곡리 암각화도 시베리아 타가르 문화의 암각화와 연결된 복합 북방계 문화

---

3 최광식, 2009, 「韓國 青銅器時代 岩刻畵의 起源에 대한 試論—內蒙古 赤峰일대 岩刻畵와의 관계를 중심으로」, 『韓國史學報』 37.

4 이하우, 2004, 「한국 윷판형 바위그림 연구—방위각을 중심으로」, 『한국암각화연구』 5; 이하우, 2013, 「주초석에 새긴 윷판형암각화의 성격」, 『2013 전통윷문화계승 학술대회 발표문(2013.6.17)』, 한국민족종교협의회 · 한국윷문화연구소; 장장식, 2012, 「참고누 도판의 현존 상황과 의미」, 『한국암각화연구』 16.

5 任世權, 1994, 『韓國 先史時代 岩刻畵의 性格』, 檀國大學校 박사논문; 정동찬, 1996, 『(살아있는 신화)바위그림』, 혜안; 김호석, 2008, 『한국의 바위 그림』, 문학동네.

6 최광식, 1995, 「대가야의 신앙과 제의」, 『대가야사연구』, 경상북도; 이상길, 2000, 『青銅器時代 儀禮에 관한 考古學的 硏究』, 대구효성가톨릭대 박사논문; 張明洙, 2001, 『韓國岩刻畵의 文化相에 대한 硏究—신앙의 전개양상을 중심으로』, 仁荷大學校 박사논문; 이하우, 2011, 『한국 암각화의 祭儀性』, 학연문화사.

7 黃壽永 · 文明大, 1984, 『盤龜臺岩壁彫刻』, 東國大學校 出版部; 황용훈, 1987, 『동북아시아의 岩刻畵』, 민음사.

로 추정한 견해가 있었다.[8] 1980년대에 들어와 중국에서 암각화 조사 연구가 활발하게 진행되면서, 시베리아 연해주 지역과 단선적으로 연결시켰던 한국 암각화의 뿌리를 몽골과 내몽고의 초원지대에서 찾으려는 노력이 시도되었다.[9] 곧, 안동 수곡리와 경주 금장대 암각화의 말굽형과 인면상이 중국 북부 지역 내몽고 음산산맥 일대와 우란차부 초원지대의 암각화들과 밀접한 연관성을 보여 주고 있으며, 양전동식 인면(방패형 또는 검파형) 암각화도 태양신 숭배 사상이 시베리아에서 내몽고를 통해 한반도로 내려온 것이라고 본 것이다.[10] 하지만 여근을 말굽형으로 추상화시킨 그림은 아메리카 대륙에서도 흔히 보이는 요소라는 점에서 문화고리의 연결에 대한 한계점이 지적되었다.[11] 내몽고 夏蘭山 암각화의 假面 속에서 종교지도자인 巫를 상징화한 패형 가면의 모습을 추적한 견해도 있다.[12]

우리나라 암각화는 외견상 동북아시아 대륙에 퍼져 있는 암각화에 연원을 가지고 있지만, 한반도 북부 동·서 어디에도 연결고리가 없고, 특히 북방문화의 주요 유입 경로인 요동지방에서 이를 찾을 수 없다는 점에서, 아직도 연해주 이북의 북태평양 어디에선가 포경기술을 가진 소수 집단이 해양 경로를 통해 들어왔을 것으로 추정하는 견해도 있다.[13] 이는 반구대 암각화와 같은 具象 암각화의 기원에 한정되어서는 이야기될 수 있겠으나, 이외 다양한 암각화의 연원에 대해서는 설명될 수 없다고 생각한다.

최근 필자는 함경북도 무산군 지초리의 동심원·나선형·마름모형 암각화를 국내에 소개하면서 한국 암각화의 기원에 대한 문제를 새롭게 모색할

8 金元龍, 1978, 『韓國美의 探究』, 열화당, 103쪽.

9 任世權, 1994, 「先史時代 韓國과 中國의 岩刻畵 比較 硏究」, 『美術史學硏究』 204.

10 임세권, 1996, 「한국 암각화의 원류」, 『한국의 암각화』, 한길사.

11 張明洙, 2000, 「韓國先史時代 岩刻畵 信仰의 展開樣相」 『한국암각화연구』 2, 40쪽.

12 金貞培, 1997, 「東北亞속의 韓國의 岩刻畵」, 『韓國史硏究』 99·100 합집.

13 張明洙, 2000, 「韓國先史時代 岩刻畵 信仰의 展開樣相」, 『한국암각화연구』 2, 19-20쪽.

필요가 있음을 제시하였고,[14] 이후 중국 내몽골 적봉 일대의 암각화에서 한국식 암각화의 원형을 찾는 작업을 진행하였다.[15] 이는 좀 더 한반도에 가까운 지역에서 한국 암각화의 기원을 찾아보려는 노력의 일환이었다.

한국식 암각화의 기원이 내몽고 적봉 지역과 관련된다는 필자의 견해에 대하여, 이들을 동일선상에서 비교하기 힘들며 한국식 암각화의 원형을 더 이상 외부에서 찾는 것은 아무런 의미가 없다는 회의적인 견해도 제기되었다.[16] 이 견해에서는 한반도 내부에서 암각화의 기원을 찾으려는 작업을 진행하여, 경주 중심의 영남 지역에서만 출토되고 있는 손잡이에 원형의 작은 홈이 새겨진 의식용 석검이 역시 영남 지역에서 발견되는 검파형 암각화의 기원과 연결될 수 있다고 보았다. 곧, 사물을 추상적으로 표현하는 성향을 가지고 홈을 새기는 석검문화를 가진 사람들에게, 고인돌 문화의 파급을 타고 암각화라는 또 다른 문화적 자극이 주어지면서 검파형 암각화가 발전하였으며, 이는 역사시대까지 그대로 이어지는 경상도 지역의 특색이라고 하였다.[17]

이에 이 글에서는 적봉과 한반도 사이의 연결고리를 찾기 위해 그간 필자가 새로 조사한 중국 동북 지역과 산동반도 지역의 암각화에 대한 소개 및 비교 분석을 진행하면서, 이전 논문에서 소개한 적봉 일대의 암각화들과 한국 암각화의 비교도 좀 더 세밀하게 진행해 보고자 한다. 그동안의 암각화 연구에서 주변에 대한 고고학적 조사가 제대로 이루어지지 못했다는 지적을[18] 수용하여, 형태 분석과 함께 중국 동북 지역 청동기시대 문화상에

---

14 최광식, 2007, 「북한의 무산군 지초리 암각화」, 『先史와 古代』 26.

15 최광식, 2008.8.29, 「내몽고 적봉일대의 암각화와 한국의 암각화 학술발표회」, 국립중앙박물관; 최광식, 2009, 「韓國 靑銅器時代 岩刻畵의 起源에 대한 試論—內蒙古 赤峰일대 岩刻畵와의 관계를 중심으로」, 『韓國史學報』 37.

16 이하우, 2011, 『한국 암각화의 祭儀性』, 학연문화사, 278−280, 356쪽.

17 이하우, 2011, 『한국 암각화의 祭儀性』, 학연문화사, 288−291쪽.

대한 고고학적 연구성과를 함께 면밀히 참고하여 중국 동북 및 산동 지역에서 한국 암각화의 기원을 찾는 여정을 계속하고자 한다.

II. 중국 요령성 지역의 암각화 탐색

1. 朝陽 南雙廟鄉 石匠山 摩崖石刻

내몽고 적봉 일대의 암각화가 한국의 암각화와 연결될 것이라는 필자의 가설이 보다 설득력을 얻기 위해서는, 한반도에 보다 가까운 요령성 지역에서도 이러한 한반도 암각화와 비슷한 문화 내용을 가진 암각화가 발견되어야 할 것이다. 그래서 전 논문 발표 이후 필자는 요령성 지역의 암각화에 대해 수소문하였다. 마침 중국 암각화 지도에 '遼寧省 朝陽 雙廟鄉'이 표시된 자료를 발견하였으나,[19] 더 이상 이 암각화에 대한 자료를 찾을 수 없었다. 그러다가 이 지역과 관련된 자료를 다방면으로 검색하여 찾아본 결과, 遼寧省 朝陽縣 南雙廟鄉 경내 蒙古營子村 동쪽의 石匠山 위에 선사시대 암각화가 아닌 辽·金·元 시기의 摩崖石刻 유적이 있다는 자료만을 찾아볼 수 있어[20] 실망감이 컸다. 하지만 그래도 이곳에서 암각화의 흔적을 찾을 수 있지 않을까 하여 2011년 4월에 조사를 실시하였다.

南雙廟鄉 石匠山은 지표에서 상대적인 고도가 약 80m이며, 서쪽으로 멀지 않은 곳에 朝陽에서 建昌으로 가는 도로가 있고, 3면이 산으로 둘러싸여 있으며, 남쪽은 트여 있다. 중국에서는 이곳을 1986년 봄에 조사했는데, 옅은 푸른색의 砂岩으로 이루어진 石匠山 가까운 곳에서 采石이 이루

18 박정근, 2003, 「岩刻畵 硏究를 爲한 考古學的 接近方法」, 『한국암각화연구』 4.

19 蓋山林, 1997, 『中國岩畵』, 上海三聯書店.

20 遼寧省文物考古研究所 · 朝陽市博物館 · 朝陽縣文物管理所, 2004, 「遼寧朝陽縣石匠山遼 · 金 · 元時期的摩崖石刻」, 『考古』 2004-11.

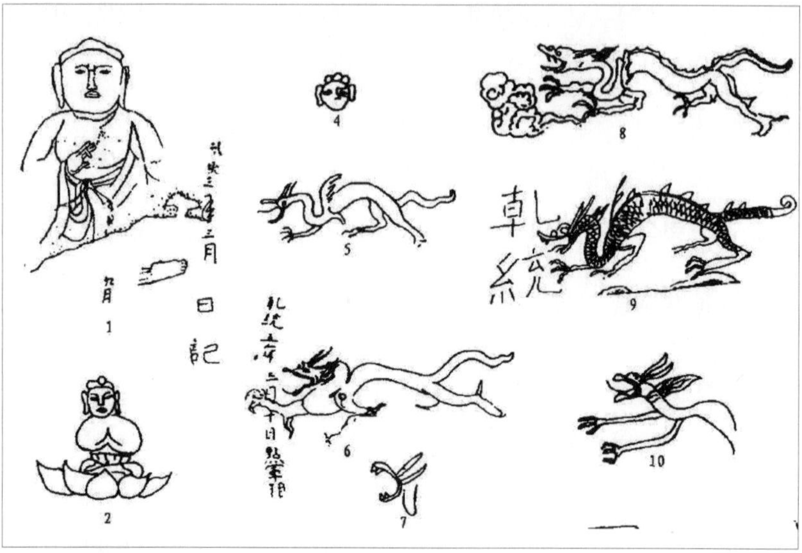

그림1 朝陽 南雙廟鄉 摩崖石刻 보고서 도면(2004)

그림2 朝陽 南雙廟鄉 "供俸 山神老爷" 神位(2011)

어져 파괴되고 있다고 보고하였다. 노출된 石刻의 내용은 서쪽에서 동쪽을 향하여 龍, 불상, 사람, 호랑이가 짐승을 쫓는 모습, 날아다니는 새, 달리는 사슴 등 50여 곳에 걸쳐 도상이 있으며(그림1), 부근에는 詩刻과 年款 20곳 200字의 글자가 있었다고 한다. 그러나 2011년 4월에 이 지역을 조사해 보니, 이 지역은 거대한 채석장으로 변해 있었고, 이미 보고된 마애석각마저 채석으로 모두 파괴되었는지 전혀 흔적을 찾아볼 수 없었다. 다만, 채석재들 사이에 "供俸 山神老爷"라 쓰여진 神位가 모셔져 있어, 지금도 산신을 모신 신령스런 곳이라는 흔적만은 겨우 살필 수 있었다(그림2).

2. 海城 析木城 지석묘와 거북바위(石龜) 암각화

한편, 遼寧省 海城 析木城 지석묘(그림3) 근처에 암각화가 있다는 소식을 듣고 2011년 여름에 조사하였다. 요동반도의 대표적인 대형 지석묘인 海城 析木城 지석묘는 30m의 山頂에 南向하여 홀로 위치하고 있으며, 상석의 크기는 길이가 6m, 넓이 5.6m, 두께 0.47m로 지석과 상석 모두 비교적 정교하게 다듬어 이음이 정확하게 맞추어져 있다.[21] 산 위에 우뚝 솟아 있는 이 지석묘는 산 아래로 넓은 평야가 보이고 그 사이로 강이 흐르고 있어 매우 의도적으로 위치를 선정했음을 알 수 있다. 海城 析木城 지석묘의 내부에서 발견된 유물은 알려져 있지 않으나, 지석묘의 반이 잘린 남벽 앞 0.5m 지점에 지표에 반쯤 노출된 2.7m 되는 긴 돌 주위에서, 해방 초기에 石斧, 粗砂 紅陶片 등의 유물이 나왔다고 한다.[22] 析木城 지석묘의 덮개돌 옆면에는 움푹한 홈이 파여져 있는데, 이것을 고인돌 축조와 관련시키는

---

21 許玉林 · 許明綱, 1981, 「遼東半島石棚綜述」, 『遼寧大學學報』 1981-1, 10-13쪽; 許玉林, 최무장 역, 2010, 『요동반도 고인돌』, 백산자료원.

22 宋延英, 1987, 「遼東半島的石棚文化—析木城石棚」, 『社會科學輯刊』 5, 72-73쪽. 金貞培, 1996, 「韓國과 遼東半島의 支石墓」, 『先史와 古代』 7.

그림3 海城 析木城 지석묘와 성혈

견해가 있다.[23] 주변 마을에서는 이들 고인돌의 축조를 天神과 연관시키는 전설이 전해지고 있고, 오늘날까지 숭배를 받고 있다고 한다.[24]

海城 析木城 지석묘에서 1km 정도 떨어진 곳에는 거북바위(石龜)가 있다(그림4·5). 海城地區 析木城鎭 姑嫂石 동쪽 약 800m 언덕 위 해발 170m 지점에 있는 2.9×1.4×1.4m의 거북바위(石龜)에는 성혈이 일정한 배열을 이루며 새겨져 있다. 거북바위의 오른쪽 면에는 중심에 큰 성혈이 있고 주위에 원을 그리듯 성혈이 6개 새겨져 있다. 마치 연화문 모양의 암각화라고 할 수 있는데, 이는 경주 석장동 금장대의 圓形多孔文 암각화(그림7)와[25] 아주 비슷하다. 거북바위의 왼쪽 면에는 큰 원을 그리고 그 안에 많은 성혈들이 새겨져 있는데 마치 은하수에 별들을 새긴 것 같은 모습으로, 이는 포항 칠포리 암각화의 성혈(그림8)과 비슷한 모습이라고 할 수 있다.[26]

---

23 宮本一夫, 1997,「中國東北地方の支石墓」,『東アシアにおける支石墓の總合的硏究』, 15-16쪽.

24 하문식, 1998,「中國 東北地域 고인돌의 分布와 構造」,『古文化』51, 61쪽.

25 금장대 암각화의 이 문양에 대해서는 꽃모양, 짐승의 발자국, 節氣와 관련된 문양, 청동방울형 등의 견해가 있으나, 그 형태가 가운데에 큰 구멍을 새기고 주변으로 돌아가면서 작은 구멍을 새긴 모양에 근거하여 일단 圓形多孔文으로 부르는 견해(오춘영, 2000,「경주 금장대 바위그림의 분석」,『한국암각화연구』2, 85-89쪽)를 따르고자 한다.

그림4 海城 析木鎭 郊外 山頂上의 거북바위

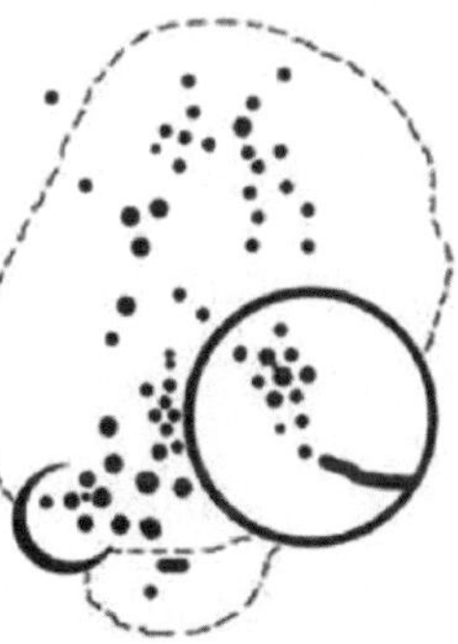

그림5 거북바위 도면

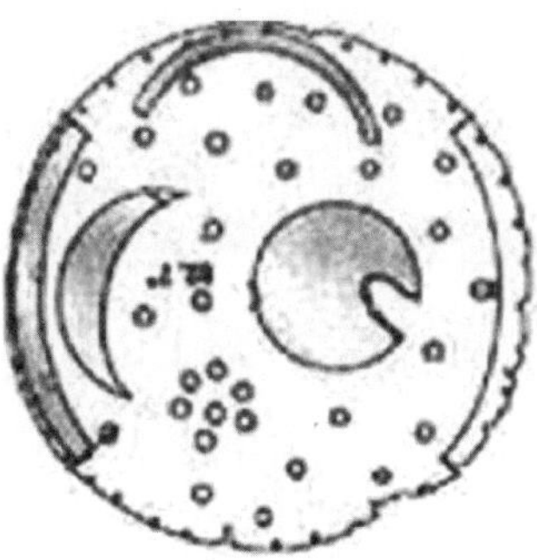

그림6 독일 Nebra sky disk 도면

그림7 경주 석장동 금장대 圓形多孔文 암각화

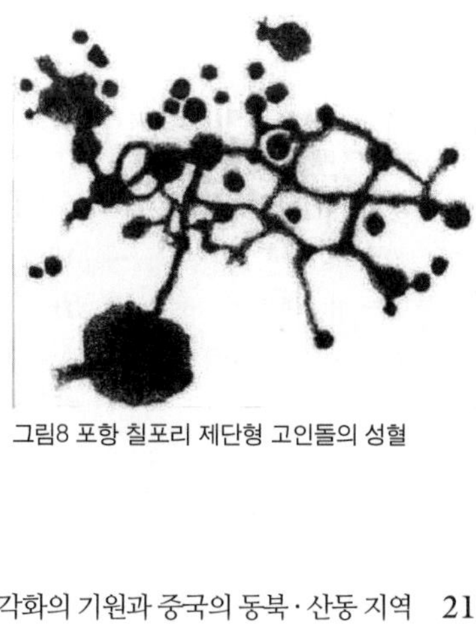

그림8 포항 칠포리 제단형 고인돌의 성혈

이에 대하여 중국에서는 독일의 네브라 스카이 디스크(Nebra sky disk)(그림6)와 비교하여 약 10만 년 전의 星像圖로 보도하고 있다.[27] 네브라 스카이 디스크는 1999년 독일 중앙부의 지방 도시에서 발견되어 독일 할레 주립선사박물관에 보관된 직경 32cm의 청동 유물로, 금으로 장식된 태양과 달·별이 표현되어 있으며, 독일 연구팀에 의해 약 3,600년 전에 만들어진 인류 최초의 天文盤으로 공인받은 것이라고 한다.[28]

최근 대구시 달성군 화원읍 천내리 516-1의 화장사 경내 고인돌에서 작은 동심원들이 새겨진 암각화(그림9)가 발견되었는데, 그 도면을 보면 별자리와 비슷한 모양을 하고 있다. 대구 천내리의 암각화가 발견된 고인돌 주변에도 여러 고인돌이 있는데, 마을 주민들은 이를 칠성바위라 부르고 있다고 한다.[29] 포항 칠포리 상두들 고인돌 암각화(그림10·11)에도 별자리형 바위구멍들 중에 북두칠성으로 추정되는 것이 있다.[30] 북한에서는 함경남도 함주군 지석리 고인돌 암각화(그림12) 등을 일찍이 별자리를 그린 것으로 보고 있으며, 충북 청원군 문의면 가호리 아득이 고인돌 근처에서 별자리 모양 돌판(그림13)이 출토되어 천문학자의 검증을 받은 바 있다.[31]

이로 보면, 海城 析木城 지석묘와 거북바위 암각화는 한반도와 연결되는 농경 전통의 천문 암각화와 관계가 있을 것으로 보인다.

26 최광식, 2011,「요령성 지역의 암각화를 찾아서」,『문화재사랑』82호, 문화재청.

27「海城"石龜天書"隱含惊人天机」,『風物遼寧』2011.10.27 星期四.

28「청동제 천체원반 미스터리」,『NATIONAL GEOGRAPHIC』2004년 1월호.

29 이하우, 2011,『한국 암각화의 祭儀性』, 학연문화사, 124쪽.

30 김일권, 2006,「영일 칠포지역의 별자리 암각화 연구」,『한국암각화연구』8.

31 박창범·이용복·이융조, 2001,「청원 아득이 고인돌 유적에서 발굴된 별자리판 연구」,『한국과학사학회지』23-1, 9쪽.

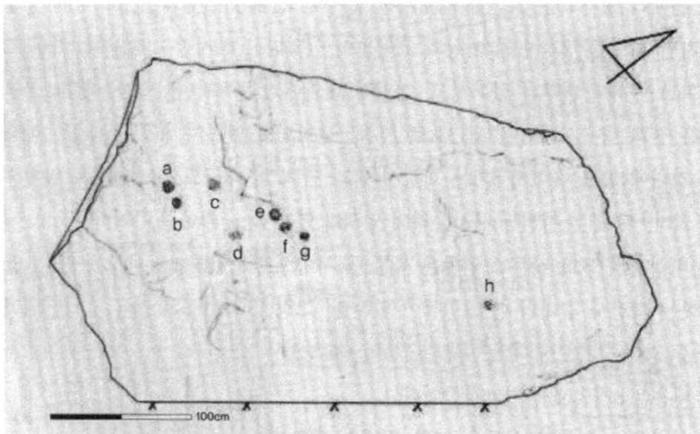

그림9 대구 천내리 고인돌 암각화

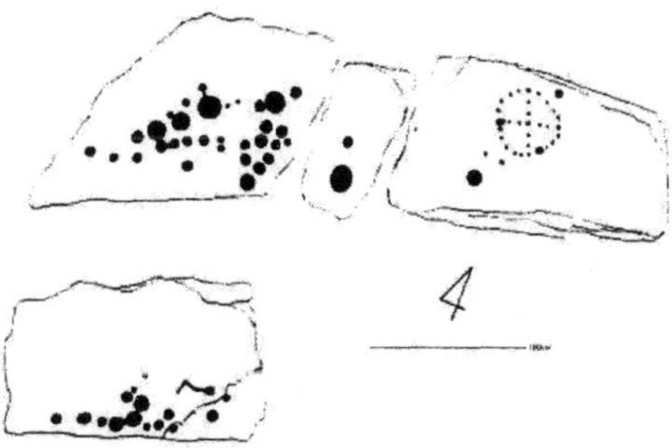

그림10 포항 칠포리 상두들 고인돌 암각화

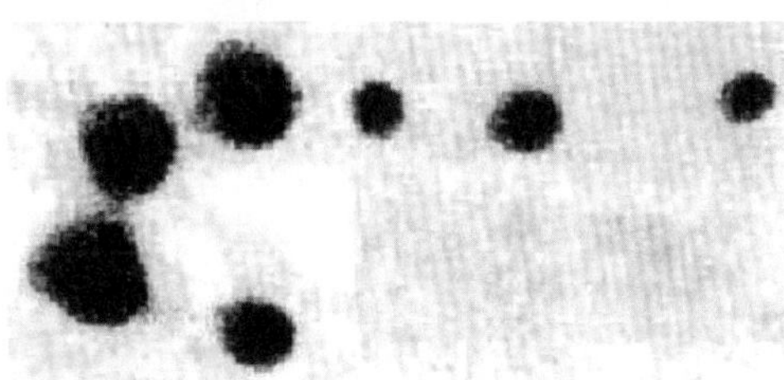

그림11 칠포리 상두들 고인돌의 北斗七星

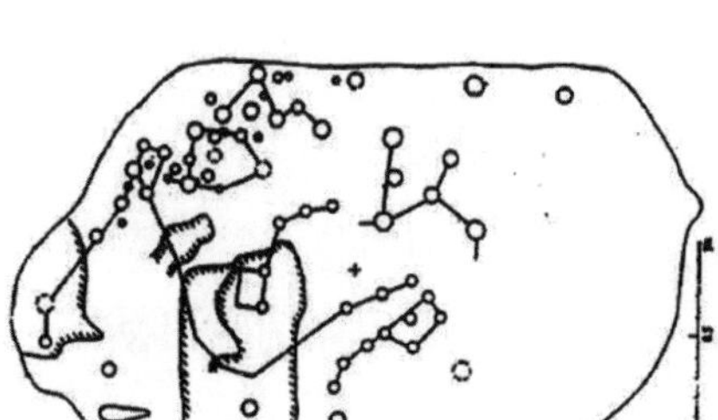

그림12 함경남도 함주군 지석리 고인돌 별자리 암각화

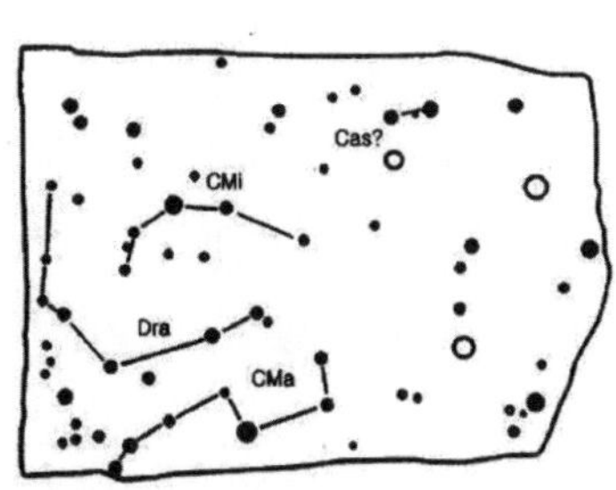

그림13 청원 아득이 별자리 모양 돌판(박창범 외, 2001)

3. 葫蘆島市 香爐山 암각화

遼寧省 葫蘆島市에서도 청동기시대 암각화가 발견되었다는 소식을 접하여, 2011년 여름에 海城 析木城과 함께 조사하였다. 葫蘆島市 南票區 香爐山 암각화(그림14)는 南票區 缸窯岭鎭 五家子村 大東溝의 해발 400여 미터 정도 되는 香爐山 정상부 서남면의 斷崖 石壁 위에 있다. 암각화의 연대는 근처 香爐山 遺址의 연대와 암각화의 風格에서 3,000년 전의 청동기시대로 추정하고 있다.[32]

2011년 여름에 향로같이 생긴 봉우리를 쳐다보면서 길도 없이 한 시간 이상 절벽 길을 오르니 촛대 모양의 바위가 즐비하고 병풍같이 생긴 바위가 봉우리를 이루고 있었는데, 병풍 모양의 봉우리에서 제단 모양의 바위를 조사하다가 동물 모양을 새긴 암각화를 발견하였다. 길이는 약 30cm 정도인데 새긴 모양이 반구대암각화의 동물 모양과 아주 비슷하였다. 오른쪽 바위들을 계속 뒤졌으나 보이지 않아 왼쪽을 조사하다가 새가 날아가는 모양의 암각화를 발견하였다. 그 옆에는 염소와 산양 등을 비롯한 동물과 짐승우리같이 생긴 네모난 도상과 반구대암각화의 그물같이 생긴 도상이 새겨져 있었다. 10여 마리의 동물들이 5~6cm의 크기로 선각되어 있는데 내몽골의 암각화에서 보이는 동물들의 모습이다. 주로 염소와 산양들이 새겨져 있는데 동물들이 짝짓기 하는 모습도 새겨져 있었다. 중간 부분 오른쪽에는 사각형 안에 여러 가지 도형이 새겨져 있는데, 짐승우리 안에 동물들이 있는 것 같은 모습이다. 그 밑에는 타원형이 새겨져 있으며 그 주위를 돌아가며 선들이 새겨져 있는데, 이는 마치 반구대암각화에서 보이는 그물 모양의 짐승우리 같은 모습이다. 그리고 왼쪽 아래 옆의 바위에는 짐승의

32 「遼寧境內首次發現青銅器時代早期岩畵」,『遼寧日報』2008年11月07日; 劉興華, 2011,「葫芦島市香爐山岩畵“隱藏”3000年后展風姿」,『葫芦島日報』2011年04月26日.

1 짐승머리를 보고 제사를 지내는 모습
2 10여 마리의 동물 모양이 새겨져 있다
3 동물 모양이 새겨져 있는 암각화

그림14 葫蘆島市 香爐山 암각화

머리 부분과 사람이 제사를 지내는 모양의 암각화가 새겨져 있었다.[33]

병풍같이 생긴 바위들 위로 올라가니 큰 성혈이 새겨져 있었고, 정상으로 올라가는 길목에 제단 같은 돌들이 정렬되어 있으며, 정상에는 돌무더기와 오색기가 바람에 휘날리고 있어 지금도 제사의례가 진행되고 있는 것을 알 수 있었다. 또한, 주변에서 청동기시대의 夾砂褐陶를 비롯하여 한대와 그 이후 시대의 토기 조각들이 있는 것을 확인하였다. 이로 보아 청동기시대부터 지속적으로 제사의례가 이루어지고 있음을 알 수 있다.

발해만 가까이에 자리한 葫蘆島市 香爐山 암각화는 요서 지역에서 최초로 발견된 암각화라는 의미가 있다. 그러나 이 암각화는 몽골과 내몽골 지역에 많이 나타나는 유목민 계통의 동물 모양 암각화이므로, 이를 통해서 농경 암각화의 흔적을 찾아보기는 힘들다. 선행 연구에서 內蒙古 寧城縣 南山根 M102號 石槨墓의 刻紋骨板을 통해 유목적 성격이 강한 夏家店上層文化의 범위를 살펴보았다면,[34] 이보다 남쪽인 葫蘆島市 香爐山

33 최광식, 2011, 「요령성 지역의 암각화를 찾아서」, 『문화재사랑』 82호, 문화재청.

34 김정배, 2004, 「琵琶形銅劍과 南山根 刻紋骨板의 問題」, 『韓國史學報』 17.

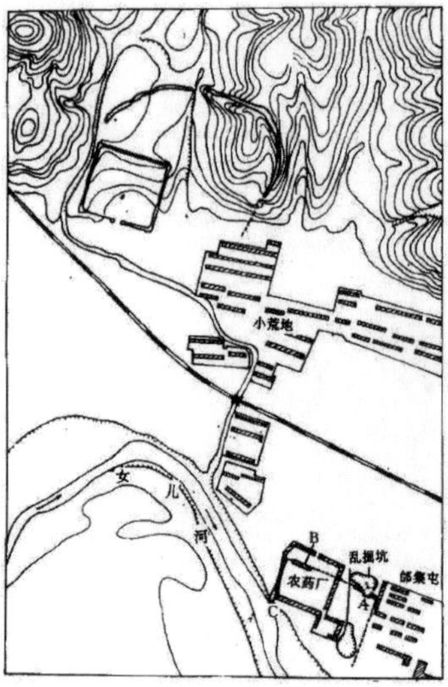

그림15 小荒地 古城 평면도

암각화를 통해 유목문화의 한계선을 좀 더 아래로 넓혀 볼 수 있게 된 점에서 의의를 찾을 수 있을 것이다. 농경적 성격이 강한 한반도의 암각화와 연결시켜 보기 위해서는 유목적 성격이 강한 夏家店上層文化의 동물 문양 암각화보다는 정주성이 강한 夏家店下層文化 및 한반도와 직접적으로 관련된 청동기문화인 비파형동검문화(능하문화)와 연관된 문양에 대한 보다 깊은 천착이 있어야 할 것이다.[35]

이와 관련하여 葫蘆島市 香爐山 암각화와 가까운 지역인 遼寧省 錦西市 連山區 女兒街 邰集屯 小荒地에서 춘추·전국시대의 古城과 청동기시대 유적이 발견된 점이 주목된다.[36] 邰集屯 성터(그림15)는 葫蘆島市 女兒河 서안의 요서 구릉지대에 위치하는데, 동서 약 2킬로미터 범위 안에 春

35 청동기시대 중국 동북 지역의 고고문화에 대한 개괄적인 설명은 이장웅, 2010, 「韓民族의 起源에 대한 諸問題」, 『국제고려학회 서울지회 논문집』 13, 199-203쪽 참조.

36 吉林大學校考古學系 · 遼寧省文物考古硏究所, 1997, 「遼寧錦西邰集屯小荒地秦漢古城址試掘簡報」, 『考古學集刊』 11, 中國大百科全書出版社, pp. 130-153. 朱永剛, 2000, 「錦西邰集屯小荒地出土的曲刃靑銅短劍與屠何故城」, 『文物春秋』 2000-1.

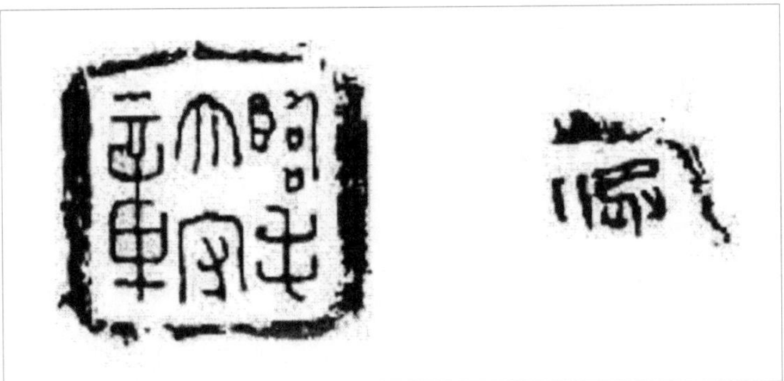

그림16 '臨屯太守章' 및 '丞' 封泥

秋시대부터 漢代에 이르는 대소 성터 4기가 있다. 山城과 方城이 서로 연결되어 있는 양 옆에 각각 小城 1기씩 분포하였는데, 후자의 두 소성은 모두 한대의 성이고, 山城은 춘추시대의 古城일 가능성이 있으며, 方城은 戰國시대의 것으로 보고되었다. 유적은 4개의 문화층으로 이루어져 있는데, 그간 연구는 제3기층인 西漢 문화에 주목하였다. 곧, 方城 내에서는 우물, 동물문 와당, 有文磚, 空心磚, 토기, 철기 등이 출토되었고, 부근의 傘金溝에서는 전국시대 중기의 異形戈가 출토되었으며, 徐家溝에서는 전국시대의 목곽묘가 발견되었다. 목곽묘에서는 칠기와 夔龍文戈가 출토되었고, 부근에서는 銀製의 私印도 출토되었다. 특히 명문이 있는 전국시대의 토제 量器와 전한의 '臨屯太守章' 封泥 및 '丞'자 封泥가 수습되어(그림16), 한국학계에서도 臨屯郡과 관련하여 주목되었다.[37] 중국학계에서는 이곳을 요서군의 치소로 보고 있는데, 만약 邰集屯의 춘추시대 산성이 비파형동검문화의 고성일 가능성이 있다면, 이곳에 설치되었을 요서군의 치소는 그 중심 지대에 위치한 것으로, 燕國이 동북 제 민족을 통제하려는 의도와 관련된다고 하였다.[38]

37 복기대, 2001, 「臨屯太守章 封泥를 통해 본 漢四郡의 위치」, 『白山學報』 61, 48-51쪽.

38 郭大順 · 張星德, 2005, 『東北文化與幽燕文明』, 江蘇教育出版社.

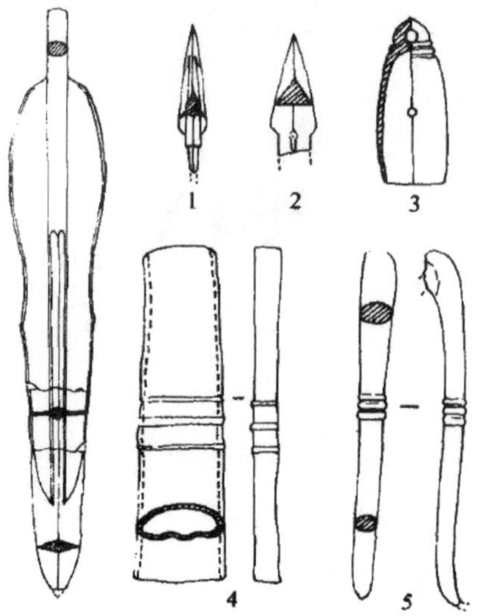

그림17 小荒地村 출토 비파형동검

필자는 小荒地 유적의 제1기층은 夏家店下層文化, 제2기층은 琵琶型銅劍을 주요소로 하는 정주성이 강한 문화 특징을 보여 준다는 점에 주목하고자 한다. 실제 성터 주변 小荒地村 两民宅院内에서는 조양 십이대영자 출토품과 비슷한 琵琶型銅劍(曲刃青銅短劍)도 발견되었다(그림17).[39] 제1기층과 제2기층 문화의 주인공은 이 지역 토착 주민이면서 정주성이 강한 주민이므로, 이와 가까운 곳인 葫蘆島市 香爐山 암각화의 성격 및 주인공 문제와 관련해서 좀 더 살펴볼 필요가 있다. 곧, 필자가 극십극등기 閣老營子에서 기존에 보고된 유목 계통 사슴 암각화만이 아닌 농경 계통 암각화를 발견한 것처럼,[40] 앞으로 이 지역에서도 농경 암각화가 발견될 가능성이 있다.

39 朱永剛, 2000,「錦西部集屯小荒地出土的曲刃青銅短劍與屠何故城」,『文物春秋』2000−1.
40 최광식, 2009,「韓國 青銅器時代 岩刻畫의 起源에 대한 試論—內蒙古 赤峰일대 岩刻畫와의 관계를 중심으로」,『韓國史學報』37.

Ⅲ. 한국과 중국 山東省 및 連雲港 지역의 고누판형 암각화

1. 濟南市 平陰縣 東阿鎭 獅耳山 岩刻畵

한반도의 암각화는 하천이나 물과 연관된 장소에 위치해 있고, 그중에는 지석묘의 개석에 석검, 석촉, 사람, 동심원 등의 그림이 나타나는 경우도 있는데, 이처럼 암각화가 지석묘의 개석에서 나타난다는 점에서 암각화를 제작한 집단이 이동보다는 정착 형태의 삶을 영위한 농경문화의 소산임을 알 수 있다.[41] 석검과 석촉은 피장자를 생시와 같이 보호한다는 의미이며, 석검과 같이 있는 사람은 이와 관련된 儀式을 주재하였을 가능성이 크다. 동심원은 사후에도 광명의 세계를 원하는 소망이 투영되어 있다.[42]

그러나 한반도에 보고된 고인돌이 약 3만 기 이상에 이르는데도 암각화가 새겨진 것은 단 3기밖에 없다는 점과, 고인돌 분포 중심지는 암각화와 달리 서남부 지역이라는 점에서 고인돌 문화와 암각화 문화 사이에는 공감대가 없다고 보는 견해도 있다.[43] 하지만 이는 한반도의 고인돌에 검파형 神像 암각화가 새겨진 사례가 적다는 것이지, 성혈이나 별자리 등이 새겨진 고인돌은 매우 많다. 그러므로 이들까지 암각화로 인정할 수 있다면, 한반도 암각화가 정착 농경생활과 관련이 깊다는 것을 부정할 수는 없을 것이다.

이에 필자는 한반도 농경문화의 전파 경로로 보기도 하며, 요동반도 지역과 밀접한 교류가 있었다고 알려진 산동반도 지역에서도[44] 암각화 유적

---

41 김호석, 2007, 「한국 암각화와 북방아시아 지역 암각화의 조형적인 특징 비교 연구」, 『中央아시아硏究』 12.

42 金貞培, 1997, 「東北亞속의 韓國의 岩刻畵」, 『韓國史硏究』 99 · 100합집.

43 張明洙, 2000, 「韓國先史時代 岩刻畵 信仰의 展開樣相」, 『한국암각화연구』 2, 20쪽.

44 박준형, 2013, 「산동지역과 요동지역의 문화교류—산동지역에서 새로 발견된 선형동부를 중심으로」, 『한국상고사학보』 79.

그림18 牛耕图로 보고된 獅耳山 암각화

그림19 牛耕图로 보고된 獅耳山 (물뿌린 후)

을 찾아보고자 노력하였다. 그러나 산동성 경내에는 잘 알려진 암각화 유적이 없었다.

그러던 차에 山東省 경내인 濟南市 平陰縣 東阿鎭 獅耳山에서 寧夏 賀蘭山 岩刻畵와 매우 유사한 蛇形 图案과 牛耕图 등으로 볼 수 있는 선사시대 암각화가 당시 平陰縣 博物館長 喬修罡에 의해 발견되었다는 중국 신문 기사를 접하였다.[45] 이에 2013년 10월 조사에서 현재 平陰縣 博物館長의 자문을 받아 平陰縣 東阿鎭 서쪽 2킬로미터에 있는 范庄村 남쪽 해발 250m의 獅耳山에 있다는 암각화를 찾아갔으나(그림18·19), 이는 암각화로 보기에 무리가 있어 보였다.

45 http://paper.dzwww.com/shrb/data/20090630/html/6/content_1.html.

2. 連雲港市 錦屛山 將軍崖 岩刻畵

산동성과 인접한 남쪽인 江蘇省 連雲港市 錦屛山에는 유명한 將軍崖 암각화가 있다. 連雲港市 외곽 남서쪽 5km의 錦屛山(해발 413m) 남쪽 작은 별봉인 將軍崖(34°31'58.16"N, 119°07'50.36"E)라는 해발 17m의 둥글넓적하고 나지막한 바위 봉우리에 암각화가 있는데, 이곳에서는 농작물과 연결된 사람, 성좌도, 도형 암각화 등이 조사되었다. 將軍崖 유적 인근인 桃花洞에는 후기 구석기시대와 신석기시대 유적이 있으며,[46] 동북쪽으로 500미터 정도 떨어져 있는 孔望山에는 진시황의 순방 흔적이라 전하는 洗頭盆 바위구멍 유적과 중국 초기불교의 대규모 불조상군인 摩崖造像(後漢, 2세기 후반)이 자리잡고 있다.[47]

이는 영주 가흥동 암각화의 바로 옆 암괴에 가흥동 마애삼존불이 조성된 것과 비교되는데, 이 지역에서도 암각화에 대한 토착 샤머니즘의 신앙행위가 중단된 후에 도교와 불교 관련 神像이 아울러 조성되면서 여전히 종교적 신성 지역으로 여겨졌다는 점을 알 수 있다.

將軍崖 A군 암각화(그림20)에 표현된 인면은 동그랗게 표현된 윤곽 내부에 잡다한 선각이 서로 어울려서 표정을 이루기도 하고, 독특한 장식으로 형성되기도 한다. 각 인면은 그 머리 부분에 다양한 형태의 선각이나 마름모꼴 기하문, 격자문 선각이 시문되어 있는데, 11점의 인면 중 4점(도면의 1, 2, 3, 7)은 하단의 식물표현물과 선각으로 서로 연결되어 있다. 이는 식물 또는 농작물이 사람의 형상으로 변화되어 가는 것처럼 묘사한 것으로, 생업의 근본이 되는 농경을 신성시하면서 나온 것이며, 따라서 이들 암각화

46 李洪甫 · 武可榮, 1990,『海州石刻』, 文物出版社.

47 孔望山摩崖造像에 대해서는 溫玉成, 趙正來 번역, 2002,「1-3세기 中國의 仙佛양식」,『美術史論壇』15 참조.

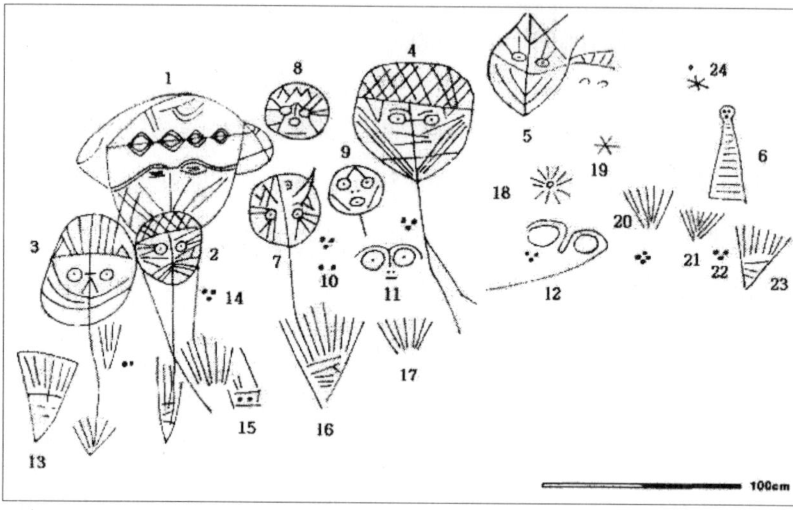

그림20 將軍崖 A군 암각화

는 농경신을 나타낸 것으로 볼 수 있다. 중국에서는 이 유적의 제작 주체를 동쪽 외래인 그룹 혹은 동이족의 하나인 少昊族의 조상으로 보면서, 이곳을 그들이 농경신을 섬기는 데서 나온 女神(女禍)에 대한 제의장소로 보고 있다. 제작 시기에 대해서는 A군 암각화가 신석기시대 인물화상의 특색이 반영되어 있다고 보면서, 半破 유적의 채도 인면, 龍山 문화의 도기, 大汶口 문화의 채도와 유사하다고 보아 신석기시대 만기인 4000년 전에 제작된 것으로 판단하였다.[48]

특히 A군 암각화 중 한 점에는 여성의 머리띠 장식처럼 4개의 연속 이중 마름모꼴 문양이 횡으로 이어져 있는데, 이러한 형상은 울산 천전리 유적에서 조사된 옆으로 연결된 이중 마름모꼴 문양과 같은 구조이다. 농경신이 여성의 형태로 등장한 것으로 인식되는 이 인면 암각화의 하단은 식물표현물(농작물)과 선각으로 연결되어 있는데, 이로 보아 이 그림은 농경과 관련되거나 여성에 대한 상징문양으로 볼 수 있다.[49]

48 蓋山林 · 樓宇棟, 1993,『中國岩畵』, 文物出版社.

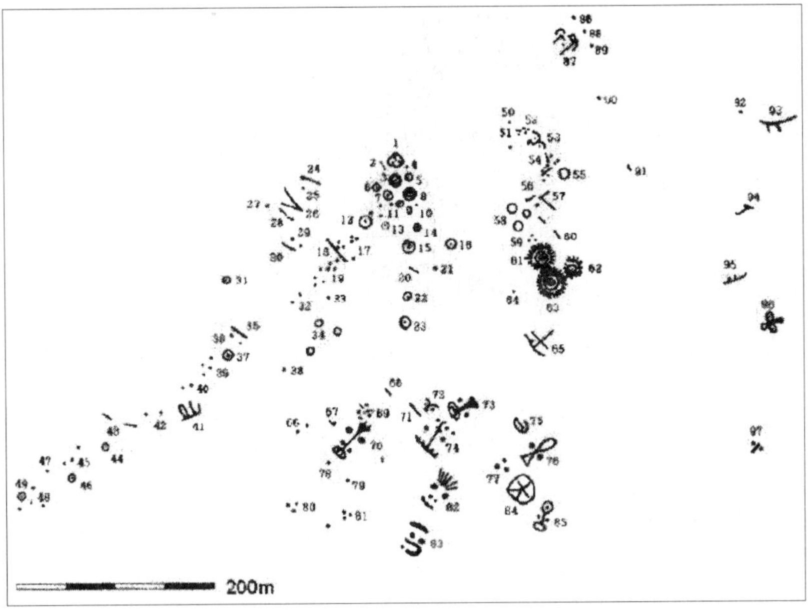

그림21 將軍崖 B군 암각화

B군 암각화(그림21)는 日月星辰 도안(은하수)으로 보면서, 이것이 항성의 변화를 나타낸 천문학적 발전과정을 담고 있다고 하여, 천체 숭배의식으로 제작된 것이라 판단하고 있다.[50] 그중에는 2~3중 동심원의 둘레에 마치 태양광처럼 짧은 선각을 둘러놓은 것이 있다.

B군의 별자리형 바위구멍은 포항 청하면 신흥리 오줌바위 유적 별자리형 바위구멍과 매우 흡사하며, 함안 동촌리 고인돌, 의성 안계면 입석리 관어대, 의성 비안면 풍천리 고인돌과 함께 최근 고령 대가야박물관에서 조사한 고령 쌍림면 하거1리와 운수면 화암1리 등지의 바위구멍 유적과 유사한 부분이 있다는 견해가 있다.[51]

49 이하우, 2011,『한국 암각화의 祭儀性』, 학연문화사, 257-258쪽.

50 李洪甫, 1997,『太平洋岩畵』, 上海文化出版社, 131-137쪽.

51 이하우, 2008,「중국 장군애 암각화에 대하여」,『한국암각화연구』11·12合, 200쪽.

3. 灌雲縣 大伊山 岩刻畵

한편, 連雲港市 將軍崖 암각화에서 남쪽으로 차로 1시간여 거리에 위치한 江蘇省 灌雲縣 大伊山(그림22)에 星像石 岩画와 배모양 및 梅鹿石 암각화가 있다는 자료를 입수하였다.[52] 이에 2013년 10월에 조사한 결과 星像石 암각화(그림24·25)는 선사시대의 것으로 볼 수 있으나, 배모양(그림23) 및 梅鹿石 암각화는 그 모양으로 보아 唐·宋·元 시기를 전후로 한 역사시대의 것으로 추정된다. 다만 같은 大伊山 자락에 중국에서 가장 오래된 것으로 추정되는 신석기시대 石棺墓 유적이 있어[53] 암각화와의 연관성을 살펴볼 수 있다. 대개 石棺墓는 비파형동검문화의 산물로 이해되고 있기 때문이다.

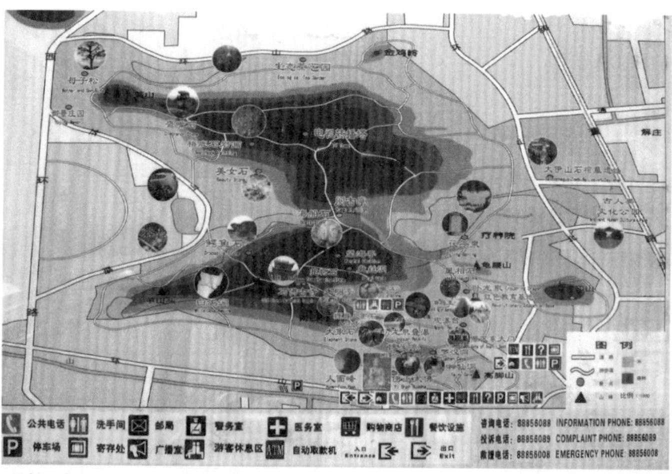

그림22 灌雲縣 大伊山 관광 안내도

52 黃正名, 2010,『連雲港地區 古岩畵 探秘』, 中國文化出版社, 62–88쪽.

53 紀達凱, 1988,「江蘇灌雲大伊山新石器時代遺址第一次發掘報告」,『東南文化』1988–2; 吳榮清, 1991,「江蘇灌雲大伊山遺址1986年的發掘」,『文物』1991–07.

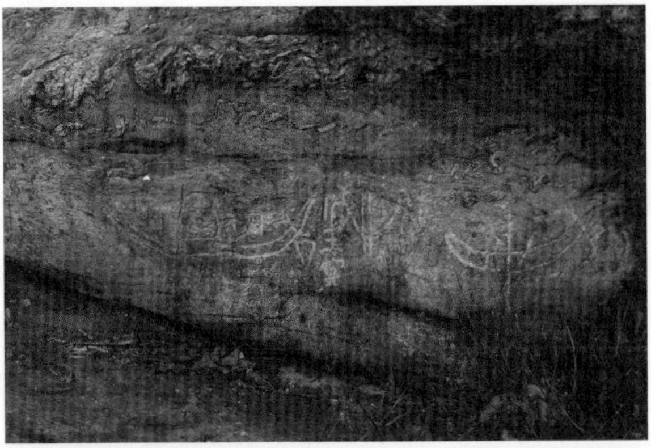

그림23 灌雲縣 大伊山 배모양 암각화

그림24 大伊山 星像石 岩画

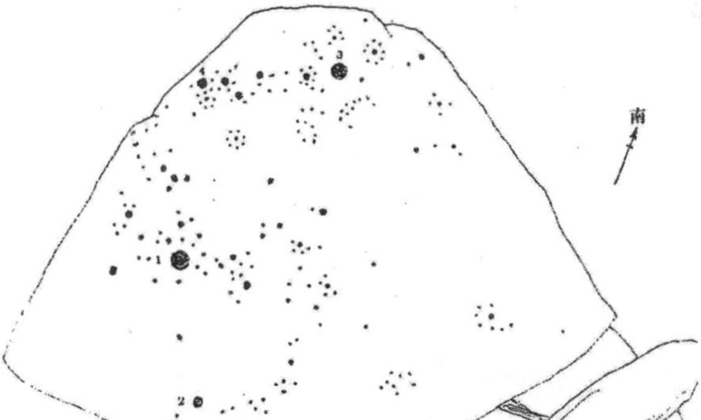

그림25 大伊山 星像石 岩画 도면(黃正名, 2010)

4. 連雲港市 開發区 朝陽鎮 獅子山 岩刻畵

역시 2013년 10월에 조사한 連雲港市 開發区 朝陽鎮 獅子山 岩刻畵(그림 26·27)는[54] 將軍崖 암각화에서 가까운 동북쪽 바닷가 근처의 작은 별봉에 위치하고 있으며, 하늘과 마주한 평평한 바위면에 새겨져 있어 농경문화의 소산으로 볼 수 있다. 별자리를 새긴 것으로 보이는 성혈과 이음선들이 인상적인데, 태양을 중심으로 동심원, 마름모 문양과 고누판 모양의 기하학 문양은 한반도 암각화의 문양과 유사성을 보이고 있다.

경상북도 고령군 쌍림면 하거리 유적에서는 윷판 및 바위구멍과 함께 참고누판[55] 2점과 문살고누판 1점 및 십자고누[56]에 해당하는 도판 1점이 발견되었고(그림28), 경상북도 안동시 임동면 대곡리의 윷판형 암각화 유적에서도 참고누 도판 1점이 발견되었다(그림29).[57] 獅子山 암각화에 나타나는 문양은 고령군 쌍림면 하거리 유적의 십자고누 문양과 안동시 임동면 대곡리 암각화의 참고누 문양과 연관이 있다고 생각된다.

5. 連雲港市 開發区 朝陽鎮 小團山 岩刻畵

獅子山 암각화에서 가까운 거리에 자리하고 있는 連雲港市 開發区 朝陽

---

54 黃正名, 2010, 『連雲港地區 古岩畵 探秘』, 89-92쪽.

55 대·중·소 사각형 3개를 포개어 同心四角形을 그리고 이들을 가로, 세로, 대각선으로 이어 만든 말밭 위에 두 사람이 각각 12개의 말을 가지고 노는 고누이다(장장식, 2012, 「참고누 도판의 현존 상황과 의미」, 『한국암각화연구』 16, 68쪽).

56 십자고누는 두 개의 사각형을 십자형으로 교차한 단순형과 다섯 개의 사각형 안에 가로, 세로, 대각선이 추가된 복잡형 두 종류가 있다. 하거리 십자문양을 고누 도판으로 가정한다면 '단순형 십자고누'에 해당한다(장장식, 2012, 앞의 글, 68쪽).

57 권미현, 1996, 「윷판형 암각화의 연구」, 『안동사학』 2, 47쪽.

그림26 連雲港 朝陽鎭 獅子山 岩刻畵

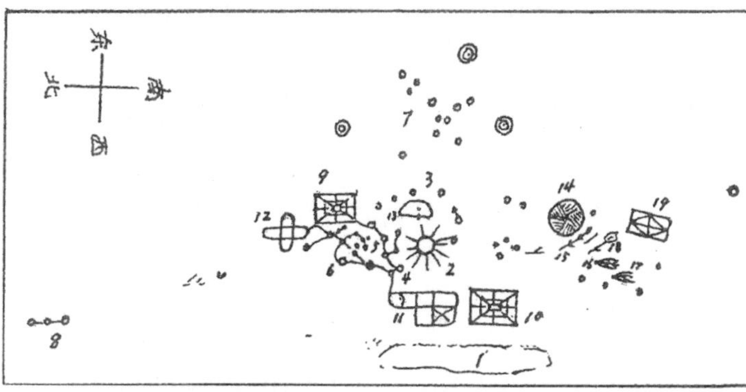

그림27 連雲港 朝陽鎭 獅子山 岩刻畵 도면(黃正名, 2010)

그림28 고령 쌍림면 하거리 유적의 십자고누(장장식, 2012)

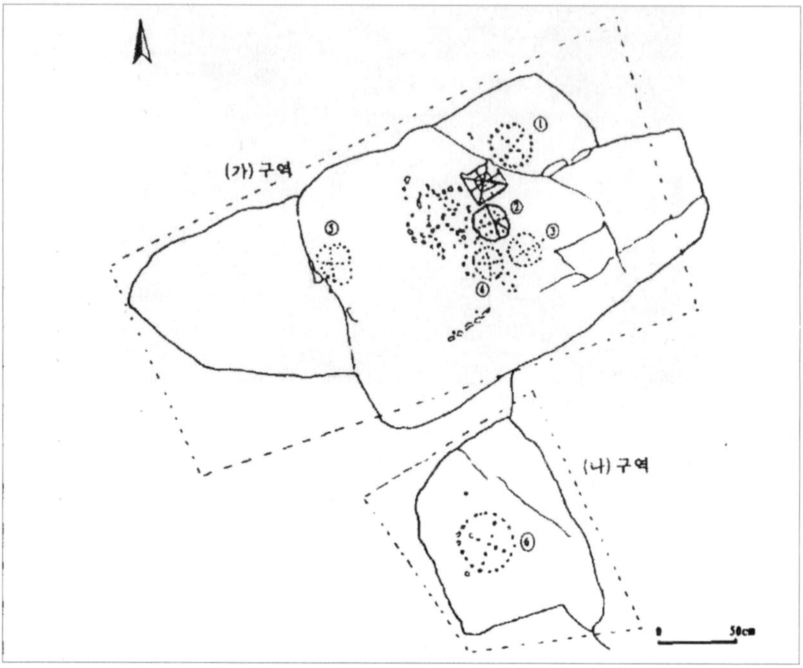

그림29 안동 임동면 대곡리 암각화의 참고누(권미현, 1996)

鎮 小團山 星象图 岩刻畵(그림30)도[58] 2013년 10월에 함께 조사하였는데, 원 바위면에서 떨어져 나온 석재에 새겨져 있어 정확한 입지 양상을 확인하기는 어려웠으나, 獅子山 암각화와 비슷한 참고누 문양 등이 보이고 있다.

참고누는 3개의 동심 사각형을 가로, 세로, 대각으로 연결한 말밭을 쓰면서 24개의 목에서 12개씩의 말을 가지고 노는 우리나라의 고누로, 몽골에서는 이를 '보거인지르게' 또는 '지르게'라 부르는데, 놀이판과 놀이방법이 우리와 동일하다고 한다. 한반도에서 발견된 고누판 중 연대 추정이 가능한 것으로는 황해도 봉천군 원산리 청자가마터(10세기 초)에서 도자기를 만드는 데 쓰던 갑자에 참고누 도판이 그려진 것이 발굴되었고, 경상북도 의성 탑리 5층석탑(국보 제77호) 기단부와, 신라 진흥왕 5년(544) 明觀 스님

58 http://www.lygwh.gov.cn/Item/Show.asp?m=1&d=48130.

그림30 連雲港 朝陽鎭 小團山 星象图 岩刻畵

에 의해 창건되었다는 경상북도 칠곡군 송림사 오층전탑(보물 제189호)을 해체 수리할 당시 수습된 전돌(30×30cm)에서 참고누 도판이 발견되었다고 한다. 최근에는 개성 만월대에서 13세기경으로 추정되는 참고누판 그림 전돌 2개가 발굴되었고, 1271년~1273년 사이의 것으로 추정되는 할석 고누판이 제주 항파두리성에서 출토되었다고 한다.[59]

그런데 최근 전북 임실군 신평면 상가마을에서 대규모 윷판과 고누판 유적(그림31)이 발견되었으므로,[60] 선사시대까지 올라갈 수 있는 고누판 암각화의 기원 및 산동 지역 고누판 암각화와의 관계에 대하여 더 연구되어야 할 것이다.

고누판 문양의 해석에 대해서는 중국 운남 南盤江 유역 彌勒縣 金子洞

59 장장식, 2012, 「참고누 도판의 현존 상황과 의미」, 『한국암각화연구』 16, 69-71쪽.

60 2014년 10월 24-25일에 한국 암각화학회 추계 학술회의 주제로 '임실 상가윷판유적'을 검토하였다.

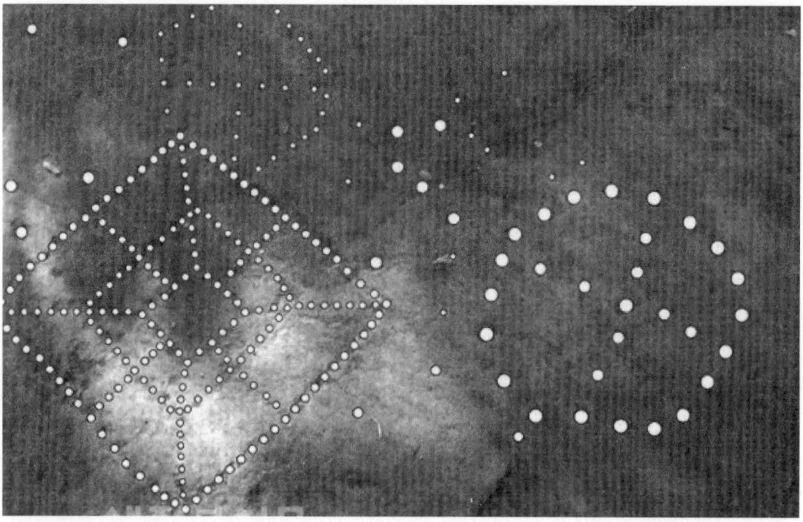

그림31 임실 상가마을의 윷판 및 고누판 유적

坡 암각화와 인접한 민가의 석축에서 발견된 참고누판을 강소성 연운항 시 공망산 將軍崖 암각화에 새겨진 참고누판 및 鹿棋(고누의 일종)와 함께 태양과 관련시켜 보는 견해가 있다.[61] 한편, 윷판형 암각화가 북두칠성의 운행과 관련이 있다는 점에서, 고누형 암각화 역시 특정 별자리와 관련이 있으면서 의례건축물의 평면도와 닮았다는 바빌론 기호의 해석을 감안하여 지상의 성소 또는 聖化된 건축물을 가리키는 상징 기호라는 견해가 있다.[62]

참고누판 도판은 동양을 벗어나 동유럽과 고대의 근동 및 지중해 연안의 문화권에서도 발견되는데, 아리엘 골란은 이처럼 여러 개의 동심 직사각형이나 사각형들이 중첩해서 이루어진 도판을 바빌론 기호라 부르고 있다. 카스피해 서안에 위치한 다게스탄(Daghestan) 공화국에서는 건물의 석벽, 묘비, 암각화 등에서 발견되고, 고대 루시(Russia), 북카프카스, 불가리

61 李洪甫, 1997, 「太平洋岩畵」, 上海文化出版社, 146-149쪽.

62 장장식, 2009, 「고려 만월대 출토 참고누판 연구」, 『한국암각화연구』 11·12합집, 151-154쪽.

아, 아제르바이잔 등 동유럽의 여러 장소에 분포한다. 아리엘 골란은 바빌론 기호를 迷路(labyninth) 기호와 연결되는 문양으로 이해하며, 신석기시대 소아시아에서 땅을 상징한다는 점을 들어 '땅의 중심 상징'으로 이해하였다. 특히 바빌론 기호의 생김새는 계단식 基臺, 중앙의 탑 네 방향으로 뻗은 중심축을 지닌 바빌론 탑(지구라트)이나 고대 멕시코의 피라미드, 캄보디아 중세의 숭배 건축물 등의 평면도와 유사한 것으로 보았다.[63] 참고누형 도판은 도판의 상하좌우가 대칭하는 꼴을 가진 完形의 도판으로, 동심원과 같이 상하좌우는 물론이고 대각으로도 대칭하며, 도판을 어느 각도로 회전시켜도 대칭하는 고정성을 지닌다는 특성을 들어 고대의 의례건축물과 연결한 것이라 한다.[64]

Ⅳ. 한국 암각화와 중국 동북 지역의 검파형 · 동심원 암각화

필자는 이전 글에서 赤峰 遲家營子 · 三座店 · 上機房營子 유적 암각화들이 夏家店上層文化 유적이 확인되지 않는 夏家店下層文化의 대표적인 석성 유적에 분포하고 있다는 점에서 정주성이 강한 하가점하층문화의 소산으로 보았고, 이들을 한국의 암각화를 대표하는 검파형 神像 암각화의 기원으로 볼 수 있다는 가능성을 제기하였다.[65] 그리고 이 글에서는 지금까지 적봉 지역에서 한반도에 이르는 암각화 전파 루트를 찾기 위하여, 요령성과 산동 지역의 암각화 자료를 찾아 다각도로 검토해 보았다.

---

63 아리엘 골란 지음, 정석배 옮김, 2004, 『선사시대가 남긴 세계의 모든문양』, 푸른역사, 576-608쪽.

64 장장식, 2012, 「참고누 도판의 현존 상황과 의미」, 『한국암각화연구』 16, 75-78쪽.

65 최광식, 2009, 「韓國 靑銅器時代 岩刻畵의 起源에 대한 試論—內蒙古 赤峰일대 岩刻畵와의 관계를 중심으로」, 『韓國史學報』 37.

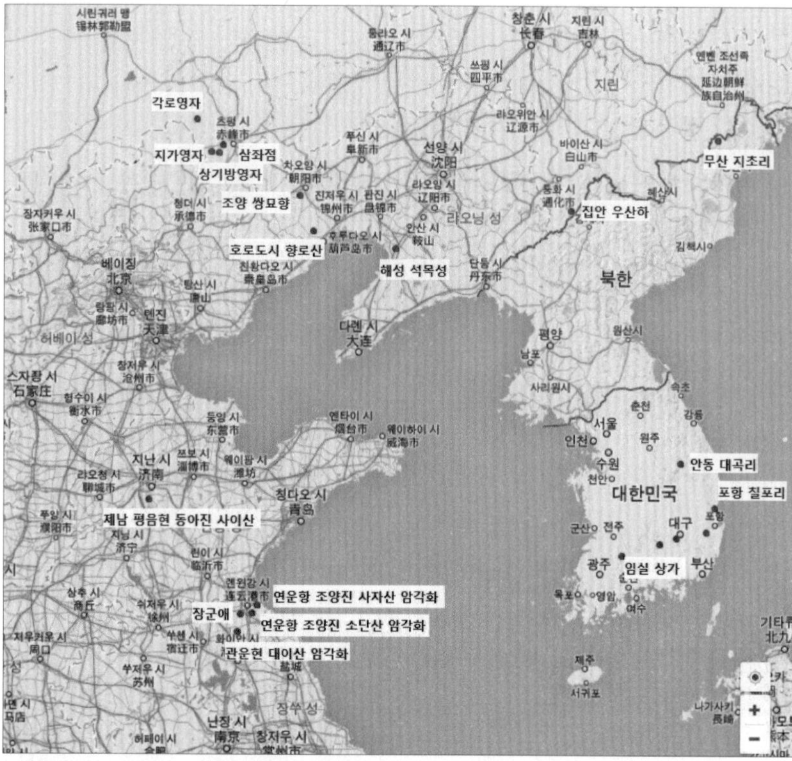

그림32 한반도・요령성・산동성 지역의 암각화

그간 한국식 암각화의 원형을 외부에서 찾는 것은 의미가 없다는 회의적인 견해도 제기되었으므로,[66] 이제까지 살펴본 바를 바탕으로 하여 필자가 주장한 赤峰 일대 및 극십극등기 閣老營子 암각화(그림33)와 한반도 검파형 神像 암각화의 관계를 좀 더 세밀히 살펴볼 필요성을 느낀다.

이와 관련하여 필자가 장마로 길이 끊겨 직접 조사하지는 못했지만, 중국 쪽의 보고에 의하면 閣老營子에서 가까운 白岔河 유역 중하류 연안의 昌義鄉 永興村에서는 도끼 모양의 암각화도 발견되었다(그림34).[67] 중국에서 보고된 도면을 살펴보면, 그 모양이 遼陽 二道河子나 大連 崗上墓에서

66 이하우, 2011,『한국 암각화의 祭儀性』, 학연문화사, 278−280, 356쪽.

67 盖山林・盖志浩, 2002,『內蒙古岩畵的文化解釋』, 北京圖書館出版社, 268쪽.

그림33 閣老營子의 검파형 암각화(최광식, 2009)

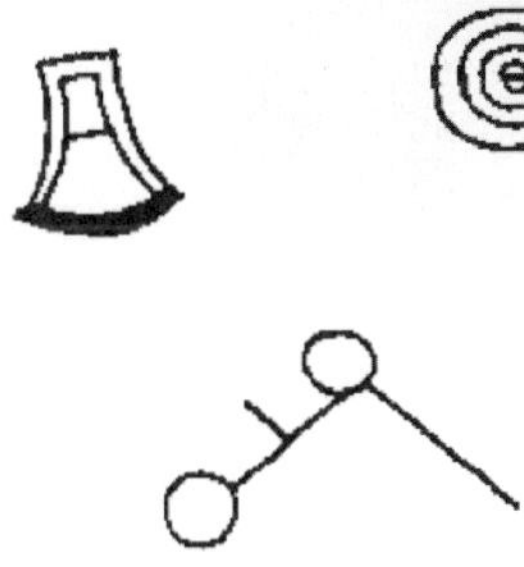

그림34 永興村 도끼 암각화

출토된 선형동부와 비슷하여 비파형동검 문화권인 고조선 지역의 영향을 받은 것임을 알 수 있다. 이러한 선형동부는 최근 산동반도 지역에서도 출토된 예가 알려지면서, 고조선 및 예맥과 산동 지역 동이 세력과의 교역의 증거로 연구되고 있다.[68]

昌義鄕 永興村 암각화에 대한 자세한 상황이 보고되지 않아 정확히는 알 수 없지만, 한국식 검파형 암각화가 석검의 손잡이나 청동 武器 및 儀器 모양에서 유래되었다는 견해에 따르면, 이 지역에서도 도끼를 충실히 묘사하던 방식에서 추상화가 이루어져 검파형 암각화가 발생한 것으로 볼 수 있을 것이다.

---

68 吳江原, 2003, 「東北亞地域 扇形銅斧의 型式과 視空間的 樣相」, 『江原考古學報』 2 ; 박준형, 2013, 「산동지역과 요동지역의 문화교류—산동지역에서 새로 발견된 선형동부를 중심으로」, 『한국상고사학보』 79.

그림35 의령 마쌍리 암각화

최근 경남 의령군 대의면 마쌍리 164번지 일대에서 조사된 청동기시대의 반지하식 적석토광묘인 1호 무덤의 북쪽 모서리 벽석에서 암각화가 발견되었다(그림35).[69] 25.8×11.5×9cm의 앞뒤 양면이 부드럽게 마연된 돌 양면에 각각 한 점씩 명확하지 않은 형태의 표현물이 묘사되었다. 이 암각화에 대해서는 석검 병부를 연상케 하는 문양이라는 견해와, 무덤의 벽석으로 사용되기 전에 이미 숫돌로 가공된 것이며 선각으로 새긴 석검 위에 다시 검파형 암각화를 덧새긴 것으로 보인다는 견해도 있다.[70] 무덤 주위에는 의례시설로 생각되는 둥근 형태의 석열이 배치되었는데, 이 석열을 구성하는 석재에서도 바위구멍, 마연 흔적, 쪼아 낸 흔적이 확인되었으며, 무덤 개석에서도 바위구멍이 새겨진 돌이 조사되었다고 한다.

암각화 유적에서는 전 세대의 능력을 후대에 계승하고자 한 흔적이 다양하게 발견된다. 천전리 암각화에서는 역사시대의 기록인 원명과 추명이

69 경남발전연구원, 2010, 「대의~의령 국도건설공사 구간 내 마쌍리 유적 발굴조사지도위원회 자료」; 이하우, 2011, 『한국 암각화의 祭儀性』, 학연문화사, 140쪽.

70 울산암각화박물관, 2011, 『한국의 암각화—부산 · 경남 · 전라 · 제주편』, 울산시.

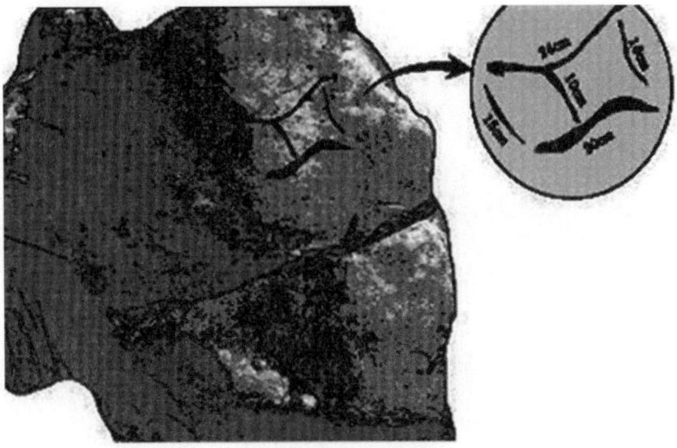

그림36 赤峰 上機房營子 검파형 암각화 도면(최광식, 2009)

아래층 위의 사람 상체를 깎아 내고 그 위에 새겨졌다. 이에 대해서는 암각화를 통해 기존의 집단에게 부여된 권위나 신성성을 부정할 수 있고 자신들에게 돌릴 수도 있다는 의도와 믿음에 말미암은 것으로 보기도 하고,[71] 러시아 데블레트의 견해를 이용하여 그림 전체를 파괴한 것은 전 세대 그림의 위력에 대한 부정이지만, 일부를 훼손한 것은 암각화가 갖고 있는 능력, 신성성, 마법의 힘이 행위자에게 옮겨오기를 염원하는 행동의 흔적으로 이해하기도 한다.[72]

의령 마쌍리 암각화에서 필자가 보다 주목하는 것은 뒷면의 그림이다. 도면에 의하면, 뒷면에 새겨진 그림은 검파형 암각화의 허리 곡선을 새긴 것으로 추정되며, 赤峰 上機房營子 검파형 암각화(그림36)와 비슷한 느낌을 준다.

아울러 유적의 입지는 그 문화적 성격과 무관하지 않다는 점에서, 암각화 유적의 표현물과 함께 환경 요인을 함께 살펴보아야 할 것이다. 검토될 수 있는 환경 요인으로는 암각화가 향한 방위와 제작된 바위의 조건, 암각화가 바라보고 있는 전방의 자연과 입지 여건 등을 들 수 있다.

---

71 전호태, 1996,「울주 대곡리 · 천전리 암각화」,『한국의 암각화』, 한길사, 88-89쪽.

72 이하우, 2011,『한국 암각화의 祭儀性』, 학연문화사, 275-276쪽.

그림37 白岔河변에 있는 각로영자 암각화(2008)

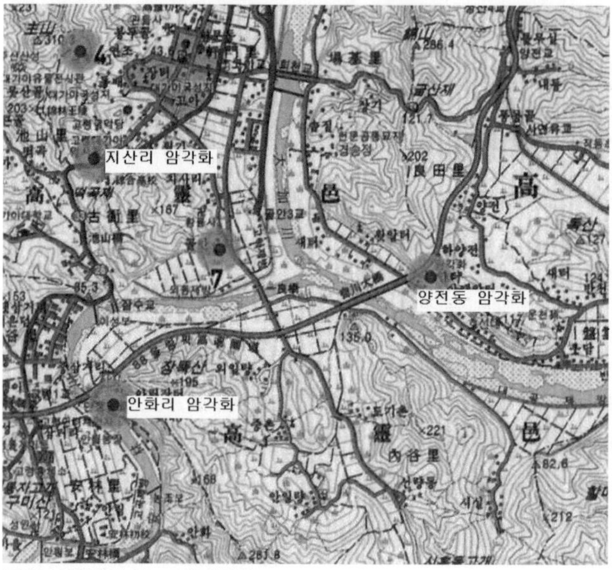

그림38 하천변에 있는 고령 암각화

내몽고 적봉 지역의 암각화는 하천변에 자리잡고 있으니, 遲家營子 · 三座店 · 上機房營子는 陰河 근처에, 克什克騰旗 閣老營子 암각화는 白岔河 근처에 있다(그림37).[73] 한국의 암각화 유적도 대부분이 하천변(경주

73 자세한 입지 조건은 최광식, 2009, 「韓國 靑銅器時代 岩刻畵의 起源에 대한 試論」, 『韓國史

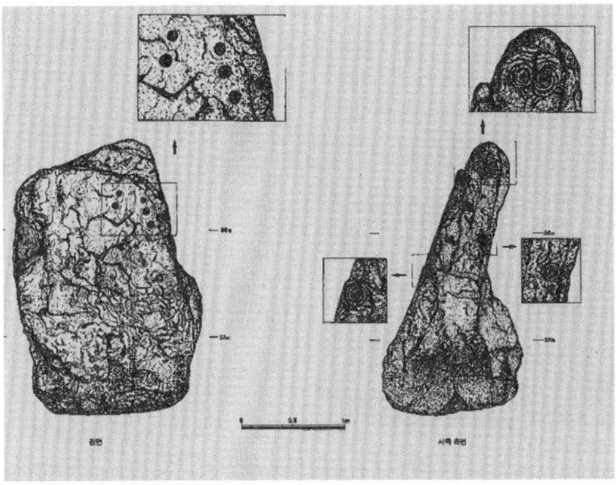

그림39 대구 진천동 입석 암각화의 쌍동심원

석장동 금장대, 고령 안화리, 고령 양전동(그림38), 영주 가흥동)이나 하천의 상류(경주 상신리, 영천 보성리, 남원 대곡리, 포항 칠포리)에 있다는 공통점을 보이고 있다. 동시에 산에서 공간적으로 구분된 별봉에 있는 경우(남원 대곡리, 영주 가흥동, 경주 석장동 금장대, 포항 칠포리)가 많은데, 이 경우도 반드시 골짜기를 끼고 있으므로 전체적으로 입지가 물과 밀접한 관계에 있다고 한다.[74] 암각화와 물의 관련성은 물이 지니는 풍요·재생·정화의 종교적 상징성이 배경이 되었을 것이다.

대구시 달서구 진천동 선사유적공원의 입석에 새겨진 암각화는 6개의 바위구멍과 4~6점의 회오리형 와상선문 또는 동심원으로 조사되었다(그림39). 이 진천동 입석 주위에는 장방형 석축기단이 조사되어 이 공간이 집단적인 제의를 위한 것으로 밝혀졌으며, 특히 석축의 남쪽 기단을 접하는 곳에 개울이 있었던 것으로 조사되어 이 유적을 수변 제사유적으로 이해하기도 한다.[75] 이 석축기단 북쪽에서 3기의 석관묘가, 동쪽에서 2기의 석관묘가 나왔고, 주변에서 많은 무문토기편이 수습되었으므로, 청동기시대 유적

學報』 37 참조.

74 이상길, 1996, 「패형암각의 의미와 그 성격」, 『한국의 암각화』, 한길사, 167쪽.

75 이상길, 2000, 『青銅器時代 儀禮에 관한 考古學的 硏究』, 대구효성가톨릭대 박사논문.

그림40 적봉 지가영자의 쌍동심원 암각화(2008)

그림41 적봉 삼좌점의 와상선문 암각화

으로 볼 수 있다.

陰河에 가까이 자리한 내몽골 적봉 지가영자 유적에서는 대구 진천동과 비슷한 쌍동심원 암각화가 발견되었고(그림40), 역시 陰河 하천변에 있는 적봉 삼좌점 유적에서도 시계방향으로 돌아가는 회오리형 와상선문이 조사되어(그림41) 그 연관성을 짐작할 수 있다. 적봉 지가영자 유적과 극십극등기 각로영자 유적에서도 제단으로 추정되는 유구가 보고된 바 있다.[76]

---

76 長松白 · 柳志一, 1984, 「內蒙古白岔河流域岩畫調查報告」, 『文物』 1984-2, 74쪽; 盖山林 · 盖志浩, 2002, 『內蒙古岩畫的文化解釋』, 北京圖書館出版社, 254쪽.

Ⅴ. 맺음말

이 글은 한반도 암각화의 기원을 찾아나가는 여정으로, 먼저 적봉 지역과 한반도 암각화 사이의 연결고리를 찾기 위해 요령성 지역과 산동성 지역에서 새로 조사한 암각화 유적들을 살펴보았다. 그리고 필자가 이전의 논문에서 소개한 내몽고 적봉 일대의 암각화와 검파형 한국식 암각화의 기원 문제에 대하여, 입지조건과 신앙체계 및 발생론적 입장에서 좀 더 자세한 분석을 진행하였다. 특히 한반도의 암각화들이 농경과 관련되어 나타난다는 점에 주목하여, 입지조건의 비교와 함께 농경 관련 문양의 표현을 살피고자 하였다. 그리고 중국 동북 지역 청동기문화 중에서 정주성이 강한 주민이 남긴 것으로 알려진 하가점하층문화와 고조선의 문화로 알려진 비파형동검문화(능하문화)와의 관계에 보다 주목하였다.

한국 청동기문화의 전래 과정이 내몽고 지역에서 요서 지역과 요동 지역을 거쳐 한반도 북부와 남부에 이르는 루트라면, 중국 동북 지역에서 발견된 이들 암각화를 통해 한국의 민족문화의 원류와 그 전래과정을 확인할 수 있다. 아울러 요동반도와 밀접한 해양교류를 가졌던 산동 지역에도 관심을 기울였는데, 특히 산동성 바로 아래인 연운항 지역에서 고누판형 암각화와 성상형 암각화 및 농경과 연관되는 암각화가 발견된 점이 주목된다.

그동안 한반도의 암각화가 북부와 중부 지방에서는 발견되지 않고 영남지역을 중심으로 발견된 점에 대해 의문점이 있었는데, 최근 전라도 지역에서 고누판형과 윷판형 암각화들이 다양하게 발견되었다는 점은 암각화의 전래과정에 대해 또다시 생각해 볼 여지도 주고 있다. 곧, 산동성 지역에서 해로를 따라 한반도의 해안 지역으로 들어와 호남과 영남지방으로 전파되었을 가능성도 열어 두어야 할 것이다.

참고 문헌

권미현, 1996,「윷판형 암각화의 연구」,『안동사학』2.

金元龍, 1978,『韓國美의 探究』, 열화당.

김일권, 2006,「영일 칠포지역의 별자리 암각화 연구」,『한국암각화연구』8.

金貞培, 1996,「韓國과 遼東半島의 支石墓」,『先史와 古代』7.

金貞培, 1997,「東北亞속의 韓國의 岩刻畵」,『韓國史硏究』99·100合.

______, 2004,「琵琶形銅劍과 南山根 刻紋骨板의 問題」,『韓國史學報』17.

김호석, 2008,『한국의 바위 그림』, 문학동네.

박정근, 2003,「岩刻畵 硏究를 爲한 考古學的 接近方法」,『한국암각화연구』4.

박준형, 2013,「산동지역과 요동지역의 문화교류–산동지역에서 새로 발견된 선형동부를 중심으로」,『한국상고사학보』79.

박창범·이용복·이융조, 2001,「청원 아득이 고인돌 유적에서 발굴된 별자리판 연구」,『한국과학사학회지』23–1.

복기대, 2001,「臨屯太守章 封泥를 통해 본 漢四郡의 위치」,『白山學報』61.

아리엘 골란 지음, 정석배 옮김, 2004,『선사시대가 남긴 세계의 모든문양』, 푸른역사.

오춘영, 2000,「경주 금장대 바위그림의 분석」,『한국암각화연구』2.

울산암각화박물관, 2011,『한국의 암각화(부산, 경남, 전라, 제주編)』, 울산암각화박물관.

울산암각화박물관, 2012,『한국의 암각화 2(대구·경북編)』, 울산암각화박물관.

이상길, 2000,『靑銅器時代 儀禮에 관한 考古學的 硏究』, 대구효성가톨릭대 박사논문.

이장웅, 2010,「韓民族의 起源에 대한 諸問題」,『국제고려학회 서울지회 논문집』13.

이하우, 2004,「한국 윷판형 바위그림 연구–방위각을 중심으로」,『한국암각화연구』5.

______, 2011,『한국 암각화의 祭儀性』, 학연문화사.

任世權, 1994,「先史時代 韓國과 中國의 岩刻畵 比較 硏究」,『美術史學硏究』204.

______, 1994,『韓國 先史時代 岩刻畵의 性格』, 檀國大學校 박사논문.

______, 1996,「한국 암각화의 원류」,『한국의 암각화』, 한길사.

張明洙, 2000,「韓國先史時代 岩刻畵 信仰의 展開樣相」,『한국암각화연구』2.

______, 2001,『韓國岩刻畵의 文化相에 대한 硏究–신앙의 전개양상을 중심으로』,

仁荷大學校 박사논문.

장장식, 2009, 「고려 만월대 출토 참고누판 연구」, 『한국암각화연구』 11 · 12合.

______, 2012, 「참고누 도판의 현존 상황과 의미」, 『한국암각화연구』 16.

전호태, 2013, 『울산 반구대암각화 연구』, 한림출판사.

정동찬, 1996, 『(살아있는 신화)바위그림』, 혜안.

최광식, 1995, 「대가야의 신앙과 제의」, 『대가야사연구』, 경상북도.

______, 2007, 「북한의 무산군 지초리 암각화」, 『先史와 古代』 26.

______, 2009, 「韓國 青銅器時代 岩刻畵의 起源에 대한 試論-內蒙古 赤峰일대 岩刻畵와의 관계를 중심으로」, 『韓國史學報』 37.

______, 2011, 「요령성 지역의 암각화를 찾아서」, 『문화재사랑』 82호, 문화재청.

하문식, 1998, 「中國 東北地域 고인돌의 分布와 構造」, 『古文化』 51.

黃壽永 · 文明大, 1984, 『盤龜臺岩壁彫刻』, 東國大學校 出版部.

황용훈, 1987, 『동북아시아의 岩刻畵』, 민음사.

盖山林 · 樓宇棟, 1993, 『中國岩畵』, 文物出版社.

蓋山林, 1997, 『中國岩畵』, 上海三聯書店.

盖山林 · 盖志浩, 2002, 『內蒙古岩畵的文化解釋』, 北京圖書館出版社.

郭大順 · 張星德, 2005, 『東北文化與幽燕文明』, 江蘇教育出版社.

紀達凱, 1988, 「江蘇灌雲大伊山新石器時代遺址第一次發掘報告」, 『東南文化』 1988-2.

吉林大學校考古學系 · 遼寧省文物考古研究所, 1997, 「遼寧錦西部集屯小荒地秦漢古城址試掘簡報」, 『考古學集刊』 11, 中國大百科全書出版社.

遼寧省文物考古研究所 · 朝陽市博物館 · 朝陽縣文物管理所, 2004, 「遼寧朝陽縣石匠山遼 · 金 · 元時期的摩崖石刻」, 『考古』 2004-11.

宋延英, 1987, 「遼東半島的石棚文化-析木城石棚」, 『社會科學輯刊』 5.

吳榮清, 1991, 「江蘇灌雲大伊山遺址1986年的發掘」, 『文物』 1991-07.

李洪甫 · 武可榮, 1990, 『海州石刻』, 文物出版社.

李洪甫, 1997, 『太平洋岩畵』, 上海文化出版社.

長松白·柳志一, 1984,「內蒙古白岔河流域岩畫調查報告」,『文物』1984-2.

朱永剛, 2000,「錦西部集屯小荒地出土的曲刃青銅短劍與屠何故城」,『文物春秋』2000-1.

許玉林·許明綱, 1981,「遼東半島石棚綜述」,『遼寧大學學報』1981-1.

許玉林, 최무장 역, 2010,『요동반도 고인돌』, 백산자료원.

黃正名, 2010,『連雲港地區 古岩畫 探秘』.

중국 동북 지역과 한반도 중서부 지역 신석기시대 토기 문화의 비교

광역 정보 교환망과 중서부 빗살무늬토기 전통의 성립

임상택

I. 머리말

한반도 중서부 지역 신석기시대 토기는 독특한 기형과 문양으로 인해 발견 당시부터 주목되었으며 현재도 그 기원이나 계통에 대해서는 여러 설이 분분하다. 연구 초기에 개별 기형이나 문양에서의 유사성을 통해 기원을 논하던 단계에서 이제는 기종 구성, 제작 기법, 문양론 등 다양한 측면에서 그 성립과정을 이해하고자 하는 시도가 이루어지고 있다. 이는 동북아시아 신석기시대 사회를 광역적 공통성과 국지적 다양성이라는 관점에서 이해하려는 학계의 경향과도 연동되고 있다.[1] 이러한 연구 경향은 동북아 신석

1 甲元眞之, 2002, 「東アジアの先史時代漁撈」,『東アジアと日本の考古學』IV, 同成社; 大貫靜夫, 1989,「東北亞洲中的中國東北地區原始文化」,『慶祝蘇秉琦考古五十五年論文集』,文物出版社; 大貫靜夫, 1992,「極東の先史文化」,『季刊考古學』 38; 大貫靜夫, 1998, 『東北アジアの考古學』,同成社; 宮本一夫, 1992,「環渤海新石器時代早期的文化系統」,『環渤海考古國際學術討論會論文集』, 河北省文物研究所編,知識出版社; 宮本一夫, 1995b,「環渤海地域의 新石器文化」,『東亞文化』 제33집,서울대학교인문대학 동아문화연구소; 宮本一夫, 2000, 『中國古代北疆史の考古學的硏究』,中國書店; 임상택, 2006,『한국중서부지역 빗살무늬토기 문화 연구』, 서울대 박사학위논문; 신숙정, 2007, 「환동해지역 신석기시대의 문화와 사회교류」,『한국신석기연구』 제14호.

기 사회, 특히 중국 동북 지역과 러시아 연해주, 한반도의 신석기문화를 합리적으로 설명하는 데 기여하고 있다. 본고 역시 이러한 관점에서 한반도 중서부 지역 신석기시대 토기 전통을 주변 지역과의 관계 속에서 검토해 보고자 한다. 특히 그동안 생업 측면에서는 수차례 관련성이 언급되어 왔지만 토기 전통에서는 기형의 일차적 차별성 때문에 소홀히 다루어졌던 중국 동북 지역을 중심으로 광역적 정보 교류라는 측면에서 비교 검토하고자 한다. 이를 통해 한반도 중서부 지역 신석기시대 토기 전통의 성립과 전개에 대한 광역적 관점을 얻고자 한다.

II. 대상 지역 및 시기 구분

본고에서 다루는 대상 지역은 중국 동북과 한반도 중서부 지역이다. 중국 동북 지역은 그 자체로 매우 광대한 지역으로 본고는 그중에서도 한반도와의 비교를 위해 요령성 일대를 중심으로 다루며, 길림성, 흑룡강성, 러시아 연해주 지역의 자료는 보조적으로 다루도록 하겠다. 한반도 신석기시대 지역 구분상 압록강 유역의 서북 지역과 두만강 유역의 동북 지역은 신석기시대 토기 문화의 지역권에서 중국 요령, 흑룡강 남동부, 러시아 연해주 남부 지역과 기본적으로 같은 전통에 속하기 때문에 비교를 하는 것은 큰 의미가 없다. 따라서 한반도에서는 청천강을 경계로 서북 지역과 맞닿아 있는 중서부 지역을 비교 대상으로 하였다. 중서부 지역은 한반도 첨저 빗살무늬토기가 처음으로 등장하여 번성한 지역으로 그 이남 지역 빗살무늬토기문화의 전개과정을 이해하는 데 관건이 되는 지역이다.

중국 신석기시대 시기 구분은 가장 최근 중국 사회과학원출판사에서 출간된『中國考古學—新石器時代卷』에 따르자면 조기–중기–만기–말기의 네 시기로 나뉘고 있다.[2] 조기는 토기 등장기를 중심으로 화북의 東胡林, 南庄頭, 장강 이남과 화남의 仙人洞, 玉蟾岩, 甑皮岩 유적 등이 대표적이다. 절대연대(보정연대, 이하 동일)로는 기원전 10000~7500년 전후한 시기이다. 중기는 大地灣, 磁山, 裴李崗, 后李, 興隆洼, 彭頭山, 跨湖橋 문화 등이 대표적이며, 절대연대는 기원전 7500~5000년 전후이다. 만기는 仰韶, 大汶口, 紅山, 大溪, 河姆渡, 小珠山下層 문화 등이 대표적이며, 절대연대는 기원전 5000~3000년 전후이다. 말기는 龍山, 良渚 문화와 관련 문화들이 대표적이며, 절대연대는 기원전 3000~2000년 전후 이다. 이 중 본고와 관련되는 중국 동북 지역 신석기문화들은 대체로 전체 편년상 중기 후반과 만기에 상당한다. 본고의 주 검토 대상은 이 중 중·만기에 해당하는 중국 동북 지역의 지자문토기 전통(興隆窪-趙寶溝-紅山/新樂, 小珠山 下層, 後窪 下層/左家山, 西斷梁山)이 될 것이다.

한반도 중서부 지역의 신석기 토기문화는 크게 세 단계로 나뉠 수 있다. 전기는 3부위 구분 시문 토기가 유행하는 단계로 필자의 I기[3], 북한의 궁산 문화 1, 2기에 해당한다. 절대연대는 기원전 4500~3600년 전후이다.[4] 중기는 3부위 구분이 점차 느슨해지며, 2부위 구분 시문, 암사동식 찰과상 다치 횡주어골문, 서해안식 동일계 횡주어골문, 평남, 황해 지역의 금탄리 1식 토기 등 다양한 문양들이 등장하는 단계로 절대연대는 기원전 3600~3000년 무렵이다. 후기는 구분계 시문방식이 사라지고 동일계 횡주어골문을 중심으로 하는 단순한 문양구성이 주류를 이루며, 무문양 토기가 현저해지는 단계로 절대연대로는 기원전 3000~1500년 무렵에 해당 된다.

---

2 中國社會科學院考古研究所, 2010,『中國考古學-新石器時代卷』, 中國社會科學院出版社.

3 임상택, 2006, 앞의 글.

4 전기는 두 단계(북한의 궁산 1기와 2기)로 나뉘는데, 후자에 병행하는 남한 지역 유적의 절대연대가 최근 기원전 4000~3500년 전후를 보이고 있기 때문에 전 단계는 이보다 앞설 것으로 보아 잠정적으로 기원전 4500년이라는 연대를 설정해 둔다.

표 1. 중서부 지역 신석기시대 상대편년(임상택 2006 수정)

<table>
<tr><th colspan="3"></th><th>주요 특징</th><th>주요 유적</th><th>절대연대(B.C.)</th></tr>
<tr><td rowspan="2">전기</td><td rowspan="2">I기</td><td>전반</td><td>구분계 3부위시문</td><td>지탑리I지구 1호, 궁산</td><td rowspan="2">4500?-3600</td></tr>
<tr><td>후반</td><td>구분계문양유지
동체부 타래,중호문
점열어골문</td><td>지탑리III지구, 마산리, 룡곡2호,
까치산I패총하층, 삼거리,암사,미사,</td></tr>
<tr><td>중기</td><td colspan="2">II기</td><td>금탄리1식, 2부위시문,구연한정시문,동일계토기등장</td><td>금탄리1문화층,암사,미사,주월리,삼목주거유적,오이도작은소라벌A,가운데살막,대부도홀곶패총,조동리,관산리,가도등</td><td>3600-3000</td></tr>
<tr><td rowspan="2">후기</td><td colspan="2">III기</td><td>금탄리2식, 서해안식
동일계토기 유행
구분계 쇠퇴,소멸</td><td>금탄리2문화층,남경,표대,송산,는들,소연평도,남북동,풍기동,오이도신포동,원정리,관창,광천,내흥,내평,역내리,둔산,대천,쌍청리등</td><td>3000-2500</td></tr>
<tr><td colspan="2">IV기</td><td>문양단순화, 난삽화</td><td>용반리, 덕안리, 남산, 군량리,
제일리,꽃뫼,모이도,을왕동I,
오이도 뒷살막</td><td>2500-
2000?/1500</td></tr>
</table>

본고의 대상이 되는 양 지역의 시기 구분은 위와 같은데, 양 지역의 비교는 중서부 토기 전통의 성립이라는 측면에 초점을 맞추어 한반도 중서부 지역의 전기와 중국 동북 지역의 지자문토기 단계가 중심이 될 것이다. 양 지역의 편년 체계가 상이해 동일한 틀로 다루기 어려운 면이 있지만, 요동이나 길장지구, 한반도 중서부 지역에서 침선계 토기가 유행하기 시작하는 단계가 병행 관계 설정의 기준이 될 수 있을 것인바, 요동 반도의 소주산 중층 문화와 중서부 지역의 중기를 병행하는 단계로 놓을 수 있으며, 본고는 그 이전 단계 양 지역 토기 문화에 대해 검토하게 될 것이다.

Ⅲ. 지역 간 비교

중서부 신석기시대 토기전통의 성립과 관련하여 중국 동북 지역 토기를 구체적으로 비교하기 위한 기준 속성으로 문양의 시문 기법, 문양 배치와 문양 형태, 기형 등을 선정하여 검토하기로 한다.

1. 시문 기법

문양 시문 기법상 지자문토기는 기본적으로 압날 또는 연속 압날 기법을 주로 한다. 가장 이른 단계로 생각되는 형태는 격자문 또는 X자문 형태의 압날 시문이 정연하지 않은 帶狀으로 이루어진다. 지자문이 정형화되면서 시문구의 한쪽 끝단을 기면에서 떼지 않은 채 다른 한쪽 끝단을 다음 위치로 이동시키면서 문양을 시문한다. 그 결과는 정연한 대상 시문으로 나타난다. 지자문 토기의 경우, 이러한 압날계 시문이 지역과 시기에 따라 차이가 있긴 하지만 기면 전체 또는 동체부에 광범위하게 적용된다는 특징이 있다.

중서부 빗살무늬 토기의 구연부 문양은 주지하듯이 대부분 단사선문이나 조문, 점선열문 등을 기본으로 하는데, 시문 기법은 공히 압날 및 연속 압날로 이루어진다. 점열문의 경우는 압날이나 자돌 기법이 채용된다. 빗살무늬 토기 구연문 역시 정연한 대상 시문을 하고 있는 점이 특징이다. 지자문 토기와 비교할 때, 빗살무늬 토기는 구연문(부가문 포함)에만 압날 시문이 적용되고 동체부 이하는 침선 기법에 의한 시문이 이루어진다는 점이 가장 큰 특징이다. 이와 같은 침선 기법의 적용은 동북아 전체적인 관점에서 볼 때, 상대적으로 늦은 단계의 특징임은 분명하다.[5] 지자문 토기의 변화가 정연하지 않은 대상 시문에서 정연한 대상 시문으로 이행하는 점은 빗살무늬 토기 구연문의 대상 시문을 이해하는 데 중요한 참고가 된다.

시문 기법상의 공통성은 사실 지자문 토기와 빗살무늬 토기 구연문에만 국한되는 것은 아니다. 동북아시아 신석기시대 이른 단계에는 보이스만 문화나 루드나야 문화, 강원 영동의 오산리 하층 및 중층 양식 토기[6] 등 극동

5 임상택, 2006, 앞의 글.

6 임상택, 2012, 「신석기시대 중서부지역 상대편년의 종합과 병행관계」, 『한국 신석기문화의 양

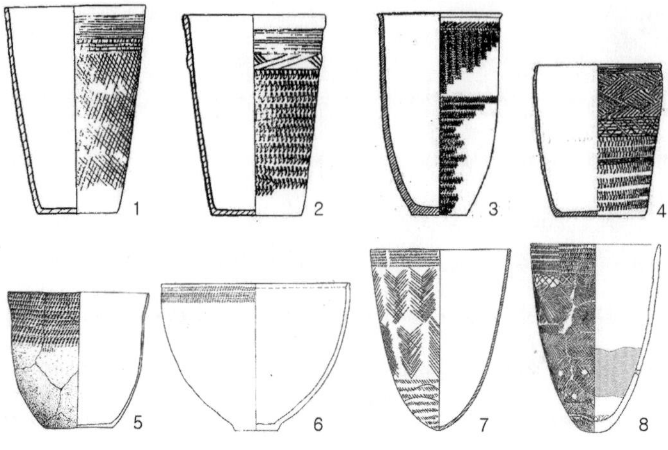

그림1 동북아 신석기시대 토기 시문 기법 비교
(1-2:百音長汗, 3:新樂, 4:小珠山, 5:보이스만, 6:오산리, 7:지탑리, 8:암사동)

지역 전체적으로 유사한 시문 기법이 유행한다.[7] 따라서 이른 단계에 동북아시아 넓은 지역에 걸쳐 공통되는 시문 기법이 성행하고 있었으며 그 중 일부로서 지자문토기나 한반도의 빗살무늬 토기가 존재하고 있었던 것으로 볼 수 있다. 이러한 시문 기법의 광역적 공통성은 일괄하여 동일 전통으로 설명하기보다는 후술할 광역 정보 교환망의 존재와 관련하여 설명할 수 있을 것이다.

2. 문양 배치 및 문양 형태—광역적 공통성과 국지적 다양성

문양 배치는 기면을 어떻게 분할하며, 분할된 기면에 어떠한 규칙을 가지고 문양을 배열하는가와 관련된다. 따라서 문양 배치는 당대인들의 시문 규범을 고스란히 반영하고 있으며 지역적 전통 역시 잘 반영되어 있을 것으

상과 전개』, 중앙문화재연구원 학술총서6, 서경문화사.

7 大貫靜夫, 1998, 앞의 글.

로 생각된다. 또한 시간에 따른 문양 배치의 변화는 편년과 관련하여 주된 속성 중 하나로 취급되어 왔다. 이런 점에서 양자 간의 문양 배치를 비교하는 것은 서로 간의 상사성이나 상이성을 판단하는 데 좋은 도구가 된다.

가. 한반도 중서부 지역

한반도 중서부 지역은 북한 연구자에 의해 '궁산 문화' 분포지로 명명된 지역이다.[8] 북한의 이 지역에 대한 상대 편년은 1960년대와 70년대의 발굴 및 연구를 기초로 한 궁산 문화 5기 편년 체제를 골간으로 하고 있다.[9] 궁산 문화 1기(필자 I기 전반)는 현재로는 이 지역에서 가장 이른 단계로 편년되고 있는 시기이다. 이 단계 문양 배치의 특징은 타래문 등의 곡선계 문양이 아직 등장하지 않은 순수한 삼부위 구분시문이 중심을 이룬다는 것이다. 구연부에는 점열문이나 단사선문이 (연속) 압날 기법으로 시문되며, 동체부에는 침선의 종주어골문이 중심 문양을 이룬다. 저부 역시 침선의 사선대문, 횡주어골문이 기본을 이루며 엄격한 구분 시문과 정연한 시문 상태를 특징으로 한다. 궁산 2기 단계(필자 I기 후반)의 가장 큰 특징은 구분계 문양 배치 전통을 유지하되 타래문, 중호문으로 대표되는 곡선계 점열문이 출현하는 점이다. 또한 중호문을 중심으로 하는 부가문(또는 어깨문)이 시문되는 사례가 많아진다. 동체와 저부 문양은 크게 보아 전 단계와 유사하다. 궁산 2기 단계에는 전 단계와 비교해 새로운 문양의 등장과 함께 다단화가

---

8 도유호 · 황기덕, 1957, 『궁산 원시유적 발굴보고』, 유적발굴보고 제2집, 과학원출판사; 도유호 · 황기덕, 1961, 『지탑리 원시유적 발굴보고』, 유적발굴보고 제8집, 과학원출판사; 김용간, 1964, 『금탄리 원시유적 발굴보고』, 유적발굴보고 제10집, 과학원출판사; 김용남, 1983, 「궁산문화에 대한 연구」, 『고고민속론문집』 8, 과학백과사전출판사; 김용간 · 석광준, 1984, 『남경유적에 관한 연구』, 과학백과사전출판사.

9 서국태, 1986, 『조선의 신석기시대』; 서국태, 1999, 『조선 신석기시대 문화의 단일성과 고유성』, 사회과학출판사.

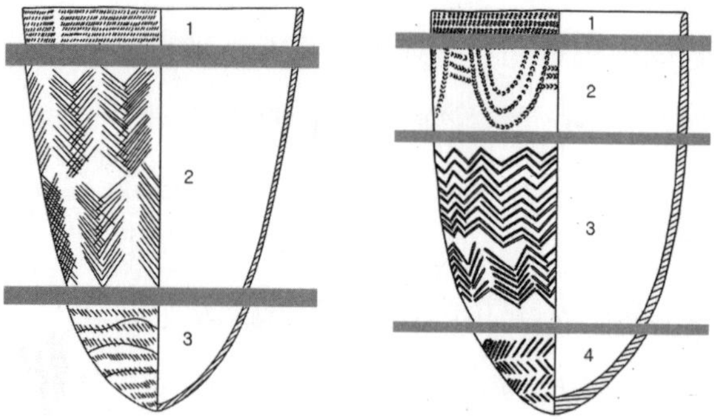

그림2 중서부 전기 토기 다단 분할 문양 배치

더욱 진전되는 양상을 보이는 것이 특징이다.

궁산 3기(필자 II기)의 금탄리 1식 토기는 3부위 구분 시문이 사라지고 토기의 기면에 2~3종의 문양을 교대로 반복 시문하는 패턴이 주류를 이룬다. 물론 구연부 문양폭을 넓게 한다든가, 저부에 횡주어골문이 시문되는 등 3부위 구분 시문의 전통을 남기고 있는 점도 보이지만 기본 문양 배치나 문양 종류, 시문 방식 등에서 앞 단계와는 매우 큰 차이를 보이고 있다. 한강유역에서는 구연부 단사선문과 동체부 암사동식 다치 횡주어골문으로 대표되는 2부위 문양배치나 구연부에 단사선문만을 시문한 구연한정 시문, 구연에서 동체부에 단·다치의 횡주어골문을 시문하는 동일계 시문방식 등이 시공을 달리하며 나타난다. 즉 중기 단계에는 이전과 비교할 때 문양배치상에서 엄격성이 사라지는 큰 변화가 관찰되는 것이다.

주요한 문양은 구획문으로 기능하는 다치 횡선문 또는 다치 압날문, 충진 문양으로 기능하는 삼각집선문이 중심이며 기타 횡주어골문, 능형집선문 등도 보인다. 저부에는 횡주어골문이 시문되는 예가 많다. 전체적으로 침선 시문 방식이 압도적이라는 큰 변화를 보인다.

궁산 4, 5기는 금탄리 2식 토기에서 보이듯이 전면 또는 저부를 제외한 전면에 횡주어골문을 시문하는 동일계 문양 배치가 두드러진다. 무문양 토기가 현저하게 많아지는 현상도 이 단계에 두드러진다. 중부 지역에서는 저부 혹은 동체 하반부와 저부에 문양이 생략된 동일계 침선문 토기가 유행한다. 문양 배치와 문양 종류, 시문의 정연성 등에서 모두 간략화, 단순화되는 현상이 나타난다.

이상 간략히 살펴본 바와 같이 중서부 지역 신석기시대 토기는 문양 배치에서 이른 단계에는 3-4부위로 구분하여 서로 다른 문양을 시문하는 구분계 문양 배치가 큰 특징이다. 늦은 단계로 갈수록 엄격한 구분 시문은 쇠퇴하고 금탄리 1, 2식에 보는 바와 같이 대상 반복시문이나 동일계 전면 시문과 같은 단순화된 문양 배치 양상으로 변화한다. 이른 단계에는 구연문으로 점열문이나 단사선문 등 압날계 문양이 횡방향으로 전개되는 것이 특징이며 늦은 단계로 갈수록 침선계 횡주어골문으로 대표되는 침선계 문양의 횡방향 전개가 큰 특징을 이룬다. 문양 배치와 형태에서 이른 단계에 잘 유지되던 시문 규칙이 점차 단순화되고 자유롭게 변화해 가는 양상은 후술할 중국 동북 지역을 비롯한 여러 지역에서도 잘 나타나는 현상이다. 중요한 점은 중서부 전기(궁산 1, 2기) 단계, 즉 빗살무늬토기 성립기의 양상이 문양론적으로 초기 단계에 보이는 특징(엄격성, 정연성)을 잘 나타내고 있다는 점과 시문 기법으로 압날계 방식이 구연부에 압도적으로 선호되고 있는 점이다. 이는 후술할 중국 동북 지역을 포함한 동북아시아 일대 이른 단계 토기들의 공통된 특질이라는 점에서 주목된다.

나. 중국 동북 지역

먼저 요서 지역을 살펴보자. 요서 지역은 흥륭와 문화 - 조보구 문화 - 홍산문화 단계까지 지자문 토기가 유행한다. 지자문 토기의 문양 배치는 시기에 따라 다양한 변이가 있다. 흥륭와 문화 단계의 지자문 토기는 다시 몇

개의 소단계로 구분되는데 白音長汗 유적을 중심으로 살펴본 문양 배치의 특징은 아래와 같다.[10]

가장 이른 단계 토기는 기본적으로 기면을 3단 또는 2단으로 구분하여 각각 다른 문양을 시문하는 공통적 특징이 있다. 기고가 낮은 토기에 2단 시문이 되는 경향이 많다. 두터운 구연 직하에는 무문양대가 있으며, 3단 분할의 경우, 동체 상반부의 새끼줄 형태의 각목을 가진 條帶文을 경계로 구연문과 동체문이 나뉜다. 2단 분할은 이 조대문이 생략된 것이다. 아직 전형적 지자문이 등장하기 이전 단계이다.

지자문 토기가 완성되는 다음 단계 역시 문양 형태를 제외하면 기본적으로 문양 배치상 앞 단계와 공통성이 확인되는데 3단 분할이 일반적이다. 2단이나 1단 분할 토기는 중소형 토기에 많다. 앞 단계와 가장 큰 차이점은 구연문과 동체문을 구분하는 문양대가 조대문에서 두터운 돌대로, 동체부 문양이 전형적인 竪壓橫排 지자문 위주로 바뀐다는 점 등이다. 동체 문양의 형태는 변하지만 기본적으로 횡대상으로 문양을 배치한다는 점에서는 앞 단계와 공통된다. 돌대 위에는 다양한 문양이 시문된다. 南台子, 흥륭와 유적이나 査海 유적 등 주요 유적들은 세부 편년상 병행 관계이며, 돌대의 두께나 위치, 주요 문양 종류 등에서 차이를 보이지만 문양배치는 기본적으로 백음장한과 공통되는 특징을 보이고 있다.

요서 지역 흥륭와 문화 단계의 토기들은 3단을 중심으로 한 분할 문양 배치, 구연 아래 무문양대, 凹弦文과 지자문을 중심으로 한 구연문, 분할문양대, 격자문이나 사선문 등에서 출발하여 전형적 지자문이 출현, 유행하는 동체문 등의 공통성을 보이고 있다(그림3). 문양은 대체로 기벽을 가득 채우는 것이 전형이며 구연 직하와 저부 쪽은 문양이 시문되지 않는 것 역

---

10 索秀芬, 2005,「試論白音長汗類型」,『考古与文物』第4期; 索秀芬, 2006,『燕山南北地區新石器時代文化硏究』, 吉林大學 博士學位論文.

시 공통된다.

조보구 문화는 동물 문양 尊形器와 다양하고 복잡한 기하학문을 특징으로 한다. 지자문 전통은 계속 유지되는데 흥륭와 문화와는 차이가 크다. 구연 직하 무문양대 전통은 폭이 줄어들었지만 남아 있는 반면, 3분할 문양 배치는 보이지 않고 주로 2분할이나 전면을 분할하지 않은 것들이 주종을 이루어 문양대 분할이 간소화됨을 알 수 있다. 동체부에 橫壓竪排의 지자 문이 많아지는 것도 특징이다. 기형도 직선적이고 깊은 통형관 스타일에서 벗어나 기고가 낮아지고 기벽이 곡선적으로 변화한다.[11]

그림3 興隆窪 유적 토기 다단 문양 배치 예 (필자 촬영)

지자문 토기는 홍산문화 단계까지 유지되지만 그 양상은 크게 변화한다. 다양한 기형의 니질도와 채도가 유행하면서 협사도인 통형관의 지자문은 소략화한다. 기존의 2단 분할도 사라지고 전면을 분할하지 않은 동일계의 문양 배치만이 잔존한다. 지자문의 형태도 더욱 곡선화하며, 횡압수배 형태가 많다. 선형 지자문 이외에 점선에 의한 지자문이 증가한다. 지자문은 홍산 문화 단계를 마지막으로 소멸한다.[12]

이상 소략하게 살펴본 바와 같이 요서 지역 지자문 토기는 재지의 전통적 기형과 문양을 장기간 유지하지만 시간의 흐름에 따라 분할문양대가 간

11 劉國祥, 2000,「關于趙寶沟文化的幾个問題」,『北方文物』第2期; 陳國慶, 2008b,「试论赵宝沟文化」,『考古学报』第2期.

12 陳國慶, 2008a,「紅山文化研究」,『華夏考古』第3期.

소화하는 방향으로 변화하고 지자문의 형태도 점차 곡선화하고 대형화, 성긴 시문 상태 등으로 변화한다. 수압횡배에서 횡압수배로 변화하는 경향도 관찰된다. 기형적으로도 기고가 높고 직선적인 전형적 통형관에서 점차 기고가 낮아지고 배가 부푸는 곡선적 형태로 변화한다(그림4).

다음으로 요동 지역을 살펴보자(그림5). 요동 지역은 심양을 중심으로 하는 요하 하류역과 요동 반도지구로 나눌 수 있다. 新樂 유적으로 대표되는 요하 하류역의 지자문 토기는 요서 지역과 유사한 면도 있지만 차이점도 많다. 신락 하층 2호 주거지로 대표되는 지자문 토기는 구연문과 동체문 사이에 각목이 시문된 돌대가 돌아가고 구연 직하에 공백부가 존재하는 점 등에서 요서의 이른 단계 지자문과 공통된다. 이 돌대를 포함하면 4분할 또는 3분할의 문양 배치 양상이 나타난다. 돌대의 형태 등에서 백음장한보다는 지리적으로 가까운 사해 유적과 공통하는 면이 있다. 돌대가 없는 2단 분할 토기나 돌대 하부 횡압수배 지자문의 존재 등에서 백음장한 2기 2단[13]의 토기에 비하면 늦은 양상이라 할 수 있지만 기본적으로는 집선계 구연문이나 돌대 없는 2단 분할의 양상을 가진 左家山 1기보다는 이른 것으로 볼 수 있다.[14] 어쨌든 돌대의 존재나 다단으로 기면을 분할하는 양상 등 지자문토기로는 이른 단계의 양상임은 분명하다.

요동반도 소주산 하층문화의 지자문 토기는 요서나 신락, 후술할 좌가산 1기 등의 양상과 비교하면 많은 차이를 보이며 시간적으로 후행하는 것으로 알려져 있다. 문양 배치는 기본적으로 침선계 구연문과 동체 지자문으로 구성된 2단 분할이 주류이다. 구연 공백부, 肥厚 구연의 부재, 횡압수배의 구연부 지자문, 침선계 구연문 등에서 좌가산 2기와 유사하다. 그러나

13 索秀芬, 2006, 앞의 글.

14 좌가산 1기의 비후 경향이 있는 구연을 근거로 좌가산 1기가 신락 하층보다 더 이른 것으로 보는 입장도 있다. 宮本一夫, 1995a,「遼東新石器時代土器編年の再檢討」,『東北アジアの考古學的研究』, 同朋舍出版, 124쪽.

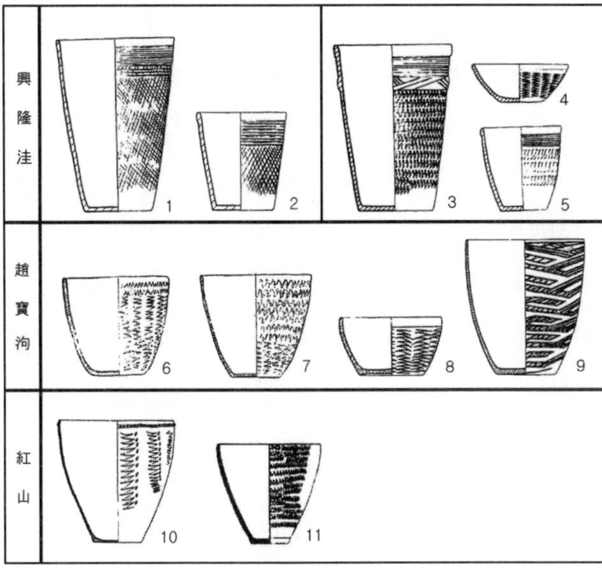

그림4 요서 지역 지자문토기 문양 배치 변화(축척 다름)
(1-5:白音長汗, 6-9:趙宝沟 10:蛇陵山, 11:牛河梁)

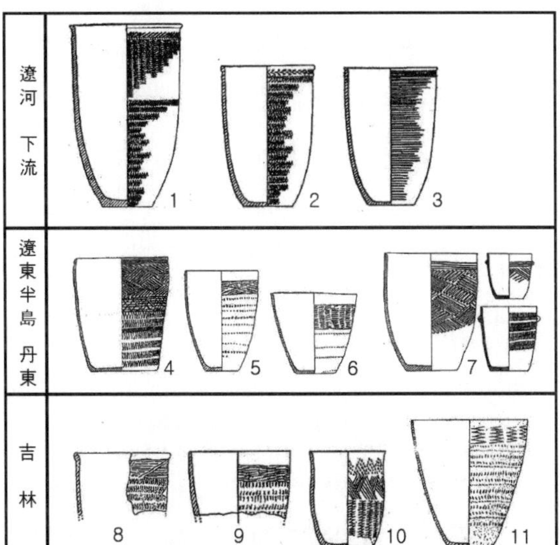

그림5 요동 및 길림 지역 지자문 토기 문양 배치(축척 다름)
(1-3:新樂, 4-6:小珠山, 7:後洼, 8-10:左家山, 11:西斷梁山)

저부 문양 공백부가 넓고 동체부 지자문이 축소된 양상 등 좌가산 2기보다도 늦은 느낌이 강하다. 압록강 하류의 後洼 하층에서는 구연 횡침선과 동체부 집선문으로 대표되는 2단 분할 토기, 무분할의 지자문 토기 등 소주산 하층과 유사하면서도 좀 더 늦은 양상을 보인다. 횡압수배의 구연 지자문이 보이지 않는 점 역시 좌가산 2기보다 늦게 보아야 할 요소이다. 전체적으로 요동반도와 압록강 하류역 지자문 토기는 문양 형태와 종류, 2단 또는 무분할 문양 배치, 기타 요소(돌대,비후구연의 부재, 기고가 낮은 기형 등) 등에서 지자문 토기 중에서는 가장 늦은 단계의 양상을 보인다고 할 수 있다.

다음은 길림 지역이다(그림5). 길림 지역에서는 제2송화강 유역을 대표하는 좌가산 유적이 표준 유적이 되고 있는데, 보고자에 의해 3기로 구분되었다. 그중 1, 2기가 지자문 토기를 내는 단계이다. 1기의 지자문 토기는 문양이 시문되지 않은 두터운 구순부를 가지며 문양 배치는 집선상의 구연문과 수압횡배상 지자문을 동체문으로 가지는 2단 분할의 특징을 보인다. 요서 지역 이른 단계 지자문 토기와 비교할 때 구연 직하 무문양대와 비후 구연에서 공통성을 보이지만 조선상 또는 돌대상의 분할 문양대를 가지지 않는 2단 분할 문양대를 가진다는 차이점을 보인다. 이러한 점은 요서의 조보구 단계에 문양대가 2단 위주로 변화하는 것과 공통성을 가진다. 구연문이 침선화한 점이나 집선상 문양을 가지는 점 등은 차이점이다. 2기가 되면 외반상의 비후구연이 사라져 시기적으로 늦은 양상을 보이며 구연문에 횡압수배의 지자문이 등장한다. 지자문 토기에는 2단 분할이 중심을 이루나 일부 구연문을 2단으로 분할하여 결국 3단 분할의 양상을 보이는 것도 존재한다. 2단계 지자문은 전단계에 비해 폭이 넓어지는 특징이 있다. 지자문이 사라지는 3기에도 구연문과 동체문의 2단 분할 양상이 유지되며 구연 한정 시문도 나타난다. 전체적으로 문양 배치는 2단 구성을 중심으로 하며 1기에서 2기로의 구연문 변화는 크게 보아 요서 지역의 그것과 유사하다. 다만 요서 조보구 단계에는 수압횡배의 구연문과 횡압수배의 동체문이 유행하는 데 비해 길림지구에서는 이와 반대의 문양이 좌가산 2기 단계에 유행하는 차이를 보인다. 저부 무문양대는 요서 지역에 비해 넓고 시간이 지남에 따라 그 폭이 더욱 넓어지는 변화를 보인다. 동풍현 西斷梁山에서도 좌가산 2기 및 3기와 병행하는 양상이 확인된 바 있다.

이상에서 살펴본 바와 같이 요령성과 길림성의 광대한 지역에 분포하는 지자문 토기는 시기와 지역에 따라 다양한 양상을 보인다. 크게 보아 비후구연이나 돌대, 다단의 문양배치와 같은 이른 양상에서 비후구연 및 돌대의 소실, 문양 배치의 간소화, 지자문의 퇴화, 침선계 구연문의 유행 등 늦은 단계의 양상으로 변화하며 이러한 변화는 지역적으로도 요서와 요하 하류 쪽이 이르고 길림과 요동반도 방면이 늦은 양상을 보여 지자문 토기의 지역적 전개과정을 살펴볼 수 있다. 지자문 토기는 기본적으로 다단 분할 전통에서 출발하여 시간이 지남에 따라 요서에서는 다단 분할이 간소화되는 패턴이 관찰되고, 요동이나 길림 지역에서도 역시 어느 정도 이러한 변화 추이를 살펴볼 수 있다. 그러나 소주산이나 좌가산 등의 예에서 보듯이 요동에는 다단 분할의 전통이 소멸하지 않고 계속 지속되고 있음을 알 수 있다. 주변 지역에서는 보이스만 문화 토기에서 다단 분할의 특징이 확인되는 반면, 오산리 양식 토기에서는 기본적으로 다단 분할보다는 구연 한정 시문이 주류를 이룬다. 후술할 기형의 전통과 관련해 언급되고 있는 산동의 北辛 문화[15] 토기들은 전 단계 후이 문화[16] 토기가 주로 무문양인 데 비해 문양이 시문되고는 있지만 다단의 특징은 관찰되지 않는다(그림6). 이와 같이 동북아 전기 토기의 문양 배치는 중국 동북 및 러시아(요령, 길림, 흑룡강, 연해주)에서 다단의 특징이 관찰되는 특징이 있음을 알 수 있다. 앞서 살펴본 시문 기법의 예와 함께 광역에 걸친 문양 배치의 공통성을 확인

15 陣冰白 外, 2002,「《大汶口續集》中北辛文化的分期問題」,『華夏考古』第3期.

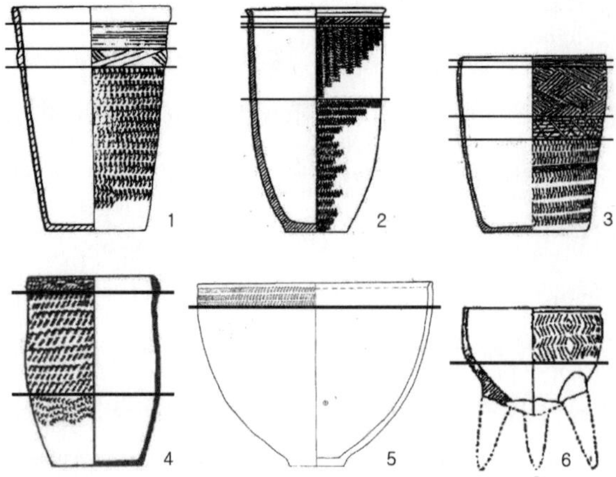

그림6 동북아 신석기시대 전기 토기의 기면 분할 양상 비교
(1:百音長汗, 2:新樂, 3:小珠山, 4:보이스만2기, 5:오산리, 6:北辛)

할 수 있다. 이러한 변화 과정의 시공간적인 패턴에 대한 확인은 다단 시문을 특징으로 하는 중서부 빗살무늬토기의 성립을 살펴보는 데 좋은 참고자료가 된다. 아래에서는 중국 동북과 한반도 중서부 지역 신석기시대 토기의 상사성과 상이성에 대해 정리하고 이를 빗살무늬토기의 성립과 관련해 어떻게 이해하는 것이 좋을지 검토해 보고자 한다.

라. 중국 동북 지역과 한반도 중서부 지역 토기 비교—공통성과 다양성

중서부 빗살문 토기와 중국 동북 지역 지자문 토기의 문양 시문 기법과 시문을 위한 기면 분할은 유사한 면이 분명 있고 변화 방향 역시 마찬가지이다. 즉, 빗살문의 초현 형태는 3부위 구분, 어깨문의 부가 등 복잡한 기면 분할 양상을 보이고 이후 2부위 구분이나 구연 한정으로 변한다는 점에서 시기에 따른 문양대 쇠퇴의 양상이 지자문 토기와 유사하다. 이런 점에서 분명 빗살문 토기의 초현 형태는 문양론적으로 고졸한 특징을 가진다고 할

16 王永波 外, 1994,「試論后李文化」,『考古』第3期.

수 있다. 단사선문으로 대표되는 구연문은 기본적으로 횡대상 단위문양대가 다단으로 배치된다는 점에서 지자문 토기의 구연문 중 수압횡배의 지자문과 형태 및 시문 기법상에서 공통된다. 그러나 이러한 비교를 통해 전체로서 양 토기 전통 사이의 직접적 관련성을 논하기는 어렵다. 구체적 문양 형태, 기형, 연대[17] 등 여러 면에서 여전히 많은 차이를 보이고 있기 때문이다. 동체문의 시문 방식이 양 지역에서 압날과 침선으로 명확히 구분된다는 점 역시 큰 차이이다. 그러나 지자문 토기 전통 내에서도 가장 늦은 요동반도의 토기들은 침선 기법이 이미 상당 부분 도입되어 있는 것을 볼 수 있다. 전술했듯이 침선계 시문 기법은 상대적으로 늦은 단계에 주류를 이루는 특징임은 분명한데, 이렇게 보면 빗살문 토기 전기 병행기에 요동과 중서부에서 시문 기법과 문양 배치상 공통성을 확인할 수 있게 된다. 이런 점을 종합한다면 특정 시기(지자문 토기의 후반과 빗살문 토기의 전반)에 요동반도와 인근의 한반도 중서부 지역에서 문양 특징의 일부(시문기법과 문양 배치)에 공통하는 현상[18]이 확인된다는 점은 분명하게 부각시킬 수 있다.

그렇다면 중서부 전기 병행기 요서 지역과의 관련성 여부는 어떻게 보아야 할까? 절대 연대상으로 비교하면, 한반도 중서부에서 현재 가장 이른 단계인 필자 I기 전반(궁산 1기)은 기원전 4500−4000년 무렵, 후반(궁산 2기)은 기원전 4000−3600년 무렵으로 동북 지역과 비교하면 대체로 요서의 홍산 문화와 시기적으로 겹친다.[19] 주지하듯이 홍산 문화 단계는 요서의 신석기문화가 일변하는 때이자 농경 사회가 본격화하는 단계이다. 필자를 포함

17 절대 연대상 지자문 토기의 출현과 전개가 훨씬 이르며, 그 후반부 정도가 중서부 빗살문 토기와 병행한다.

18 이러한 현상은 두만강 유역 보이스만 문화 토기의 다단화된 압날 시문 토기에서도 확인되지만 구분계 문양시문은 이 지역에 현저하지 않다.

19 趙賓福, 2004, 「東北新石器文化的分期与特點」, 『求是學刊』 第31卷 第4期; 趙賓福, 2006, 「東北新石器文化格局及其与周邊文化的關係」, 『中國邊疆史之硏究』第2期.

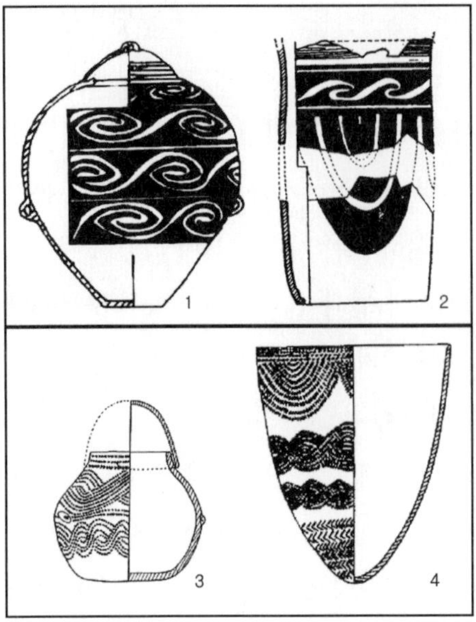

그림7 홍산 문화 채도와 궁산 2기 토기
(1:牛河梁, 2:胡頭泃, 3-4:지탑리 2지구)

해 이전부터 이 단계의 농경문화가 한반도 신석기시대 초기 농경의 도입과 관련될 것으로 보는 견해가 제시된바[20], 한반도 중서부 지역 빗살무늬토기의 성립과 관련하여 요서 지역의 양상을 살펴볼 필요가 있다. 필자 I기 후반의 타래문이나 중호문, 무지개문 등 이전에 볼 수 없었던 곡선적 문양들은 서포항 3기의 타래문 등과 함께 홍산 문화 중·만기 단계(그림6) 채도와 관련을 지어 볼 수 있는 중요한 요소로, 연대적으로도 접근해 있다.[21] 이처럼 생업 관련 도구나 토기상에서 요서 지역과 관련시킬 수 있는 요소가 중서부

---

20 안승모, 1987,「요서지방의 석제경구」,『삼불김원용교수정년퇴임기념논총』; 임상택, 2009,「한반도 신석기시대 초기농경의 수용과 문화변동」,『선사농경 연구의 새로운 동향』, 사회평론.

21 杨虎, 1989,「关于红山文化几个问题」,『庆祝苏秉琦考古五十年论文集』, 文物出版社; 索秀芬·李少兵, 2007,「牛河梁遺址紅山文化遺存分期初探」,『考古』第10期, 49–50쪽; 張星德, 1991,「紅山文化分期初探」,『考古』第8期; 陳國慶, 2008a,「紅山文化研究」,『華夏考古』第3期.

한반도 중서부나 동북부의 곡선계 타래문이나 뇌문 토기가 요령 일대의 채문 토기와 관련될 것이라는 입장은 김원용, 임효재 등에 의해 제시된 바 있다. 金元龍, 1986,『韓國考古學概說』(第3版), 一志社, 48–49쪽; 임효재, 1992,『韓國古代文化의 흐름』, 집문당, 192쪽.

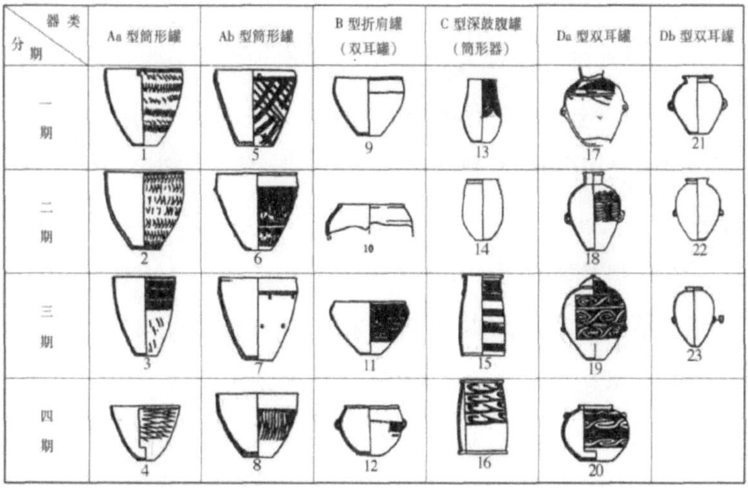

그림8 홍산 문화 토기 편년(陳國慶 2008a 전재)

전기 후반에 존재한다.

그러나 홍산 문화 자체가 빗살무늬토기 전통 성립에 직접 작용했다고 보기 어려운 것은 양 지역 일상 용기의 기본을 이루는 토기, 즉 홍산 문화 단계의 통형관과 한반도 빗살무늬토기 이른 단계의 심발형 토기를 비교해보면 명확해진다. 홍산 문화 통형관의 지자문은 요서 지자문 전통의 마지막 단계로 이전 시기에 비해 문양소 간 간격 및 단위 문양대 간 폭이 넓어지고 문양소는 곡선화, 대형화하며 다치 시문구에 의한 점열 시문이 유행한다. 문양 배치도 거의 무분할 위주이고 횡압수배 지자문이 늦은 단계로 갈수록 증가하며 기형은 기고가 낮고 동체부가 곡선화하는 등 이른 단계의 다단 분할이나 수압횡배 위주, 기고가 높고 직선적인 기형 등과 비교하면 상당히 변화된 모습이다. 무문양 토기, 니질도의 비율 역시 증가한다. 즉 문양 배치, 문양 형태, 기형, 태토 등에서 말기적 요소가 뚜렷하다(그림8). 이에 비해 중서부 전기 빗살문 토기는 3-4단의 다단 분할 문양 배치, 전면 시문, 구연부 횡방향 단위 문양대의 유행 등 홍산 문화 통형관과는 큰 차이를 보

인다.[22]

이처럼 이 단계 양 지역 토기상에서는 근본적 차이가 확인되며, 홍산 문화의 채도가 직접 중서부에서 확인된 예가 없고, 중서부 곡선계 토기는 빗살문 토기 전통 성립 이후의 변이에 해당되는바, 홍산 문화 집단의 이주를 통해 한반도에 빗살무늬토기가 성립되었을 가능성은 없다고 볼 수 있다. 빗살문 토기의 전개 과정에서 주변 지역의 요소가 여러 요인(생업, 교역 등)에 의해 중서부에 선택적으로 수용되었다고 보는 편이 설득력이 있다.[23] 이 시기 한반도에 초기 농경이 도입되지만 생업을 전면적으로 변화시키는 것이 아니라 보조적 수단으로 기능한다는 점[24]을 보면 중서부 토기 전통의 부분적 변화 과정은 충분히 구조적으로 이해 가능하다. 요서 지역과의 관계는 생업과 토기 전통이라는 측면에서도 당시 광역적 프로세스로서의 집단 간 정보망이 지속적으로 유지되어 왔음을 보여 주는 것이자, 이러한 사회적 또는 경제적 과정 속에서 넓은 지역에 걸쳐 다양성 속에 공통성이 발생

---

22 문양대 변화의 일반적 관점에서 보면 오히려 흥륭와 문화나 신락 하층 문화 단계에 비견할 수 있다. 물론 연대적으로 맞지 않으므로 이 문화들과의 직접적 관계는 상정하기 어렵다.

23 이러한 점에서 본다면 사실 지리적으로 근접해 있는 요동반도 남단의 소주산 중층 문화 단계 채도 역시 주목해 볼 만하다. 주지하듯이 소주산 중층문화 단계에는 산동 대문구 문화의 영향이 강하게 간취되는데 이 중 하나가 곡선계 문양을 가진 채도이다. 그러나 사실 요동반도 남단의 소주산 중층 문화 단계에 보이는 대문구 문화 요소는 재지의 통형관과 결합한다기보다는 명확히 구별되는 이질적 토기로 존재한다. 채도 역시 이러한 관점에서 이해할 수 있으며 소주산 중층 단계 재지 토기에 영향을 미친다고 보기는 어렵다. 요동반도와 산동반도 간의 문화적 교류(교환관계?)의 산물로 반입되는 것이다. 이렇게 본다면 홍산 문화에서처럼 재지의 통형관에 더해 채도관이나 채도 통형기 등이 주요한 기종 조성의 하나로 자리 잡고 있는 지역의 채도가 한반도 중서부 지역과 관련 있을 가능성이 더 높다고 볼 수 있다. 이는 토기 외에 전술했듯이 초기 농경의 도입(굴지구 포함)이라는 측면에서도 뒷받침된다. 연대적으로도 소주산 중층 단계는 중서부 II기와 병행하므로 차이가 있다. 아직 논란의 여지는 있지만 중서부 지역 I기 후반의 타래문, 중호문 등 곡선적 문양요소는 요동반도를 통한 대문구문화의 요소라기보다는 홍산 문화와 관련이 있는 것으로 이해하는 것이 현 단계에서는 더 합리적이다.

24 임상택, 2006, 앞의 글.

하고 유지되어 왔다는 점을 보여 주는 또 하나의 좋은 사례이다.

이상 살펴본 바와 같이 중서부 빗살문 토기 전통의 성립기에는 요령 지역과 문양의 시문기법이나 문양 배치에서 공통성을 찾아볼 수 있지만 지역적 개성 역시 뚜렷하다. 따라서 빗살문 토기 전통은 중국 동북 지역의 직접적 개입(이주 혹은 전파)에 의해 성립된 것이라기보다는 당대에 이미 존재했던 문양상의 광역적 공통성—이는 당연히 광역 정보망의 존재를 배경으로 한다—속에서 그 출현을 이해해야 하며 이후 개별 요소의 수용과 정착이라는 과정을 통해 변화해 온 것으로 볼 수 있다.

3. 기형 — 광역적 공통성의 국지적 발현

한반도 중서부 이남 지역 신석기 토기의 가장 큰 특징은 첨저로 대표되는 독특한 기형에 있다. 이와 함께 압날과 자돌, 침선이 복합된 문양적 특징 역시 주변 지역과 대비되어 큰 특징으로 오래전부터 언급되어 왔다. 그런데 이러한 독특한 개성은 중서부 신석기시대 토기의 유래나 계통을 이해하는데 그동안 장애로 작용하여 왔음도 사실이다. 주변 지역에 유사한 토기가 확인되지 않음으로 인해 그 성립과 관련해 여러 설들이 제시되었지만 아직 이렇다 할 학계의 공통인식이 자리 잡지 못하고 있는 것이다.

일제 강점기에 처음 발견되어 석기시대 토기 중 한 가지로 인식되었던 빗살무늬토기는 그 독특한 문양 시문 방식과 문양 형태, 기형 등에서 북구로부터 알타이, 시베리아에 이르는 소위 캄케라믹(Kamm Keramik) 전통 토기의 東端 형태로 이해되었으며 그로 인해 櫛目紋土器라는 이름을 얻게 되었음은 주지의 사실이다.[25] 이러한 전파론적 이해 방식은 당대에 자연스러운 것이었으며 이후 상당히 오랜 기간 동안 정설로 자리잡아 왔다. 해방

25 藤田亮策, 1930,「櫛目文土器の分布に就いて」,『青丘學叢』2.

이후 남북한 모두 상당 기간 이와 같은 인식을 유지하고 있었다.[26] 그러나 연대 문제나 거리의 문제, 문화적 공통성의 문제 등 여러 가지 측면에서 이 설을 뒷받침할 만한 추후 논의는 이루어지지 못하였다.

김원용은 이러한 문제점을 인식하고, 중서부 신석기 토기의 한반도 내 자생설이라 할 만한 아가리무늬 토기 기원설을 제시하였다.[27] 이는 오산리 유적의 발굴을 계기로 중서부 신석기 토기보다 이른 단계가 강원 영동 지역에서 확인됨에 따라 오산리식 토기의 특징인 구연부 한정 시문이 확대 발전하여 중서부의 구분계 전면 시문 토기가 성립하였다는 논리이다. 그러나 이 역시 구체적 분석이라기보다는 아이디어 차원의 논의였고, 문화적 계통 검증이나 문양론적 분석이 결여된 것이었다. 중서부 토기 전통의 성립에 오산리식 토기의 직접적 영향이 있었음을 주장하였지만, 기형 차원에서는 평저와 첨저의 차이를 전혀 설명하지 못하는 한계가 있었다.

이동주는 김원용의 아가리 토기 기원설의 다른 버전이라 할 수 있는 남부 지역 토기 기원설을 제시한 바 있다.[28] 김원용이 구체적 분석이나 루트를 생략한 반면, 이동주는 오산리식 토기의 구연부 압날문이 남해안과 접촉 과정에서 영선동식 토기 단계 압날문에 영향을 미쳤으며 이것이 수가리 1식 토기로 변화 발전하였다고 본다. 또한 중서부의 첨저 기형은 평저토기 전통인 북방에서 찾기 어렵고 융기문 토기 후반 이래 영선동식 토기에 주류를 이루던 원저 기형에서 기원하였다는 것이다. 중서부 토기 전통의 성립과 관련해 첨저 기형의 출자를 영선동식 토기에서 구한 것은 독특한 발상이

26 북한에서는 도유호의 숙청과 함께 소위 문화권설이나 전파론 같은 해석 방식은 학계에서 힘을 잃게 되었고 이후 주변 지역과 비교를 통해 빗살무늬토기의 성립을 논의하는 방식은 찾아보기 어렵게 되었다

27 金元龍, 1986, 앞의 글 41쪽.

28 李東注, 1999,「全面施文 針線文土器 文化의 展開와 編年」,『古文化』50; 이동주, 2003,「岩沙洞遺蹟 編年의 새로운 視點」,『한국신석기연구』제5호.

다. 그러나 이 역시 오산리식 토기에서 영선동식, 수가리 1식 토기로의 변화를 연속선상에서 이해하기 곤란하다는 점, 중서부와 수가리 1기 간의 시간적 차이, 최근 지지받는 오산리식 토기 조기설[29]에 따른 시간적 공백을 메우지 못한다는 점 등 여러 측면에서 성립하기 어려운 것으로 생각된다.

이상균은 중서부 빗살무늬토기 자체 발생설(대동강 유역설)을 주장하였다.[30] 주변의 평저 토기 전통에 의해 고립된 지역에서 자체적으로 첨저 기형이 등장하였지만 문양상에서는 중국 동북 지역의 영향을 받은 것으로 이해하였다. 주변 지역과 연관하여 첨저 기형 발생에 대한 설명이 어렵다는 입장에서 나온 자체 발생설은 논리적으로 충분히 가능성이 있지만 과정에 대한 설명이 결여된 채 일종의 선언적 성격을 띠고 있다는 문제가 있다.

이와는 사뭇 다른 차원에서 중서부 신석기 토기의 성립 또는 계통을 논하는 입장이 있다. 大貫靜夫[31]는 중국 동북지구 신석기시대를 논하는 가운데, 한반도 중서부 지역의 첨저 토기 전통은 고립적이기보다는 지리적으로 가까운 산동의 북신 문화 원저기 계통과 관계될 것이라는 견해를 간략히 제시하였으며, 동시베리아 및 동아시아 신석기 토기를 제작기법에 따라 평저기와 원저기 전통으로 구분하는 안을 제시하였다. 중서부 지역 최대 특징이자 주변과 비교하여 돌출적이라 여겨졌던 첨저기형이 돌출적인 것만은 아니라는 점을 제시하였다는 점에서 의미가 있다. 또한 북방과의 연계만을 고려하던 시각에 재고를 가한 계기가 되었다. 宮本一夫[32] 역시 大貫靜夫의 안을 기초로 하여, 동아시아 신석기시대의 토기 성립기의 계통을 제작

---

29 김은영, 2006,「한반도 중동부지역 신석기시대 평저토기의 시공적 위치에 대하여」,『石軒 鄭澄元敎授停年退任紀念論叢』; 김은영, 2007,「고성 문암리유적을 통해 본 신석기시대 평저토기 문화의 전개」,『문화재』 40.

30 이상균, 2002,「한반도 중서부 빗살문양토기의 기원과 전개」,『韓國考古學報』 46.

31 大貫靜夫, 1989,「東北亞洲中的中國東北地區原始文化」,『慶祝蘇秉琦考古五十五年論文集』,文物出版社; 大貫靜夫, 1992,「極東の先史文化」,『季刊考古學』 38.

기법의 측면에서 平底罐과 丸底釜 전통으로 양분하고, 그중 중서부 지역(그의 서조선)의 첨저 토기는 계통상 환발해 지역의 환저부 계통인 산동 지역과 관련되는 것으로 보았다(그림9). 초기 단계 토기의 제작 기법을 광역적으로 구분한다면 가능성이 있는 발상이라 할 수 있다. 그러나 구체적으로는 환저와 첨저의 유사성을 제외하면 기형과 전술한 문양배치, 형태 등에서 그 차이가 너무 크기 때문에 실질적으로 관련성을 언급할 수 있는지는 미지수이다.[33] 그가 같은 글에서 지적했듯이 생업과 석기 조합이라는 측면에서는 오히려 요동 지역과 초기 단계에 유사성이 높은 점 역시 설명되어야 할 것이다.[34] 그러나 중서부 첨저 토기의 기형에 대해 제작기법 계통이라는 측면에서 광역 차원 설명을 시도했다는 점에서 평가할 수 있다. 趙賓福 역시 궁산 문화의 첨·환저 토기가 기형상 산동 북신 문화와 유사하다는 점을 지적하고 있다.[35] 그는 이와 함께 궁산 2기의 타래문은 燕山 남록의 지자문 토기 단계인 上宅 문화 之字形索状纹과 구도상 유사한 점, 세죽리에서 지자문토기와 첨저 토기가 같이 출토된 점 등을 근거로 궁산 1, 2기 토기를 지자문 토기 단계로 이해하고 있다.

---

32 宮本一夫, 1992,「環渤海新石器時代早期的文化系統」,『環渤海考古國際學術討論會論文集』,河北省文物研究所編,知識出版社, 112쪽; 宮本一夫, 2000,『中國古代北疆史の考古學的研究』,中國書店, 16-18쪽.

33 이에 비해 후이, 북신 문화의 환저기나 양이부 발 등 기종은 삼족기 전통과 함께 磁山, 裵李岡 문화의 그것과 일맥상통하는 점이 분명하다. 황하를 통한 지리적 연결을 충분히 상정해 볼 수 있다. 그러나 한반도 중서부의 첨저기와 양이부 발이 직접적으로 이러한 계통의 동단에 해당하는 것인지 여부는 서해라는 지리적 장애물을 극복할 수 있는 합리적 설명틀의 가능성 여부에 따라 결정될 것이다. 왜냐하면 육로를 통한 직접 확산은 요동 지역 동 시기 토기상을 고려할 때 현실성이 떨어지기 때문이다. 물론 후술하듯이 광역 정보 교환망의 존재를 상정한다면 이른 단계에 여러 지역에서 공유되고 있던 기형적 특징의 하나로 설명할 수는 있을 것이다.

34 宮本一夫, 2000, 앞의 글, 36-37쪽.

35 趙賓福, 2006,「東北新石器文化格局及其与周邊文化的關係」,『中國邊疆史之硏究』第2期, 97쪽.

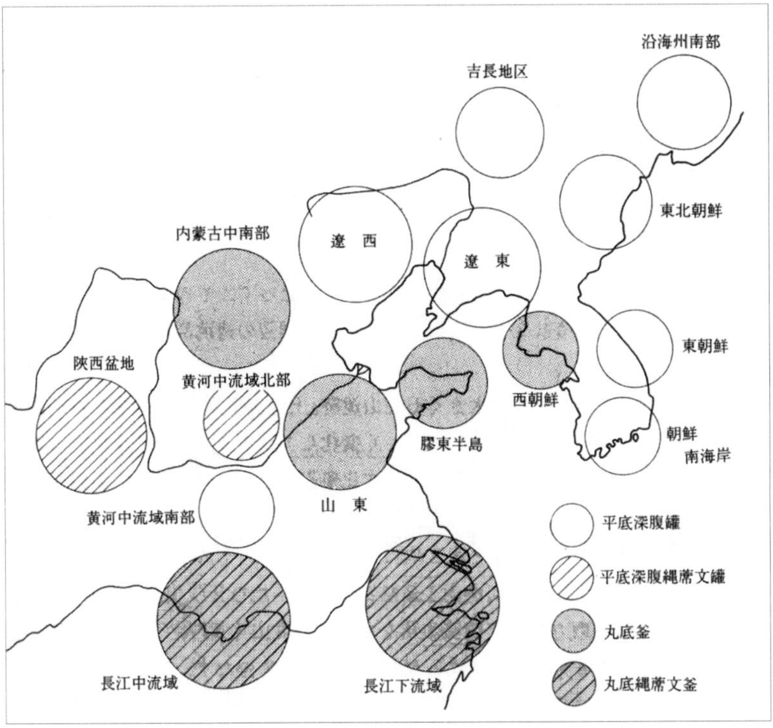

그림9 자비구로 본 신석기시대 조기의 문화계통(宮本一夫, 2000, 도1 전재)

이상에서 보듯이 중서부 첨저 토기의 기원 문제에 대해서는 여러 가지 학설이 존재하지만, 현재 자료상 전파론적 시각에 입각해 첨저 기형의 직접적 기원을 논하는 것은 많은 무리가 따른다. 그러나 거시적 안목에서 보면 바이칼호 근처의 이른 시기(토기 출현기) 우스찌 카렌카 등의 첨저 기형, 앞서 언급한 大貫靜夫나 宮本一夫, 조빈복 등이 지적한 황하 중하류의 이른 시기(老官台, 磁山 裵李崗, 后李, 北辛 등) 원저 기형, 보이스만 문화의 원보이스만 단계 첨저기형[36], 일본 열도 전역 초창기, 조기 단계의 첨·원저 기형 등 동아시아 주변 지역의 상대적으로 이른 단계 토기 문화에는 첨저나

36 Морева, Ольга Леонидовна, 金恩瑩 譯, 2008,「보이스만 문화의 토기」,『한국신석기연구』 제16호.

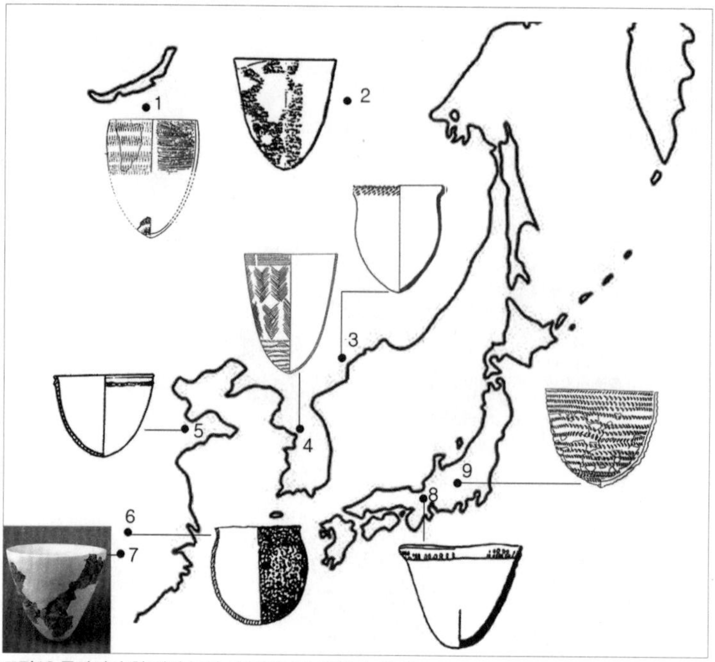

그림10 동아시아 첨,원저 토기 분포도(토기 출현기~전기)
(1:우스찌 카렌카, 2:그로마투하, 3:보이스만, 4:지탑리, 5:后李, 6:彭頭山, 7:玉蟾岩, 8:武者谷, 9:下宿)

원저 기형을 어렵지 않게 찾아볼 수 있다(그림10). 이런 점에서 보면 오히려 지자문 토기로 대표되는 중국 동북 지역(요령, 길림)과 흑룡강 하류역 및 연해주(新開流, 콘돈, 루드나야 등) 등의 평저 토기 전통(冯恩学의 平底筒形罐文化區[37])이 독특하다고 여겨질 수도 있다 물론 첨·원저 기형이 확인되는 많은 지역에서 시기가 내려가면 평저 기형으로 대체되는 현상이 일반적인 점에서 시기에 따른 변화를 검토해야 하지만 최소한 토기 출현기에서 동북아 신석기 전반 단계(대체로 지자문 토기 병행기)에는 첨·원저 토기가 동아시아에서 낯선 존재가 아님은 분명하다.[38]

37 冯恩学, 1991,「东北平底筒形罐区系研究」,『北方文物』第4期.

38 큰 구경과 비교적 직선적인 동체벽을 가진 원추상의 기형은 동북아시아 신석기시대 이른 시기 토기의 특징 중 하나라는 지적(馮恩學 1991:39) 역시 한반도 중서부 빗살무늬토기 초기 단계 기

이러한 관점에서 본다면 한반도 중서부 지역의 첨·원저 토기는 위와 같은 광역적 토기 제작 흐름 중 하나로 볼 수 있다. 문제는 중서부 빗살문 토기의 초현 시기가 아직은 주변 지역에 비해 상대적으로 늦다는 점이다. 이로 인해 이 지역 첨저 기형의 기원을 밖에서 구하려는 시도가 이루어져 온 듯하다. 그러나 필자는 기형 이외의 많은 요소에서 주변과 일치하는 부분을 찾기 어렵다는 점에서 주변 지역으로부터의 직접적 전파와 같은 과정을 통해 중서부 첨저 기형이 성립했을 가능성은 낮다고 보인다. 이러한 논리의 연장선에서 필자는 중서부 지역에 현재 확인되는 궁산 1기보다 이른 단계의 첨저 토기 단계가 존재할 가능성이 매우 농후하다고 생각한다. 만일 그렇게 된다면 시간적으로도 주변 지역과 유사한 시기부터 첨저 토기가 성립, 전개되는 것이다. 즉 동아시아에 첨·원저 토기 제작 전통이 이미 이른 시기부터 상당히 광범위하게 존재하고 있었으며, 그중 하나로 중서부 지역 첨저 토기 전통이 성립하였을 개연성이 큰 것이다. 즉 광역적(inter-regional) 공통성의 지역적, 국지적(regional and local) 발현과 지속이라는 논리로 한반도 첨원저 기형의 존재를 설명할 수 있으며 그 기저에는 후술할 광역적 정보 교환망[39]의 작동이 자리 잡고 있었을 것이다.

이상의 논의에서 보듯이 빗살무늬토기의 성립과 관련된 입장들은 여러 가지이나 구체적 논증이 이루어진 경우는 드물다. 이는 토기의 문양 형태나 기형 같은 개별 속성 차원의 일대일 비교 검토를 통해 중서부 빗살무늬토기 전통의 직접적 성립 과정을 전파론적 차원에서 논하기가 어렵다는 점을 보여 주는 것이다. 따라서 아래에서는 위에서 검토한 토기의 문양과 기형 비교에 여타 자료(석기, 생업, 교환망 등)에 대한 연구 성과를 더하고, 정

형을 주변 지역과 동일한 맥락에서 이해할 수 있게 한다.

39 한반도 중서부 이남 지역이 독특해 보이는 것은 동아시아 신석기시대 이른 단계의 기형적 특징 중 하나였던 첨저 기형이 여타 지역과는 달리 신석기 종말 단계까지 시종일관 유지되었기 때문이다. 이 부분은 한반도 중서부 이남 지역의 독특한 토기 전통(개성)으로 이해할 수 있다.

보 교환망의 작동이라는 측면에서 한반도 중서부 지역 토기 전통의 성립과 동아시아 속에서의 위치를 생각해 보고자 한다.

IV. 논의 : 한반도 중서부 지역 빗살무늬토기 전통 성립의 광역성 –광역 정보 교환망의 존재와 고고학적 함의

1. 광역 정보 교환망과 상호작용권

동북아시아 신석기사회에는 서로 다른 환경과 전통을 가진다고 생각되는 집단들 사이에서 상당한 공간적 범위에 걸쳐 동일한 또는 유사한 특징을 가지는 물질 문화 요소들이 많이 존재한다. 이는 유물 내 개별 속성, 개별 유물 또는 물질 문화 세트 등 여러 스케일로 나타난다. 이러한 현상에 대한 설명틀로서 교환(교역), 전파, 이주 등이 주로 거론된다. 개별 현상에 대한 해석은 사례별로 당연히 달라지겠지만 위 세 가지 설명틀에서 모두 전제가 되고 있는 것은 정보의 수집과 처리이다.[40] 정보의 획득은 교환, 전파, 이주의 과정과 동시에 이루어지기도 하고 그 과정의 전제가 되기도 한다. 수렵 채집 사회에서 교환 행위는 물건의 이동뿐 아니라 그 과정에서의 정보 획득도 주목적이 되는 경우가 많다.[41] 이주 역시 그 원인과 상관없이 상당한 질과 양의 정보를 소지하고 있지 않으면 성공적으로 이루어지기 어렵다.[42] 전

40 정보는 매우 광범위하고 통합적인 개념이지만 편의적으로 환경적·기술적·사회적 측면의 것으로 나누어 볼 수 있다. 물론 수렵 채집 사회에서 특정 정보가 이 중 한 가지 측면만을 가지는 경우보다는 다중적 기능을 하는 경우가 많다. 외래 기원의 신기술에 대한 정보(지식)는 기술적 측면과 함께 그 기술의 도입자, 사용자가 집단 내에서 외부 접촉을 많이 하는 존재로 인식되고 사회적 지위를 얻는 데 도움을 주는 사회적 측면도 가지고 있는 것이다(Hill 2011:179).

41 실제 정보의 획득은 다른 목적(교역, 자원획득, 의례 등)을 가진 행위들의 수행과 함께(embedding) 이루어지는 것이 일반적이다(Whallon and Lovis 2011:282–283).

42 현대 사회에서의 개별 가구의 이주에서조차 이주지의 환경, 학군, 주택 가격 동향 등 얼마나

파는 교환이나 이주와 달리 행위로서 특정하기 어려운 모호성이 있어 고고학적으로 그 과정을 설명해 내기가 매우 어렵지만, 전파라는 현상 자체가 정보 흐름의 다른 표현이라고 볼 수 있다. 이처럼 정보는 구체 행위의 전제이자 그 과정 중의 획득물이며 집단 생존의 필수 요소인 것이다. 정보는 획득, 순환, 사용되는 과정에서 결국 가시화된 흔적을 고고학적 기록으로 남기게 되는 것이다. 동북아시아 신석기사회에서 보이는 광역의 물질문화 유사성에 대해서 교환체계나 廣域情報帶[43] 등을 그 기제로 언급하고 있는 것은 이러한 정보 유통의 중요성을 보여 주는 것이다.

여러 차원의 네트워크를 통한 정보의 교환은 우연적이며 소규모적 만남에서 주기적이고 규모가 큰, 집단의 군집 사례(회유하는 연어에 맞추어 군집하는 북미 북서부 인디언이나 지역 차원 의례를 위해 운집하는 복수 집단의 예 등)에 이르기까지 다양하다. 이 중 고고학적으로 많이 연구되는 대표적인 사례는 집단 간 교역이다. 백두산, 규슈, 관동 지역 등 특정 산지 흑요석의 광역 분포[44], 비취나 호박, 海産 조개 팔찌 등 산지가 국한된 장신구의 유통 연구[45] 등은 그러한 사례의 일부이다. 북태평양 연안에 광범위하게 분포하는 결합식 낚시나 회전식 작살 역시 선사 시대 이래의 광역 정보 교환망을 보여 주는 좋은 사례이다.

많은 정보의 획득이 전제되는지 생각해 보면 쉽게 이해할 수 있다.

43 宮本一夫, 2000, 『中國古代北疆史の考古學的研究』, 中國書店.

44 小畑弘已, 2004, 「極東地方新石器時代における黑曜石利用-ザイサノフカ文化を中心として」, 『極東および環日本海における更新世～ 完新世の狩獵道具の變遷研究』; 大工原豊, 2006, 「黑曜石交易システム-關東, 中部地域の樣相」, 『繩文時代の考古學』 6, 同成社; 河仁秀, 2004, 「新石器時代 韓日文化交流와 黑曜石」, 『韓日交流의 考古學』, 嶺南-九州 考古學會 第6回 合同考古學大會 資料集, 嶺南考古學會, 九州考古學會.

45 홍현선, 1987, 『상시3바위그늘 문화연구』, 연세대학교대학원 석사학위논문; 栗島義明, 2010, 「ヒスイとコハク」, 『移動と流通の繩文社會史』, 明治大學日本先史文化研究所 先史文化研究の新視點 II, 雄山閣.

이러한 원거리 접촉(또는 정보망의 연쇄-후술)을 통한 정보의 획득은 근거리 접촉에 비해 당연히 그 접촉 빈도, 강도, 갱신의 정도(업데이트)가 약하며 정보 교환망의 유지에 드는 비용은 당연히 거리에 비례해 높아질 것이다.[46] 그러나 이를 통해 개인 또는 한 집단(local level)만으로는 얻기 어려운 광역에 걸친 환경적·경제적·사회적 정보를 획득, 갱신할 수 있고 이러한 광역에 걸친 정보의 순환과 유통(광역 정보 교환망의 성립과 기능)은 집단 안정성 유지(경제적·생물학적·사회적)에 크게 기여함은 물론, 넓은 지역에 걸친 물질 문화의 공통성 발현에 인간의 직접 이주(migration) 이상으로 매우 중요한 역할을 할 것이다.

정보 교환망의 유지 전략은 환경의 예측 가능성, 자원 생산성, 상호접촉 유지에 드는 비용(지리적·사회적 장애물, 거리 등에 비례해 증가) 의 차이에 따라 다르게 나타날 수 있다.[47] 중서부 토기 전통의 성립기(I기 전반)에는 앞서 검토한 바와 같이 문양과 기형적 측면에서 광역에 걸친 정보 교환망이 작동하고 있었지만 구체적 토기상의 많은 차이와 외래품으로 볼 수 있는 자료가 거의 확인되지 않는다는 점에서 접촉의 강도나 빈도가 그리 높지 않았을 것이다. 원거리 접촉 유지에 드는 고비용은 이러한 상황의 한 원인이 되었을 것이다. 그런데 중서부에 초기 농경이 본격적으로 도입되는 필자 I기 후반(궁산 2기)은 새로운 자원 획득방식(초기 농경)과 관련 도구(따비형 석기)의 등장, 토기의 변화(곡선계 문양의 등장) 등 이전 단계와 비교해 달라진 면모가 관찰되는바, 새로운 변화는 앞에 검토한 바와 같이 요서 지역과 관련될 가능성이 높다. 즉 원거리 집단과의 접촉 증대가 예상되는 것이다. 원거

46 Fitzhugh B., S. C. Phillips, and E. Gjesfjeld, 2011, Modeling Hunter-Gatherer Information Networks: An Archaeological Case Study from the Kuril Islands, in *Information and Its Role in Hunter-Gatherer Bands*, edited by R.Whallon, W.A.Lovis, and R.K.Hitchcock, pp.87-88, Cotsen Institute of Archaeology Press, UCLA.

47 Fitzhugh B., S. C. Phillips, and E. Gjesfjeld, 2011, *ibid*. pp. 96-99.

리 집단과의 정보 교환망 유지에는 비용이 높게 들 수밖에 없지만,[48] 이와 같이 특정 시기에 집단의 유지와 관련한 변수에 변동이 발생할 경우 집단 안정성 유지에 중요한 기여를 할 수 있다는 측면에서 고비용은 감수할 만하다. 또한 정보의 획득은 한 세대 안에서 짧은 시간 내에 이루어질 수도 있지만 획득된 정보는 사회화 과정, 교육, 일상적 한담(gossip), 통과의례 등 다양한 과정을 통해 세대를 거쳐 장기적 측면에서 유지되며,[49] 또 소수에 의해 획득된 정보는 집단 내에서 공유 과정을 거치기 때문에 원거리 집단과의 접촉 유지와 정보 획득에 드는 고비용을 집단 전체 차원에서 감소시킬 수 있는 수단도 존재한다. 물론 그렇다 하더라도 원거리 집단과의 접촉 유지는 일상적이라기보다는 연결성(connectivity)이 낮고 간헐적인 차원이었을 것이며, 후술할 교환 연쇄를 통한 간접적 접촉 방식이 정보 획득 전략으로 평소에 선호되었을 가능성도 높다. 그러나 어떤 경우에도 이러한 원거리 지역과의 정보 교환망 유지가 장기적으로 결국 집단 안정성 제고와 토기를 비롯한 물질문화상에서 구체적 유사성(예: 궁산 2기의 곡선계 문양, 굴지구 등) 발현에 중요한 기여를 한 것으로 볼 수 있다.

중서부에 시종일관 요동이나 주변 지역의 문물이 상당량 보이는 시기는 없다는 점을 고려하면, 사실 복수의 개인이나 집단이 다중적으로 원거리 교환망을 그물망처럼 형성하는 전략(높은 connectivity)을 채택했다기보다는 일부 개인이나 집단이 그러한 교환망에 참여하는 전략(낮은 connectivity)이 주로 채택되었을 가능성이 높다. 일상적으로 많은 개인이나 집단은 접촉이

48 청천강을 경계로 한 이북 지역에 존재했던 평저 토기 전통 집단이 사회적 장애물로 기능하였을 가능성을 포함하면 원거리 접촉 유지 비용은 물리적 거리에서 기인하는 것 이상으로 높았을 것이다.

49 Whallon R., 2011, An Introduction to Information and Its Role in Hunter-Gatherer Bands, in *Information and Its Role in Hunter-Gatherer Bands*, edited by R.Whallon, W.A. Lovis, and R.K. Hitchcock, p. 283, Cotsen Institute of Archaeology Press, UCLA.

용이하고 따라서 접촉 빈도가 높으며, 이에 소요되는 비용이 낮은 근거리 집단과의 정보 교환망 속에서 간적적으로 정보를 획득했을 가능성(교환망의 연쇄를 통한)이 있다. 시기적으로 늦지만, 남경 유적에서 보이는 요동계 호형 토기와 같은 문물은 원거리 교환망에 참여한 집단을 보여 주는 사례 중 하나로 판단된다.

저비용 전략이라 할 수 있는 교환망의 연쇄를 통한 원격지 정보의 간접적 획득은 정보의 출발지와 도착지 간에 여러 단계의 중개자를 거쳐야 하기 때문에 그 과정에서 정보의 손실이나 왜곡이 발생할 가능성이 높아진다.[50] 그 대표적 사례는 아마도 동북아 결상 이식의 지역별 존재 양태와 관련된 것이라 할 수 있다. 玉玦은 중국 동북 지역에서 단독으로 존재하기보다는 여타 玉匕(옥제 장신구 등)와 세트 관계를 유지하며 전체 옥기 내에서 그 의미가 부여되었을 가능성이 매우 높다. 그러나 주변 지역에서는 결상이식이 단독으로 존재하는 경우(한반도 동해안과 남해안 지역, 일본 열도)가 많다. 이 경우 공간과 시간의 규모가 넓고 길어지면서 정보의 손실이나 왜곡(또는 다른 의미로는 정보 수용자의 맥락에서 능동적 의미 재생산)이 발생하게 된 것으로 볼 수 있다.[51] 물론 이는 단순히 시공간의 문제만은 아니고 해당 문물을 수용하는 집단의 전통, 기호, 제작 기술수준, 석재의 공급 문제 등 다양한 변수가 복합된 것이다.[52]

---

50 Whallon R., 2011, *ibid.* pp.20-24.

51 물론 그렇다 하더라도 동일 형태의 장신구가 동아시아에 넓게 분포하고 있는 정황은, 정보 전달 채널로서 유물이 가지고 있는 상징성 또는 정보성이라는 측면에서 구체적 유물로 物化된 상징 가치나 우주관 등이 동아시아에서 일정 부분 공유되고 있었음을 보여 준다. 이는 물론 당대에 구조화된 정보망의 작동을 통해 이루어졌을 것이다. 스타카(Star Carr) 유적 사례로 대표되는 유명한 유럽 중석기시대 사슴 두개골로 만든 의례용 가면과 같은 유물이 광범위한 지역에 퍼져 있는 사례 역시 광역 정보망을 통해 공유된 우주관이나 상징 가치의 존재를 보여 준다(Zevelebil 2011:182, 194).

52 정치적 맥락을 사상하고 본다면 백제에 의한 중국 자기 수입과 주변 수장들에 대한 사여 역시

그런데 이러한 간접적 교환망의 유지는 다른 측면에서 보면 광역 차원에서 문물의 공통성이 전면적으로 발현되지 못하는 원인이 되기도 했을 것이다. 토기에 국한에서 본다면 중서부 지역이 전기(혹은 그 이전부터)에 시문기법과 문양 배치, 기형 등에서 주변과 공통성을 보이고, 중기 이후 침선문화하는 변화 방향의 큰 틀에서도 공통성을 가지면서도 구체적으로는 중국 동북 평저 토기 문화권과 구별되어 자신의 전통을 시종 일관 유지하는 개성을 가질 수 있었던 여러 이유 중 하나가 될 것이다.

이러한 다차원에 걸친 개인, 집단, 지역 간 접촉(상호작용)은 항상적으로 이루어져 왔으며 그 과정에서 각 지역 집단의 재지 문화 전통에 영향을 미치게 된다. 문화 변동과 교환 및 교역을 포함하는 광의의 '상호 작용' 간의 관계 및 상호 작용의 작동 기제, 의미에 대한 연구는 다양하게 이루어져 왔다.[53] 전파론, 교역의 경제인류학적 모델(형식론과 실재론), 교역과 사회변화에 대한 체계론적 이해와 에이전시의 역할 및 상징에 대한 맥락적 해석을 통한 역사적 이해 등은 지역 간 상호 작용과 물질문화 변동의 관계에 대한 다양한 이해를 가능하게 하였다. 상호 작용과 물질문화 변동의 관계에 대한 설명틀 중 하나로 광역 정보 교환망과 유사한 논리로 이미 사용되고 있는 '상호작용권(*Interaction sphere*)'의 개념이 있다. 칼드웰(Caldwell)이 개념화한 '상호작용권'은 호프웰 문화를 설명하면서 서로 다른 문화 전통(토기, 생업 등)을 가진 많은 지역들이 특정한 영역(예: 종교 또는 의례)에서 유사한 또는 통일적 양상을 보이는 고고학적 현상에 대한 일반적 설명 틀로 제시되었다.[54]

중국에서 기능하던 세트 관계로서의 상징적 맥락이 변용되어 독립된 개별 유물이 백제 수용자의 입장에서 의미가 재생산된 사례로 볼 수 있다.

53 Bauer, A.A. and Anna S. Agbe-Davies, 2010, Trade and Interaction in Archaeology, in *Social Archaeologies of Trade and Exchange*, edited by A.A. Bauer and Anna S. Agbe-Davies, pp. 29-41, Left Coast Press, California.

張光直은 중국 신석기시대 제 문화들 간의 접촉, 영향과 융합 등을 이 상호작용권 개념을 확대 적용하여 설명하면서 중국 문명 형성 과정을 논한 바 있다.[55] 그는 상호작용권의 개념을 확대하여 중국 신석기시대 지역 문화 간의 강도 높고 광범위한 접촉 과정과 이로 인한 상당 수준의 문화적 공통성을 가지게 된 지역으로 이해하였다. 그러나 논리적으로 볼 때, 칼드웰이나 宮本一夫의 지적처럼 이 개념은 일정 공간 단위나 상호작용 정도, 사회의 복합도 등에 반드시 구애될 필요는 없다. 예를 들어, 국지적 집단을 넘어선 물질 문화상의 공통성은 주로 일상용품보다는 소위 위신재로 표현되는 희귀품이나 의례용 물품이 많기 때문에 상호작용권의 형성에 중요한 기제로 작용하는 것은 각 집단 내부 엘리트의 존재라고 설명되곤 하지만,[56] 반드시 그래야 하는 이유는 없다. 서로 다른 원인(예: 권력 획득과 강화를 위한 엘리트의 능동적 교역 vs. 물품의 교환 연쇄를 통한 특정 유물의 광역 분포)에 의해 광역의 물질문화 공통성이라는 같은 결과(equifinality)가 나타날 수도 있기 때문이다. 따라서 이 개념은 위계가 분명한 복합사회뿐 아니라 수렵채집 사회에서도 충분히 적용 가능하다고 할 수 있다.

이러한 상호작용권은 공간을 확대하면 당연히 복수로 존재하게 되며, 서로 중복되기도 한다. 동북아시아 지역에서의 상호작용권은 최소한 후기 구석기시대 이래 지속되었으며 그 규모와 성격은 계속 변화하였다고 볼 수 있다. 중요한 것은 광의의 상호 작용은 개인 또는 집단 및 지역의 차원에서 항상적으로 이루어진다는 점이며, 이는 각 단위의 변화에 여러 가지 방식

---

54 Caldwell, J.R., 1964, Interaction Sphere in Prehistory, in *Hopewellian Studies*, edited by J.R.Caldwell and R. Hall,pp.134-143, Illinois State Museum Scientific Papers, Vol.12. Illinois State Museum, Springfield.

55 張光直, 1989,「中國相互作用圈与文明的形成」,『庆祝苏秉琦考古五十年论文集』, 文物出版社.

56 Hayden B., and Rick Schulting, 1997, The Plateau Interaction Sphere and Late Prehistoric Cultural Complexity, *American Antiquity* Vol. 62 No. 1., Society for American Archaeology, pp. 52-53.

으로 큰 영향을 미치기도 하며, 역으로 상호작용의 성격이나 의미는 각 단위들의 구체적 맥락과 상황, 요구 등에 의해 규정되고 변화된다는 점이다. 상호작용권이란 결국 앞서 언급한 정보 교환망을 포괄하는 종합적 개념으로 생각해 볼 수 있다.

동북아시아 차원에서 보면 지역 간 상호작용권의 작동은 그 결과로서 재지 문화를 크게 변용시키기도 하고(소바타 토기의 등장 및 전개, 남해안 지역 수가리 1식 단계의 토기 문화의 성립 등), 동북아 조기 단계 결상 이식의 분포에서 보듯 서로 다른 문화 전통을 가진 지역들 내에서 광범위한 의례 또는 장신 등 문화 전통의 유사성을 가져오기도 했다. 물론 상호작용권의 성립과 작동이 권역 내 물질 문화를 항상적으로 변동시키는 것은 아니다. 접촉의 강도나 빈도와 관련하여 재지 문화에 큰 영향을 미친 증거가 발견되지 않는 경우도 있다(궁산 4기의 요동 지역 호형 토기, 충북 내륙의 융기문 토기, 한강 유역 금탄리 1식 토기의 존재 등). 이와 같이 다양한 사례 들 속에서 상호작용망의 존재를 확인할 수 있는 바, 그 공간적 규모는 논리적으로 개인 간의 최소 단위에서 광역간 네트워크에 이르기까지 다양하다.

2. 중서부 빗살문 토기 전통 성립의 광역성

이상에서 검토한 바와 같이 정보의 획득과 처리는 결국 국지적· 지역적 집단들의 물질 문화 변동(공통성과 다양성)과 밀접한 관련이 있으며, 광역적 정보 교환망의 존재는 고고학적으로 상호작용권의 공간 범위에 대한 중층적, 다중적 해석을 통해 확인해 볼 수 있다. 앞 장에서 검토한 중서부 빗살문 토기 전통의 성립 관련 요소들을 이러한 관점에서 종합적으로 요약하면 다음과 같다.

첫째, 동아시아 신석기시대 토기 제작 전통은 크게 평저와 첨저 토기 제작 전통으로 나뉘며 지역에 따라 광범위하게 분포한다. 중서부 지역의 첨저 기형은 이러한 광역에 걸친 공통성의 국지적 발현 형태이다. 후기 구석기 이래 유지되어 온 광역 정보 교환망은 이러한 광역적 공통성의 발현 기제 중 하나이다.

둘째, 압날,융기,자돌, 침선 등 문양 시문기법은 동북아시아 지역에 다양하게 존재하고 있었으며, 이는 문양 배치의 다양성(무분할, 다단 분할 등)과 결합하여 다양한 조합의 토기 문양을 생산해 낸다. 특정 조합의 선택은 개별 지역, 국지적 맥락에 따라 다양하다. 광역에 걸친 시문 기법의 유사성(침선 기법 유행 이전의 압날계 시문)과 문양 배치의 유사성(다단 분할)은 기형적 차이의 경계를 뛰어넘는바, 역시 광역 정보 교환망의 존재를 보여 주는 것이다. 그러나 국지적인 최종 문양 형태, 문양 배치의 차이점 등은 이러한 광역 정보 교환망의 강도, 빈도가 높지 않은 낮은 수준의 연결성을 가지고 있었다는 사실을 보여 주는바 이는 지역 간 공통성의 전면적 발현이 아니라 국지적 개성의 발현이라는 결과로 이어진다. 중서부 지역 빗살문 토기 성립기의 문양 시문 기법과 배치, 문양 형태 등에 보이는 국지적 개성은 광역적 공통성과 대립하는 것이 아니라 공존하는 것이다. 역으로 광역에 보이는 세부 속성 차원의 밀접한 공통성(궁산 2기의 토기와 도구, 남경 1, 2기의 호형 토기 등)은 직접적 원거리 교환망의 작동 사례를 보여 주는 것으로 이해할 수 있다.

셋째, 이처럼 중서부 토기의 성립은 광역적 공통성과 국지적 개성의 공존을 통해 설명하는 것이 개별 속성 차원으로 귀결시켜 전파론적으로 설명하는 것보다 훨씬 설득력이 있다. 즉 기형은 산동적 특징, 문양은 동북적 특징을 가진다는 식의 파편화된 설명은 실제에 부합하지 못하는 것이며 고고학적 논증도 어려운 것이다.

넷째, 중서부 토기 전통의 성립 이후 전개 과정 역시 이러한 광역 정보망과 지역 전통의 조합에 좌우된다. 궁산 2기의 토기 변화상은 이러한 예의 하나라 할 수 있다.

다섯째, 광역 정보망의 성립과 유지는 집단의 존속과 관련된 다양한 차원(생업,의례,환경 등)에 기인하는 것이고 이것이 지역별, 국지적 토기 전통의 형성 및 변화와 얽혀 있는 것이다.

V. 맺음말

한반도 중서부 지역과 중국 동북 지역 간의 광역 네트워크 존재는 분명하며 작동 과정에서 물질 문화의 확산 및 수용, 의미 등에 다양한 변이가 생길 수 있음을 살펴보았다. 중국 동북 지역만이 광역 정보교환망의 대상이었다고 한정시킬 이유 역시 전혀 없다. 동북아시아 전체에 걸쳐 토기 문양 시문 방법이 유사한 방향으로 변화하는 점, 초기 농경이 시차를 두고 서서히 주변 지역으로 확산하면서 환경 및 재지 집단의 상황에 따라 특수성을 가지는 점, 첨·환저 토기가 동아시아 이른 단계에 광역적으로 분포하는 점 등은 이러한 광역 네트워크의 존재를 분명히 보여 주고 있다.[57] 지자문 토기 등 중국동북 지역을 대표하는 초기 단계 토기의 특징은 기형과 문양의 구체적

57 수렵채집민과 농경민의 접촉 및 수렵채집민의 농경 수용 과정에 대한 연구는 북구의 사례가 대표적인데, 이 지역 수렵채집민들은 농경민과의 접촉 과정에서 농경(및 목축)의 즉각적 수용, 또는 장기간에 걸친 선택적 수용, 수용 후 수렵채집민으로의 회귀 등 다양한 양상이 나타난다(Zevelebil 2008:52-58). 장기간에 걸친 농경의 선택적 수용은 한반도 중서부 지역 초기 농경의 수용 과정을 이해하는 데 매우 시사점이 높은바, 이는 그 장기 과정에서 수렵채집민과 농경민은 상호 교역 네트워크 속에서 생산품을 거래하는 과정에서 서로 간의 물질문화를 수용하거나 변용하는 등 문화적 변이 과정을 거치기 때문이다. 중서부 지역에서 보이는 토기상의 특수성과 문양 시문상의 광역적 공통성은 이러한 장기 과정 중에 충분히 발생할 수 있는 정보 교환 결과물로 이해할 수 있을 것이다.

인 측면에서는 한반도 중서부 지역과 상당한 차이를 보이지만 시문 기법, 문양 분할 등 과정적 측면에서는 유사성을 부각시킬 수 있다. 즉 다단분할, (연속) 압날 시문 기법의 유행은 이러한 광역 네트워크 속에서 양 지역에 존재하게 된 것으로 볼 수 있는 것이다. 이와는 다른 차원에서 중서부의 기형적 특징은 동아시아에 이미 존재하고 있던 첨·원저 토기 전통의 한 가지로 이해할 수 있다. 이는 중서부 토기의 성립을 개별 속성 차원(문양, 기형 등)으로 분할하여 각각의 기원을 논하는 것은 의미가 없으며 고고학적으로도 증명하기 어려운 점이라는 것을 말하는 것이다. 이보다는 오히려 중서부 토기 전통의 특징들은 광역 정보망 속에서 자체적으로 재구성되었다고 보는 편이 합리적이며, 그러한 특징의 출현은 특정 사건에 기인한다기보다 오랜 기간에 걸친 정보 교류 과정을 통한 것이었다고 생각된다.

참고 문헌

도유호·황기덕, 1957, 『궁산 원시유적 발굴보고』, 유적발굴보고 제2집, 과학원출판사.

______, 1961, 『지탑리 원시유적 발굴보고』, 유적발굴보고 제8집, 과학원출판사.

김용간, 1964, 『금탄리 원시유적 발굴보고』, 유적발굴보고 제10집, 과학원출판사.

김용남, 1983, 「궁산문화에 대한 연구」, 『고고민속론문집』 8, 과학백과사전출판사.

김용간·석광준, 1984, 『남경유적에 관한 연구』, 과학백과사전출판사.

金元龍, 1986, 『韓國考古學概說』(第3版), 一志社.

김은영, 2006b, 「한반도 중동부지역 신석기시대 평저토기의 시공적 위치에 대하여」, 『石軒 鄭澄元教授 停年退任紀念論叢』

______, 2007, 「고성 문암리유적을 통해 본 신석기시대 평저토기문화의 전개」, 『문화

재』40.
서국태, 1986,『조선의 신석기시대』, , 사회과학출판사.
______, 1999,『조선 신석기시대 문화의 단일성과 고유성』, 사회과학출판사.
신숙정, 2007,「환동해지역 신석기시대의 문화와 사회교류」,『한국신석기연구』제14호.
안승모, 1987,「요서지방의 석제경구」,『삼불김원용교수정년퇴임기념논총』.
______, 2002,「금탄리 I식토기의 재검토」,『한국신석기연구』제4호.
李東注, 1999,「全面施文 針線文土器 文化의 展開와 編年」,『古文化』50.
이동주, 2003,「岩沙洞遺蹟 編年의 새로운 視點」,『한국신석기연구』제5호.
이상균, 2002,「한반도 중서부 빗살문양토기의 기원과 전개」,『韓國考古學報』46.
임상택, 2006,『한국중서부지역 빗살무늬토기 문화 연구』, 서울대 박사학위논문.
______, 2009,「한반도 신석기시대 초기농경의 수용과 문화변동」,『선사농경 연구의 새로운 동향』, 사회평론.
______, 2010,「신석기시대 서해중부지역 상대편년과 취락구조의 특징」,『韓國上古史學報』70, 한국상고사학회.
______, 2012,「신석기시대 중서부지역 상대편년의 종합과 병행관계」,『한국 신석기문화의 양상과 전개』, 중앙문화재연구원 학술총서6, 서경문화사.
임효재, 1992,『韓國古代文化의 흐름』, 집문당.
河仁秀, 2004,「新石器時代 韓日文化交流와 黑曜石」,『韓日交流의 考古學』.
嶺南-九州 考古學會 第6回 合同考古學大會 資料集, 嶺南考古學會, 九州考古學會.
홍현선, 1987,『상시3바위그늘 문화연구』, 연세대학교대학원 석사학위논문.
Морева,Ольга Леонидовна, 金恩瑩 譯, 2008,「보이스만 문화의 토기」,『한국신석기연구』제16호.

吉林大學考古研究室, 1989,「農安左家山新石器時代遺址」,『考古學報』第2期.
金旭東 外, 1991,「吉林東豊縣西斷梁山新石器時代遺址發掘」,『考古』第4期.
內蒙古自治區文物考古研究所, 2004,『白音長汗』, 科學出版社.
劉國祥, 2000,「關于趙寶溝文化的幾个問題」,『北方文物』第2期.
索秀芬, 2005,「試論白音長汗類型」,『考古与文物』第4期.

索秀芬, 2006,『燕山南北地區新石器時代文化研究』, 吉林大學 博士學位論文.

索秀芬 · 李少兵, 2007,「牛河梁遺址紅山文化遺存分期初探」,『考古』第10期.

沈陽市文物管理班公室, 1978,「沈陽新樂遺址試掘報告」,『考古學報』第4期.

沈陽市文物管理班公室 外, 1985,「沈陽新樂遺址二次發掘報告」,『考古學報』第2期.

杨虎, 1989,「关于红山文化几个问题」,『庆祝苏秉琦考古五十年论文集』, 文物出版社.

王永波 外, 1994,「試論后李文化」,『考古』第3期.

遼寧省文物考古研究所, 1988,「阜新查海新石器時代遺址試掘簡報」,『遼海文物學刊』第1期.

遼寧省文物考古研究所, 1994,「遼寧阜新查海遺址1987-1990年三次發掘」,『文物』第11期.

遼寧省博物館 外, 1981,「長海縣廣鹿島大長山島貝丘遺址」,『考古學報』第1期.

李曉鍾, 1990,「沈陽新樂遺址1982-1988年發掘報告」,『遼海文物學刊』第1期.

趙賓福, 2004,「東北新石器文化的分期与特點」,『求是學刊』第31卷 第4期.

______, 2006,「東北新石器文化格局及其与周邊文化的關係」,『中國邊疆史之研究』第2期.

中國社會科學院考古研究所內蒙古工作隊, 1985,「內蒙古敖漢旗興隆洼遺址發掘簡報」,『考古』第10期.

中國社會科學院考古研究所, 2010,『中國考古學—新石器時代卷』, 中國社會科學院出版社

張光直, 1989,「中國相互作用圈与文明的形成」,『庆祝苏秉琦考古五十年论文集』, 文物出版社.

張星德, 1991,「紅山文化分期初探」,『考古』第8期.

陳國慶, 2008a,「紅山文化研究」,『華夏考古』第3期.

______, 2008b,「试论赵宝沟文化」,『考古学报』第2期.

陳冰白 外, 2002,「《大汶口續集》中北辛文化的分期問題」,『華夏考古』第3期.

冯恩学, 1991,「东北平底筒形罐区系研究」,『北方文物』第4期.

許玉林 外, 1989,「遼寧東沟縣后洼遺址發掘概要」,『文物』198-12期.

甲元眞之, 2002,「東アジアの先史時代漁撈」,『東アジアと日本の考古學』IV, 同成社.

宮本一夫, 1986 ,「朝鮮有文土器の編年と地域性」,『朝鮮學報』第121集.

______, 1992,「環渤海新石器時代早期的文化系統」,『環渤海考古國際學術討論會論文集』, 河北省文物硏究所編, 知識出版社.

宮本一夫, 1995a,「遼東新石器時代土器編年の再檢討」,『東北アジアの考古學的硏究』, 同朋舍出版.

______, 1995b,「環渤海地域의 新石器文化」,『東亞文化』제33집, 서울대학교인문대학 동아문화연구소.

______, 2000,『中國古代北疆史の考古學的硏究』, 中國書店.

金恩瑩, 2006a,「韓半島中東部地域新石器時代の平底土器についての考察」,『東アジアにおける新石器文化と日本 III』, 國學院大學.

大貫靜夫, 1989,「東北亞洲中的中國東北地區原始文化」,『慶祝蘇秉琦考古五十五年論文集』, 文物出版社.

______, 1998,『東北アジアの考古學』, 同成社.

______, 1992,「極東の先史文化」,『季刊考古學』38.

藤田亮策, 1930,「櫛目文土器の分布に就いて」,『青丘學叢』2.

栗島義明, 2010,「ヒスイとコハク」,『移動と流通の繩文社會史』, 明治大學日本先史文化硏究所 先史文化硏究の新視點 II, 雄山閣.

小畑弘已, 2004,「極東地方新石器時代における黑曜石利用—ザイサノフカ文化を中心として」,『極東および環日本海における更新世~完新世の狩獵道具の變遷硏究』

大工原豊, 2006,「黑曜石交易システム—關東, 中部地域の樣相」,『繩文時代の考古學』6, 同成社.

Bauer A.A. and Anna S. Agbe-Davies, 2010, Trade and Interaction in Archaeology, in *Social Archaeologies of Trade and Exchange*, edited by A.A. Bauer and Anna S. Agbe-Davies, pp.29-47, Left Coast Press, California.

Caldwell J.R., 1964, Interaction Sphere in Prehistory, in *Hopewellian Studies*, edited by

J.R.Caldwell and R. Hall, pp.134-143, Illinois State Museum Scientific Papers, Vol.12. Illinois State Museum, Springfield.

Fitzhugh B.,S.C.Phillips,and E.Gjesfjeld, 2011 Modeling Hunter-Gatherer Information Networks: An Archaeological Case Study from the Kuril Islands, in *Information and Its Role in Hunter-Gatherer Bands*, edited by R.Whallon, W.A.Lovis, and R.K.Hitchcock, pp.85-115, Cotsen Institute of Archaeology Press, UCLA.

Hayden B., and Rick Schulting, 1997, The Plateau Interaction Sphere and Late Prehistoric Cultural Complexity, *American Antiquity* Vol. 62 No. 1. Society for American Archaeology. pp.51-85.

Hill J.H., 2011, Borrowed Names and Indexical Function in the Northern Uto-Aztecan Botanical Lexicon, in *Information and Its Role in Hunter-Gatherer Bands*, edited by R.Whallon, W.A. Lovis, and R.K. Hitchcock, pp.167-180, Cotsen Institute of Archaeology Press, UCLA.

Whallon R., 2011, An Introduction to Information and Its Role in Hunter-Gatherer Bands, in *Information and Its Role in Hunter-Gatherer Bands*, edited by R.Whallon, W.A. Lovis, and R.K. Hitchcock, pp.1-27, Cotsen Institute of Archaeology Press, UCLA.

Whallon R., and William Lovis, 2011, A Synopsis of Information and Its Role in Hunter-Gatherer Bands, in *Information and Its Role in Hunter-Gatherer Bands*, edited by R.Whallon, W.A. Lovis, and R.K. Hitchcock, pp.281-288, Cotsen Institute of Archaeology Press, UCLA.

Zevelebil M., 2008 Innovating Hunter-Gatherers: The Mesolithic in the Baltic, in *Mesolithic Europe*, edited by G. Bailey and P. Spikins, PP.18-59, Cambridge University Press.

Zevelebil M., 2011 Rite, Ritual, and Materiality of Information in Mesolithic Europe, in *Information and Its Role in Hunter-Gatherer Bands*, edited by R.Whallon, W.A. Lovis, and R.K. Hitchcock, pp.181-201, Cotsen Institute of Archaeology Press, UCLA.

한반도 청동기시대의 토기문화와 중국 동북지방

안신원

Ⅰ. 머리말

한반도의 청동기시대는 청동기의 사용, 무문토기의 출현, 새로운 묘제의 등장, 마제석기류의 보편적 사용, 농경의 본격적인 시작 등 전 시기와는 다른 새로운 물질문화의 등장으로 인한 정치, 경제, 사회, 문화적 변화가 이루어진 시기를 의미한다. 청동기시대 문화의 연구는 시대명칭이 말해 주듯이 그 시대의 대표적 물질문화인 청동기를 중심으로 이루어져 왔고, 그동안 적지 않은 연구 성과를 이루어 냈다.

그러나 청동기는 금속기의 특성상 고고학적으로 확보할 수 있는 자료의 양이 상대적으로 부족할 뿐만 아니라, 한반도 전역에 고루 분포하지 못하는 등 물질문화의 전체적인 양상을 대변하지 못한다. 한반도 청동기문화의 표지유물로 간주되는 비파형동검과 세형동검은 시대편년의 주요한 근거 중 하나로 널리 사용되나, 청동기시대의 시간적·공간적 단계를 설정하고 각 단계별 문화의 기원과 발전양상, 그리고 상호관계를 규명하는 데 분명한 한계가 존재한다.

따라서 이러한 문제점을 극복하기 위한 대안으로 문화유형의 개념을 설정하고, 각 유형의 유물복합체 및 주거양식과의 상관관계를 통해 청동기시대의 사회적 성격과 정체성을 규명하기 위한 연구가 진행되어 왔다. 문화유형으로 정의되는 유적·유물복합체는 기본적으로 문화적으로 동질적인 집단이 존재한다는 것을 상정하고 있으며, 이를 확인할 수 있는 전제는 그 집단이 동일한 토기군을 공유하고 있다는 점이다. 따라서 한반도 청동기문화의 고고학적 양상을 규명하기 위한 세밀한 편년체계의 수립, 각 지역별 변화과정 및 상호관계에 대한 검토는 우선적으로 토기를 통해 이루어질 수밖에 없을 것이다.

청동기시대의 토기문화는 무문토기로 대표되며, 무문토기는 신석기시대의 빗살무늬토기와는 기형, 문양, 태토 등 여러 측면에서 확연하게 다른 문화적 특징을 갖고 있다. 무문토기의 등장이 빗살무늬토기전통과 문화적으로 계승관계를 갖는 것인지 아니면 단절적인 양상을 보이는 것인지에 대한 논란은 선사고고학의 주요한 연구과제 중 하나이다.

이러한 인식하에 본고에서는 한반도 무문토기의 등장과 관련하여 중국 동북지방과의 연관성을 검토해 보고자 한다. 중국 동북지방의 고고학문화가 한반도 선사문화의 성립과 발전에 불가분의 관계가 있음은 주지의 사실이다. 기존에 한반도에서 존재하지 않았던 새로운 양식을 갖춘 토기의 등장은 한반도 내에서의 자생적 계기발전을 상정할 수도 있으나, 외래적 요소가 존재하고 있음도 부인할 수 없다. 특히 가장 주목을 받는 것은 한반도 청동기시대 조기(혹은 전기)에 등장한 것으로 인정되는 돌대문토기이다. 돌대문토기는 기존에 한반도에서 찾아볼 수 없는 새로운 형식의 토기이므로 돌대문토기의 등장배경을 밝히는 것은 한반도 청동기시대의 서막을 알리는 중요한 연구가 될 것이다.

중국 동북지방의 고고학문화는 넓은 지역적 범위, 장기간에 걸친 시간성으로 인해 매우 다양하고 복잡하다. 중국 동북지방과 한반도 사이의 모든 고고학적 문화의 관계를 살피는 일은 매우 지난한 작업이다. 따라서 이 글에서는 돌대문토기와 관련된 지역과 시간으로 대상을 국한하여 검토해 보고자 한다.

II. 중국 동북지방의 유적

청동기시대의 존속기간은 지역에 따라 상이하게 나타나기 때문에 중국 동북지방과 한반도를 동일한 시기에 놓고 비교하기란 어렵다.

주지하다시피 중국 동북지방의 청동기문화는 학자에 따라 차이는 있으나 중국학계에서 주장하는 바에 따르면 빠르면 기원전 21세기, 늦어도 16세기경에는 청동기시대가 시작된 것으로 간주한다.[1] 중국 동북지방의 청동기시대의 개시연대는 하가점하층문화의 문화적 특징을 북방계로 볼 것인가 동북계로 볼 것인가에 따라, 또는 산동지방의 岳石文化와 요동반도의 雙砣子 1기와의 관계 및 연대를 어떻게 보느냐에 따라 달라진다. 하가점하층문화의 존속시기는 대략 기원전 2000~기원전 1400년으로 편년하는 것이 일반적인 만큼 북방계가 아닌 동북지방의 고고학문화로 간주할 경우 중국 동북지방의 고고학문화의 개시는 기원전 21세기로 편하는 것이 타당하다. 일반적으로 중원 지역의 학자들은 하가점하층문화를 북방계 청동기문화로 인식하는 데 반해, 동북지방의 학자들은 동북계 청동기문화로 인식하는 경향이 강하다.

한편, 악석문화의 연대는 대략 二里頭 2기~中商 조기로 편년된다. 동북지방의 학자들은 쌍타자 2기에서 악석문화의 고고학적 특징을 상당 부분 확인할 수 있기 때문에, 이보다 이른 시기인 쌍타자 1기부터 청동기시대로

1 中國社會科學考古研究所, 2003,『中國考古學 · 夏商卷』, 中國社會科學出版社.

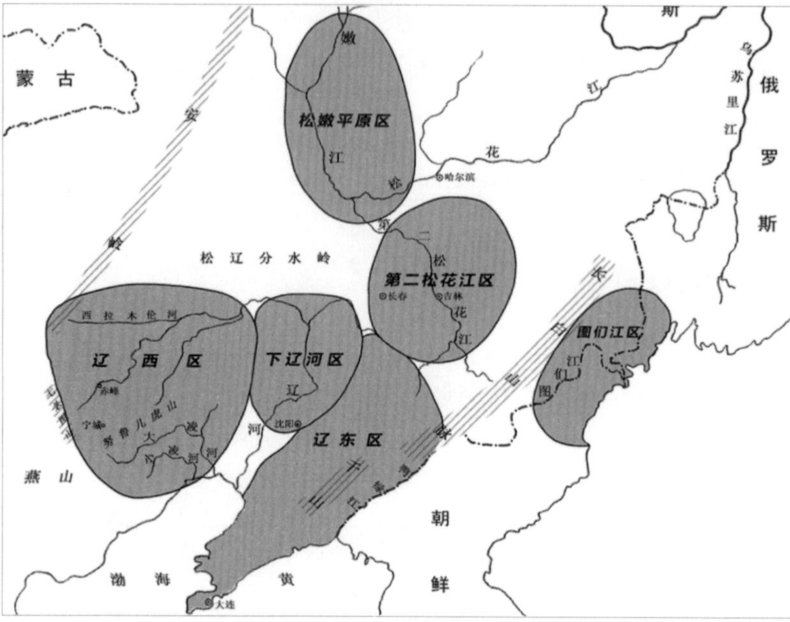

그림1 중국 동북지방 청동기문화 분포도(朱永剛, 2010)

진입했다고 본다.

앞서 언급한 바와 같이 청동기시대 전 시기에 걸쳐 중국 동북지방과 한반도를 비교하기에는 무리가 따르므로, 본고에서는 돌대문토기와 관련된 주요 고고학문화와의 관계, 특히 馬城子文化와 관련된 시기를 중심으로 논하기로 한다.

한편, 본고에서 다루고자 하는 지역적 범위는 요령성과 길림성 일대로 한정한다. 흑룡강성 일대의 선사시대 문화는 한반도와 상당히 차이가 나기 때문에 일정한 관련성을 찾기 어렵고 지역적 편차가 심하여 논의의 대상에서 제외한다.

요령성의 경우 요서, 요동남부, 요중, 요북 등으로 지역을 구분하는 것이 일반적이다. 그중 마성자문화가 분포하는 沈陽, 本溪를 중심으로 한 太子河 일대의 요중지방이 논의의 주 대상이 될 것이다. 또한 이중구연토기의 관련성을 언급하기 위해 요동반도 남부 일대의 쌍타자문화에 대한 논의도 필요하다. 길림 일대 청동기문화의 경우 요동지방과는 또 다른 고고학문화가 존재하는데, 이 중 돌대문토기와의 관련성이 인정되는 일부 지역에 대한 논의도 부가적으로 언급될 것이다.

1. 雙砣子 유적[2]

쌍타자유적은 대련시 서부의 甘井子 營城子鄉 后牧城驛村 북쪽에 위치한다. 이 지역에는 두 개의 산구릉이 맞붙어 있어 '쌍타자'라고 부른다. 쌍타자유적은 두 개의 산 구릉 중 북편 구릉에 주로 위치하며, 동남편 구릉의 문화층은 비교적 얇고, 유물 역시 적은 편이다. 북편의 구릉은 동서북 삼면이 바다에 접해 있으며, 북부는 주로 암석으로 이루어져 있고, 서쪽은 채석장, 남면은 완만한 경사를 이루면서 육지와 연결되어 있어 사람이 거주하기 적당한 입지를 가진다. 현재는 구릉 주변으로 철조망이 둘러쳐 있어 민간인의 출입이 통제되고 있다.

유적의 분포 면적은 약 2만 m^2에 이르며, 퇴적층이 비교적 두터워 제일 두터운 층은 거의 6m에 이른다. 계단식 경작지를 조성하면서 생긴 단면을 통해서 문화층이 노출되었고, 현재도 곳곳의 단면을 통해 토기편들과 동물뼈 등을 확인할 수 있다.

쌍타자유적은 크게 3기로 구분할 수 있는데, 쌍타자 1기문화, 쌍타자 2기문화, 쌍타자 3기문화로 명명할 수 있다.

1) 쌍타자 1기문화(하대 조기)

쌍타자 1기 문화층에서는 3기의 반수혈식 주거지가 확인되었다. 토기는 세

---

2 中國社會科學院考古硏究所, 1996, 『雙砣子與崗上』, 科學出版社.

그림2 쌍타자 유적 원경

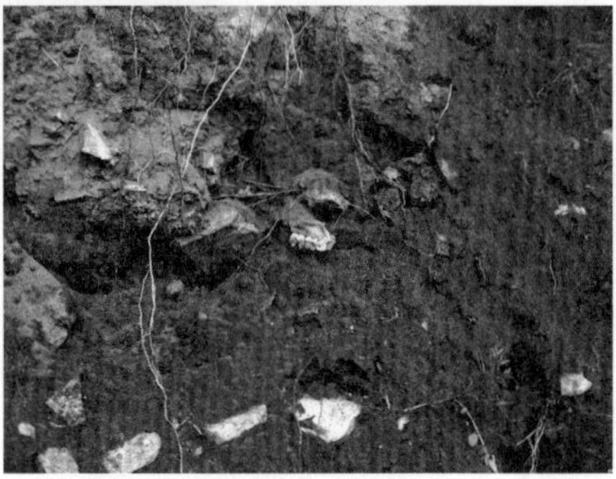

그림3 단애면 노출모습

석립의 흑갈도를 위주로, 소량의 세사립의 홍갈도가 확인된다. 대부분 수제이며, 소성온도는 비교적 낮고, 태토는 두꺼운 편이다. 기형은 斂口短頸罐, 杯, 高圈足의 대형豆 등이 확인된다. 석기는 많지 않은 편이며, 도끼, 자귀, 석도, 석창, 環狀石器 등이 확인된다.

토기는 대부분 수제이며, 구연부는 만륜을 사용하여 정면하였다. 대부분이 세사립의 흑갈도이다. 주로 관, 호, 완, 두, 배 등이 확인된다. 관은 내만하는 구연에, 고복, 평저이며, 고령관이 특징적이다. 완은 외반하는 구연에 기벽은 사선을 이루며, 저부는 평저 또는 假圈足이 확인되고 저부 주위로 거치문이 확인되기도 한다. 두는 기본적으로 천반의 고권족이 대부분이며, 권족에 작은 구멍이 있는 것도 있다. 배는 심복의 單耳로 배의 저부가 과장되어 손잡이가 저부에서부터 부착된 것이 특징적이다. 토기의 표면은 마광을 하였으며, 문양은 현문이 주로 확인되고, 유점문이 부가된 것도 확인된다. 채회토기는 소량이 확인되며, 혹, 백, 황색으로 구성된 기하문 도안이 확인된다. 석기는 비교적 길고 두꺼운 석부가 특징적이며, 석도는 형태가 균일하지 않은데, 등면은 직선에 인부는 곡선을 이루는 반월형 석도의 변형으로 판단된다.

우가촌 하층문화 혹은 우가촌 하층문화유형으로 불리기도 한다. 해당 유적으로는 우가촌 하층유존, 고려성산유존, 소흑석타자 A류유존, 금주 묘산 조기유존, 대취자유존 등이 해당된다. 그 외에도 노철산과 장군산유적을 포함시킬 수 있다.

2) 쌍타자 2기문화 (하대 조기~상대 조기)

쌍타자 2기 문화층에서는 어떠한 유구도 발견되지 않았다. 토기는 윤제이며, 니질 혹은 세사립의 흑도와 흑회도가 대부분을 이룬다. 鼎, 심복의 우盂와 다량의 蓋가 출토되는 것이 특징적이다. 또한, 甗도 출현하기 시작한다. 토기 표면은 마연을 하고, 絃文과 划文이 주로 확인된다. 토기 경부와 동체부에 돌출된 현문이 부착되는 것이 특징적이다. 석부는 쌍타자 1기와는 다른데, 짧은 몸신에 얇고 긴 장방형을 이루며, 전형적인 반월형석도와 편평삼각형 석촉이 비교적 보편적이다. 그 외의 석기는 쌍타자 1기와 유사하다.

대련 지역에서 쌍타자 2기에 해당하는 유적은 대취자유적 2기, 소흑석타자 B류 遺存, 묘산 만기 A류 유존, 상마석 옹관장, 망해과, 단타자 1호/2호 토광묘 및 고려채 유적에서 출토된 일부 토기 등이 해당된다. 토기군은 주로 두 종류의 다른 문화요소로 구성되어 있다. 하나는 토착 문화요소로 주로 호, 관, 옹, 완, 발 등이 있다. 다른 하나는 산동 지역의 악석문화 요소인 언, 분, 존형기, 삼족발, 관, 개 등이 있다.

3) 쌍타자 3기문화

쌍타자 3기 문화층에서는 18기의 장방형 반지하식의 주거지가 확인되었다. 모두 돌담을 조성한 것이 특징적이다. 토기는 대부분 수제로 구연부는 만륜을 이용하여 정리하였다. 일부 윤제의 토기도 확인된다. 태토는 세사립의 회갈도를 위주로, 대형의 토기관의 수량이 현저하게 증가하였으며, 고복소저관, 고령관, 세병왜족두, 권족궤, 염구곡복반 등의 기형이 주를 이루고 삼족 혹은 오족의 토기도 확인된다. 토기 표면은 대부분 마연을 하였으며, 표면에 화문을 시문한 것이 1, 2기에 비해 현저하게 증가한다. 또한 자돌문, 수직의 부가퇴문 등이 확인된다. 석기는 중장방형의 편평석부가 보편적이며, 반월형석도와 편평삼각형 석촉이 다량으로 출현한다. 또한, 이 시기에는 긴 몸신의 배면이 곡선을 이루는 끌(鑿)이 특징적이다.

쌍타자 3기 문화는 대련 지역이 비교적 광범위하게 분포하는데, 우가촌 상층문화, 대취자 3기(만기), 소흑석타자상층, 대타자, 금주 대구두, 금주 묘산 만기 B류 도기, 윤가촌 1기 및 강상유적 '무덤하부의 문화층 및 유물'을 포함한다. 양두와, 망해과, 단타자 등에서도 관련 유물이 소량 출토되었다. 주로 壺, 罐, 簋, 盂, 鉢 등이 출토되며, 무문이 유행하고 소량의 각화문이 확인된다.

2. 馬城子 유적[3]

마성자유적은 본계 만주족자치현 南甸子鄉 마성자촌 동쪽의 태자하 우안

3 遼寧省文物考古硏究所, 1994, 『馬城子—太子河上游洞穴遺存』, 文物出版社.

그림4 마성자 동굴 전경

의 단애상에 위치한 동굴유적이다. A, B, C 총 3개소의 동혈묘가 조사되었다.

1) A동 무덤

A동 무덤 내에서는 총 29기의 무덤이 확인되었다. 퇴적층이 얕은 관계로 일부 무덤은 훼손 정도가 심하지만, 기본적으로 동일 문화층에 속하며 서로 중첩관계는 확인되지 않는다. 동굴 바닥이 단단한 암반이기 때문에 기본적으로 무덤의 깊이는 깊지 않으며, 대부분이 특별한 장구가 없는데, 다만 M9는 바닥에 석판을 깔았고 M12는 석재를 이용해서 장방형의 석관을 조성하였다. 무덤의 평면 형태는 원각장방형이 주를 이루고 부정형, 방형 등이 있다. 장법은 화장을 안 한 앙신직지장, 무덤 내에서 화장을 한 것, 세골장 등 3가지로 구분할 수 있으며, 세골장이 22기로 대부분을 차지한다. 또한, 50%의 묘에서 동물뼈가 출토되었다. 동굴 벽면에 인접한 무덤의 부

그림5 마성자 A동굴 입구

장품과 인골의 보존 정도가 비교적 좋다.

유물은 무덤 1기당 대략 5~8점이 확인된다. 토기는 호, 관, 발이 주종을 이룬다. 대부분 무문으로, 문양은 소량만 확인된다. 그러나 맥립형, 원점형의 압문과 부가퇴문 등이 기물의 구연부, 경부, 견부 등에 시문되는 것이 확인된다. 토기는 권족과 가권족이 유행하며, 다량의 토기에 횡방향의 파수가 부착되어 있다. 대부분 협사도이며, 니질토기는 비교적 적다. 석기는 대부분이 마제석기로, 斧, 쐐기(楔), 자귀(錛), 鑿(끌), 刀, 화살촉, 환상環狀석기, 방륜 등이 출토되었다.

2) B동 무덤

B동 동굴은 평면 馬蹄形에 내부 면적 약 75m^2로 총 14기의 무덤이 확인되었다. 무덤은 벽쪽의 2기를 제외하고는 4열의 배열구조를 가진다. 무덤의 평면 형태는 A동과 유사하다. 대부분의 무덤이 장구가 없으며, 3기의 무덤에서 할석(M2), 대형 석재(M4) 또는 긴 석재(M6)를 이용해서 묘실을 조성한 것이 확인된다. 장법은 화장을 안 한 앙신직지장(4기), 무덤 내에서 화장을

그림6 마성자 A동굴 출토유물

그림7 마성자 B동굴 출토유물

한 것(5기), 세골장(4기) 등 3가지로 구분할 수 있다. 또한, 약 50%의 묘에서 동물뼈가 출토되었다.

유물은 총 132점이 출토되었다. 토기는 호, 관, 발이 주종을 이루며 완도 확인된다. 보통 피장자의 머리, 다리 양끝 혹은 몸의 측면에 안치된다. 크게 협사도와 니질도로 구분할 수 있으며, 협사도의 비중이 훨씬 크다. 색조는 홍갈색 위주에 일부 황색과 회갈색도 확인된다. 무문이 대부분이고, 일부 호의 구연부와 복부에 횡방향의 '人'자, 각화단선문, 점문, 맥립문, 사파문 등이 확인된다. 대형 직경호의 구연부와 복부에는 일반적으로 끊김이 있는 부가퇴문이 부착되고, 일부 적색 슬립을 입힌 것도 확인된다. 대부분 수제이며, 제작 시 부위별로 따로 만들어 붙였다. B동 출토 토기의 전체적인 특징으로는 호와 관의 구연부 외측에 일반적으로 얇은 이중구연을 조성한다는 점이다. 또한 토기의 동최대경에 한 줄의 부가퇴문을 부착한 화변을 두르는데, 이러한 화변의 특징은 요동 지역에서 대체로 신석기시시대 말기에 출현하여 청동기시대 과도기까지 존재하는 것이 특징이다. 한편, 관은 파수가 특징적인데, 종방향 橋狀耳와 乳丁耳가 특징적이다. 석기는 대부분이 마제석기로, 斧, 쐐기(楔), 자귀(錛), 끌, 도, 화살촉, 환상석기, 방륜 등이 출토되었다.

3) C동 무덤

C동 동굴은 평면 마제형에 내부 면적 약 $50m^2$로 총 23기의 무덤이 확인되었다. 무덤은 나름의 규칙을 가지고 배치된 것으로 판단된다. 성인과 아이 합장묘를 제외하고는 모두 단인장이며, 화장을 안 한 무덤(4기), 무덤 내에서 화장을 한 것(2기), 세골장(15기) 등 3가지로 구분할 수 있다. 한편, 동굴 입구 중앙에 위치한 M19는 내부에서 아무것도 확인되지 않는 '空墓'이다. 대부분의 무덤에는 장구가 없으며, M1과 M19이 유일하게 긴 석재 또는 할석을 이용하여 묘실을 조성하였다.

유물은 총 154점이 출토되었다. 토기는 관, 호가 주를 이루며, 발은 비교적 적고, 완과 배는 보이지 않는다. 토기 중에서는 부장을 위해 전문적으로 제작된 소형 호가 확인된다. 석기는 석제 방륜이 제일 많고 분, 부가 확인되며, 도는 비교적 적고 석촉은 보이지 않는다. 장신구는 비교적 적으며, 그 외 骨墜, 骨珠, 牙飾 등이 확인된다.

요동 지역의 주요 고고학문화는 일정한 시간적 흐름을 보인다. 시간적으로 쌍타자 1·2기문화가 하~상 조기에 속하며, 쌍타자 3기는 상대, 마성자문화는 하~서주 조기, 쌍방문화는 서주~전국시기로 판단할 수 있다. 지역적으로 쌍타자문화는 주로 요동반도 남단에 분포하고, 마성자문화는 태자하유역을 중심으로 하는 천산산맥 일대에 분포하고, 쌍방문화는 요동 지역 대부분에 분포한다. 쌍타자 1·2기문화의 토기군에는 각각 산동반도의 문화적 요소를 비교적 많이 확인된다. 가령 쌍타자 1기문화에는 전형적인 산동용산문화 말기의 鼎足, 鬹足, 三環足器, 瓦足盤, 豆, 蓋, 大耳杯 등이 보이며, 쌍타자 2기에도 전형적인 악석문화 요소가 많이 포함되어 있다. 쌍타자 3기가 되면 산동 지역의 문화요소는 급속하게 약해지고, 기존의 재지문화가 주를 이룬다. 쌍타자 1·2·3기문화의 壺, 甕, 碗, 簋 등의 전형적인 토기는 전 시기에 걸쳐 지속적으로 존재한다.

한편, 쌍타자 3기문화 이후에 쌍방문화가 등장하는데, 쌍방문화가 북쪽으로 진출하면서 마성자문화에도 영향을 미친다. 마성자문화 중기 이전에는 쌍타자문화와의 관련성이 거의 없지만, 마성자문화 3기가 되면 쌍타자 3기문화 및 쌍방문화에서 확인되는 발구현문호(미송리형토기)가 등장하기 시작한다. 그 예로 묘후산 C동 M2 출토의 발구현문호를 들 수 있다. 쌍방문화의 발구호는 동체부에 횡방향의 파수가 부착된 것을 특징으로 하며 주로 석관묘에서 출토되는데 이 석관묘는 기본적으로 마성자문화의 문화전통에 속하는 것으로 이 시기에 천산산지와 요동반도 남단 쌍방 간의 교류를 보여 주는 것으로 판단된다.

쌍방문화와 쌍타자 3기문화는 직접적인 전승관계가 확인되는데, 특히 無耳壺, 無耳罐, 高臺簋, 豆 등은 모두 쌍타자 3기문화에서 직접적으로 변화, 발전한 것으로 판단된다. 그 외 횡이발구호와 횡이외반구연호 및 마안형 첩이관 등은 쌍타자 3기에서 새로 등장한 기형이다.

한편, 夏商시기의 쌍타자 1·2·3기문화는 적석묘가 주류를 이루지만, 兩周시기인 쌍방문화 단계가 되면 연대가 가장 빠른 강상묘지가 원래의 전통을 유지하는 것을 제외하고 적석묘는 이 시기에 이미 석관묘, 대석개묘, 지석묘, 토광묘 등의 다양한 형식으로 변화한다. 이와 동시에 비파형동모(曲刃矛), 비파형동검, 方銎斧 등의 청동무기가 출현하기 시작한다.

청동제 무기의 출현과 더불어 쌍타자문화–쌍방문화의 급속적인 영역확장이 이루어진다. 원래 하상시기에는 요동반도 남단에 국한에서 분포하던 것에서 서주~전국시기까지 모든 요동 지역으로 급속히 확장되며, 그 범위도 요서의 산지지구와 한반도, 송화강 유역까지 파급된다.

마성자 동굴묘를 대표로 하는 마성자문화는 요동 지역의 태자하 유역을 중심으로 천산산맥, 무순, 심양, 법고, 강평, 단동 및 서북한 지역에 분포한다. 마성자문화의 무덤은 태자하 유역의 석회암동굴에서 주로 발견되며,

묘광이나 봉분이 없고 일반적으로 장구도 없는 점이 특징이다. 한편, 석관 등 석질의 장구가 소량 확인되기도 한다. 장속은 揀骨火葬이 주로 확인된다. 부장품은 호, 관, 발(또는 완)의 조합을 기본으로 하며, 정, 두, 시루는 확인되지 않는다. 주거지는 주로 강 양안의 능선이나 대지 위에 입지하며, 주로 방형 혹은 원형의 지상식 주거지이다. 반지하식은 확인되지 않는다. 토기는 무덤과는 달리 정, 두, 증 등의 기종이 확인된다. 그 연대는 하~서주조기까지의 폭을 가진다.

한편, 마성자문화는 단동 및 서북한 지역과 밀접한 관련을 가진다. 환인 大梨樹溝묘지와 狍圈溝유적에서는 주목할 만한 자료가 확인된다. 대리수구의 직경원복호와 사경편복호, 직령관 및 첩순완은 모두 마성자 3기의 유물과 유사하다. 게다가 호, 관, 완의 조합을 갖추고 있는 것 역시 유사하다. 그러나 대리수구에서는 권족관과 수교이가 유행하는 점, 포권구유적의 원형 혹은 다변석추는 마성자문화에서는 보이지 않는 점 등은 마성자문화와 차이가 있다고 할 수 있다. 또한, 대리수구는 석관묘, 판석과 할석을 쌓아 무덤을 만드는 방식이 주를 이루는데 이는 마성자에서 소량의 석관묘만 보이는 것과는 다른 점이다. 대리수구와 마성자의 석관묘의 형태는 비교적 유사하다. 결론적으로 마성자문화와 단동 지역의 조기 청동기문화의 관계는 밀접하며, 마성자문화의 단동 지역에 대한 영향을 확인할 수 있다.

3. 興城유적[4]

한반도 동북부의 청동기문화와 가장 밀접한 관련이 있는 유적으로는 대규모 발굴을 통해 비교적 풍부한 고고학자료가 확인된 화룡 흥성유적(제3, 4,

4 吉林省文物考古研究所·延邊朝鮮族自治州博物館, 1998,『和龍興城—新石器及青銅時代遺址發掘報告』, 文物出版社.

그림8 흥성토기(86F1:5)

그림9 흥성토기(87BF3:22)

5기)이 대표적이다. 토기 중 大口深腹甕, 鼓腹甕, 筒形罐, 鼓腹罐 등이 주요한 기종이다. 구연은 모두 외반되었으며, 구연부에 각목문(돌대문) 및 물결문이 시문된 다양한 형태의 동체부를 갖는 관이 특징적이다. 석기는 다양한 종류가 확인되나 흑요석으로 제작된 무기 및 수렵구에 해당하는 석촉, 석모, 석거와 굴지구인 역T자형 석서가 대표적이다. 기본적으로는 신석기시대의 석기 제작 전통이 계승되었다. 골각기는 무기 및 수렵구, 공구, 장신구 등 다양한 종류와 풍부한 수량이 두드러지며, 그중에서 특히 골검, 골모의 제작과 사용이 특징적이다.[5]

흥성유적과 유사한 고고학적 특징은 길림성의 延邊 新龍, 延吉 小營子 및 동북한의 회령 오동(F4), 서포항, 웅기 송평동 등의 유적에서도 확인되어 연변 일대와 동북한에 걸쳐 광범위한 지역에 동일한 고고학적 문화가 자리 잡고 있음을 알 수 있다.

5 崔慶淑, 2009,「豆滿江流域 青銅器時代 文化 研究」, 忠南大學校 碩士學位論文.

III. 한반도 토기와의 비교

주지하다시피 한반도 무문토기의 개시는 신석기시대와는 전혀 다른 기형의 토기가 등장하는 것과 궤를 같이한다. 무문토기의 등장배경에 대해 신석기시대의 문화적 전통 아래 무문토기가 계기적으로 발전하였을 가능성이 논의되어 왔으나 아직까지는 부정적인 것 같다. 이러한 점 때문에 무문토기의 기원을 한반도와 지리적으로 가장 인접한 요령지방의 청동기문화, 특히 쌍타자 3기 문화와 연결시키는 견해가 일찍부터 있어 왔다.[6] 요동반도 서남단의 쌍타자 3기(쌍타자, 대취자 생활유적, 우가촌 타두 적석묘 유적)는 어깨가 넓은 직구단경호, 나팔상의 대각을 갖춘 두형토기, 원통형의 동체에 손잡이가 달린 컵형토기, 단추형 꼭지의 고배 뚜껑 등이 특징적이며, 특히 침선문계통의 문양은 압록강 하류 신암리의 유적에서도 확인된다. 신암리 2기는 상대 중기의 이른 시기에 해당하며, 이는 마성자문화의 중말기에 해당된다. 신암기 2기의 토기는 태토에 활석립, 석면 및 사립질이 혼입되어 있으며, 수제의 무문을 기본으로, 문양은 현문, 부가퇴문, 자점문 등이 확인된다. 기종은 호, 관, 두, 완 등이 주를 이루며, 청동도와 청동단추도 확인된다. 신암리의 호, 관, 완과 마성자의 호, 관, 완은 그 기형과 문양 등에서 상당한 유사성을 가진다. 즉, 신암리 2기는 쌍타자 3기와의 상호연관 속에 형성된 것으로 파악된다.

그런데 돌대문토기가 한반도 각지에서 확인되고 무문토기 중 가장 이른 시기에 등장한 것으로 간주되면서,학계에서는 돌대문토기의 발생 배경에 대한 논의가 진행되었다. 쌍타자 3기는 일반적으로 요동반도 남부에 분포하고 있고 후에 등장하는 쌍방문화와의 친연성이 확인되지만, 요중 지역의

---

6 安在皓 · 千羨幸, 2004, 「前期無文土器の文様編年と地域相」, 『福岡大學考古學論集—小田富士雄先生退職記念』, 小田富士雄先生退職記念事業會.

마성자문화는 대상과 절상의 돌대문이 장식된 단경호, 외반구연에 동체가 아래위로 길고 세로 손잡이가 붙은 장경호, 이중구연의 심발형 토기가 특징적이어서 쌍타자 3기와의 관련성은 적다. 반면 쌍타자 3기에서는 보이지 않는 돌대문토기가 마성자문화에서 확인되면서 한반도 무문토기의 기원을 마성자문화에서 찾고자 하는 연구가 지속적으로 진행되었다.

마성자문화와의 관계에 대해 가장 주목할 만한 연구는 안재호에 의해 진행되었고,[7] 이어 천선행에 의해 마성자문화 토기의 변천관계에 대해 자세한 연구가 이루어져[8] 그동안 단편적으로 알려져 왔던 마성자문화와 한반도 토기문화 사이의 관계가 집중적으로 다루어졌다.

이와 같은 돌대문토기에 대한 관심은 한반도 무문토기의 성립과 함께 신석기 말기에서 청동기시대로 시대가 바뀌는 고고학문화의 전환기적 양상을 살펴보려 한 데 주된 목적이 있다.[9] 즉, 신석기시대 말기의 이중구연토기와 돌대문토기와의 관련성을 통해 청동기시대 조기를 설정함으로써 신석기시대에서 청동기시대의 계기적 발전성을 강조하고자 한 것이다. 그러나 하인수가 지적했듯이 미사리 15호 주거지 환저무문토기를 즐문토기로 단정할 수 없으며,[10] 연대에서도 차이가 나기 때문에 신석기시대와의 연관성을 논하기는 무리라고 생각된다. 또한 신석기시대 말기의 이중구연토기는 한반도 남부에 국한된 고고학적 양상이기 때문에 한반도 전역에 적용하는 것도 어렵다고 생각된다.

아무튼 돌대문토기가 한반도에서 가장 이른 시기에 등장한 무문토기임은 분명하다. 중요한 것은 돌대문토기의 기원지와 한반도와의 관계일 것이

7 安在皓, 2010,「韓半島 青銅器時代의 時期區分」,『考古學誌』16, 5~56쪽.

8 천선행 · 장순자, 2012,「마성자문화 동굴묘출토 토기 변천과 전개」,『嶺南考古學報』63, 5~31쪽.

9 이기성, 2012,「문화사적 시기구분으로의 무문토기시대 조기설정 재검토 」,『韓國上古史學報』76, 5~26쪽.

10 하인수, 2006,「말기 즐문토기의 형성과 전개」,『한국신석기연구』12, 10쪽.

다. 돌대문이라는 요소는 사실 중국 동북지방 나아가 중국 북방지방에 광범위하게 분포하는 문화적 전통이다. 중국에서는 돌대문을 '附加堆文'으로 통칭하며 청동기시대 이른 시기부터 존재한다. 특히 부가퇴문이 가장 특징적인 청동기시대의 문화는 오르도스 지역의 朱開溝, 李家崖문화를 들 수 있을 것이다. 이들 문화는 중국 북방계 청동기문화에 속하며 '花邊鬲'이라 부르는 토기가 가장 특징적이고, 연대 또한 매우 이른 시기부터 등장하여 용산시대 말기로 편년하기도 한다.

이러한 예를 살펴본다면 김장석이 적절하게 지적했듯이[11] 기형이나 토기조합 같은 동시기성을 나타내는 요소에 비해 돌대문이라는 구연부 형태나 문양요소 같은 지극히 미세한 속성이 한반도 무문토기와 성립을 말해 주는 가장 중요한 요소가 되는지는 매우 의문스럽다. 사실 몇 가지 세부요소를 제외하면 문화의 전면적인 교류관계나 변화과정을 증명할 수 있는 자료는 매우 제한적이다. 이러한 제한적인 속성을 기준으로 분석을 한다면 돌대문토기의 원류는 중국 동북지방이 아니라 중국 북방에서 찾아야 하는 논리적 모순에 빠지고 말 것이다. 더욱이 돌대문토기의 기원을 偏堡文化에서 찾아야 한다는 주장까지 제기되었으나,[12] 이러한 영세한 자료는 간헐적 혹은 단절적인 지역 간의 교류를 설명하는 근거로 활용될 수 있을 뿐, 특정한 문화와 시기를 대표하는 유물들로 간주할 수 없으며, 더욱이 한반도 토기문화의 기원으로 단정하기는 많은 무리가 따른다고 할 수 있다.[13]

최근에는 이러한 고민을 반영하듯 돌대문토기, 이중구연토기 등의 형성이 단일한 지역을 조형으로 하는 것이 아니라, 다양한 경로와 방식을 통해

---

11 김장석, 2008, 「무문토기시대 조기설정론 재고」, 『한국고고학보』69, 94~115쪽.

12 宮本一夫, 2014, 「동아시아에서 본 한국의 선사고고학」, 『한국고고학의 신지평』, 제38회 한국고고학전국대회 발표요지문, 85~105쪽.

13 강인욱, 2011, 「동북아시아적 관점에서 본 북한 청동기시대의 형성과 전개」, 『동북아역사논총』 33호, 391쪽.

한반도로 유입된 것이라는 주장이 제기되었다. 특히 서북한 지역의 무문토기문화의 성립 배경은 압록강 하류, 압록강 중상류의 두 계통의 문화로 나누어 봐야 하며, 두만강 유역의 돌대문토기는 요령성지방이 아닌 연해주 지역 돌대문토기와의 관계 속에 등장한 것으로 볼 수 있다는 것이다.[14]

즉, 신암리 2기에서 확인되는 경부의 문양대나 대각이 달린 완형토기는 쌍타자 3기의 요소로 볼 수 있으며, 돌대문은 쌍타자 3기보다는 마성자문화에서 일반적으로 확인되므로 압록강 하류의 청동기문화는 쌍타자3기와 마성자문화와의 결합으로 형성된 것으로 판단한다.[15] 이러한 현상은 압록강 하류 지역에서 요동반도의 토기를 선택적이고 복합적으로 받아들인 결과로 해석하기도 한다.[16] 또한 압록강 중상류 지역의 공귀리유형에서 확인되는 돌대문, 호형토기, 이중구연과 마성자문화 사이의 유사성도 지적되면서[17] 마성자문화와의 영향도 주목받아 왔다.

한편 두만강유역-동북한 지역에서 발견되는 돌대문토기를 남한 지역 돌대문토기의 기원으로 보는 견해가 있다.[18] 반면에 이 지역의 심발형 지두상돌대문토기가 각목돌대문토기와 유사하지만, 돌대를 덧붙이지 않고 구연부를 두껍게 만 이중구연에 지두문이 있다는 점에서 대체로 마성자문화와는 별개의 것으로 보이고 다소 늦은 단계의 심발형토기에 돌대문이 장식된 사례를 근거로 들어 요동 지역의 돌대문토기가 연해주 극동 지역을 경유하여 이 지역에 유입되었다는 주장도 있다.[19] 또한 동북한 지역의 돌

---

14 안재호, 2010, 앞글; 千羨幸, 2014, 「한반도 무문토기문화 형성기의 중국동북지역과의 관계」, 『湖南考古學報』48, 5~34쪽.

15 안재호, 2010, 앞글.

16 千羨幸, 2014, 앞글.

17 강인욱, 2011, 앞글; 안재호, 2010, 앞글, 385~436쪽.

18 김재윤, 2004, 「韓半島 刻目突帶文土器의 編年과 系譜」, 『韓國上古史學報』46, 31~70쪽; 강인욱, 2007, 「두만강 유역 청동기시대 문화의 변천과정에 대하여」, 『한국고고학보』62, 46~89쪽; 崔慶淑, 2009, 「豆滿江流域 靑銅器時代 文化硏究」, 忠南大學校 碩士學位論文.

대문토기가 극소수이며, 돌대문토기 출토유적이 동해안에서 확인되지 않는 점을 들어 남한 지역 돌대문토기의 동북한 원류설을 부정하는 의견도 있다.[20]

그러나 연해주와 길림성 연변 일대에는 오래전부터 돌대문이라는 모티브를 갖고 있는 토기제작의 전통성이 확인되므로 두만강 일대를 통한 동북한쪽으로의 유입 가능성도 존재하며, 시기 또한 서북한과 별다른 차이가 없다.[21] 이러한 상황을 반영하듯 최근에는 돌대문토기의 '서북한기원설(마성자문화 기원설)'의 지지자인 안재호와 천선행 또한 두만강유역 돌대문토기를 한반도 돌대문토기의 3계통 중 하나로 파악하고 있다.[22]

지금까지의 연구결과로 보면 돌대문이라는 토기 문양부의 속성은 마성자문화와의 관련성이 가장 높아 보인다. 앞서 언급했듯이 이러한 속성은 중국 동북지방에 광범위하게 분포하는 문화적 전통이기 때문에 두만강을 통한 동북한으로의 유입 가능성도 상존하지만, 보다 높은 친연성을 보이는 경로는 압록강을 통한 서북한 지역[23]으로 유입가능성이다. 이러한 논지는 압록강 일대에서 돌대문토기의 등장은 한반도 재지문화가 요동반도의 문화적 요소와의 접촉 속에 선택적으로 받아들여 형성된 것으로 파악하는 반

---

19 裵眞晟, 2007, 「豆滿江流域 無文土器의 實相」, 『嶺南考古學』 42, 71~97쪽.

20 千羨幸, 2005, 「한반도 돌대문토기의 형성과 전개」, 『韓國考古學報』 57, 61~97쪽.

21 김재윤이 지적했듯이 길림 지역, 특히 흥성문화의 돌대문토기 중에는 소위 '지두상돌대문'만 존재하는 것이 아니라 각목돌대문 또한 존재하며, 필자 또한 지난 1998년과 1999년 연변박물관에서 흥성문화의 돌대문토기를 실견한 바 있다. 김재윤, 2014, 「지역간 교류에 대한 방법론적 제시」, 『한국고고학의 신지평』, 제38회 한국고고학전국대회 발표요지문, 163쪽.

22 안재호, 2010, 앞글, 47~48쪽; 千羨幸, 2014, 앞글, 18쪽.

23 안재호, 2000, 「韓國 農耕社會의 成立」, 『韓國考古學報』 34; 안재호, 2010, 앞글; 裵眞晟, 2003, 「無文土器의 成立과 系統」, 『嶺南考古學』 32; 배진성, 2010, 「무문토기의 계통과 전개 : 최근의 쟁점을 중심으로」, 『한반도 청동기시대의 쟁점』, 국립중앙박물관 청동기시대 마을풍경 특별전 학술심포지엄, 29~39쪽; 김미경 2009, 「遼東地域 青銅器時代 土器文化圈 설정에 관한 再檢討」, 『湖西考古學』 21, 68~99쪽; 천선행 · 장순자, 2012, 앞글.

면, 한반도 남부 지역의 돌대문토기는 마성자문화의 주민집단이 직접 이주를 통해 북한강과 남한강 유역을 걸쳐 남부 지역까지 내려온 것으로 보는 것이다.

이와 관련하여 최근에는 새로운 견해가 제기되었다. 즉, 경남 남강~해안 지역에서 확인되는 채문호, 횡침선 평저장경호, 이중구연완, 무덤 등 마성자문화의 친연성이 간취되는 물질문화의 요소는 한반도의 기타 지역에서 확인되지 않으므로 해안을 통해 직접 경남 지역으로 유입되었으며, 한반도에 유입된 이후에는 재지문화에 융화되는 양상을 보이므로 일반적인 이주나 전파의 양상으로 보기는 어렵다는 것이다.[24]

물론 이러한 논리가 한반도 돌대문의 기원지가 요령지방, 특히 마성자문화로부터 비롯되었다는 단순논리는 아니다. 오히려 한반도 내부에서 간취되는 돌대문토기와 다양한 공반유물의 양상은 돌대문토기의 등장과 확산과정이 그리 단순하게 파악할 수 없다는 반증이기도 하다.

처음 돌대문토기의 존재가 인식되기 시작한 하남 미사리, 진주 옥방 등지의 고고학적 양상(미사리 문화유형)이 각지에서 확인되면서, 이중구연토기, 대부토기 등 토기의 종류가 증가하고, 공구형석기, 부리형석기 등의 동북한 지역의 석기가 공반되며, 세장방형 주거지, 토광식 및 점토상 노지 등 기존 미사리유형과는 다른 주거적 특징들이 포함되어 이제 돌대문토기에 대한 새로운 인식을 가능하게 하였다. 이런 다양한 공반유물과 고고학적 양상은 한반도 내에서 돌대문토기만을 반출하는 유적이 거의 존재하지 않는다는 것을 말해 준다. 아울러 돌대문토기가 한반도 청동기시대 조기에 해당된다는 증거로 제시된 '돌대문토기 단순기'는 김장석의 지적대로[25] 기

---

24 송영진 · 하영진, 2014, 「청동기시대 전지 마성자문화요소의 한반도 유입 일 양상」, 『韓國考古學報』92, 4~35쪽.

25 김장석, 2008, 앞글.

원지인 중국 동북지방과 서북한 지역에서 명확하게 확인되지 않는다는 점에서 돌대문토기의 유입양상을 단선적으로 파악할 수 없게 한다. 따라서 한반도 무문토기의 성립은 돌대문이라는 토기의 개별요소로 성립된 것이 아니라 얼마간의 시기 차를 두고 다선적으로 한반도에 유입되고 다양한 문화요소들이 재지문화와 결합되면서 발생하고 소멸한 것이라고 생각된다.

그동안의 연구경향을 살펴볼 때 고고학적 현상에 대한 설명방식은 물질문화의 변화와 차이를 시간성으로 간주하고 특정유물에 대한 계통론적 설명에 치우쳐 있음을 알 수 있다. 돌대문토기 단계의 한반도에서는 개별 단위유적이나 특정 유물의 양상이 매우 다양하게 나타나고 있고, 나아가 시간적 변화에 대한 공간적 점유양상도 달라지는 것을 확인할 수 있다. 따라서 이러한 고고학적 현상은 이주, 전파, 교역, 교류, 수용, 모방 등의 다양한 요인에 의해 설명될 수 있을 것이며, 각각의 변동요인에 따라 상이하고 복잡하고 다양한 물질문화적 양상을 보이고, 이는 시간적, 공간적 차이 또는 상호작용의 수준에 따라 일정한 편차를 보일 수 있기 때문에, 다차원적인 검토가 필요하다.

Ⅳ. 맺음말

그동안 무문토기의 연구는 한반도 내에서 확인되는 무문토기의 전개양상에 대한 검토와 각 지역별로 상이한 양상을 보이는 무문토기의 형식분류에 따른 편년수립을 중심으로 이루어졌다. 그러나 신석기시대 말기의 토기양상과는 다른 이질적인 무문토기의 갑작스러운 등장에 대해서는 전파, 접촉, 수용, 이주 , 모방 등 발생동인에 대한 다각적인 차원의 검토가 있어야 함은 물론이고, 한반도를 벗어나 동북아시아 토기문화라는 좀 더 광역의 공간차원에서 이해되어야 한다.

이러한 인식의 변화는 2000년대 이후의 연구경향에서 나타나고 있는데, 무문토기 중 가장 먼저 등장한 것으로 이해되는 돌대문토기의 원류와 관련하여 중국 동북지방과의 관련성, 특히 요령지방과의 관계에 주목하는 연구들이 등장하고 있다. 이와는 달리 한반도 동부 지역과 길림성 동부 및 연해주 일대의 고고학문화와의 관련성에 주목하는 견해도 있다. 또한 점토대토기의 등장과 관련된 연구경향도 주목된다. 이러한 최근의 연구경향은 기존의 전파론적 시각에서 탈피하여 좀 더 거시적인 관점에서 한반도 무문토기의 전개양상을 설명하려 한다는 점에서 보다 긍정적으로 평가할 수 있다.

한편, 한반도 선사문화의 기원을 밝히고자 하는 일종의 기원론에 대한 비판적 시각이 있음은 주지의 사실이다. 이러한 차원에서 최근에는 개인, 가족, 공동체의 사회적 구성과 연대, 지위와 위계, 지역별 네트워크의 구성 등 복합사회의 사회적 실체와 변동과정을 밝히는 작업이 시도되고 있다. 그러나 과연 고고학 연구의 가장 기초적인 편년작업과 기원에 대한 모색 없이 이러한 연구방법만이 가장 적절한가에 대해서는 반론의 여지가 있다고 생각된다. 한반도의 고고학적 양상을 고려해 볼 때 한반도 내부의 편년작업과 동시에 중국 동북지방 고고학문화에 대한 보다 적극적인 편년수립과 상호 비교가 절대적으로 요구된다. 한반도 상고문화의 기원은 이러한 기반하에 다차원적으로 진행되어야 하며, 다양한 문화교류의 양상이 재지문화와의 상호작용을 통해 한반도 상고문화를 형성하고 발전시켜 나간 것으로 이해되어야 할 것이다.

현재 청동기시대의 연구경향은 공간적으로 남한을 벗어나지 못하며 오히려 지역적으로 더욱 세분화되는 경향을 보인다. 청동기문화의 지역적 편년작업과 세분화에 대한 고찰과 함께 중국 동북지방과 한반도를 연결하는 광역의 문화체계는 과연 없는 것인가 하는 고민도 필요하다.

위와 같은 문제의식을 바탕으로 앞으로 다음과 같은 세 가지의 방향으로 연구가 진행되어야 한다고 생각된다.

첫째, 중국 동북지방 청동기시대의 토기문화의 제 양상과 상호관련성을 먼저 검토하기 위해서는 중국 동북지방의 매우 다양하고 복잡한 양상을 문화권별로 정리할 필요가 있다. 중국 학자들이 흔히 언급하는 '遺存 – 類型 – 文化'의 개념에도 이견이 존재한다. 따라서 고고학적 제 문화에 대한 정확한 개념정의와 중심지와 주변부, 그리고 분포범위가 명확하게 설정되지 않으면 상호 간의 영향 및 교류관계를 파악하기가 매우 어렵게 된다. 중국 동북지방에서 출토된 토기가 그 지역의 고고학적 문화 속에서 어떻게 규정될 수 있고, 시간적·공간적 범위의 설정문제가 검토되어야 한다. 이러한 관점에서 중국 동북지방의 고고학문화에 대한 일련의 연구를 진행 중인 천선행의 최근 작업은 매우 주목할 만하다.

둘째, 중국 동북지방과 한반도 사이의 관련성을 밝히기 위해서는 각 지역 유적·유물 복합체의 상호비교가 필수적이다. 한반도가 중국의 주변부에 위치하고 있는 것은 부인할 수 없지만, 특정 유적에서 유사한 양식의 토기가 출토되었다는 사실만으로 한반도 무문토기와의 관련성을 언급하는 것은 논리적 비약이다. 단순히 토기의 문양적 모티프나 형태적 유사성이 서로 다른 지역에서 발견된다고 해서 바로 영향을 받았다고 주장하는 것은 단순 이주전파론적 관점이다. 선험적 직관만으로 이러한 가능성을 언급하고 그것이 바로 한반도 상고문화의 기원이 된다는 식의 해석은 매우 위험하다. 토기의 특정 속성만을 비교하는 수준에서 설명이 이루어질 수밖에 없기 때문에, 각 지역의 유적·유물 복합체에 대한 총체적이고 맥락적인 접근방법이 이루어져야 할 것이다.

셋째, 중국 동북지방의 문화적 요소가 한반도 청동기사회의 변화를 야기한 동인 중 하나라면, 중국 동북지방과 한반도 고대사회의 중심과 주변

부라는 단위는 어떻게 설정될 수 있으며, 각 단위체를 연결하는 네트워크의 작동 메커니즘에 대한 논의가 한반도 선사문화연구의 최종적인 목적이 될 것이다. 즉, 이주, 전파, 전쟁, 접촉, 모방 등 각 수준별 교류 네트워크의 고고학적 증거는 무엇이고 그 성격에 대한 해석은 결국 중국과 한반도라는 광역의 체계 내에서 접근해야 할 필요가 있을 것이다. 결론적으로 각 지역별 유적·유물 복합체의 분석과 상호비교를 통해 한반도 상고문화의 기원에 대한 외재적 요인을 검토해 봄으로써, 우리 선사문화의 내재적 요인과의 융합 메커니즘을 규명하는 것이 중요하다.

참고 문헌

논문 및 단행본–국내

강인욱, 2007, 「두만강 유역 청동기시대 문화의 변천과정에 대하여」, 『한국고고학보』 62.

강인욱, 2011, 「동북아시아적 관점에서 본 북한 청동기시대의 형성과 전개」, 『동북아역사논총』 3, 동북아역사재단.

宮本一夫, 2014, 「동아시아에서 본 한국의 선사고고학」, 『한국고고학의 신지평』, 제38회 한국고고학전국대회 발표요지문, 한국고고학회.

김미경 2009, 「遼東地域 靑銅器時代 土器文化圈 설정에 관한再檢討」, 『湖西考古學』 21.

김장석, 2008, 「무문토기시대 조기설정론 재고」, 『한국고고학보』 69, 한국고고학회.

김재윤, 2004, 「韓半島 刻目突帶文土器의 編年과 系譜」, 『韓國上古史學報』 46.

김재윤, 2014, 「지역간 교류에 대한 방법론적 제시」, 『한국고고학의 신지평』, 제38회 한국고고학전국대회 발표요지문, 한국고고학회.

裵眞晟, 2003, 「無文土器의 成立과 系統」, 『嶺南考古學』32.

裵眞晟, 2007, 「豆滿江流域 無文土器의 實相」, 『嶺南考古學』42, 嶺南考古學會.

裵眞晟, 2010, 「무문토기의 계통과 전개 : 최근의 쟁점을 중심으로」, 『한반도 청동기시대의 쟁점』, 국립중앙박물관 청동기시대 마을풍경 특별전 학술심포지엄.

송영진 · 하영진, 2014, 「청동기시대 전지 마성자문화요소의 한반도 유입 일 양상」, 『韓國考古學報』92, 韓國考古學會.

안재호, 2000, 「韓國 農耕社會의 成立」, 『韓國考古學報』34, 韓國考古學會.

安在皓, 2010, 「韓半島 青銅器時代의 時期區分」, 『考古學誌』16, 國立中央博物館.

安在皓·千羨幸 2004, 「前期無文土器の文樣編年と地域相」, 『福岡大學考古學論集—小田富士雄先生退職記念』, 小田富士雄先生退職記念事業會.

이기성, 2012, 「문화사적 시기구분으로의 무문토기시대 조기설정 재검토」, 『韓國上古史學報』76, 韓國上古史學會.

朱永剛, 2010, 「區位, 序列, 編年, 系統 : 동북지역 청동기시대문화 구조체계 논강」, 『동북아 청동기문화 전개와 한반도』, 제19회 호서고고학회 학술대회.

千羨幸, 2005, 「한반도 돌대문토기의 형성과 전개」, 『韓國考古學報』57.

千羨幸, 2014, 「한반도 무문토기문화 형성기의 중국동북지역과의 관계」, 『湖南考古學報』48, 湖南考古學會.

천선행 · 장순자, 2012, 「마성자문화 동굴묘 출토 토기 변천과 전개」, 『嶺南考古學報』63, 嶺南考古學會.

崔慶淑, 2009, 「豆滿江流域 青銅器時代 文化 硏究」, 忠南大學校 碩士學位論文.

河仁秀, 2006, 「末期 櫛文土器의 形成과 展開」, 『韓國新石器硏究』12, 韓國新石器學會.

논문 및 단행본–국외

宮本一夫 著, 賀偉 譯, 1995, 「中國東北地區史前陶器的編年與地域性」, 『遼海文物學刊』2.

宋玉彬, 2002, 「圖們江流域青銅時代的幾個問題」, 『北方文物』4.

辛巖, 1995, 「遼北地區青銅時代文化初探」, 『遼海文物學刊』1.

劉俊勇, 1993,「大連地區曲刃青銅短劍遺存研究」,『遼海文物學刊』2.

李恭篤, 1985,「遼寧東部地區青銅文化初探」,『考古』6.

李恭篤, 1988,「遼寧原始文化口系劃分與類型研究」,『遼寧大學報』2.

李恭篤, 1989,「本溪地區三種原始文化的發現及研究」,『遼海文物學刊』1.

李恭篤, 1992,「本溪地區洞穴文化遺存的發現與研究」,『北方文物』2.

李恭篤·高美璇, 1995,「遼東地區石築墓與弦紋壺有關問題研究」,『遼海文物學刊』1.

王立新, 2004,「遼西區夏至戰國時期文化各國与經濟形態的演進」,『考古學報』3.

王巍, 1993,「夏商周時期遼東半島和朝鮮半島西北部的考古學文化序列及其相互關係」,『中國考古學論叢』, 科學出版社.

王巍, 1993,「商周時期遼東半島與朝鮮大洞江流域考古學文化的相互關係」,『青果集』, 知識出版社.

中國社會科學考古研究所, 2003,『中國考古學 · 夏商卷』, 中國社會科學出版社.

侯莉閩, 1984,「吉林延邊新龍青銅墓葬及對該遺存的認識」,『北方文物』3.

보고서 및 간보

고고학 및 민속학연구소, 1956,『나진 초도 원시 유적 발굴 보고』, 과학원출판사.

고고학민속학 연구소, 1960,『회령 오동 원시유적 발굴보고』, 유적발굴보고 제7집1.

조중공동고고학발굴대, 1966,「조공가와 정가와자」,『중국동북지방의 유적 발굴보고』, 사회과학원출판사.

吉林省文物考古研究所 · 延邊朝鮮族自治州博物館, 1998,『和龍興城-新石器及青銅時代遺址發掘報告』, 文物出版社.

吉林汪延公路考古隊, 1992,「吉林省延吉市新光遺址發掘簡報」,『考古』7.

丹東市文化局文物調查隊, 1984,「丹東市東溝縣新石器時代遺址調查和試掘」,『考古』1.

藺新建 · 李曉鐘, 1993,「遼寧地區商周時期陶壺研究」,『青果集』, 知識出版社.

沈陽古宮博物館,「沈陽鄭家洼子的兩座青銅時代墓葬」.『考古學報』1.

梁志龍, 2003,「遼寧本溪多年發現的石棺墓及其遺物」,『北方文物』1.

旅順博物館 · 遼寧省博物館, 1982,「遼寧長海縣上馬石青銅時代墓葬」,『考古』6.

旅順博物館 · 遼寧省博物館, 1983,「大連于家村砣頭積石墓地」,『文物』9.
延邊博物館, 1983,「吉林延吉柳庭洞發現的原始文化遺存」,『考古』10.
延邊朝鮮族自治州博物館, 1985,「金谷水庫南山遺址試掘簡報」,『博物館研究』3.
遼寧省文物考古研究所, 1994,『馬城子—太子河上游洞穴遺存』, 文物出版社.
遼寧省博物館 · 本溪市博物館 · 本溪縣文化館, 1985,「遼寧本溪縣廟后山同穴基地發掘簡報」,『考古』6.
齊俊, 1987,「本溪地區太子河流域新石器至青銅時期遺址」,『北方文物』3.
中國社會科學院考古研究所東北工作隊, 1989,「沈陽肇工街和鄭家窪子遺址的發掘」,『考古』10.
中國社會科學院考古研究所, 1996,『雙砣子與崗上』, 科學出版社.
鐵岭市文物管理辦公室, 1996,「遼寧鐵岭市邱台遺址試掘簡報」,『考古』2.
鐵岭市博物館, 1992,「遼北東部地區幾處青銅時代遺址調查」,『遼海文物學刊』1.
淸原縣文化局, 1981,「遼寧淸原縣門臉石棺墓」,『考古』2.

제2부

고조선의 문화와 중국 동북지방 · 서북한지방

古朝鮮의 언어구역과 燕의 동북 지역

박대재

I. 머리말

고대 동아시아의 중국, 한국, 일본은 漢字를 매개로 한 儒敎, 佛敎, 律令이라는 공통 문화를 겸유하고 있어서 하나의 한자문화권으로 묶여 이해된다. 이러한 고대 동아시아의 문화적 일체성을 일각에서는 '冊封體制'라는 정치적 체제에 입각한 '동아시아 세계'로 확대해 보기도 한다. 동아시아 세계론은 한자의 전파 이유를 중국과 주변제국 사이의 책봉체제 속에서 설명한다. 중국을 중심으로 한 동아시아 세계에 참가하기 위해 중국과 책봉-조공 관계를 맺는 것이 요구되었고, 이때 외교문서의 작성을 위해 한자가 필요했다는 것이다. 중국의 한자가 외부로부터 요구되는 정치적 외교수단(특수기술)으로서 주변제국에 전파·수용되었다고 보는 것이다.[1]

이러한 외부적 시각은 한자의 수용과 변용을 借字表記法(吏讀, 鄕札, 誓記體, 口訣 등)을 중심으로 연구하는 내부적 시각의 경향과 대조적인 것이다. 고대 한국에 이두, 향찰 등 내재화된 한자체계가 존재하였다는 점은 일방적 수용보다는 주체적 변용에 더 역점을 두고 한자문화를 받아들였음을

1 西嶋定生, 1994, 『日本歷史の國際環境』, 東京大學出版會, 11~12쪽. 고대 동아시아 세계론에 대한 비판적 검토는 박대재 외, 2007, 『고대 동아시아 세계론과 고구려의 정체성』, 동북아역사재단 참조.

시사해 준다. 『三國志』 東夷傳 이래 中國正史에서 동이세계가 중국과 확연히 구분되어 나타나는 것도 이와 같은 맥락에서 이해할 수 있다.

기존 연구에서는 고대 한국의 한자문화에 대해 기원전 1세기 이후 樂浪郡·玄菟郡 등 漢郡縣을 통한 한자의 수용과 변용에 초점을 맞추어 이해되어 왔다. 한자가 낙랑군을 매개로 고구려, 백제, 신라 등에 유입된 이후 삼국 사이에 전개된 한자문화의 교류와 소통을 주목해 보는 것이다.[2] 국어학계에서도 삼국시대의 한자 수용과 이두 등 차자표기를 중심으로 연구가 진행되어 왔다.[3]

그런데 한자를 매개로 한 문서상의 문자체계와 대조적으로 생활상의 언어에서는 한·중·일 3국 간에 상당한 차이가 있었다. 흔히 중국어와 한국어 사이의 가장 큰 차이는 孤立語-單音節語와 膠着語-多音節語의 대립 내지 語順(統辭構造)의 차이로 설명된다.[4] 문자에서는 동일한 한자문화권이지만, 언어상으로는 서로 확연히 구분되었던 것이다. 한국어과 일본어는 알타이어족에 속하며, 중국어는 중국·티베트어족에 속해 언어의 계통이 구별되었다. 이두와 같이 토착 언어에 기초한 내재화된 한자체계가 존재한 것도 서로 언어가 다르기 때문이었다.

언어학에서는 언어를 크게 세 가지 방법으로 분류한다. 즉 系統的 분류, 區域的 분류, 類型的 분류이다. 계통적 분류는 共通祖語로부터 파생된 언

---

2 李成珪, 2003, 「韓國古代 國家의 形成과 漢字 受容」, 『韓國古代史硏究』 32; 李成市, 2005, 「古代朝鮮の漢字文化」, 『古代日本文字の來た道』, 大修館書店; 동북아역사재단 엮음, 2011, 『고대 동아시아의 문자교류와 소통』, 동북아역사재단. 이 책에는 「낙랑군의 한자 사용과 변용」(김병준), 「고구려의 한자문화 수용과 변용」(여호규), 「백제와 신라의 한자·한문 수용과 변용」(윤선태) 등의 논문이 실려 있다.

3 南豊鉉, 2000, 『吏讀硏究』, 태학사; 정광, 2003, 「한반도에서 한자의 수용과 차자표기의 변천」, 『口訣硏究』 11.

4 李基文, 1991, 「삼국시대의 언어 및 문자생활」, 『한국사상사대계』 2, 한국정신문화연구원, 481~482쪽.

어들이 개별적인 변화를 거치는 과정에서 보존되어 있는 공통 특질을 기반으로 같은 語族으로 묶는 방법이다. 구역적 분류는 공간적 인접성으로 인하여 형성된 공통 특질을 기반으로 언어들을 같은 言語區域으로 묶는 방법이다. 언어의 계통적 분류나 구역적 분류는 모두 해당 언어가 밟아 온 시간적·공간적 변화의 추이를 주목한다는 점에서 역사언어학의 주요 연구방법이 된다.[5]

한편 유형적 분류는 언어들이 보유하고 있는 과거 및 현재의 지리적 분포라든가 역사적 기원은 전혀 고려하지 않고, 구조의 동형성만을 기반으로 언어유형을 분류하는 방법이다. 언어의 유형적 분류 기준은 다시 두 가지로 나뉜다. 먼저 형태론적 기준으로 단어의 형태 구조(morphologic structure), 즉 분석 가능 여부에 따라서 고립어, 교착어, 굴절어 유형으로 분류한다. 다음으로 統辭 구조(syntactic structure)에 입각해 문장의 기본 구성 성분, 즉 주어(S), 동사(V), 목적어(O)의 순서에 따라 언어를 3개 유형(SVO, VSO, SOV)으로 분류한다.[6]

한 언어의 성격을 파악하기 위해서는 계통적, 구역적, 유형적 요인들을 종합적으로 이해해야 한다. 중국어와 한국어는 계통론이나 유형론에서는 언어의 성격이 확연히 구분된다. 중국어는 계통적으로 중국-티베트어족에 속하고, 단어의 구조나 문장의 구성(어순)에서도 한국어와 전혀 다른 특징을 보여 준다. 하지만 언어구역에서 보면 중국과 한국은 지리적으로 인접해 있기 때문에 상호 영향을 미칠 수 있는 밀접한 친근 관계에 있다.

계통적 분류(系統樹說)에 따르면 언어 간 공유하는 특징은 공통의 기원에서 파생하는 것이지만, 구역적 분류(波動說)에 의하면 계통이 다른 언어

5 Theodora Bynon 지음(崔銓承 옮김), 1992, 『歷史言語學(Historical Linguistics)』, 한신문화사, 357~358쪽.

6 Lindsay J. Whaley 저(김기혁 역), 2008, 『언어유형론-언어의 통일성과 다양성』, 소통, 16~18쪽.

간에도 접촉과 상호영향에 의해 특징을 공유할 수 있다. 파동설에 따르면 지리적으로 인접한 언어 내지 方言 간에는 공통의 특징이 발달하기 쉬운데, 이렇게 형성된 공통의 특징은 계통수설의 分岐的 발달(divergence)과 대비되어 收束的 변화(convergence)라고 불린다. 언어의 전파와 확산에 의한 수속적 변화는 언어지리학에서 동일한 언어 내지 방언의 지리적 분포를 표시한 等語線(isogloss) 개념의 전제가 된다.[7]

등어선은 어떤 특정된 특징에 대해서 상이한 형태 혹은 체계를 보여 주는 둘 혹은 그 이상의 방언 지역 사이의 이론상의 한계선을 의미한다. 하지만 실제상으로는 단일한 등어선이란 있을 수 없고, 각 언어적 특징마다 그 경계선이 다르다. 어떤 방언의 특수 사실, 예를 들어 특정 音들의 변화 양상이 보여 주는 하나하나의 등어선이 하나의 선으로 합치하는 것은 아니지만, 각 등어선이 대체로 같은 방향으로 그어지며 그들이 한 뭉치를 이루면 그것을 방언의 한계선, 즉 등어선으로 인정하는 것이다. 이처럼 등어선이란 인위적인 한계선이라고 할 수 있는데, 기준을 어떤 특징에 두느냐에 따라 그 한계선이 달라질 수 있으며, 현실에서는 각 변화의 등어선이 복잡하게 교차하는 것이 일반적이다.[8]

지리적으로 인접한 언어나 방언이 서로 영향을 미칠 때, 이것을 傍層(adstratum)의 영향이라고 한다. 방층 언어가 서로 인접하여 장기간 서로 영향을 미치면 어떤 공통성을 가지게 되는데, 이러한 언어군을 言語連合(sprachbund)이라고 한다. 언어연합은 원래 계통적으로 친연 관계가 없는 여러 언어가 서로 인접하여 분포하면서 음운, 어휘, 문법상 서로 영향을 미쳐서 공통 특징을 공유하는 언어군을 성립시키는 것을 의미한다. 이와 같이 몇몇 언어가 서로 접촉하여 구조적 공통성을 가지게 되는 것이 바로 언어의

7 松本克己, 2006, 『世界言語への視座—歷史言語學と言語類型學』, 三省堂, 12~14쪽.

8 金芳漢, 1988, 『歷史-比較言語學』, 民音社, 276~280쪽.

파동에 의한 수속적 변화이다.[9]

고대국어에서 漢字語나 漢字音을 차용한 것이 바로 언어구역상 방층의 영향에 의한 수속적 변화의 대표적인 예라고 할 수 있다. 국어의 기본어휘에서 한자어가 상당 부분을 차지하게 되면서, 고·중세 국어의 형태적 유형이 지역적 요인으로 인해 漢語와 유사성을 가지게 되었다. 또한 고대국어에서 인명, 지명, 관명 등 고유명사를 한자음을 차용해 표기한 차자표기법도 언어구역에 의한 특징이라고 할 수 있다. 고대 한국어와 중국어는 언어계통상으로는 알타이어족과 중국-티베트어족으로 구별되지만, 언어구역상으로는 동일한 한자문화권으로 상호 영향을 미치는 친근 관계에 있었다.

이 글에서는 언어구역론(파동설)의 입장에서 삼국시대 이전 고조선과 고대 중국, 특히 지리적으로 인접한 燕의 동북 지역 사이의 언어(방언)적 상호관계에 대해 검토해 보고자 한다. 이를 통해 고조선 시기에 이미 고대국어와 상고중국어 사이에 접촉에 의한 수속적 변화가 있었으며, 燕의 동북 지역은 고조선과 동일한 언어구역 한계선 즉 등어선에 포함되었음이 밝혀지게 될 것이다. 이러한 고조선의 언어구역이 곧 고조선의 영역과 직결되는 것은 아니지만, 그 주민의 계통 및 문화의 분포를 이해하는 데 중요한 시사를 줄 것이다.

II. 고대국어와 上古中國語의 상호관계

한국어의 계통에 대한 연구는 19세기 말엽 일본어와의 관계에 대한 연구로부터 시작하여 알타이제어와의 관계에 대한 연구로 확대되었다. 매우 유사한 구조적 특질을 가지고 있는 일본어 및 알타이제어, 즉 만주·퉁구스어,

---

9 金芳漢, 1988, 위의 책, 267~268쪽.

몽골어, 투르크어와 한국어와의 계통관계에 대해서는 그간 의문과 반론도 제기되었지만, 많은 학자[10]들이 지적한 바와 같이 일본어와 알타이제어는 한국어와 친연관계가 있을 개연성이 가장 큰 언어들로 이해된다.[11]

비교언어학 전통에 따라 어휘 비교에 의한 규칙적 음운대응의 발견을 언어계통상 친족관계 수립의 조건으로 인정하면서, 일찍부터 한국어와 만주 · 퉁구스어, 몽골어, 투르크어 등 알타이제어를 같은 계통으로 보는 알타이어족설이 널리 받아들여지고 있다.

한편 만주 · 퉁구스어, 몽골어, 투르크어 등이 유사성을 갖게 된 것은 그 본래의 기원과는 상관없이 서로 접촉하며 상호 차용한 결과이거나, 기원이 다른 여러 언어들이 동일한 지역에서 사용될 때 흔히 발생하는 닮음에 불과하다고 보는 反-알타이어족설도 만만치 않다. 세 어파 사이에 규칙적인 음운대응이 수립되어 있지 않으며, 문법요소의 일치가 매우 적고, 수사의 일치가 매우 적다는 점도 알타이어족을 인정하는 데 걸림돌이 되고 있다.

특히 학계에서는 한국어와 알타이제어 간에 數詞를 비롯한 기초어휘의 음운대응 예들이 발견되지 않는다는 점에서 한국어의 알타이어족설에 신중론을 피력하기도 한다.[12] 하지만 수사 어휘 간에 음운대응 현상이 발견되지 않는 것은 알타이제어가 인도·유럽어에 비해 오래 전에 분화되어 독자적인 음운변화를 거친 결과라고 추정되며, 수사체계상 한국어와 투르크어 사이에 공통점이 발견된다는 점에서 양자가 알타이 공통 祖語로부터 유래하였다고 이해하는 것이 일반적이다.[13]

---

10 李崇寧, 1950, 「우랄-알타이語의 共通特質攷」, 『語文』 2-1; 李基文, 1961, 『國語史槪說』, 民衆書館(1972, 개정판, 民衆書館); 金芳漢, 1966, 「國語의 系統硏究에 있어서의 몇 가지 問題」, 『震檀學報』 29 · 30합.

11 성백인, 1996, 「한국어 계통연구의 현상과 과제」, 『韓國 民族의 起源과 形成』(下), 소화, 371~372쪽.

12 박병채, 1989, 『국어발달사』, 世英社, 36~38쪽 참조.

한국어와 알타이제어와의 계통 관계에 대한 연구는 시라토리 쿠라키치(白鳥庫吉)로부터 시작되었는데, 600개에 달하는 한국어 어휘와 우랄 · 알타이제어 어휘가 비교되었다.[14] 그 후 한국어와 알타이제어와의 비교연구는 람스테트(G. J. Ramstedt)와 포페(N. Poppe)에 의해 기틀이 잡혔고, 이에 힘입어 한국어와 알타이제어의 공통 관계에 대한 다수의 비교연구들이 나오게 되었다.[15] 이러한 비교연구에 의하면, 삼국의 언어 가운데 고구려어가 만주 · 퉁구스어와 각별히 가까웠으며 일본어와도 가까운 일면이 있음이 주목되기도 하였다.[16] 종합적으로 한국어와 알타이제어와의 관계는 만주 · 퉁구스어와 가장 가깝고, 다음으로는 몽고어와 가깝고, 투르크어와는 가장 멀다는 결론에 도달하고 있다.[17]

이처럼 기존 연구는 계통론적 시각에서 한국어와 알타이제어의 비교연구에 집중하는 경향이 강했다. 대체로 한국어와 다른 알타이제어(만주 · 퉁구스어, 몽골어, 투르크어) 사이의 음운대응이나 어휘의 비교연구에 논의가 집중되었다.

한국어와 알타이제어의 비교연구는 먼저 각 언어 자체에 대한 역사적 연구가 선행된 이후에 이루어져야 한다. 현대 한국어와 많은 차이가 있는 중세 한국어나 고대 한국어를 알지 못하고 알타이제어와 단순 비교했던 람스테트의 비교연구가 가지는 취약점도 바로 한국어에 대한 역사적 통찰이 선행되지 않았기 때문이었다.

알타이어족설이 아직 완전히 성립하지 않은 상태에서 그 공통 조어의 고

---

13 송기중, 2003, 『역사비교언어학과 국어계통론』, 집문당, 121~129쪽.

14 白鳥庫吉, 1914~1916, 「朝鮮語とUral-Altai語との比較研究」, 『東洋學報』 4-2 · 3, 5-1~3, 6-2 · 3; 1970, 『白鳥庫吉全集』 3, 岩波書店, 1~280쪽.

15 성백인, 앞의 글, 423~427쪽 참조.

16 이기문, 1968, 「고구려의 언어와 그 특징」, 『白山學報』 4; 1991, 『國語 語彙史 研究』, 동아출판사.

17 이기문, 2003, 「한국어와 알타이 제어의 친족관계」, 『한국사시민강좌』 32, 일조각, 182~183쪽.

지를 말한다는 것은 어려운 일이지만, 일찍이 람스테트는 알타이 조어 시대에 중국어와의 접촉이 있었다는 점을 들어 그 위치를 중국 동북지방의 싱안링(興安嶺)산맥 근처로 추정하였다.[18] 최근에는 알타이어의 고지를 중국 동북부 문화의 중심이었던 요하문명 지역으로 비정하고, 여기서 사용하던 언어가 분화하여 몽골-터키어, 퉁구스-만주어, 한국-일본어 등이 되었다는 가설이 등장하기도 하였다.[19]

이와 같이 알타이 조어의 기원을 중국 동북지방에서 찾는 시각은 上古中國語와 알타이제어 사이의 상호작용을 염두에 두고 있다는 점에서 공통된다. 최근의 비교역사언어학 연구에 의하면 고대 중국어와 원-알타이어에는 공통된 말이 많으며, 그런 특성의 고대 중국어는 한국-일본어 두 언어의 공통 조어에서 나온 것이거나 다른 유사한 알타이어에서 빌려간 것이라고 파악된다.[20] 그동안 언어학계에서 등한시했던 고대 중국어와 알타이어의 상호 관계에 대해 주목한 것이다.

알타이어족설의 핵심 이론은 알타이어족에 속하는 여러 언어들이 같은 언어를 사용하다가 어느 시기인가 갈라져서 서로 다르게 되었다는 것이다. 그동안 알타이어 제어의 분화 시기는 대개 신석기 말기 무렵이라고 추정되어 왔다. 최근 알타이어족 언어의 광물 이름(흙, 돌, 구리, 쇠, 옥, 은, 금) 비교를 통해 석기시대 광물 이름은 알타이어족 언어 대부분이 유사한 형태로 서로 연결이 가능하지만, 구리에서 다양한 형태가 나타나는 것으로 보아 알타이어족이 청동기시대 이전에 갈라졌을 가능성을 확인한 연구가 제시

---

18 이기문, 2003, 앞의 글, 164쪽.

19 이홍규, 2010, 『한국인의 기원』, 우리역사연구재단, 238쪽.

20 Alicia Sanchez-Mazas et al.(eds.), 2008, *Past Human Migration in East Asia, Matching archaeology, linguistics and genetics*, NY : Routledge; 이홍규, 2010, 앞의 책, 232~233쪽에서 재인용. 이 책에서 러시아 언어학자 세르게이 스타로스틴은 중국-티베트어의 고지를 히말라야 산맥 근처 티베트 고원으로 보는 한편 알타이어의 고지는 황하 부근의 仰韶文化에 비정하고 있다.

되기도 하였다.[21]

국어학계에서는 高句麗語의 기원인 原始 夫餘語와 百濟語 및 新羅語의 기원인 原始 韓語는 공통의 '夫餘 · 韓祖語'로부터 분기되었으며, 이 '부여 · 한조어'는 원래 알타이 공통 조어로부터 분화된 것으로 이해한다.[22] 하지만 부여 · 한조어가 정확히 어느 시기에 알타이 공통 조어로부터 분기되었는지는 더 이상 자료가 없어 확인하기 어렵다.

이와 같이 언어계통상 한국어는 알타이 공통 조어로부터 갈라져 나온 것으로 이해되지만, 언어를 문서에 기록한 문자 체계에서는 알타이어와의 관계보다는 계통이 다른 중국어와 보다 깊은 관계에 있었다. 訓民正音이 창제되기 이전에 漢字와 다른 固有文字가 있었다는 설[23]도 있지만, 현재로선 이를 뒷받침할 만한 자료가 전하지 않으며 한자를 차용해 언어를 표기하였던 것으로 보는 것이 일반적이다.

고구려의 「廣開土王碑」 등 금석문에 보이는 고유명사 표기는 한자의 音相을 따라 표기하는 音借表記가 일반적이다. 물론 한자의 主意를 차용한 訓借表記와 副意를 차용한 釋借表記도 있지만 대체로 음차표기가 주종을 이룬다. 고유명사의 차자표기 다음 단계는 어순배열이 본래의 漢文이 아니라 국어의 統辭 구조와 비슷한 擬國體(誓記體)로 전개된다. 국어의 문장구성(통사구조) 유형에 따른 한자 표기 방식은 신라의 「壬申誓記石」에서 가장 전형적으로 보이기 때문에 '誓記體'라고도 불린다. 차자표기의 그 다음 단계는 의국체(서기체)에서 표현하지 못했던 문법소(조사, 어미 등)를 삽입하여 보다 안정된 문장이 되도록 한 이두문(吏讀文)이다. 이두(吏讀)의 사용은

---

21 이성규, 2013, 「광물 이름의 비교를 통한 알타이어족의 분화시기 연구」, 『한국 상고문화 기원 연구-고고학 · 유전자 · 언어 · 문화교류』, 학연문화사, 237~251쪽.

22 李基文, 1972, 앞의 책, 41쪽.

23 權悳奎, 1923, 『朝鮮語文經緯』, 廣文社; 金允經, 1938, 『朝鮮文字及語學史』, 朝鮮紀念圖書出版館.

현존 자료상 5세기부터 확인되는데, 414년 건립된 「광개토왕비」에 쓰인 종결사 '之'가 가장 대표적인 사례로 이해된다.[24] 다음으로 이두보다 더욱 적극적으로 완전한 국어적 표현이 되도록 체언, 용언을 비롯한 대부분의 어휘를 한자(音)를 빌려 표기한 것이 鄕札이다. 향찰이란 용어는 1075년에 간행된 『均如傳』에서 처음 보이지만, 『三國遺事』에 전하는 鄕歌 14수를 통해 볼 때 신라시대부터 사용된 것으로 이해된다. 차자표기의 마지막 단계는 한문 사용이 보편화된 시기에 한문 학습과 이해를 위해 句讀할 곳에 口訣을 표기하는 방식이다.[25] 또한 文意가 크게 바뀌는 곳에 空格, 즉 빈칸을 두는 것도 중국의 정격한문과 다른 고대 한국과 일본에서 사용된 變體漢文, 즉 고유어화된 한문의 일종으로 이해하기도 하다.[26]

고대국어의 다양한 차자표기법은 한자가 유입된 이후 토착화되어 中國漢字의 변화와 무관하게 독자적으로 보존되거나 자생적으로 분화하여 중국과 다른 韓國漢字(國字)의 음운적 · 어의적 특징이 형성되는 전제가 되었다. 中國漢字音은 고대국어의 음운체계에 따라 음상에 다소 변화를 입으면서 國語漢字音(Sino-Korean)으로 고정되는 한편, 많은 한어가 국어에 스며들어 語域을 넓히고 일부 고유어를 쫓아내고 침투하여 국어와 다름없이 사용되기도 하였다.

---

24 한편 본래 한문의 '之'자 용법에도 문장 끝에 오면 焉, 矣, 也와 같은 종결 기능을 한다고 알려져 있기도 하다(裴學海, 1954, 『古書虛字集釋』, 中華書局). 이에 따라 居延漢簡 등 秦漢 간독자료에서 '之'가 문장의 종결형 어미로 사용된 사례가 확인되는데, 고구려 등 한반도에서 종결형 어미로 사용된 '之' 용법도 변체한문(吏讀)이 아니라 원래 진한시대 공문서의 용법에서 비롯한 것으로 보는 견해가 있기도 하다(김병준, 2011, 앞의 글, 73~77쪽).

25 裵大溫, 2002, 「한자차용 표기의 변천」, 『吏讀文法素의 通時的 硏究』, 경상대학교 출판부, 11~31쪽. 한자가 국어에 수용되는 과정을 외부의 문자, 내부화된 문자, 내재화된 문자의 3단계로 구분해 보기도 한다(權靜, 2004, 『古代日本 · 朝鮮における文字世界の形成—東アジア世界における漢字の受容と內部化』, 東京大學 文學專攻 博士學位論文, 1~16쪽).

26 犬飼隆, 2014, 「古代日朝における言語表記」, 『古代日本と古代朝鮮の文字文化交流』(國立歷史民俗博物館 · 平川南 편), 大修館書店, 127쪽.

한자의 토착화와 한어의 국어화는 고대국어의 어휘론과 음운론에서 중요한 연구 대상이 되었다. 특히 국내학계에서는 국어의 음운론에 대한 역사적 연구에서 차자표기의 용례를 중요하게 다루어 왔다. 고대국어의 음운체계에 대한 재구를 차자표기에 보이는 국어한자음의 분석을 통해서 시도하는 것이다.[27] 한자 차자표기를 통한 고대국어의 음운 연구가 상당히 축적되었지만 아직 연구자 간 의견 차이가 적지 않다. 고대국어의 모음체계에 대해서는 5母音說(이, 어, 아, 우, 오)부터 8모음설(이i, 이ï, 우, 으, 어, 오, 아, ᄋᆞ)까지, 子音체계는 8子音說(ㅂ, ㄷ, ㄱ, ㄴ, ㅁ, ㅇ, ㄹ, ㅅ)부터 11자음설(8자음에 ㅈ, ㅊ, ㅎ, △ 등을 선택적으로 추가)까지 매우 다양하게 제기되고 있다.[28]

이러한 음운론의 난맥상은 국어 고유의 문자가 없는 상황에서 음운체계가 다른 한자음을 차용한 자료를 기초로 연구가 진행되었기 때문이다. 중국 고대 한자음의 실체가 확정되지 않은 상태에서 그 音韻을 근거로 고대국어의 음운체계를 연구하는 것은 사상누각의 불안감을 벗어나기 어렵다.

중국어 음운 연구에서도 음운자료가 『詩經』, 『楚辭』 등으로 극히 제한되어 있는 上古音(周~漢)의 재구에 특히 어려움이 있는 것은 물론이고, 그 이후 中古音(魏晉南北朝~唐)조차도 601년 편찬된 『切韻』을 기준으로 전기와 후기로 다시 음운이 구분된다.[29] 이런 상황에서 차자표기를 이용해 15세기

---

27 朴炳采, 1971, 『古代國語의 硏究—音韻篇』, 高麗大學校 出版部; 1990, 『古代國語의 音韻比較硏究』, 高麗大學校 出版部; 兪昌均, 1980, 『韓國 古代漢字音의 硏究』 I, 啓明大學校 出版部; 1983, 『韓國 古代漢字音의 硏究』 II, 啓明大學校 出版部; 曺圭泰, 1986, 『古代國語의 音韻硏究—〈三國史記 地理志〉를 중심으로』, 효성여대 박사학위논문; 박동규, 1995, 『고대국어 음운연구』 I, 전주대학교 출판부; 최남희, 1999, 『고대국어 표기 한자음 연구』, 박이정.

28 박창원, 2002, 『고대국어 음운』(1), 태학사, 121~186쪽 참조.

29 中國 上古音 · 中古音의 再構에 대해서는 다음을 참고하라. Bernhard Karlgren(高本漢)(趙元任 · 李方桂 譯), 1940, 『中國音韻學硏究』, 臺灣商務印書館; 王力, 1954, 『漢語音韻學』, 中華書局; 董同龢, 1961, 『中國語音史』, 中華文化出版事業社; 余迺永, 1985, 『上古音系硏究』, 中

이전 고대국어의 음운을 재구한다는 것은 현실적으로 불가능한 시도일 수도 있다.

이와 같은 음운론 연구의 어려움 때문인지 근래 고대국어 연구는 주로 이두(吏讀)의 문법적 기능과 의미에 대한 형태론적 검토가 중심을 이루고 있다.[30] 특히 최근 木簡 등 고대의 出土文字 자료가 증가하면서, 국어학과 고대사에서 이두의 文法素的 성격에 대한 연구가 눈에 띄게 전개되고 있다.[31]

언어는 일상적으로 말하고 듣는 '口頭言語'(口語)와 서적을 통해 눈으로 읽는 '書記言語'(文語)로 크게 나뉜다. 서기언어는 다시 구어체와 문어체로 나뉘는데, 구어체는 언어의 기층에서 사용하는 구두언어에 따라 쓴 것이고, 문어체는 외국어나 동일계통 언어의 古典語에 따라 쓴 것이다. 유럽에서 라틴어와 동아시아에서 한문으로 쓴 언어가 바로 문어체에 해당하는 것으로, 한국과 일본에서 한문은 원래 외국어였으며 고전어이기도 하다. 구두언어는 자주 변화하는 데 반해 서기언어는 과거의 문체가 유지되는 경향이 있다. 이렇게 해서 言文乖離의 현상이 생기게 된다.[32]

기존 연구는 대체로 고대국어의 언어와 문자 체계 사이의 불일치, 즉 언문괴리〔言文二致〕를 기본 전제로 하면서, 고대국어의 특징을 주로 토착적 용법의 차자표기에서 찾고자 하였다. 음운론이나 형태론과 달리 어휘론에서는 고대국어와 한어 사이의 상호 관련성에 대해 그다지 주목하지 않은 편

文大學出版社.

30 南豊鉉, 2000, 앞의 책; 2009, 『古代韓國語研究』, 시간의 물레; 2014, 『古代韓國語 論攷』, 태학사; 裵大溫, 2002, 앞의 책; 2005, 『古代韓國語槪說』, 형설.

31 尹善泰, 2008, 「목간으로 본 한자문화의 수용과 변용」, 『新羅文化』 32; 權仁瀚, 2010, 「목간을 통해 본 고대 동아시아의 문자문화」, 『木簡과 文字』 6; 金永旭, 2011, 「木簡에 보이는 古代國語 表記法」, 『口訣研究』 26.

32 野村剛史, 2011, 『話し言葉の日本史』, 吉川弘文館, 5~7쪽.

이었다.

고대국어의 어휘는 어종에 따라 고유어, 한자어, 차용어로 나뉜다. 고유어는 품사에 따라 명사류, 동사류, 부사류가 있는데, 이 중 단연 인명, 지명 등 명사류의 차자표기가 압도적으로 많이 알려져 있다. 동사류와 부사류는 이두문(吏讀文)을 통해 일부 그 존재가 알려져 있다. 한자어는 중국의 文語系 한자어가 수용된 것인데, 불교계 한자어와 한자의 뜻에 기초해 토착적으로 조어된 한국 한자어도 여기에 포함된다. 한편 차용어는 고대국어에서 극히 드문데, 이는 중국어의 영향이 口語에 의한 것이 아닌 데서 기인한다.

현재 알려져 있는 국어한자음은 대부분 중국 中古漢字音의 반영이기 때문에 고대국어와의 상관성을 쉽게 찾아보기 힘들지만, 그 이전의 上古漢字音 체계를 통해 보면 고대국어에서 상고중국어의 파장을 일부 확인할 수 있다. 고대국어의 어휘에서 중국어의 영향을 받은 사례는 그다지 많이 확인되지 않는다. 그 가운데 대표적인 예로 국어에서 문자를 뜻하는 '글'이라는 단어가 상고중국어의 '契'에서 기원한 것으로 추정하는 것이다.[33] 이에 따르면 우리 민족이 중국어를 접한 것은 漢四郡의 설치보다 훨씬 더 앞선 시기로 짐작되며, 븟(筆)과 먹(墨)도 入聲 韻尾 't'를 보유하고 있는 것으로 미루어 보아 상고중국어가 들어올 때 차용된 것으로 이해된다. 또한 한국어인 ᄇᆞᄅᆞᆷ(風), ᄀᆞᄅᆞᆷ(河), ᄆᆞᅀᆞᆯ(里), 거리(街), 션비(士), 설(歲), 맛(味) 등이 한중 언어 접촉이 처음 일어난 상고음 시기의 중국어 음에 기원을 두고 있다고 보는 연구도 이와 비슷한 시각이다.[34] 『삼국사기』 지리지에 보이는 차자표기 지명(眞峴－貞峴, 馬突－馬珍)이나 茶(차), 金(금) 등의 한자어나, 눈(眼), 날 · 낮(日), 너(爾), 나(我) 등의 국어에서 중국 상고음의 흔적이 남아 있다고 보는 시각 역시 서기 2세기 말 이전 상고중국어의 파장이 고대국어

33 박성종, 1998, 「고대 국어 어휘」, 『국어의 시대별 변천 연구』 3(고대 국어), 국립국어연구원, 79~116쪽.

에 영향을 미쳤다고 보는 것이다.[35]

이상 언어학적 연구를 종합해 보면 중국어가 고대국어에 전파된 시기는 명확한 연대기 자료가 없지만, 역사적으로 한의 樂浪郡 설치 시기에는 이미 이루어졌으며, 그 이전 衛滿朝鮮 또는 그보다 앞선 古朝鮮 시기에 먼저 이루어졌을 가능성도 있다.

3세기 중엽에 편찬된 魚豢의 『魏略』에 의하면, 기원전 4세기 후반부터 조선과 戰國 연은 지역적으로 인접해 있으면서 정치적으로 상호 영향을 미치는 관계에 있었다. 기원전 323년 무렵 조선이 연의 영향을 받아 王號를 칭한 것이나, 연과 군사적으로 갈등하다가 大夫 禮의 외교적 노력으로 소강상태에 들어갔다가, 다시 기원전 282~280년 무렵 燕將 秦開가 조선의 西方, 즉 遼東의 滿番汗까지 침공한 사실 등은 모두 조선과 연 사이 상호작용(interaction)의 결과라고 할 수 있다.[36]

기원전 4세기부터 본격 전개된 조선과 연 사이의 상호작용에 의해 燕이나 그 주변의 戰國系 방언이 조선으로 유입될 수 있는 역사적 환경이 마련되어 있었다. 고조선과 고대 중국 사이의 언어적 還流는 다음에서 살펴볼 揚雄의 『방언』과 陳壽의 『三國志』 東夷傳의 기록을 통해 확인할 수 있다. 『방언』에서 연의 동북 지역과 조선이 동일한 방언의 등어선으로 묶여 있는 점이나, 『삼국지』 동이전 진한조에 보이는 전국계 방언의 존재가 그 가능성에 시사를 주는 것이다.

---

34 崔玲愛, 1990, 「中國 音韻學에서 본 韓國語 語源 問題」, 『東方學志』 67 ; 2011, 『최영애 교수의 중국음운학논집』, 학고방, 9~49쪽.

35 嚴翼相, 2008, 「中國語言研究與地域文化兼論韓漢音與上古音」, 『中國北方方言與文化』, 韓國文化社, 19~23쪽.

36 박대재, 2006, 「古朝鮮의 왕과 燕과의 전쟁」, 『고대한국 초기국가의 왕과 전쟁』, 경인문화사, 51~58쪽.

III. 『方言』의 지역구분과 朝鮮

『방언』은 前漢 말 양웅(기원전 53년~기원후 18년)의 저작으로 알려져 있으며, 언어의 공간 분포와 변천에 관한 訓詁書라고 할 수 있다. 각 지방에서 모인 孝廉과 士兵 등에게 하나하나 사물에 대한 각지의 다른 이름을 조사하여 해석한 것으로, 방언에 관한 중국에서 가장 오래된 문헌이다. 또한 여기에는 당시 방언에 남아 있는 絶代語(古代語)도 포함되어 있어, 漢代 이전의 상고어를 이해하는 데에도 크게 도움이 된다.

원본은 15권이지만 현재는 13권만 남아 있고, 西晉의 郭璞(276~324)이 字音에 대해 反切로 注를 달아 놓아 古代音韻學 연구에서도 중요한 자료가 된다. 『방언』의 정식 標題는 『輶軒使者絶代語釋別國方言』[37]이며, 『舊唐書』 經籍志나 『新唐書』 藝文志에 보이는 『別國方言』, 『揚雄別國方言』, 『隋書』 經籍志나 『宋史』 藝文志에 보이는 『방언』, 『揚雄方言』은 모두 그 약칭이다. 後漢 말 應劭의 『風俗通義』 序에서 『방언』을 양웅의 저작이라고 하였고, 또 삼국시대 蜀漢의 常璩가 지은 『華陽國志』 先賢士女總讚에서도 양웅이 『爾雅』를 모범으로 삼아 『방언』을 지었다고 하였다.[38]

지금 전하는 『방언』은 13권이고 11,900여 자인데, 이는 劉歆의 「與揚雄書」에 보이는 15권보다 권수는 적지만 응소가 『풍속통의』 서에서 말한 바 '9천자'보다 자수는 오히려 증가된 것이다.[39] 『방언』의 내용을 보면 12권과 13

---

37 『방언』의 정식 제목인 『輶軒使者絶代語釋別國方言』 가운데 輶軒은 고대 帝王의 使者가 타는 간편한 마차를 가리키며, 絶代語釋은 漢代 이전 상고시대부터 전해져 오는 古語에 대한 해석이고, 別國方言은 각지로부터 수집한 각국 방언을 가리킨다. 古語와 方言 모두 輶軒使者의 수집 대상이었다(이연주·이연승 옮김, 2012, 「『방언』 해제」, 『방언소증』 1, 소명출판, 9쪽).

38 華學誠, 2006, 「前言」, 『揚雄方言校釋匯證』 上冊, 中華書局, 1~2쪽.

39 福田襄之介, 1972, 「揚雄方言の成立について」, 『東方學會創立二十五周年記念 東方学論集』, 東方學會, 743~748쪽.

권은 11권까지의 체재와 많이 달라 방언에 대한 해설이 거의 없다. 이것은 『방언』이 양웅의 손에 의해 완성되지 못한 채 전해진 것과 관련이 있으며, 班固가 『漢書』 藝文志 目錄에서 『방언』을 기록하지 않은 것도 바로 이 때문일 것으로 추정된다.

양웅의 「答劉歆書」에 의하면, 周 · 秦시기에는 매년 추수 후에 중앙 조정에서 각지로 사자를 파견하여 민간가요, 동요, 방언 등을 채집하여 민정을 살폈다. 輶軒使者가 전국에서 방언 자료를 수집해 석실에 보관했는데, 한대에는 이미 산일되어 어떤 형태인지 정확히 알 수 없게 되었다. 이에 양웅은 선대 작업의 기초 위에 다시 조사하고 분류하는 방대한 작업을 통해 『방언』을 정리하였다고 한다. 양웅은 당시 전국 각지로부터 京師에 왔던 지식인들과 병사들이 쓰는 각기 다른 말들을 조사하고 수집하는 노력을 27년간 지속하였다고 한다. 양웅의 自序에 의하면 40여 세가 되어 비로소 경사에 오게 되었고 하니, 그 무렵부터 71세 사망할 때까지 거의 계속했던 것이다. 유흠은 「여양웅서」에서 『방언』을 보고 싶다고 청하였지만, 양웅은 아직 완성되지 않아 애석하다고 답하고 있다. 양웅이 정확히 언제부터 『방언』 편찬을 시작하였는지 분명하지 않지만, 대체로 43세(기원전 11년)[40] 또는 46세(기원전 8년)[41]부터였다고 추정된다.

『방언』은 내용 편목이 따로 구분되어 있지 않지만, 대체로 『이아』의 체례를 모방하여 주제별로 방언을 정리하였다. 각 지역의 방언 외에 당시 통용되던 언어에 대하여 다섯 가지로 분류하였다. 첫째는 通語로 지역 제한 없이 사용되는 공통어이고, 둘째는 특정 지역의 언어로 통행범위가 비교적 좁은 방언(某地語)이며, 셋째는 그보다 좀 더 광범위한 지역에서 통용되는 언어(某地某地之間語)이고, 넷째는 방언 중에 남아 있는 고어 혹은 고방언,

40 戴震, 『方言疏證』 序; 이연주 · 이연승 옮김, 2012, 앞의 책, 17쪽.
41 張震澤, 1993, 「揚雄年表」, 『揚雄集校注』, 上海古籍出版社, 445쪽.

다섯째는 시대나 지역에 따라 音價에 변화가 생긴 轉語이다.[42] 이런 분류를 보면 양웅은 각 지역의 언어현상을 통하여 시간과 공간에 따른 언어의 변화를 인식하고 있었음을 알 수 있다.

일찍이 林語堂은 「前漢方音區域攷」에서 『방언』의 지명을 26종으로 나누고, 전한시기의 방언구역을 다음과 같이 14종 계통으로 나누어 보았다.[43]

1. 秦晉 一系
2. 梁과 楚의 西部 一系
3. 趙魏, 河以北 一系(燕代 남쪽도 이 系에 속함)
4. 宋衛와 魏의 一部 一系(第10系와 가장 가깝다)
5. 鄭漢周 一系
6. 齊魯 一系
7. 燕代 一系
8. 燕代北鄙 朝鮮洌水 一系
9. 東齊 海岱之間 淮泗(靑徐) 一系(夷語가 雜入)
10. 陳汝潁, 江淮(楚) 一系(荊楚 역시 또 다른 一系로 나눌 수 있다)
11. 南楚 一系(蠻語가 雜入되었다)
12. 吳揚越 一系(揚은 淮楚에 가깝다)
13. 西秦 一系(羌語가 雜入되었다)
14. 秦晉北鄙 一系(狄語가 雜入되었다)

이 가운데 제8계가 조선과 관련된 방언 구역이다. 『방언』 중에 조선 관련

42 이연승, 2007, 『양웅(揚雄): 어느 한대(漢代) 지식인의 고민』, 태학사, 71~72쪽.

43 孔在錫, 1975, 「漢代「方言」중 朝鮮方音에 관하여」, 『東洋學』 5, 339쪽에서 재인용.

조목은 모두 26조가 보인다. 『방언』에 보이는 '조선' 지명에 대해 곽박의 주에서 "朝鮮今樂浪郡是也"라고 하였다. 즉 조선은 지금의 낙랑군에 해당한다는 의미로, 여기서 조선은 낙랑군의 전신으로 이해된 것이다. 양웅이 조선에 특별히 주의를 기울인 흔적은 찾을 수 없지만, 『방언』 중의 다른 지명과 성격이 같다면 이 '조선'은 당시 낙랑군의 朝鮮縣을 가리키는 것이 아니라 周秦 이래 전래된 국명으로 이해된다.[44]

『방언』에 나타난 조선 관련 방언 26조를 도표화하여 정리하면 다음과 같다.

표 『方言』에 나타난 朝鮮系 方言

순차[45]	方言	字音 (郭璞注)	지역구분(區域)	通語(釋)	備考
I-8	咺	香遠反	燕之外鄙朝鮮洌水之間	痛	
II-5	盱	香于反	燕代朝鮮洌水之間	艏隻	揚
II-8	策		燕之北鄙朝鮮洌水之間	杪小	
II-27	葉輸	-臾	燕之北郊朝鮮洌水之間	毳	
II-32	搖扇		燕之外鄙朝鮮洌水之間	疾	
III-6	譁	五瓜反	(北)燕朝鮮洌水之間	化	化聲之轉
	涅				雞伏卵而未孚始化之時謂之涅
III-7	斟		北燕朝鮮洌水之間	汁	
III-11	茦		北燕朝鮮之間	刺	壯
III-12	癆	聊	北燕朝鮮之間	毒	
IV-39	鞠角	卬-	東北朝鮮洌水之間	履	
V-1	錪	腆	北燕朝鮮洌水之間	鍑	鉼
V-11	甋	暢(腸)	燕之東北朝鮮洌水之間	罃	
V-24	斛	湯料反	燕之東北朝鮮洌水之間	臿	鍫聲轉
V-29	椵(椴)	叚(段)	燕之東北朝鮮洌水之間	橛	
V-33	樹		北燕朝鮮之間	杠	
VI-31	徥	度揩反	朝鮮洌水之間	行	II-6 魏 참조
VII-12	搁		燕之外郊朝鮮洌水之間	離	播

---

44 孔在錫, 1975, 앞의 글, 6~7쪽.

45 도표의 순차는 華學誠, 2006, 앞의 책에 보이는 『方言』의 卷次와 目次이다. 즉 'I-8'은 1권 8번째 조목을 의미한다.

<table>
<tr><td>VII-15</td><td>膊</td><td>普博反</td><td>燕之外郊朝鮮洌水之間</td><td>暴</td><td></td></tr>
<tr><td>VII-18</td><td>魏盈</td><td></td><td>燕之外郊朝鮮洌水之間</td><td>怒(呵叱)</td><td>II-6 魏(羌箠反)</td></tr>
<tr><td rowspan="2">VII-25</td><td>漢漫</td><td></td><td rowspan="2">朝鮮洌水之間</td><td>煩懣</td><td rowspan="2"></td></tr>
<tr><td>賑眩</td><td>瞋懸</td><td>顚眴</td></tr>
<tr><td>VII-31</td><td>樹植</td><td></td><td>燕之外郊朝鮮洌水之間</td><td>立(置立)</td><td></td></tr>
<tr><td>VIII-2</td><td>貊</td><td>丕</td><td>北燕朝鮮之間</td><td>貔</td><td></td></tr>
<tr><td rowspan="3">VIII-4</td><td>抱</td><td>房奧反</td><td rowspan="3">北燕朝鮮洌水之間</td><td>伏雞</td><td>菢</td></tr>
<tr><td>鷇</td><td>恪遘反</td><td>爵子, 雞雛</td><td></td></tr>
<tr><td>涅</td><td></td><td>卵伏而未孚始化</td><td>III-6 涅 참조</td></tr>
<tr><td>VIII-5</td><td>豭</td><td></td><td>北燕朝鮮之間</td><td>豬</td><td>豭斗(牛)</td></tr>
<tr><td rowspan="2">VIII-9</td><td>鶝鵶</td><td>福不</td><td>燕之東北朝鮮洌水之間</td><td>尸鳩</td><td></td></tr>
<tr><td>鳷</td><td>或</td><td>燕之東北朝鮮洌水之間</td><td>鵟鸚</td><td></td></tr>
<tr><td>XI-16</td><td>蝳蜍</td><td>毒餘</td><td>北燕朝鮮洌水之間</td><td>鼅鼄</td><td></td></tr>
</table>

곽박의 『방언』 주에 보이는 反切은 601년 편찬된 音韻書 『切韻』의 중고음과 차이가 나는 것으로 보아 한대 상고음에 해당할 가능성이 높다. 예를 들어 III-6 譁의 反切音이 곽박의 주에는 「五瓜反」이라고 하였으나, 『절운』 逸文에 보이는 화의 중고 반절음은 「呼瓜反」이다.[46] 韻部는 瓜로 동일하지만 聲部가 五와 呼로 차이가 있다. 이로 보아 곽박의 注音은 『절운』 이전의 상고음을 반영한 것으로 추정된다. 시기적으로 곽박이 注音한 3세기 말~4세기 초는 상고음 말기로 『절운』 이전 상고음의 잔영이 강하게 남아 있었다.

『방언』에 나타난 26조의 조선계 방언들이 조선에 거주하던 한인들의 방언인지 혹은 한어를 받아들인 조선의 방언, 즉 譯音(借字表記)인지는 분간하기 어렵다. 양웅이 『방언』을 편찬한 기원전 10년대에는 樂浪郡이 설치(기

46 上田正, 1984, 「逸文總覽」, 『切韻逸文の硏究』, 汲古書院, 118쪽. 隋의 陸玆(陸法言) 등이 601년 지은 『切韻』은 5~6세기(中古 前期) 北方 中原音을 표기한 것으로, 원본이 전하지 않으나 北宋 陳彭年(961~1017)의 『廣韻』에 逸文이 실려 전하며 현존하는 最古本으로 敦煌에서 발견된 唐寫本 3권 등이 알려져 있다. 敦煌寫本 등 唐寫本에 대해서는 楊家駱 主編, 1972, 『瀛涯敦煌韻輯 附切韻音系』, 鼎文書局 및 上田正 編, 1966, 『切韻殘卷諸本補正』, 東京大學 東洋文化硏究所를 참조하라.

원전 108년) 되고 100년이 지난 뒤이므로, 그 사이 한자문화가 상당히 유입되었을 것이다. 『史記』 朝鮮傳에서 衛滿의 출자가 '故燕人'이라고 한 점과 연·제의 망명자들이 위만에 속해 있었다는 점을 감안하면, 이미 전국시대에 상고중국어가 조선에 들어왔을 가능성도 충분히 있다. 『방언』의 조선계 방언은 상고중국어가 조선에 들어와 그 지역의 방언으로 변화된 모습을 보여 주고 있다.

『방언』에서 가장 먼저 보이는 조선계 방언인 I-8 咺은 '슬피 울며 그치지 않는 것'을 의미한다. 연의 外鄙와 朝鮮洌水의 사이에서는 어린아이가 그치지 않고 계속 우는 것을 '훤'이라고 한다는 것이다. 곽박은 훤의 반절음을 「香遠反」으로 표기하였다. 『절운』을 기초로 南北古今의 중고한음을 집대성한 11세기 초의 음운서 『廣韻』에 의하면, 훤의 중고음은 「況晚切」로 보인다. 王力은 훤의 상고음을 「曉元(xǐwan)」으로 再構하고 있는데, 이는 곽박의 「香遠反」에 가깝다. 훤의 상고음과 중고음을 비교해 보면 聲部는 유사하지만 韻部에서 차이가 남을 알 수 있다. 이에 따라 훤의 국어한자음 '훤'은 중국 중고음보다는 상고음에 가깝다고 판단된다. 이러한 사실은 조선계 방언인 '훤'이 상고음 시기 즉 한대 이전에 수용된 이후 그 音價가 토착화하여 국어한자음으로 후대까지 전승되었음을 시사해 준다.

『방언』에서 '조선열수'를 언급한 것이 모두 26번이고, 그중에서 24번은 燕北 혹은 燕東北과 함께 거론한 것이다. 그러므로 燕東北과 조선은 동일한 방언(언어)구역이라고 볼 수 있다. 『방언』 중에 연을 거론한 것이 59번인데, 그중에서 연북이 43번이고 연만 말한 것이 16번으로, 단칭의 연과 관계 깊은 지역은 조선이 아니라 남쪽의 東齊였다.[47] 연북과 무관하게 「朝鮮洌水之間」만을 거론한 것이 2번(VI-31, VII-25) 보이는데, 이것은 연의 동북 지역과 구분되는 조선 지역만의 특징적 방언도 따로 존재하였음을 시사해

47 孔在錫, 1975, 앞의 글, 7쪽.

주는 것이다.

『방언』의 지역구분에 보이는 '조선열수'는 「조선열수지간」이란 구역명이 2번이나 따로 기록된 것으로 보아 일단 '조선과 열수'라고 이해된다. VIII-5 「北燕朝鮮之間」에서 보듯이 조선은 洌水와 분리되어 단독으로 쓰이기도 했다. 「북연조선지간」과 「조선열수지간」을 함께 생각해 보면, 북연-조선-열수의 순서를 상정할 수 있다. 조선과 열수가 같은 지역에 위치했다면 VI-31과 VII-25의 「조선열수지간」이라는 지역구분이 불가능했을 것이다. '間'이라는 표현으로 보아 조선과 열수 사이에 상당한 거리가 있었던 것이다. 또한 「북연조선지간」은 5번 보이지만, 「北燕洌水之間」이라는 지역구분은 한 번도 보이지 않는다. 이러한 사실은 조선과 열수가 대치될 수 있는 인접한 지역이 아니라 구별되는 지역이며, 북연과 열수 사이에 조선이 위치했음을 시사해 주는 것이다.

열수는 고조선의 위치와 관련하여 논의가 많았던 지명으로, 고조선의 중심지를 어디에 비정하느냐에 따라 열수의 위치 비정 역시 논란이 있다. 요동중심설에서는 곽박의 『방언』 주를 근거로 遼東의 遼河를 열수로 보는 반면, 평양중심설에서는 『漢書』 지리지의 낙랑군 속현 기록과 「秥蟬縣神祠碑」를 근거로 대동강으로 이해한다. 또한 이동설의 입장에서는 고조선의 중심이 요동에 있던 때의 열수와 대동강 유역으로 이동한 이후의 열수가 다르다고 보면서, 『사기』와 『한서』의 열수는 고조선의 중심이 이동한 후의 사실을 기록한 것이므로 대동강을 가리킨다고 본다.[48]

『방언』이 편찬된 기원전 1세기 말 열수의 위치는 평양 정백동 출토 「初元 4년(기원전 45) 樂浪郡戶口簿」에 낙랑군의 속현으로 보이는 列口縣의 존재와 元始 2년(서기 2)의 사실을 반영한 『漢書』 지리지의 기록을 연결해 볼 때, 평양 지역의 대동강을 가리키는 것으로 보인다. 하지만 『방언』의 열수가 당

48 徐榮洙, 1988, 「古朝鮮의 위치와 강역」, 『韓國史市民講座』 2, 40~49쪽 참조.

시 낙랑군의 열수가 아니라 그 전 고조선의 열수를 가리키는 것이라면 요동 지역에 위치했던 강일 가능성도 있다. 이것은『방언』의 조선과 낙랑군의 선후관계와도 관련된 문제이다.

곽박은 훤에 대한 주에서, "조선은 지금의 낙랑군이고 열수는 요동에 있다"고 하였다. 곽박이 조선과 열수를 지리적으로 구분한 것은 수긍할 만하지만, 열수를 요동에 비정한 것은 검토의 여지가 있다. 연북-조선-열수의 기록 순서를 감안하면, 열수의 위치를 요동으로 보면 열수가 조선보다 연에 더 가깝게 되어 순리적이지 않다.

그런데 곽박은『山海經』海內北經의 조선에 대한 주에서는 열수가 帶方에 위치했다고 비정하여 차이를 보인다.『방언』과『산해경』의 열수에 대한 곽박 주를 비교해 보면 다음과 같다.

> A. 郭璞이 이르길, "朝鮮은 지금 樂浪縣으로 箕子가 봉해진 곳이다. 列은 또한 水名으로 지금 帶方에 있으며, 帶方에 列口縣이 있다."[49]
>
> B. 燕의 外鄙[鄙는 邊邑의 이름이다], 朝鮮 및 洌水의 사이[朝鮮은 지금 樂浪郡이다. 洌水는 遼東에 있고 音은 烈이다]에서는 少兒가 울음을 그치지 않는 것을 咺이라 한다[少兒는 小兒라고 하는 것과 같다].[50]

A에서 곽박이 열수를 대방에 비정한 것은 대방군 列口縣의 존재 때문으

49 袁珂 校注, 1993,『山海經校注』, 巴蜀書社, 374쪽 : "郭璞云 朝鮮今樂浪縣 箕子所封也 列亦水名也 今在帶方 帶方有列口縣".

50 華學誠, 2006, 앞의 책, 26쪽 : "燕之外鄙[鄙邊邑名] 朝鮮洌水之間[朝鮮今樂浪郡是也 洌水在遼東 音烈] 少兒泣而不止曰咺[少兒猶言小兒]." [ ] 안의 내용이 곽박의 주문이다.

로 보인다. 그런데『한서』지리지와『後漢書』郡國志에 의하면 한대에는 열구현이 帶方郡이 아니라 낙랑군에 속해 있었다. 열구현이 대방군에 속하게 된 것은 建安 연간(196~220) 중 公孫康에 의해 낙랑군 南部 屯有縣 이남의 현들이 대방군으로 別置[51]되면서부터다.『晉書』지리지 平州 대방군에 열구현이 보이는 것도 이 때문이다. 즉 3세기 이후 열구현이 대방군에 속하게 되면서 A와 같은 주가 나오게 된 것이다.

『사기』조선전의 판본에 따라 列口와 洌口가 혼재되어 나타나는 것으로 보아, 洌水와 列水는 동일한 지명으로 이해된다. 곽박이 洌水와 列水를 다르게 본 것이 아니라면, 두 주석의 위치 비정 사이에 변화가 있었던 것이다. 이러한 위치 비정의 변화는 낙랑군이 313년 고구려에 의해 대동강유역에서 축출되고 요서의 大凌河유역으로 移置(慕容氏의 낙랑군)된 사실[52]과 관련된 것으로 보인다. 곽박이 324년에 사망하였으므로 말년의 이러한 사정이 반영되어 열수의 위치가 대동강유역에서 요동으로 바뀌었을 가능성이 있는 것이다.

『한서』지리지에 의하면, 列水는 呑列縣 分黎山에서 나와 서쪽으로 秥蟬에 이르러 바다에 들어간다고 하였다. 1913년 세키노 다다시(關野貞)·이마니시 류(今西龍) 등이 平南 龍岡郡 海雲面 於乙洞土城址를 조사하는 과정에서 그 동북쪽 약 150m 지점에서「秥蟬縣神祠碑」를 발견하였다.[53] 이 비가 秥蟬縣의 정확한 위치를 알려주게 된 것이다. 이로 인하여 점제현이 지금의 龍岡 일대이며, 열수는 지금의 대동강임이 널리 공감되게 되었다.[53]

열구현의 지명 역시 열수의 하구와 관련된 지명이라는 점에서 대동강 하

51『三國志』30, 東夷傳 韓, "建安中 公孫康屯有縣以南荒地爲帶方郡".

52 千寬宇, 1989,「灤河下流의 朝鮮」,『古朝鮮史·三韓史硏究』, 一潮閣, 103~104쪽 참조.

53 林起煥, 1992,「秥蟬縣神祠碑」,『譯註韓國古代金石文』1, 駕洛國史蹟開發硏究院, 201쪽.

구에 위치하게 된다. 『진서』 지리지에 의하면 열구현이 屯有縣 이남의 대방군에 위치하는데, 대방군의 최북단인 대동강 하구 남안이 열구현에 해당한다. 이에 따라 지금의 황해도 은율에 열구현을 비정하는 것이 설득력을 얻고 있다.[54]

이상에 따르면 列水(洌水)는 대동강에 비정해 보는 것이 무난하다. 그렇다면 『방언』에서 洌水 앞에 병기된 조선은 대동강유역과 구분된 다소 거리가 있는 지역이었다고 보는 것이 순리이다. 앞서 보았듯이 「조선 · 열수지간」이나 「북연 · 조선지간」이란 표기로 보아, 조선은 연북과 열수 사이의 중간 지역에 비정해 볼 수 있을 것이다.

이와 같이 『방언』에 보이는 조선의 위치 관계를 이해하면, 『방언』은 조선의 중심지가 대동강(열수)유역에 자리 잡기 이전의 방언자료를 대상으로 편찬되었다고 추정해 볼 수 있다. 『방언』에서 언급된 조선계 방언이 정확히 어느 시기의 자료를 대상으로 한 것인지 명확하지 않지만, 연북–조선–열수의 위치 관계를 통해 볼 때 대동강(열수) 유역의 평양에 도읍을 정하기 이전의 상황을 반영한 것으로 보인다. 고조선의 중심지 문제에 대해 학계에서는 대체로 이동설이 비교적 폭넓게 받아들여지고 있다. 즉 燕將 秦開의 조선 침공이 있었던 기원전 280년대 이전에는 요동에 중심지가 있었다가 그 이후 평양으로 이동했다고 보는 것이다. 이에 따르면 『방언』의 조선은 기원전 280년대 이전 요동에 있던 조선에 해당하게 된다.

최근 중국 방언학 연구에서는 『방언』의 구역을 앞서 본 林語堂의 구분과 같이 세분하지 않고 다음과 같이 크게 6개 구역으로 분류하고 있다.[55]

---

54 李丙燾, 1976, 「樂浪郡考」, 『韓國古代史硏究』, 博英社, 146쪽. 한편 최근까지도 『방언』의 열수에 대한 곽박 주를 중시하여 열수를 요동의 요수에 비정하는 시각도 있다(金南中, 2013, 『위만조선의 성립과 발전과정 연구』, 서강대 박사학위논문, 77쪽).

55 李丙燾, 1976, 앞의 책, 126쪽.

① 西部－秦·晉, 西秦(關西), 西南(梁州·益州)

② 中部－周·韓·鄭·趙·魏·衛·宋·齊·魯

③ 東部－東齊海岱, 徐州, 靑州, 淮河

④ 北部·北東部－燕·代, 北燕·朝鮮

⑤ 南部－陳楚, 南楚, 淮河, 長江

⑥ 東南部－吳越, 南越

이 분류에 따르면 북연·조선은 연·대와 같은 북부·북동부 방언구역에 속하게 된다. 이러한 분류는 최근 중국학계에서 『방언』에 수록된 조선 어휘들을 고대 중국어의 한 방언으로 보는 이해와 연관된다. 『방언』의 조선계 어휘가 연, 제 일대의 중국어 방언과 장기간 접촉에 의해 형성된 중국어 방언의 한 종류로 당시 토착민 언어와는 다르다고 보는 것이다.[57] 한편 이와 달리 국내 중국어학계에서는 『방언』 이전의 문헌에 사용된 어휘와 비교를 통해, 『방언』의 조선계 어휘를 중국에서 이주해 온 유이민들이 사용하던 어휘(莱, 斛, 鞠角, 斟, 膊, 樹植, 豭)와 고유의 조선 어휘(盱·揚, 涅, 播)로 분류해 보기도 한다.[58]

『방언』의 조선계 방언이 중국계 주민들이 사용한 중국어 방언이라면 이들과 연·제 지역의 방언 사이에 깊은 연관성을 확인할 수 있어야 한다. 그러나 『방언』에서 조선계 방언과 연·제계 방언 사이의 유대 관계를 찾아보기 어렵다. 조선계 방언은 연·제의 방언과 지역적으로 구분되었으며, 다만 연의 동북 지역과는 동일한 언어구역으로 묶여 이해되고 있었다.

앞서 본 바와 같이 『방언』에 의하면 연의 동북 지역은 조선과 동일한 방

56 華學誠, 2006, 『秦漢歷史地理與文化分區研究』, 中央民族大學出版社.

57 李恕豪, 2003, 『揚雄〈方言〉與方言地理學研究』, 巴蜀書社.

58 이연주, 2009, 「揚雄〈方言〉에 수록된 조선 어휘 고찰」, 『中國語文學』 54, 463~467쪽.

① 秦晉方言區 ② 周韓鄭方言區 ③ 趙魏方言區 ④ 衛宋方言區 ⑤ 齊魯方言區 ⑥ 東齊海岱方言區
⑦ 燕代方言區 ⑧ 北燕朝鮮方言區 ⑨ 楚方言區 ⑩ 南楚方言區 ⑪ 南越方言區 ⑫ 吳越方言區
출처: 〈西漢方言區劃圖〉(李恕豪, 2003)

언구역이었다. 연의 동북 지역이 연에 편입된 것은 기원전 3세기 초 연장 진개의 東胡 정벌에 의해 上谷, 漁陽, 右北平, 요서, 요동 등 5郡이 설치되면서부터이다.[59] 연장 진개의 동호 정벌은 조선 침공의 바로 전 단계였다.[60] 기원전 3세기 이후에는 연의 동북 지역이 연에 편입되었기 때문에 연과 동일한 방언구역으로 변화하였을 가능성이 높다. 그럼에도 불구하고 『방언』에서는 연의 동북 지역이 燕보다는 조선과 언어적으로 더 가까운 지역이라고 보아 동일한 언어구역으로 묶은 것이다. 이러한 사실은 앞서 연

59 『史記』 110, 列傳50 匈奴.

60 『鹽鐵論』 8, 伐功, "燕襲走東胡 辟地千里 度遼東而攻朝鮮".

북–조선–열수의 위치 관계에서 살핀 바와 같이 『방언』의 조선이 기원전 3세기 이전의 지리적 상황을 반영한다는 점과도 관련된다.

연의 동북 지역은 원래 동호의 지역이었다가 기원전 3세기 이후 연에 편입된 곳이다. 연의 동북 지역과 조선이 하나의 방언구역으로 묶인 것은 동호와 조선의 언어문화가 상당히 유사하였음을 시사해 주는 것이다. 동호의 언어는 알타이제어 중 하나인 몽골어 계통에 해당한다.[61] 언어계통상 고대 한국어와 東胡語는 동일한 알타이어족에 속하는 것이다. 『방언』에서 연의 동북 지역과 조선이 하나의 방언구역으로 묶인 것은 동호와 조선의 언어가 중국어와 계통상 구분되는 알타이제어라는 공통점과도 무관하지 않다. 이러한 사실은 조선과 동호의 종족 계통에 친연성이 있었기 때문이거나, 또는 인근 지역 간의 언어 접촉에 의한 동화 현상이라고 이해할 수 있다. 동호와 조선의 관계에 대한 연구는 향후 다시 조명해 볼 필요가 있다.

『방언』을 참고한 후한 許愼(58~147)의 『說文解字』에는 다음과 같이 4개의 조선계 방언이 소개되어 있다.

> 咺：朝鮮謂兒泣不止曰咺 從口亘聲
>
> 盱：張目也 從目于聲 一曰朝鮮謂盧童子曰盱
>
> 癆：朝鮮謂藥毒曰癆 從疒勞聲
>
> 錪：朝鮮謂釜曰錪 從金典聲

허신이 전거를 밝히지 않았지만, 위 기록들은 『방언』을 참고한 것이 분명해 보인다. 다만 방언의 지역에 대해 북연, 열수를 병기하지 않고 '조선'만 표기하여 차이가 난다. 주지하듯이 『설문해자』에서는 조선과 구별하여 樂浪, 薉, 貉, 薉貉 등의 지명을 혼용하고 있다. 반면 『방언』에서는 '조선'만

61 林幹, 2007, 『中國古代 北方民族通論』, 內蒙古人民出版社, 197쪽.

보이고 '낙랑'이 전혀 보이지 않는다. 『방언』의 '北燕朝鮮洌水之間'을 『설문해자』에서는 '조선'으로만 표현하고 낙랑과 구분해 쓴 것이다. 이것은 『방언』의 조선이 낙랑군의 조선현을 의미하는 것이 아니라, 그 전의 고조선임을 시사해 주는 것이다.

방언의 지리적 분포 양상은 방언의 전파 경향성에 의해 중심 지역, 과도 지역, 잔존 지역으로 구분된다. 방언의 전파는 중심 지역에서 먼저 규칙적으로 일어나고, 여기서 멀리 떨어진 잔존 지역에서는 그 변화가 전파되지 못하고, 이 두 지역 사이의 과도 지역은 전파의 물결이 약해진다.[62] 『설문해자』에서 '북연·조선·열수'의 지명 가운데 '조선'을 선택한 것은 조선이 방언의 중심 지역임을 보여 주는 것이다.

이상 양웅의 『방언』에서 「북연-조선-열수」 지역을 동일한 방언구역으로 묶고 있으며, 허신의 『설문해자』에서는 이를 '조선'이라고 통칭하였음을 살펴보았다. 이를 통해 고조선 시기에 연의 동북 지역부터 대동강유역까지는 언어적으로 하나의 등어선으로 포괄되는 지역이었음을 확인할 수 있다.

북연-조선-열수 지역은 청동기시대 이래 琵琶形銅劍, 多鈕銅鏡, 扇形銅斧 등으로 대표되는 비파형동검문화의 분포권에 포괄된다는 점에서 문화적으로 동질성이 확인된다. 이 지역 비파형동검문화의 담당 주민에 대해서는 東胡族說, 山戎族說 등이 제기되기도 하지만, 그 중심에 조선이 위치한다는 점에서 고조선의 주민인 濊貊族을 중심으로 한 청동기문화라고 보는 것이 합리적일 것이다. 이 지역들이 넓게 보아 예맥족의 문화권에 해당한다는 사실은 이 지역이 동일한 방언구역으로 묶이게 된 계기를 이해할 수 있게 해 준다. 고조선 멸망 이후 이 지역의 언어문화에 대해서는 다음의 『삼국지』 동이전을 통해 살펴볼 수 있다.

---

62 金芳漢, 1988, 앞의 책, 274쪽.

Ⅳ. 『三國志』 東夷傳의 언어구역과 古朝鮮語

진수의 『삼국지』 위서 권30에는 동호의 후신인 烏丸, 鮮卑와 함께 東夷의 傳이 실려 있다. 동이전은 부여, 고구려, 東沃沮, 挹婁, 濊, 韓(馬韓 · 辰韓 · 弁辰), 倭人의 순서로 각국 法俗의 同異를 서술하여 前史, 즉 『사기』, 『한서』, 『東觀漢記』의 미비점을 보완해 주고 있다.[63]

『삼국지』 동이전 評에 따르면, 『사기』와 『한서』가 조선과 兩越에 대해 저술하였고, 東京(東漢)대에는 西羌에 대해 찬술하였고, 魏代에 匈奴가 마침내 쇠약해지고 다시 오환, 선비(奚), 동이가 나타나 使譯이 때때로 통하게 되자 일에 따라 기술하게 되었다고 한다.[64] 前漢의 『사기』 조선전 이래 동이에 대한 기록은 魏代에 이르러서야 비로소 가능하게 되었던 것이다.[65]

『삼국지』 동이전에는 위만조선 이후 동이에 대한 정보가 실려 있는데, 그 가운데 동이 각 지역의 언어에 대한 기록이 다음과 같이 확인된다.

C-1. 東夷舊語에 '(高句麗는) 夫餘의 別種으로 言語 등 여러 일이 夫餘와 많이 같지만 그 성정기질과 의복에는 차이가 있다'고 한다.[66]

C-2. 그(東沃沮) 言語가 句麗(高句麗)와 대체로 같고 때때로 조금 다

63 『三國志』 30, 魏書 東夷傳 序, "故撰次其國 列其同異 以接前史之所未備焉".

64 『三國志』 30, 魏書 東夷傳 評曰, "史漢著朝鮮兩越 東京撰錄西羌 魏世匈奴遂衰 更有烏丸鮮卑奚及東夷 使譯時通 記述隨事 豈常也哉".

65 중국 삼국시대에 동이전을 처음 입전한 사서는 240년대 편찬된 孫吳 謝承의 『後漢書』 東夷列傳으로 陳壽의 『三國志』보다 약 40년 정도 앞선 것으로 추정된다. 謝承의 『후한서』는 唐代 이전에 산일되어 원서가 현재 전하지 않는다(박대재, 2009, 「謝承 『後漢書』 東夷列傳에 대한 예비적 고찰」, 『韓國古代史硏究』 55 참조).

66 『三國志』 30, 東夷傳 高句麗, "東夷舊語以爲夫餘別種 言語諸事 多與夫餘同 其性氣衣服有異".

르다.[67]

C-3. 그(挹婁) 사람들의 모습이 夫餘와 비슷하지만, 言語는 夫餘 · 句麗(高句麗)와 같지 않다.[68]

C-4. (濊의) 言語와 法俗이 대체로 句麗(高句麗)와 같지만 衣服에는 차이가 있다.[69]

위 기록들에 의하면 부여-고구려-동옥저-예의 언어가 대체로 같았음을 확인할 수 있다. 의복에서는 부여, 고구려, 예가 서로 차이가 있었지만, 언어는 모두 비슷하였다는 것을 보아 언어가 가장 기본적인 공통 문화였음을 알 수 있다. 언어가 공통된 부여, 고구려, 동옥저, 예를 하나의 종족집단 즉 예맥족으로 보아도 무방할 것이다. 동이전에 기록된 북방 동이 가운데 오직 읍루만이 언어가 같지 않았다고 한다. 읍루와 예맥족이 언어구역상 서로 구분되었던 것이다.

한편 『삼국지』 선비전에 의하면 동이의 서쪽에 있던 선비의 언어와 습속이 오환과 같았다고 한다. 『삼국지』의 동북아 지역 제 종족집단의 언어에 대한 기록을 종합해 보면, 3세기 당시 이 지역의 언어는 ① 선비 · 오환의 언어, ② 부여 · 고구려 · 예 · 동옥저의 언어, ③ 읍루의 언어 등 3가지로 대별된다.[70]

읍루는 肅愼, 勿吉, 靺鞨 등과 같은 계통의 종족으로 훗날 女眞族, 滿洲族의 조상 또는 좀 넓게 잡아 현대 퉁구스족의 조상이라고 할 수 있다. 『삼국지』 동이전의 기록을 볼 때 숙신, 읍루의 언어는 만주퉁구스 계통의

67 『三國志』 30, 東夷傳 東沃沮, "其言語與句麗大同 時時小異".

68 『三國志』 30, 東夷傳 挹婁, "其人形似夫餘 言語不與夫餘句麗同".

69 『三國志』 30, 東夷傳 濊, "言語法俗 大抵與句麗同 衣服有異".

70 池上二良, 1989, 「東北アジアにおける言語の變遷」, 『東北アジアの民族と歷史』, 山川出版社, 160쪽.

언어로, 부여, 고구려의 언어와는 계통이 달랐던 것으로 보인다. 이러한 사실은 오늘날 전하는 고구려 언어 자료와 현대 퉁구스 제어의 비교를 통해서도 인정된다. 현재 남아 있는 만주퉁구스 어파에 속하는 언어들은 주로 예니세이강의 동쪽 시베리아 지역을 포함하여 만주의 동북지방에서 사용되며, 대부분의 언어 사용자 수가 수천 명 혹은 수만 명에 불과해 모두 절멸위기에 처해 있다.

람스테트에 따르면 한국어는 알타이어족에 속하지만 투르크어, 몽골어, 만주·퉁구스어와 지역적으로 구분된 것으로 이해된다. 이 가운데 특히 만주어가 한국어와 가장 가까운 언어로 이해되는데, 두 언어 사이에 약 250개 어휘가 유사한 것으로 알려져 있다. 중국 북부의 싱안링산맥 근처에 살고 있던 여러 민족들의 언어가 알타이 공통조어인데, 싱안링산맥을 중심으로 북동쪽으로 이주한 민족이 만주퉁구스인이고, 남동쪽으로 이주한 민족이 한국인의 선조라고 생각된다.[71]

읍루어와 부여 · 고구려어와 같이 인접한 지역의 언어들이 서로 구별되는 것은 대체로 그 언어계통이 다르기 때문이다. 부여, 고구려, 동옥저, 예의 언어는 공통의 조어로부터 분기된 것이며, 읍루의 언어와는 계통상 다른 분화 과정을 거친 것이다. 읍루는 숙신 계통 종족이며 그 언어는 알타이제어 가운데 만주·퉁구스어에 속한다. 부여 · 고구려어가 알타이제어 가운데 만주·퉁구스어와 가장 가깝다는 점은 인정되지만, 『삼국지』 당시에 이미 두 언어 사이에 언어적 분화가 있었던 것이다.

예맥족 계통의 옥저와 숙신족 계통의 읍루는 고고학적인 문화 양상에서도 큰 차이를 보인다. 극동 지역의 초기 철기문화는 평지성취락, 경질무문토기, 집약적 농경으로 대표되는 함경북도~연해주 남부의 크로우노프카 문화권과 고지성취락, 무기 위주의 철기, 압인문토기로 대표되는 폴체 문

71 연규동, 2013, 「만주어와 만주 문자」, 『만주이야기』, 동북아역사재단, 91~105쪽.

화권으로 크게 구별된다. 크로우노프카 문화는 중국 내의 투안지에(團結) 문화와 연결되는데, 투안지에 문화는 홍개호 유역에서 연변 일대에 분포하는 기원전 4세기~1세기의 초기 철기시대 문화로 옥저의 문화로 비정되고 있다.[72] 한편 폴체 문화는 읍루의 문화로 이해되며, 동시기 옥저의 크로우노프카-단결문화와 서로 적대적인 관계에 있으며 문화적으로도 완전히 상반된 특징을 보인다.[73] 이러한 옥저와 읍루의 물질문화 양상은 언어문화의 차이와도 부합하는 것이다.

국어학계에서는 부여, 고구려, 동옥저, 예의 언어를 '夫餘系語'로 명명하면서 남쪽 三韓의 '韓系語'와 구별한다.[74] 夫餘系와 韓系는 다시 하나의 공통 조어로 소급되는데, 이것을 '부여·한조어'라고 개념하고 있다.[75] 부여가 이 중 가장 오래된 초기국가라는 점에서 북방 예맥족의 諸語를 '부여계어'라고 보는 것도 일면 타당하다. 하지만 부여에 앞서 고조선이 이미 국가로 존재하였고, 옥저와 예는 부여보다는 고조선과 더 밀접한 관계가 있었다는 점에서 '부여계어'라는 용어는 부족한 감이 있다.

『삼국지』 동옥저조에 의하면, 옥저는 한 초기에 燕亡人 衛滿이 조선의 왕이 되었을 때 그에 속하였다. 또한 예조의 전반부에는 箕子로부터 위만을 거쳐 漢四郡에 이르기까지 조선의 역사 추이가 기록되어 있다. 이는 예와 조선의 관계를 시사해 주는 것이다.

기원전 108년 고조선 멸망 이후 漢에 의해 낙랑군, 임둔군, 진번군, 현도군 등 4군이 설치되었다. 이는 4군의 지역 범위가 원래 고조선의 영역에 해당함을 의미하는 것이다. 부여 지역을 제외하고, 고구려, 동옥저, 예의 지

72 林澐, 1985, 「論團結文化」, 『北方文物』 1985-1.

73 강인욱, 2008, 「동아시아 고고학 · 고대사 연구 속에서 옥저문화의 위치」, 『고고학으로 본 옥저문화』, 동북아역사재단, 62~63쪽.

74 李基文, 1998, 『新訂版 國語史概說』, 태학사, 41~42쪽.

75 李基文, 1998, 위의 책, 52~53쪽.

역은 대체로 현도군, 낙랑군, 임둔군의 범위에 포함된다. 이들은 원래 고조선의 고지였으며, 동일한 예맥족 계통의 주민이 분포하던 지역이었다. 이들 지역이 가지고 있던 언어적 친연성은 이러한 역사적 배경으로부터 기인한 것이다.

고구려, 동옥저, 예의 언어가 유사성을 갖게 된 것은 이들이 고조선의 언어로부터 분화되어 나왔기 때문이다. 이들 언어가 부여와 같다는 것은 부여의 언어 역시 계통적으로 고조선의 언어와 연결될 가능성을 시사해 준다.

부여는 사마천의 『사기』 貨殖傳에서 처음으로 보이는데, 오환과 함께 연의 북쪽에 인접해 있는 것으로 나온다. 그 기록을 살펴보면 다음과 같다.

> D. 燕은 勃海와 碣石山 사이의 한 도회지로 남쪽으로 齊, 趙와 통하고, 동북쪽으로는 胡와 접해 있다. 上谷으로부터 遼東에 이르기까지는 땅이 멀고 인민은 드물며 외적의 침략을 자주 받는다. 대체로 趙와 代의 풍속과 비슷하다. 인민들이 거칠고 사려가 적으나, 魚鹽과 棗栗의 풍요가 있다. 북쪽으로 烏桓, 夫餘와 인접해 있으며, 동쪽으로 穢貊, 朝鮮, 眞番의 이득을 꿰고 있다.[76]

이 기록을 통해 오환과 부여가 연의 북쪽에, 예맥, 조선, 진번이 연의 동쪽에 인접해 있음을 확인할 수 있다. 연의 북쪽과 동쪽은 앞서 본 『방언』의 기록에 의하면 연의 동북 지역 내지 북연 지역에 해당한다. 연의 동북 지역(북연)과 조선 및 열수 지역이 동일한 방언구역이었음은 앞서 살펴보았다. 『방언』에서 언급된 연의 동북 지역(북연)은 이 가운데 특히 오환, 부여와 더

---

76 『史記』 129, 列傳69 貨殖, "夫燕亦勃碣之閒一都會也 南通齊趙 東北邊胡 上谷至遼東 地踔遠 人民希 數被寇 大與趙代俗相類 而民雕捍少慮 有魚鹽棗栗之饒 北鄰烏桓夫餘 東綰穢貉朝鮮真番之利".

깊은 관련이 있을 것으로 보인다. 동쪽의 예맥, 조선, 진번의 지역은 『방언』의 조선과 열수 지역과 연결되기 때문이다.

오환은 동호의 후신으로 기원전 206년 무렵 흉노에 의해 동호가 패퇴한 후 그 일파가 오환이 되고 나머지 일파가 선비가 되었다. 오환의 근거지인 烏桓山은 內蒙古 赤峰市 阿魯科爾沁旗 서북쪽에 위치하며, 烏桓은 위진 이후에 烏桓이라고 칭해졌다.[77] 이 무렵 부여는 지금의 吉林省 吉林市 일대를 중심으로 송화강 유역에 위치하고 있었다.[78] 대체로 연의 북쪽에 오환이 위치하고, 그 동쪽에 부여가 위치하였던 것이다. 따라서 『방언』에서 언급한 연의 동북 지역은 오환과 부여의 지역을 의미함을 알 수 있다.

조선이 문헌에 보이는 것은 『사기』 이전의 『管子』, 『戰國策』, 『山海經』 등의 선진문헌에서부터이다. 조선이 부여보다 역사적으로 기원이 오래되었으며, 부여가 위치한 연의 동북 지역이 고조선 언어구역의 외곽에 위치한다는 점에서, 부여의 언어는 고조선의 언어로부터 분화 · 파동된 것이라고 이해된다. 이와 관련하여 『설문해자』에서 『방언』의 '북연(燕의 동북)-조선-열수' 지역을 '조선'이라고 통칭한 사실에 다시 한 번 주의할 필요가 있다. 그러므로 부여, 고구려, 옥저, 예 등 예맥족 제어의 조어는 역사적으로 보아 '고조선어'이며, 이들 제어는 '부여계어'가 아니라 '조선계어'라고 부르는 것이 더 타당할 것이다.

조선계어와 읍루어가 모두 알타이어족에 속하면서도 언어에 차이가 있었다는 것은 양자가 단일한 조어로부터 직접 분화한 것이 아님을 의미한다. 즉 조선계어의 공통 조어가 읍루어의 조어와 달랐다는 것이다. 읍루어가 숙신으로부터, 조선계어는 고조선으로부터 각각 분화되었기 때문에 같은 알타이어족에 속하면서도 언어에 차이가 발생하게 된 것이다. 숙신과

---

77 林幹, 2007, 앞의 책, 5쪽.

78 박경철, 2006, 「부여」, 『한국고대사입문』 1(한국문화의 기원과 국가형성), 신서원.

조선이 종족적으로 구분된 계통이었음은 이미 선행 연구를 통해 지적된 바 있다.[79]

그렇다면 남쪽에 위치하고 있던 삼한과 고조선의 언어 관계는 어떠했을까?『삼국지』동이전에는 양자의 관계에 대한 기록은 보이지 않고, 삼한 사이의 언어에 대해서만 다음과 같이 서술되어 있다.

E-1. 辰韓은 馬韓의 동쪽에 있다. 그 노인들이 전하는 말에 스스로 이르기를, '옛날 亡人들이 秦役을 피해 韓國에 왔는데, 馬韓이 그 東界를 나누어 주었다'고 한다. 城柵이 있다. 그 言語가 馬韓과 같지 않다. 國을 邦이라 하고, 弓을 弧라 하고, 賊을 寇라 하고, 行酒(술을 돌리는 것)를 行觴이라 하고, 서로 부를 때 모두 徒라 하여, 秦나라 사람들과 흡사하니, 단지 燕·齊의 사물 명칭만이 아니었다. 樂浪人을 阿殘이라 하였는데, 동방 사람들은 我를 阿라 하니, 樂浪人들이 본디 그 남겨진 사람들임을 말하는 것이다.[80]

E-2. 弁辰은 辰韓과 섞여 거주하였고 또한 城郭이 있었다. 衣服과 居處는 辰韓과 같았고 言語와 法俗은 서로 유사하였으나, 鬼神을 제사하는 데는 차이가 있어 부뚜막〔竈〕을 모두 문의 서쪽에 두었다.[81]

---

79 金貞培, 1969,「朝鮮·肅愼의 民族的 性格」,『韓國史學論叢』(李弘稙博士回甲紀念論文集); 1973,『韓國 民族文化의 起源』, 고려대 출판부.

80『三國志』30, 東夷傳 韓, "辰韓在馬韓之東 其耆老傳世自言 古之亡人避秦役 來適韓國 馬韓割其東界與之 有城柵 其言語不與馬韓同 名國爲邦 弓爲弧 賊爲寇 行酒爲行觴 相呼皆爲徒 有似秦人 非但燕齊之名物也 名樂浪人爲阿殘 東方人名我爲阿 謂樂浪人本其殘餘人".

81『三國志』30, 東夷傳 韓, "弁辰與辰韓雜居 亦有城郭 衣服居處與辰韓同 言語法俗相似 祠祭鬼神有異 施竈皆在戶西".

이에 따르면 삼한 가운데 진한은 마한과 언어가 달랐으며, 변한의 언어는 진한과 서로 유사하였다. 삼한 가운데 마한만 언어가 달랐다고 한 위 기록은 그동안 의문스럽게 받아들여져 왔다. 삼한은 서로 인접해 있는 동일 계통 종족이므로 그 언어에 크게 차이가 없었을 것으로 추정되기 때문이다.

E-1에 의하면 진한은 원래 秦의 苦役을 피해 망명해 온 유민들이라고 한다. 『삼국지』 동이전에서 마한은 토착인, 진한은 중국계 유이민으로 나타난다. 그러나 이 기록대로 기원전 3세기 말 진의 고역을 피해 망명해 온 유이민들에 의해 진한이 형성되었다고 보면, 진한과 그 전신인 辰國이 시기적으로 뒤바뀌는 모순이 발생하게 된다. 『사기』 및 『한서』 조선전에 의하면, 진국은 기원전 2세기 말에 존재하고 있었기 때문에, 『삼국지』에서 진국의 후신이 진한이라고 한 사실과 기원전 3세기에 중국계 유이민에 의해 진한이 이미 성립되었다고 한 위 기록은 서로 충돌하는 것이다.

이러한 기록의 모순은 중국과 삼한 사이에 위치한 위만조선의 존재를 고려하지 않았기 때문이다. 기원전 3세기 이래 연의 주민들이 조선으로 유입된 사실은 연장 진개의 침공이나 위만의 망명 기록을 통해 짐작할 수 있다. 위만조선의 주민 가운데는 위만처럼 중국에서 망명해 온 전국계 유민들이 다수 포함되어 있었다. 『삼국지』 예조에 의하면, 진 말기(기원전 209년) 陳勝 등이 기병하여 온 천하가 진에 반기를 들자, 연·제·조의 주민 수 만 명이 조선으로 피난하였다고 한다.

『삼국사기』 신라본기에 의하면, 신라의 건국에 앞서 조선 유민들이 辰韓 6村(6部)을 이루었다고 한다.[82] 여기서 조선 유민은 시기적으로 보아 기원전 108년에 멸망한 위만조선의 유민으로 이해된다.[82] 진한에서 낙랑인들을

82 『三國史記』1, 新羅本紀 1, 始祖赫居世居西干 卽位年. "始祖 姓朴氏 諱赫居世 前漢孝宣帝 五鳳元年甲子 四月丙辰(一曰正月十五日)卽位 號居西干 時年十三 國號徐那伐 先是 朝鮮遺民 分居山谷之間爲六村 一曰閼川楊山村 二曰突山高墟村 三曰嘴山珍支村 或云干珍村 四曰 茂山大樹村 五曰金山加利村 六曰明活山高耶村 是爲辰韓六部".

자신들의 남겨진 사람들이라고 이해한 것도 이와 같은 맥락에서 이해할 수 있다. 진한에 정착한 조선 유민 가운데는 위만과 같은 연·제·조 출신의 전국계 주민들도 다수 포함되었을 것이다. 이처럼 위만조선을 거쳐 온 전국계 망인들이 진한의 성립에 기여하게 되면서, E-1과 같은 함축적인 전승이 생기게 된 것이다.[83]

『삼국유사』에서 최치원의 언급을 인용하여, 진한과 燕人을 연결시킨 것도 이와 동일한 맥락에서 이해할 수 있다.

> F. 또 최치원이 이르길, "辰韓은 본디 燕人으로 피난한 사람들이었던 까닭에 涿水의 이름을 취해 살고 있는 곳의 邑里를 '沙涿', '漸涿' 등으로 칭했다."[신라인의 방언으로, 涿의 音을 道로 읽었다. 때문에 지금 혹 沙梁이라고도 하는데 梁 또한 道로 읽는다][85]

최치원의 언급도 연과 진한 사이에 위만조선을 넣고 보면 한층 이해가 쉬워진다. 沙涿, 漸涿은 신라 6부의 명칭으로 앞서 본 바와 같이 조선 유민이 정착한 지역이다. 여기서 燕人은 시기적으로 보아 위만조선에 유입되어 있다가 진한으로 남하한 중국계 조선 유민이다. 최치원은 사탁, 점탁 등 신라의 6부명에 보이는 탁의 어원이 연의 탁수에서 취한 것이라고 하였는데, 이는 『삼국지』 진한조의 기록과 마찬가지로 연과 진한의 중간에 위치한 위만조선의 존재를 염두에 두지 않았기 때문에 생긴 착오이다.

신라 6부의 지명에 보이는 涿의 의미에 대해서는 그동안 많은 논의가 있

---

83 李賢惠, 1984, 『三韓社會形成過程研究』, 一潮閣.

84 박대재, 2006, 「辰韓의 王과 諸國 복속 전쟁」, 『고대한국 초기국가의 왕과 전쟁』, 경인문화사, 161~162쪽.

85 『三國遺事』 1, 紀異 1, 辰韓, "又崔致遠云 辰韓本燕之避之者 故取涿水之名 稱所居之邑里云沙涿漸涿等(羅人方言 讀涿音爲道 故今或作沙梁 梁亦讀道)".

어 왔다. 탁은 기록에 따라 啄, 喙 등으로 다르게 보여 그 音義를 둘러싸고 다양한 해석이 제기되어 왔다. 그런데 그동안 6부 지명에 공통적으로 보이는 涿·啄(喙)의 기원은 거의 검토되지 않았다. F 기록의 주에 언급되었듯이 涿이 신라의 方言이라는 점에 착목하여 그 기원을 크게 고민하지 않은 것이다.

신라의 방언에서 마을(읍리)을 '涿'이라고 하였는데, 그 음이 '道'였고, 같은 음을 가진 '梁'으로도 표기하였다는 것이다. 『삼국유사』가 편찬된 고려 후기에 '涿', '道'의 음이 정확히 어떤지 확인하기 어렵지만, 1103년 편찬된 『계림유사』의 기록을 통해 그 음이 '達'에 가까웠음을 짐작할 수 있다. 『계림유사』에 의하면 12세기 초 고려에서 '雞'를 '喙'이라 부르는데 그 音이 '達'이라고 하였다. 喙은 그 부기에 '査字典無此字 乃朝鮮土語'라고 한 것으로 보아 중국한자에 없는 한국한자이고, 『일본서기』에서도 신라 6부명을 '喙'으로 기록하고 그 음을 'toku'라고 한 것으로 보아 그 음은 '달'이며 '닭'의 불완전한 표기로 이해된다.[86]

『계림유사』가 고려에 書狀官으로 왔던 송나라 사신 孫穆이 편찬한 고려어 자료라는 점에서, 여기의 音釋 '達'은 당시 중국 중고음이다. '達'의 중고음은 'thAt'로 재구된다.[87] 손목이 雞의 고려어를 '喙'이라 쓰고 그 음을 '達'이라 따로 밝힌 것은 이 글자가 중국 자전에 없는 '고려토어'이기 때문이다. 즉 고려에서는 닭(雞)을 문자로 표기할 때 國字인 '喙'로 표기하고 '達'로 읽은 것이다.

신라 금석문에서 6부명의 啄 내지 喙의 자형이 명확히 구분되지 않고 그 중간 형태의 글자로 보이는 것도 이 글자가 중국한자가 아닌 국자이기 때문이다. 따라서 『계림유사』의 기록을 존중하면 6부명에 보이는 글자는 중국

86 강길운, 2011, 『『鷄林類事』의 新解讀硏究』, 지식과 교양, 103쪽.

87 『東方語言學』(http://www.eastling.org/學術資源/中古音査詢) 참조.

한자인 '啄'이나 '喙'가 아니라 국자인 '㖨'로 표기하고 '달'로 읽는 것이 원형에 좀 더 가까울 것이다.

이와 같이 신라 6부명에 보이는 '㖨'을 '達'과 같은 음으로 보게 되면, 고조선의 지명 '阿斯達'에 보이는 '達'의 성격과 연결해 이해할 수 있다. 『삼국유사』 고조선조 인용 「古記」에 의하면, 단군왕검은 平壤城에 도읍하였다가 白岳山 아사달로 移都하였는데, 弓(方)忽山 또는 今彌達이라고도 하였으며, 다시 藏唐京으로 옮겼다가 뒤에 다시 아사달로 돌아와 山神이 되었다고 한다. 한편 「고기」에 앞서 먼저 인용된 『魏書』에 의하면 2천 년 전에 壇君王儉이 조선을 개국하고 아사달에서 도읍을 정하였다고 한다.[88] 고조선의 도읍인 아사달, 금미달의 '達'은 모두 지명 어미로 보인다는 공통점을 가지고 있다. '達'이 지명과 관련된 고조선 계통의 토착어일 가능성이 높은 것이다.

이런 점에서 '涿 · 梁(音 道)', '㖨(音 達)'과 아사달 · 금미달의 '達'은 지명 어미로 서로 통하는 면이 많다. 『삼국유사』 진한조의 최치원 기록에서 보듯이, 진한(신라)인들은 邑里를 '涿'이라고 했는데, 이를 통해 지명의 차자표기에 보이는 涿 · 梁 · 㖨 · 達에 읍리의 의미가 있었음을 추정할 수 있다. 따라서 진한(신라)의 6부명에 보이는 㖨(國字)은 고조선 관련 전래 지명인 아사달 · 금미달에 보이는 '達'과 같은 계통의 고조선어에서 유래한 것으로 볼 수 있다. 이것은 진한 6부가 조선 유민에 의해 성립되었다고 한 『삼국사기』 신라본기의 기록과도 잘 부합하는 것이다. 조선 유민이 진한에 이주하여 6촌(6부)을 형성하였는데, 이때 고조선어의 마을을 뜻하는 '달'도 전래되어 6촌(6부) 지명의 어미 '-㖨'(啄, 喙, 梁)로 남게 된 것이다.

---

88 『魏書』는 명칭으로 보아 중국 사서로 추정되는데, 현재 전하는 陳壽의 『三國志』 魏書(魏志)나 魏收의 『魏書』(北魏書)에서는 이와 같은 기록이 확인되지 않는다. 『魏書』에 대해서는 박대재, 2001, 「『三國遺事』 古朝鮮條 인용 魏書論」, 『韓國史研究』 112 참조.

반면 E-1에서 진과 비슷한 진한의 언어라고 한 '邦, 弧, 寇, 行觴, 徒'는 차자표기가 아니라 모두 중국 한자어임은 분명하다.[89] '邦'은 한 고조 劉邦의 이름에 들어간 避諱字이기 때문에 한대 이후에는 邦 대신 國을 주로 사용하였다.[90] 그럼에도 불구하고 진한에서는 한대 이전과 같이 國 대신 邦을 계속 사용하였다는 것이다.

이러한 사실로 미루어 보아 진한에서 쓴 '邦' 등의 중국 한자어는 한대 이전의 상고중국어가 유입된 것임을 알 수 있다. 즉 한대 이전에 邦, 弧, 寇 등의 상고중국어가 고조선에 유입되어 있다가 유민의 이동과 함께 진한으로 전파된 것으로 추정된다. 선진시기의 '邦' 등이 한대 이후 중심 지역에서는 '國'으로 바뀌었지만, 주변 지역인 위만조선에서는 계속 남아 있다가 진한으로 전파된 것이다.

E-1에서 진한의 언어에 연, 제의 名物이 있었다는 것은 연, 제 등 전국계 방언이 전파된 것을 의미하는 것이다. 한편 진한의 언어가 秦人과 유사하다고 한 것은 고조선에 전국계 방언이 유입된 시기가 바로 秦代이기 때문이기도 하다. 『삼국지』 예조의 기록을 통해 확인할 수 있듯이, 진 말기에 연·제·조의 주민 수 만 명이 조선으로 피난하여 왔다. 이때 연·제·조 유민과 그 지역의 방언이 조선으로 유입되었을 것이다. 이들이 위만조선의 유민과 함께 진한에 유입되면서, 진한의 언어가 진인의 언어와 유사하다는 부회가 나오게 된 것이다.

E-1의 말미에 '동방에서는 我를 阿라고 한다'는 기록도 한대 이전에 고조선에 유입된 상고중국어이거나 조선계 방언으로 보인다. 상고음에서 阿는 'ʔɑ'나 'ai'로, 我는 'ŋɑ'나 'ŋai'로 성부가 각각 다르게 재구된다.[90] 阿는

---

89 김방한, 1983, 『한국어의 계통』, 민음사. 박병채, 1989, 앞의 책, 44쪽.

90 王彦坤, 2009, 『歷代避諱字彙典』, 中華書局, 8쪽. 『經史避名匯考』 권6에 따르면, 徐鍇의 『說文繫傳』과 張華의 『博物志』에서도 東夷에서는 國을 邦이라 하는데, 이것은 秦의 遺制라고 하였다.

我의 고어이거나 東方方言으로 추정된다. 이상 邦, 阿 등 진한에 전파된 상고중국어는 역사적으로 보아 고조선을 경유해 유입된 것으로 이해된다.

『위략』에 보이는 위만조선 말기 朝鮮相 歷谿卿 집단 2천여 호의 진국 망명이나 위만조선 멸망 후 남하한 유민에 의해 고조선에 전파되어 있던 상고중국어와 함께 '喙(達)'과 같은 고조선 토착어도 동시에 전파된 것으로 추정된다.

이상과 같이 『삼국지』 진한조의 기록을 통해 고조선어의 파장이 삼한까지 도달하였음을 엿볼 수 있다.

하지만 『삼국지』에서 진한인이 모두 秦의 망인 출신이라거나 진인의 언어와 유사하다고 한 것은 그 중간에 위치한 고조선의 존재를 염두에 두지 않은 중화주의적 견강부회임은 간파해야 한다. 『위략』에 전하는 진한의 右渠帥 廉斯鑡가 漢人 포로의 말이 韓人의 말과 다름을 알았고, 진한에 잡힌 포로의 귀환을 위해 낙랑군이 염사치를 통역으로 삼아 진한으로 갔다는 사실은 진한의 언어가 중국어가 아닌 한어였음을 입증하는 것이다. 특히 『梁書』에서 신라의 언어는 백제를 기다린 연후에 통한다고 한 것은 적어도 언어 면에서 중국어의 영향이 미미했음을 잘 말해 준다. 결국 진한과 변한이 외부에서 들어온 유민 집단을 계기로 형성되었을지라도 그 언어는 의연히 한어였을 정도로 그 주민의 대부분은 한인이었음을 『위략』과 『양서』 모두 인정한 것이다.[92]

91 『東方語言學』(http://www.eastling.org/學術資源/上古音查詢) 참조.

92 이성규, 2003, 「고대 중국인이 본 한민족의 원류」, 『한국사시민강좌』 32, 126~127쪽.

V. 맺음말

이상에서 살펴본 바에 의하면 기원전 108년 한의 낙랑군 설치 이전에 고조선 지역에 상고중국어가 이미 유입되었으며, 그것은 북연, 즉 연의 동북 지역을 매개로 한 것이었다. 『방언』에 의하면 연의 동북 지역은 고조선과 동일한 언어구역에 포함되었다. 『사기』 화식전에 의하면 연의 동북 지역에는 오환과 부여가 위치하고 있었다. 이들의 언어가 바로 고조선과 동일한 알타이어 계통에 속하였던 것이다.

고대 한국어와 중국어는 언어계통상으로는 알타이어족과 중국·티베트어족으로 서로 구별되었지만, 언어구역상으로는 같은 한자문화권으로 상호 영향을 미치는 친근 관계에 있었다. 고대 한국어와 중국어 사이의 접촉에 의한 수속적 변화는 낙랑군 설치 이전 고조선 시기에서부터 진행되었는데, 특히 지리적으로 인접한 연의 동북 지역과 고조선은 등어선으로 묶이는 하나의 언어구역이었다.

『삼국지』 동이전에 의하면 부여, 고구려, 예, 동옥저 등 북방 예맥 사회의 언어가 서로 같았던 반면, 부여·옥저와 지리적으로 접하고 있던 읍루는 이들과 언어가 서로 달랐다. 이것은 읍루의 언어가 부여·고구려 등 조선계어와 구별되었기 때문이다. 읍루어는 숙신계어로 조선계어와 함께 계통상으로 알타이어족에 속하지만, 당시에는 이미 언어 분화가 상당히 이루어져 숙신계어와 조선계어 사이에 차이가 생긴 것이다. 부여, 고구려, 예, 옥저 등의 언어가 공통성을 갖게 된 역사적 계기는 모두 고조선과 관련된다. 고구려, 예, 옥저는 원래 고조선의 영역에 포함되었던 지역이며, 부여는 고조선과 동일한 언어구역에 속하는 지역이었다. 역사적으로 고조선어가 분화되거나 전파되어서 이들의 언어가 성립한 것이다. 따라서 고조선어는 이들 예맥계 언어의 공통 조어라고 할 수 있다.

고조선의 언어는 고조선 유민의 남하에 의해 삼한 지역까지 파급된 것으로 보인다. 『삼국지』 진한조에 보이는 전국계 방언(상고중국어)인 邦, 阿 등은 연의 동북 지역을 경유해 위만조선에 유입한 전국계 유민을 통해 진한에 전해진 것이다. 이러한 경위는 『삼국사기』 신라본기에서 조선 유민이 진한 6부를 이루었다는 기록을 통해 확인할 수 있다. 연의 동북 지역과 조선에 유입되어 있던 전국계 방언이 위만조선 유민의 남하에 의해 전래된 것이다.

한편 삼한 지역에 유입된 고조선의 언어 가운데는 전국계 상고중국어와 함께 고조선의 토착 언어도 동반한 것으로 추정된다. 『삼국유사』 진한조에 보이듯이 진한에서는 마을을 '涿' 또는 '梁'이라고 하였는데, 이들은 금석문에 보이는 啄, 㖨 등과 같은 의미의 차자표기로 신라 6부명에서 공통적으로 보이는 지명 어미이다. 『계림유사』에서는 이 글자를 '㖨'이라 표기하고 그 음을 '達'로 읽었다. '㖨'은 중국한자에는 없는 신라·고려의 국자로, 6부명에 보이는 涿·啄·喙·㖨 등과 자체가 비슷하여 혼용된 것으로 보인다. 진한에서 읍리를 뜻한 '㖨'의 음이 '達'이라는 점은 고조선의 전래 지명인 아사달, 금미달에 보이는 지명 어미 '達'과 연관성을 시사해 준다. 진한·신라의 지명에 보이는 '涿·梁(音 道)', '㖨(音 達)'과 고조선의 '達'은 지명 어미로 서로 통하는 것이다. 이를 통해 진한(신라) 6부명에 보이는 㖨(國字)은 고조선의 지명 어미 '達'에서 유래한 것으로 이해할 수 있다.

고조선과 삼한의 언어적 관계는 사료상 명확히 나타나지 않는다. 고조선의 종족집단은 예맥족으로, 삼한의 종족집단은 한족으로 각각 대별된다는 점에서 양자 간에 언어적 차이가 있었을 가능성도 적지 않다. 414년에 세워진 「광개토왕비」에서도 여전히 한과 예를 구분하고 있는 것으로 보아, 두 종족집단의 정체성은 상당히 오랜 기간 유지되었던 것으로 보인다. 언어의 친연관계는 종족집단의 구분과도 밀접히 관련된 문제이다. 여기서는 일단 고조선으로부터 발신된 언어적 파동이 북방의 예맥 사회뿐만 아니라 남방의 삼한에까지 이르렀음을 주목하는 데 그치고자 한다.

참고 문헌

1. 단행본

강길운, 2011, 『『鷄林類事』의 新解讀硏究』, 지식과 교양.

金芳漢, 1988, 『歷史-比較言語學』, 民音社.

金貞培, 1973, 『韓國 民族文化의 起源』, 고려대학교 출판부.

동북아역사재단 엮음, 2011, 『고대 동아시아의 문자교류와 소통』, 동북아역사재단.

박대재, 2006, 『고대한국 초기국가의 왕과 전쟁』, 경인문화사.

박병채, 1989, 『국어발달사』, 世英社.

박창원, 2002, 『고대국어 음운』(1), 태학사.

송기중, 2003, 『역사비교언어학과 국어계통론』, 집문당.

李基文, 1961, 『國語史槪說』, 民衆書館 ;

______, 1972, 改訂版, 民衆書館 ;

______, 1998, 新訂版, 태학사.

李丙燾, 1976, 『韓國古代史硏究』, 博英社.

이연승, 2007, 『양웅(揚雄): 어느 한대(漢代) 지식인의 고민』, 태학사.

이연주 · 이연승 옮김, 2012, 『방언소증』, 소명출판.

李賢惠, 1984, 『三韓社會形成過程硏究』, 一潮閣.

이홍규, 2010, 『한국인의 기원』, 우리역사연구재단.

千寬宇, 1989, 『古朝鮮史 · 三韓史硏究』, 一潮閣.

董同龢, 1961, 『中國語音史』, 中華文化出版事業社.

林幹, 2007,『中國古代 北方民族通論』, 內蒙古人民出版社.
余迺永, 1985,『上古音系硏究』, 中文大學出版社.
王力, 1954,『漢語音韻學』, 中華書局.
李恕豪, 2003,『揚雄〈方言〉與方言地理學硏究』, 巴蜀書社.
張震澤, 1993,『揚雄集校注』, 上海古籍出版社.
華學誠, 2006,『揚雄方言校釋匯證』, 中華書局.
______, 2006,『秦漢歷史地理與文化分區硏究』, 中央民族大學出版社.
松本克己, 2006,『世界言語への視座-歴史言語學と言語類型學』, 三省堂.
Bernhard Karlgren(高本漢)(趙元任・李方桂 譯), 1940,『中國音韻學硏究』, 臺灣商務印書館.
Lindsay J. Whaley(김기혁 역), 2008,『언어유형론-언어의 통일성과 다양성』, 소통.
Theodora Bynon(崔銓承 옮김), 1992,『歷史言語學(Historical Linguistics)』, 한신문화사.

2. 논문

강인욱, 2008,「동아시아 고고학・고대사 연구 속에서 옥저문화의 위치」,『고고학으로 본 옥저문화』, 동북아역사재단.
孔在錫, 1975,「漢代「方言」중 朝鮮方音에 관하여」,『東洋學』5.
權仁瀚, 2010,「목간을 통해 본 고대 동아시아의 문자문화」,『木簡과 文字』6.
金南中, 2013,『위만조선의 성립과 발전과정 연구』, 서강대학교 박사학위논문.
金芳漢, 1966,「國語의 系統硏究에 있어서의 몇 가지 問題」,『震檀學報』29・30합.
金永旭, 2011,「木簡에 보이는 古代國語 表記法」,『口訣硏究』26.
박대재, 2001,「『三國遺事』古朝鮮條 인용 魏書論」,『韓國史硏究』112.
______, 2009,「謝承『後漢書』東夷列傳에 대한 예비적 고찰」,『韓國古代史硏究』55.
박성종, 1998,「고대 국어 어휘」,『국어의 시대별 변천 연구』3, 국립국어연구원.
裵大溫, 2002,「한자차용 표기의 변천」,『吏讀文法素의 通時的 硏究』, 경상대학교 출판부.
徐榮洙, 1988,「古朝鮮의 위치와 강역」,『韓國史市民講座』2.

성백인, 1996, 「한국어 계통연구의 현상과 과제」, 『韓國 民族의 起源과 形成』(下), 소화.
연규동, 2013, 「만주어와 만주 문자」, 『만주이야기』, 동북아역사재단.
尹善泰, 2008, 「목간으로 본 한자문화의 수용과 변용」, 『新羅文化』 32.
李基文, 1991, 「삼국시대의 언어 및 문자생활」, 『한국사상사대계』 2, 한국정신문화연구원.
이기문, 2003, 「한국어와 알타이 제어의 친족관계」, 『한국사시민강좌』 32, 일조각.
이성규, 2003, 「고대 중국인이 본 한민족의 원류」, 『한국사시민강좌』 32.
李成珪, 2003, 「韓國古代 國家의 形成과 漢字 受容」, 『韓國古代史研究』 32.
이성규, 2013, 「광물 이름의 비교를 통한 알타이어족의 분화시기 연구」, 『한국 상고문화 기원연구—고고학 · 유전자 · 언어 · 문화교류』, 학연문화사.
이연주, 2009, 「揚雄〈方言〉에 수록된 조선 어휘 고찰」, 『中國語文學』 54.
崔玲愛, 1990, 「中國 音韻學에서 본 韓國語 語源 問題」, 『東方學志』 67.

嚴翼相, 2008, 「中國語言研究與地域文化兼論韓漢音與上古音」, 『中國北方方言與文化』, 韓國文化社.
福田襄之介, 1972, 「揚雄方言の成立について」, 『東方學會創立二十五周年記念 東方学論集』, 東方學會.
李成市, 2005, 「古代朝鮮の漢字文化」, 『古代日本文字の來た道』, 大修館書店.
池上二良, 1989, 「東北アジアにおける言語の變遷」, 『東北アジアの民族と歴史』, 山川出版社.

燕式土器文化의 확산과 後期 古朝鮮의 토기문화

細竹里·蓮花堡類型의 이해를 바탕으로

정인성

I. 머리말

초기철기시대와 원삼국시대를 대표하는 토기문화는 영남 지역으로 한정한다면 '粘土帶土器類型'과 그 연속으로 이해되는 '瓦質土器類型'이라 할 수 있다. 점토대토기 유형은 粘土帶土器甕과 黑陶長頸壺, 그리고 豆形土器 등이 핵심 기종이다. 이러한 토기 유형은 한반도 중부 이남에서 유행한 선행 토기문화인 송국리토기와 기형적 계승관계가 인정되지 않는다. 그렇기 때문에 점토대토기를 외부에서 새로 들어온 문화요소로 이해하는 연구자가 많다.[1] 묘제와 주거형태, 그리고 석기, 청동기와 같은 생활도구에서도 전 단계와 뚜렷한 계승성이 없기 때문에 중국 동북 지역으로부터의 新來 토기문화라고 이해한 것이다. 그런데 점토대토기의 확산 배경으로 오랫동안 지목되어 왔던 것이 燕將 진개의 동방경략이었는데 세형동검을 포함하

---

1 朴淳發, 1993a,「한강유역의 청동기 · 초기철기문화」,『한강유역사』, 민음사; 朴淳發, 1993,「우리나라 初期鐵器文化의 展開過程에 대한 약간의 考察」,『考古美術史論』3, 忠北大學校考古美術史學科; 李亨源, 2005,「松菊里類型과 水石里類型의 接觸樣相—中西部地域 住居遺蹟을 中心으로」,『湖西考古學』12, 湖西考古學會; 정인성, 1998,「낙동강유역권의 세형동검문화」,『영남고고학보』22, 영남고고학회.

는 한반도 內 점토대토기의 상한을 기원전 3세기 초로 보았던 오래된 역연대관은 실상 이러한 인식을 배경으로 한다. 그렇지만 정작 연장 진개의 동방경략을 실증할 고고자료의 제시가 있었던 것은 아니었다.

한반도에서 일단 성립된 점토대토기는 아가리의 점토띠 단면 형태가 圓形에서 三角形으로 점차 변했는데 遼西地域에서 출현하여 遼東地域으로 확산된 다음 한반도로 이입되었다고 정리되고 있다.[2] 삼각형 점토대토기는 낙랑군 설치를 계기로 선행하던 철기문화와 함께 남쪽으로 일거에 이입되었다는 의견도 있었으나, 호서 지역으로 먼저 이입되었다가 2차적으로 다시 확산되었다는 주장도 있다. 燕國 鑄造鐵器의 이입과 그 관련성을 추정하는 의견도 있었으나,[3] 최근에는 삼각형 점토대토기가 영남 지역의 해안에서 자체 변화한 것이라는 주장도 제시되었다.[4] 원형 점토대토기 단계에는 한반도 중남부 지역이 광역의 제일성을 나타내지만 삼각형 점토대토기 단계가 되면 그 분포가 축소되고 원삼국시대가 되면 지역별로 각기 다른 토기문화가 전개되는 것으로 알려졌다.

삼각형 점토대토기를 거치면서 환원염 소성토기인 灰陶가 등장하는데 우리 고고학계에서는 이를 와질토기, 혹은 지역에 따라서 철기시대의 연질토기나 타날문토기라고 명명한다. 영남 지역으로 한정한다면 삼각형 점토대토기에 기반하여 灰陶化되는 원삼국시대의 대표 토기로는 승문 타날문토기와 주머니호로 대표되는 와질토기를 들 수 있다. 이들 토기들의 출현 배경을 둘러싸고 근년 필자는 樂浪郡 설치보다는 시기가 더 소급된다는 의

---

2 李成載, 2007, 『중국동북지역 점토대토기문화의 전개과정 연구』, 崇實大學校大學院 碩士學位論文; 배현준, 2011, 『중국 요서지역 점토대토기 연구 : 이중구연토기 및 요동지역 점토대토기와의 관계를 중심으로』, 한양대학교 석사학위논문.

3 李在賢, 2002, 「弁 · 辰韓 土器의 形成과 展開」, 『영남지방의 초기철기문화』(제11회 영남고고학회 학술발표회).

4 朴辰一, 2013, 『韓半島 粘土帶土器文化 硏究』, 釜山大學校 博士學位論文.

견을 여러 차례 발표하였다.[5] 중국 동북 지역의 세죽리-연화보 유형, 나아가서는 戰國時代 燕國土器의 기술적 영향이 강하다는 의견도 제시하였으며 이것이 후기 古朝鮮土器와 통할 것으로 보았다. 그러나 여전히 '樂浪土器影響說'을 견지하는 연구자도 있다.[6]

낙랑토기에 대한 이해가 없던 시절에 제시된 것이 낙랑토기영향설이라는 것을 상기한다면 태토별, 기종별 특징이 비교할 수 없이 분명해진 바탕에서 나온 소급설을 납득할 만한 근거 없이 부정하는 것은 문제가 있다. 그렇지만 이러한 반론이 낙랑군 설치 이전의 古朝鮮 고지와 그 주변 지역의 토기문화에 대한 이해가 부족한 현실을 딛고 있는 것으로 이해되기 때문에 이를 좀 더 보완해서 연구할 필요를 느낀다. 이러한 맥락에서 낙랑군 설치 전의 중국 동북 지역과 청천강에 걸쳐서 유행한 토기문화인 細竹里-蓮花堡 유형에 대한 세밀한 연구의 필요성이 제기되는 것이다.

세죽리-연화보 유적의 조사 성과가 단편적으로 보고된 이래 다양한 관련 연구가 이루어졌지만[7] 철기시대의 토기문화에 대한 해상도가 높아진 한국 고고학의 입장에서 구체적으로 검토된 적은 없다. 그렇기 때문에 이 글에서는 세죽리-연화보 유형 토기를 중심으로 그 성격을 분석하려고 한다. 아울러 세죽리-연화보 유형의 토기라는 것이 지역의 무문토기를 기반으로 하여 일부 燕式의 灰陶와 지역화된 부형토기 등이 조합된 것임을 부각시키기 위해서 이를 연산산맥 이남의 전형적인 燕國土器와 비교하려고 한다. 종국적으로는 이를 바탕으로 樂浪土器에 선행하는 後期古朝鮮 토기문화의 실체가 드러나기를 기대하는 것이다.

---

5 鄭仁盛, 2008, 「瓦質土器 樂浪影響設의 檢討」, 『嶺南考古學』 47號; 鄭仁盛, 2013, 「衛滿朝鮮의 鐵器文化」, 『白山學報』 96.

6 김일규, 2012, 「韓半島 中部地域 鐵器文化의 性格과 展開樣相」, 『2012 동아시아 고대철기문화연구-燕國 철기문화의 형성과 확산』, 국립문화재연구소.

7 송호정, 2007, 「세죽리—연화보유형 문화와 衛滿朝鮮의 성장」, 『역사와 담론』 48, 호서사학회.

II. 燕山山脈 以南 燕式土器의 이해

여기서는 우선 세죽리-연화보 유형의 한 축을 이루는 戰國時代 이래의 燕系土器를 이해하기 위하여 연산산맥 이남의 燕國土器의 특징을 살펴보고자 한다. 燕國土器 중에서 灰陶에 대해서는 이미 필자가 다른 지면에서 간략하게나마 소개한 바 있으므로[8] 여기서는 煮沸用土器의 대표인 釜形土器에 집중하고자 한다. 그것은 활석혼입계 토기류가 燕山山脈 이남에서 전개된 燕國의 代表土器 중의 하나라고 판단하기 때문이다. 물론 서북한 지역의 樂浪 滑石混入系 土器의 성립을 이해하는 데도 중요하다.

1. 2종류의 燕國 煮沸器

戰國時代 燕의 강역에서 활석이 혼입된 토기류는 대개 외면에 그을음이 부착된 경우가 많기 때문에 煮沸用으로 사용되었음이 분명하다. 그중에서 가장 중요한 기종은 그림1에서 보는 것과 같은 燕式의 三足鬲과 釜形土器이다.

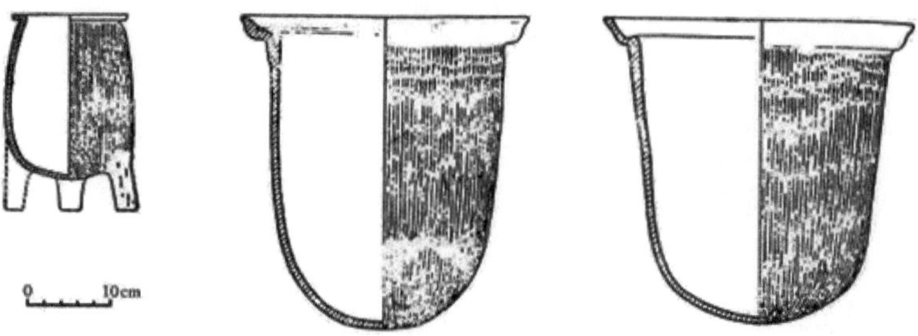

그림1 연하도 출토의 활석혼입계 煮沸器 2종(보고서에서 발췌)

8 鄭仁盛, 2011,「東北아시아에서 打捺文短頸壺의 擴散」,『韓國基督教博物館誌』제7호.

1) 三足鬲

활석혼입계의 三足器는 燕下都에서 이미 西周代 이전부터 사용되었다. 기형은 삼족이 발달한 것과 그 흔적이 미미한 것으로 나누어진다. 보고서에는 전형적인 燕式 삼족력이 戰國時代 前期(보고서의 조기[9])에 등장한다고 하였다. 郎井村 10호 작방의 전국시대 전기 층에서 출토된 토기가 대표적이다. 전기로 편년되는 토기의 특징은 삼족을 제외한 동체부의 형태가 마치 계란처럼 둥글다. 즉 구연부가 곡선적으로 축약되며 저부 역시 둥글게 처리되는데, 저부에서 동최대경으로의 전개도 둥근 곡선이다. 같은 郎井村이지만 보고자가 層位的으로 戰國時代 中期로 판단한 遺構에서 출토된 토기는 前期의 토기에 비해 구연부 축약이 줄어들고, 동체부와 저부

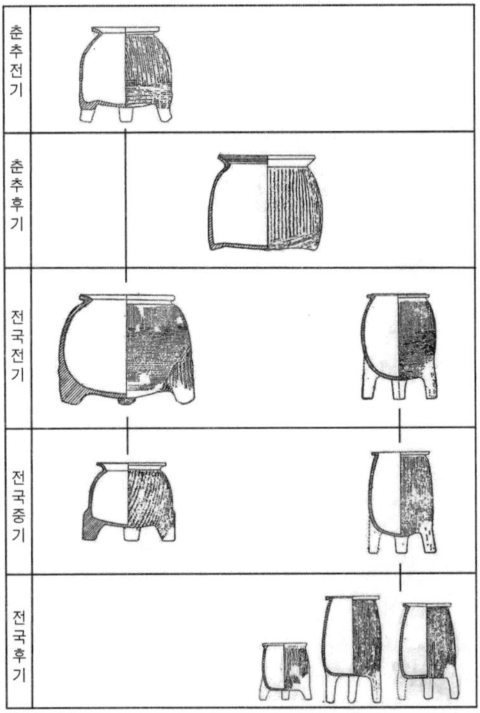

그림2 연하도 출토 연식력의 변천도

9 河北省文物研究所, 1996,『燕下都』, 文物出版社.

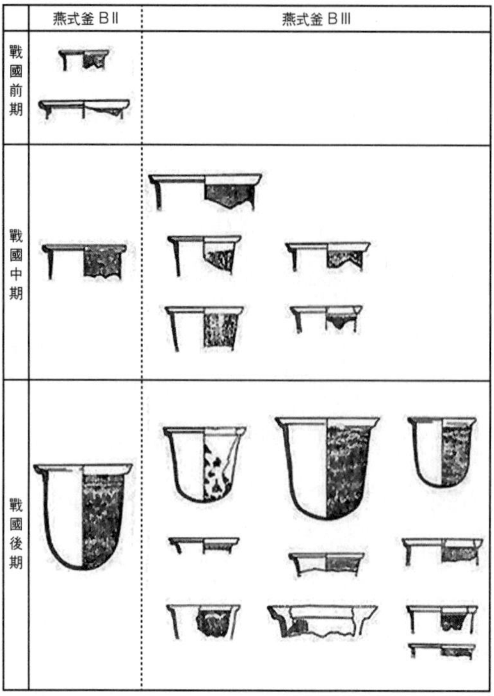

그림3 연하도 보고서의 부형토기 변천안(정인성 2007)

의 전개는 부드러운 곡선이 아니라 부자연스러운 곡선인 것이 특징이다. 한편 戰國時代 後期(報告書의 晩期)의 삼족력에서 그 형태적 속성의 변화 방향은 더욱 뚜렷해진다. 三足을 제외한 토기의 저부가 편평해지는 것이 가장 중요한 변화인데, 이는 이시가와(石川)를 포함한 대다수의 연구자도 지적한 바 있는 시간성을 민감하게 반영하는 속성이라 할 것이다.[10] 더불어 저부에서 동체부, 그리고 구연부로의 전개가 전 단계의 토기에 비하여 직

10 石川岳彦, 2007, 「第4章 2「牧羊城二・三類土器」における戦国時代土器」, 『遼寧を中心とする東北アジア古代史の再構成』(平成16年度~平成18年度科学研究費補助金(基盤研究(B))研究成果報告書:研究代表者:大貫静夫) 174-180頁. 鄭君雷도 삼족력을 둥근 바닥인 것과 평평한 바닥인 것으로 구분하였지만 이를 동 시기로 판단하였다. 그러나 연하도의 출토사례로 판단컨대 평평한 바닥이 신식인 것은 분명해 보인다(郑君雷, 2001, 「战国时期燕墓陶器的初步分析」, 『考古学报』3).

선적인 것도 특징이다. 즉 삼족력의 변화방향은 저부의 평탄화와 동체부의 직선화로 정리할 수 있다.

이 토기는 燕式釜처럼 滑石粒이 다량 섞였으며 바탕흙 자체도 滑石 風化土로 된 素地를 이용해서 성형한 것이다. 점토띠쌓기와 타날을 반복하는 성형인데 사용되는 타날구는 노끈을 감은 것이고 내박자는 무문이다. 성형은 구연부의 조정흔으로 보아서 회전이 가능한 작업대 위에서 이루어졌을 것이다. 회전대에서 토기를 분리하는 방법은 알 수 없다. 삼족을 붙이기 전에 저부의 조정타날이 이루어지는데 古式은 동체부 타날과 직교하는 방향이 많지만, 차츰 사방향, 나중에는 동체부타날과 방향의 구분이 없는 것이 대부분이다. 다리를 부착한 다음에는 문지르기나 깎기 조정흔만 더해질 뿐 추가 타날은 이루어지지 않는 것이 대부분이다.

이들 燕式의 삼족력은 燕下都나 북경 근처의 燕 관련 유적, 즉 燕의 중심부에서 가까운 범위에서 주로 출토된다. 연산산맥의 이남이라고 할 수 있는 天津과 唐山에서 주로 발견되는데 이를 벗어난 承德 등지에도 출토 사례가 있다. 그러나 燕式釜가 연산산맥을 넘어서 확산되는 데 반하여 똑같이 활석이 혼입된 전형적인 燕式 삼족력은 산맥을 넘어 확산되는 사례가 드물다. 심양의 서왕자묘에서 출토된 삼족기가 있으나 활석이 포함되지 않은 회색소성이라 전형적인 활석혼입계 삼족력과는 차이가 있다.

2) 燕式釜

燕式釜(燕式釜形土器)는 삼족력과 더불어 燕國을 대표하는 자비용 토기인데 이 역시 다른 지역의 자비기와는 다른 형태이다. 주거지의 안팎에서 부속 설비 없이도 사용할 수 있는 형태인데 부뚜막이 필요한 부형토기와는 그 쓰임새도 달랐을 것이다. 燕下都의 釜形土器는 삼족력과 마찬가지로 활석(魚骨粉)으로 된 素地로 성형하며 대부분 紅色을 띤다.[11] 형태는 砲彈

처럼 생긴 것으로 동체와 구연단을 기준으로 분류할 수 있다. 필자는 以前 『燕下都』 報告書의 시기구분을 그대로 신용하여 이를 단계별로 나열하여 형식변화의 방향을 찾으려고 한 적이 있다.[12] 구연부와 동체부의 형태를 참고하여 이를 A, B, C형으로 나누고 시기순으로 늘어놓고 시간성을 민감하게 반응하는 속성을 추출하려고 노력하였다. 그 결과 시기가 늦을수록 동체 외연이 직선적으로 축약되며 저부에 이른다는 점, 그리고 구연과 동체 상위가 축약되는 형식은 前漢代에도 사용된다는 점 이외에는 뚜렷한 변화과정을 파악할 수 없었다. 보고서에서 춘추시대로 편년하는 釜形土器와 戰國時代 後期의 것이 형식학적으로 구분되지 않는 문제도 발생하였다.

결국 보고서를 다시 검토한 결과 연하도에서 층위는 인정되지만 유구 간 중복이 극심한 관계로 교란이 예상되었다. 즉 보고서의 층위를 의식한 상대서열에 문제가 있다는 것을 알았다.

그렇기 때문에 연식 자비용토기의 편년을 다룬 선행연구를 다시 살피고 중복관계가 복잡한 연하도와는 달리 층위관계가 분명한 대표 유적을 분석하여 그 변천을 새롭게 가늠할 필요가 있음을 인식하였다.

2. 선행연구의 분석적 검토

1) 陳光의 研究

연하도 유적의 전체 보고서가 나오기 전에 특정 지점의 층위관계를 고려하여 燕國土器의 변천을 살핀 陳光의 연구는 燕國土器의 대체적인 변화방향을 파악하는 데 중요한 힌트를 제공한다. 陳光은 春秋와 戰國時代의 생

---

11 河北省文物研究所, 1996, 『燕下都』, 文物出版社.

12 鄭仁盛, 2008, 「牧羊城出土のいわゆる2,3類土器の性格と編年」, 『遼寧を中心とする東北 アジア古代史の再構成』.

활용 토기와 기와를 燕下都의 발굴조사에서 획득된 층위관계는 물론이고 型式學的 검토까지 더하여 유물 간 동반관계를 분석하는 방법으로 편년표를 작성하였다.[13]

그가 가장 중요한 기준으로 삼은 것은 燕下都 제13호 遺構의 층위관계와 토기, 瓦當의 형식학적 특징이었다. 그 층위와 중복 및 파괴 관계를 고려해서 순서를 정한 것이 아래의 도식이다.

(新) ① → ② → H1 → ③ → ④ → ⑤ → ⑥ → ⑦ → F1 (舊)

H5

그런데 ①층은 경작 교란층이라 의미가 없고 ⑥ → ⑦은 유물이 공개되지 않아 편년의 참고자료로 사용하지 않았다. 그리고 ③층에서는 주연이 좁은 夔饕餮文이 출토되고 ②층에서는 주연 폭이 넓은 山雲文 瓦當이 출토되어 변화의 방향을 가늠할 수 있었다. 그런데 H1에서 출토된 주연이 넓은 山形饕餮文 반와당은 ②층 출토유물과 유사성이 높고, H5에서 출토된 주연폭이 좁은 饕餮文 와당은 ③층 출토 와당과 가까워 상대위치를 정할 수 있다. 이러한 분석을 통해 陳光이 정한 (新) ② → H1 → H5 → ③ → ④ → ⑤ → F1(舊)라는 변화방향에 맞추어 연식부를 나열하면 형식 변화방향을 읽을 수 있다.

②층과 H1유구에는 紅陶釜, 즉 연식부가 없다고 하고 바닥이 깊고 구연부가 꺾이는 분형토기, 옹형토기, 그리고 구연단부에 다중의 입술로 이루어진 호형토기들을 언급하였다. 그리고 H5유구에서 구연단이 곡선적으로 내만하는 燕式釜가 출토되었는데 灰陶 深腹盆과 구연이 꺾이는 淺腹盆,

---

13 陈光, 1997 · 1998, 「东周燕文化分期论」, 『北京文博』 1997-4, 1998-1, 1998-2; 陳光, 1997, 「東周燕人生活用器分析」, 『北京建城3040年暨燕文明』, 北京燕山出版社.

구연 외부에 두 번의 주름이 형성된 옹형토기, 그리고 주연부가 좁은 도철문 와당이 출토되었다.

③층에서는 원저의 燕式鬲 대각편이 출토되고 주연이 좁은 반와당 등의 토제품이 출토된다. 그리고 ⑤층의 것은 구연이 둥근 기미이며 ④층의 것은 구연 외부가 꺾이면서 稜이 인정되는 것이다. 즉 ④층의 연식 부형토기는 구연단이 계단식으로 꺾이면서 외부에 돌출되는 능이 돌아가는 것이다.

이상을 정리하면 연식 부형토기는 고식의 경우 구연단이 곡선적으로 내만하지만 신식이 되면서 단지면서 꺾이는 방향으로 변화했을 가능성이 있다. 결국 이를 통해 陳光이 인지한 유구와 층위 간의 선후관계를 참고한다면 西周나 春秋時代와 같이 전국시대보다 분명히 앞서는 시기의 동형식 토기에서 고식의 형태 속성을 추출할 수 있다.

대개 전국시대 각국의 釜形土器는 삼족기에서 변화한 것으로 이해되는데 특히 秦國土器가 그러하다.[14] 연국토기도 그러하다면 足部가 흔적기관으로 남은 것이 부형토기 중에서는 고식일 것인데 이 경우 구연단 안쪽에는 횡방향 주름이 있는 것이 대부분이다. 이후 형식변화의 방향은 구연단부의 주름이 없어지고 간소해진다. 둥근 기미의 구연단이 그 다음 단계라고 이해할 수 있다. 동체부 외연은 둥근 기미에서 직선화되는 방향으로 전개되는데 저부로 진행하는 축약도가 큰 것이 신식일 가능성이 높다.

2) 宮本一夫의 연구

한편 미야모토는 陳光과는 다른 변천과정을 설정하고 있다. 그는 바오디(寶紙) 진성 등의 자료와 연하도 발굴성과를 참고하여 토기 변천도를 작성하였다(그림4 참조). 그는 연하도 21호 작방 출토의 연식부형토기를 가장 고식이라 하고 이 토기가 문양이 있는 것에서 없는 방향으로 바뀐다고 판단하

14 岡村秀典, 1985,「秦文化の編年」,『古史春秋』2號.

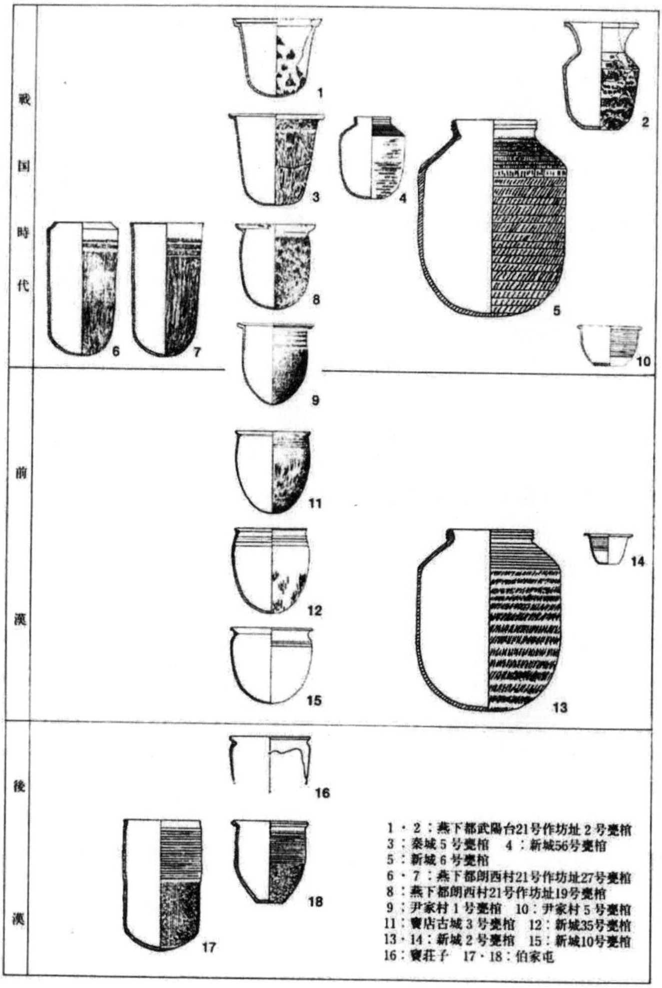

그림4 미야모토의 연식부 변천안(宮本一夫, 2012에서 발췌)

였다.[15] 그것은 貨泉과 동반된 한장자 유적 출토의 늦은 부형토기의 경우 표면에 문양이 없다는 점에서 착안한 것이다. 진광을 포함한 중국 연구자들의 선행연구를 참고하지 않은 점이 문제로 지적되지만 漢代가 되면서 동

15 宮本一夫, 2012,「樂浪土器의 成立과 擴散」,『史淵』, 九州大學大學院人文科學研究院.

체부의 문양이 줄어드는 방향으로 전개된다고 판단한 부분은 동의할 수 있다. 그러나 연하도 21호 연식부를 최고식으로 판단한 근거는 분명하지 않으며 요동 지역의 釜形土器를 하나의 형식조열에 포함시킨 점에도 동의할 수 없다. 그것은 요동 지역 부형토기의 경우 연식 부형토기의 영향으로 발생한 것은 분명하나 활석이 섞이지 않은 것은 물론 제작기법과 외면의 조정흔이 전형적인 연식 부형토기와 다르기 때문이다. 그 차이는 뒤에서 설명될 것이다.

III. 전형 연식 부형토기 중요 유적의 검토

1. 天津市 바오디(寶坻) 秦城[16]의 층위분석

한편 燕式 부형토기, 일명 '燕式釜'의 전개과정을 이해하는 데 중요한 유적으로 북경시의 동남에 위치하는 천진시의 바오디(寶坻) 秦城을 들 수 있다. 성 내부에서 명도전과 秦漢代의 거푸집이 출토되었는데 중요한 것은 성벽을 파괴하고 설치된 아동묘의 葬具로 燕式釜形土器가 사용되었다는 점이다. 연하도보다 층위관계가 명료하다는 점을 더하면 연산산맥 이남의 燕式釜 변천을 이해하는 표지유적이 될 수 있다.[17]

보고문을 검토하면 발굴 트렌치 번호인 T79, T67의 기본토층은 5개이다. 이 중 1층은 경작토층, 2층은 戰國時代와 漢代 유물이 섞인 문화층이다. 그리고 3, 4층이 전국시대 문화층이고 가장 아래 5층이 생토이다. 이 중 옹관묘 34호, 43호가 3층에 설치되었고, 11호 옹관묘도 3층에 축조되었

16 縣志에 진시황이 축성했다는 기재가 있어 진성이라는 이름이 붙은 것이지 초축연대가 진대라는 근거는 없다.

17 天津市歷史博物館考古部, 2001,「寶坻秦城遺址試掘報告」,『考古學報』2001-1.

지만 11호의 상층에는 2층 퇴적이 인정되지 않는 차이가 있다. 즉 이 3기의 옹관묘는 동 시기일 가능성도 있지만 11호가 늦게 설치되었을 가능성도 있다. 이들 옹관은 전국시대에 조영되었을 가능성이 높지만 전국시대 문화층을 굴착한 것이라면 漢代일 수도 있다.

T59, T60은 성의 북부에 치우쳐 설치되었는데 여기서는 서한 조기의 토광묘가 1층 경작층 바로 아래에서 3층을 뚫고 조영된 것이 확인되었다.

성내 동북부에 설치된 T2, T4에는 전국시대와 이전의 유물들이 교란되어 출토되었다. 조사결과 T88−2, 3층, T87−2층, T59−3, T63−2층은 戰國時代에서 秦代에 걸치는 층이며 주거지 F1, F2도 같은 시대의 것이다. T66−4는 漢代 층, 그리고 옹관이 성의 건축 토대와 전국시대 도로부를 파괴하고 설치된 점이 특히 중요한데, 성곽이 기능을 잃은 다음에 축조되었음을 시사한다.

그리고 성벽과 성 내외 퇴적 순서를 가장 잘 보여 주는 것은 T1과 T4이다. 즉 동벽의 최북단에서 북성벽과 이어지는 부분에 설치된 절개면에서 확보된 토층도 중요하다. 이를 보면 판축 성벽이 6A→6B→6C→6D의 순서로 조성되었고 그 후 성벽 내부에 5층이 퇴적되었는데 8호 무덤이 그 5층을 파고 설치되었다. 그 다음 회백토로 이루어진 4층 퇴적이 이루어지고 여기에 7호 무덤을 굴착하였다. 그 후에 3층에 7호 무덤의 상부를 파괴하고 두껍게 퇴적되었다. 성벽의 외부에도 성벽 6층을 부분적으로 파괴하고 원대와 요 대의 유물이 섞인 2층이 두껍게 형성된 상황이다. 이를 형성 순서대로 정리하면 (古)6(성벽)→5층→8호 무덤→4층→7호무덤→3층(新)이 된다.

중요한 것은 전국시대의 燕國 土城으로 기능할 당시의 구조물과, 秦의 통일전쟁을 거치면서 폐성된 이후에 만들어진 유구로 나누어진다는 점이다. 폐성된 이후에 하천의 범람으로 성 내부에 모래퇴적이 형성되었는데 이 모래층을 파고 조성된 한대 유구도 있다. 성벽 위에 조영된 목관묘와 옹관묘가 있으며 토성 내부의 도로 유구가 기능을 상실한 뒤에 조성된 무덤도 있다. 특히 9호 부부합장묘의 출토유물은 연하도의 서한묘 중 기원전 2세기대 중엽 이후로 편년되는 것과 거의 흡사하다. 관련하여 53호와 54호 역시 기원전 2세기 중엽을 상한으로 둘 가능성이 높다. 즉 비교되는 연하도의 前漢 6호묘에서 八銖半兩錢이 동반되었는데 연식 단경호의 분위기가 그대로 남은 토기가 부장되는 공통점이 있다. 보고서의 9호와 53, 54호의 단경호는 이미 구연단부가 처지기 시작하는 단계이며 동반된 대부 장경호도 경부가 곡선적으로 외반하는 것이다.

바오디 진성에서 연식부와 비교하여 보면 T59-2층 출토 토기와 5호 옹관, 56호 옹관 등 구연부에 최대경이 있는 것과 구연부가 축약되는 것으로 크게 나누어진다. 층위적으로 보아 전자가 고식이며 후자가 신식인 것이 분명한데 이는 베이징시 서남부의 방산구에서 발견된 두점고성의 층위별 연식부의 형태변화와 흡사하다.

즉 전국시대의 연식부는 기본적으로 외반하는 구연부에 최대경이 위치하는데 저부에서 구연으로의 전개가 직선적인 것도 중요한 특징이다. 그리고 漢代의 연식부는 구연부가 축약되는 특징이 있으며 상위의 문양이 지워진다. 다만 바오디 진성의 경우 폐성 이후에 축조된 옹관묘에도 전국시대의 옹관이 사용되는 사례가 있기 때문에 토기의 하한은 전한 초일 가능성이 있다.

城牆의 층위관계와 그 重複관계를 좀 더 구체적으로 살펴보자.

우선 西 城牆을 절개하고 단면이 확보된 T12는 유물이 없는 5층, 그리고 그 위에 승문회도와 활석혼입 홍도, 즉 연식부가 포함되고 명도전이 동반된 전국시대 층인 4층, 그리고 漢代의 燕式釜가 포함된 3층이 인정되고 그 위에 퇴적된 제2층에도 漢代의 유물들이 포함된다. 최상층은 교란층이다.

동벽 북쪽 모서리에 설치된 T1에서도 토성이 기능할 당시의 城墻과 폐기된 이후에 무덤이 형성되는 과정을 알 수 있는 토층의 선후관계가 확인된다. 4차례에 나누어 판축으로 성토된 6층이 중심에 있고, 성벽 내부에 성이 기능을 상실한 뒤에 이루어진 퇴적이 5층이다. 퇴적이 이루어진 후에 굴착된 3호 고분(M3), 그리고 그 위에 퇴적된 제4층(회백색토층)이 있고, 이 4층을 굴착한 1호 고분(M1)이 황토로 구성된 제3층의 아래에서 발견되었다. 보고자는 이 3층 역시 한 대의 유물 포함층으로 이해한다. 제2층은 요대의 유물을 포함한다. 이를 형성 순서대로 정리하면 (古)6(성벽)→5층→3호 무덤→4층→1호무덤→3층(新)이 된다.

北城牆에 설치된 트렌치(T10)는 하층 전국시대와 上層 漢代 유구들의 연대를 결정하는 중요한 단서를 내포한다. 우선 생토면 위의 제5층에는 유물이 없으며 그 위에 형성된 판축이 제4층인데 회색 승문토기와 연식 부형토기 편이 섞인다. 중요한 것이 그 위의 제3층인데 이는 수상퇴적과 관련된 모래와 점토로 이루어져 폐성을 암시하는 층이기 때문이다. 그리고 2층에서는 漢代의 반량전이 출토되었고 최상층인 제1층이 경작층이다. 즉 3층은 폐성 이후의 퇴적인 것이다. 그 위에 반량전이 동반되는 2층이 있다는 것은 제4층과 그 유물들은 최소한 漢代 初期 이전일 가능성이 높은 것으로 정리된다.

동문의 문지에서 드러난 층위를 정리한 결과도 중요하다. 즉 北城과 마찬가지로 최하층과 판축 성장의 외측 경사면에 이루어진 퇴적층을 굴착하고 옹관묘 56호가 조영되었고 그 위에 경작토가 덮인 사실이다. 城牆이 경사지며 기능을 잃은 다음에 이루어진 퇴적층을 굴착하고 설치된 점이 특히 주목되는데 이 역시 발견된 옹관묘들이 燕國 멸망 이후일 가능성을 시사한다.

앞에서 언급한 것처럼 토성 내부에서도 전국시대 건물지와 後代 漢墓가

重複되어 노출되었다. 성 내부 서북지구 제1기단(F1)에서는 호문, 쌍어문, 산자문과 같은 3종류의 燕國 반와당과 함께 승석문 회도가 깔린 층이 발견되었는데 그 위에 漢代 토기를 부장하는 M51, M52, M53, M54호가 조영되었음이 확인되었다. 이 역시 폐성되고 난 다음에 성의 중요 시설물이 있었던 지점에 조영된 무덤인 것이다. 호문, 쌍어문, 산자문 반와당이 전국시대 말에 사용되고 있었음을 알 수 있는 중요한 자료가 되며 이를 통해 진광의 편년안을 검증할 수 있다.

2. 大堡台 漢墓의 燕式 釜形土器

연식부형토기(일명 연식부)의 변천 방향을 이해하고 그 역연대를 가늠하는데 베이징 남교의 대보대 한묘 봉토에서 출토된 연식부[18]는 대단히 중요하다.

연식부가 출토된 것은 대보대 1호묘인데 도굴 등에 의한 부분 봉토교란이 인정되지만 1호묘 봉토의 남쪽면 깊이 1m 지점의 판축토 층에서 연식부가 발견되었다. 보고서에는 그 수를 20여 개이며 협사홍도(夾砂紅陶)罐이라 하였는데 제시된 도면은 전형에 가까운 漢代의 연식부 1점이다. 따라서 이 20여 개라는 말이 20개체라는 말인지 파편 20여 개를 말하는 것인지는 분명하지 않다. 토기는 포탄형 저부이며 구연부 내측이 약간 내만기미이지만 구연단부는 외반하면서 마무리된다. 구연부 아래에는 횡으로 주름이 돌아가는데 회전물손질 흔적이다.

대보대 1호묘와 2호묘는 부부묘인데 출토된 거울을 통해서 1호묘의 연대를 추측할 수 있고, 층위적으로 후행하는 2호묘는 부장토기인 녹유호의 연대를 감안하여 역연대를 설정하였는데 대략 전한 후기라는 결론을 얻었

18 大葆台漢墓發掘組, 1989,『北京大葆台漢墓』.

다. 그런 다음 漢書의 諸侯 王表를 참고하여 漢代 북경 지역이 燕國이었던 시기와 광양군이었던 시기를 고려하고 제후왕의 在位期間을 검토한 다음 1호묘에서 나온 칠기의 '二十四年五月丙辰丞'이란 기년명을 고려하여 피장자를 추정하였다. 결국 24년 이상을 재위에 있었고 서한 후기에 해당하는 제후왕을『水經注』의 기록 등과 대조하여 1호묘의 묘주를 기원전 45년에 사망한 광양군 유건의 무덤으로 판단하였다. 이 연대가 주어진다면 대보대 한묘에서 출토된 연식부의 연대가 기원전 1세기대 중후반이 되는 것이다. 필자가 만든 연식 부형토기 변천표의 14번 토기가 이것이다.

3. 岩上遺蹟 40호 출토 燕式釜

암상유적은 대보대 한묘의 서남부에 위치하는데 북경에서 연하도로 연결되는 중요한 교통로에 해당하는 곳이다. 戰國時代 燕國의 거점 지역이었으며 漢代가 되어서도 燕人들의 거주지였던 것으로 보인다. 이 유적에서는 대보대 한묘에서 출토된 연식부와 거의 동일한 형태의 전한대 후반의 연식부가 출토되는가 하면 동한대에 해당하는 활석혼입계 토기들도 많다.

이 암상유적에서 출토된 부장토기 중에서 40호 무덤에서 출토된 것이 필자 편년표의 19번 토기이다. 원저에 동체가 아래위로 길고 구연부가 내만하다가 구연단부가 두껍게 처리되어 마무리되는 형식이다. 물론 동체 외부에 타날흔은 남아 있지 않다. 구연부 아래에 횡으로 주름이 돌아가는 것은 대보대 한묘와 마찬가지로 제작과정에서 회전물손질이 채용된 결과이다. 이 무덤에서는 貨泉이 동반되어 출토되었기 때문에 이들 전실묘 출토 토기들의 상한연대를 추정할 수 있으며, 아울러 부형토기의 전체적인 전개과정을 검증할 수 있다.

Ⅳ. 전형 연식부형토기의 변천과 그 동계

1. 燕式 釜形土器의 변천

이상과 같은 층위관계에 바탕하고 동반된 부형토기들을 정리하는 한편, 진광이나 미야모토(宮本)의 연구성과에 필자가 발견한 신자료를 더하여 연식부형토기의 변천을 정리한 것이 그림5이다.

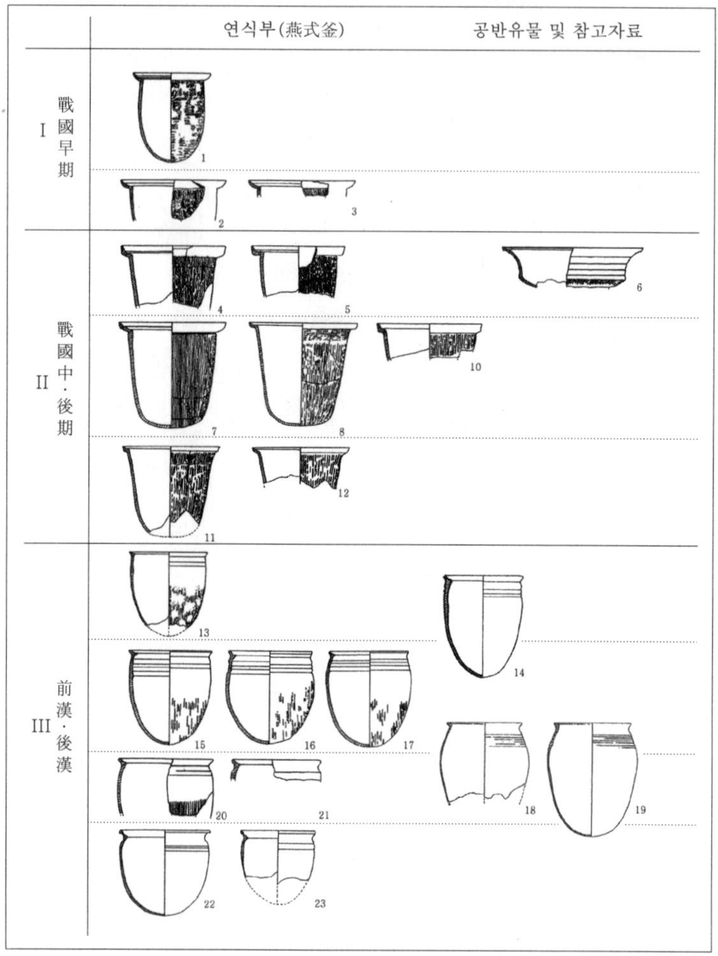

그림5 연산산맥 이남에서 연식부의 변천(필자안)(14번이 대보대 한묘)

그림6 금주시개발지구 출토 연식부(금주시박물관 소장. 필자 촬영)

바오디 진성에서 출토된 연식 부형토기 중에서 가장 고식의 것은 동체부가 둥글고 구연단부가 곡선적으로 외반하는 것이며 동체 역시 둥근 형태의 것이다. 여기에서 부형토기의 고식 속성을 복수로 추출할 수 있다. 이를 검증하고 연식 부형토기의 변화 방향을 정하기 위하여 戰國時代보다 확실히 앞서는 시기의 同種 토기 자료, 즉 유리하의 서주대 연토기는 물론 춘추시기의 燕土器에서 인지되는 형태속성을 참고하였다. 이들 토기 자료에서 더할 수 있는 고식의 형태 속성은 대개 둥근 동체, 저부의 원저화 타날이 동체타날과 방향을 달리한다는 점 등이다. 이는 연식력과는 기종이 분리되면서 부형토기의 선행 형식에 속하는 토기에서도 인지되는 형태 속성이기도 하다. 나아가 구연단부의 안쪽에 횡침선이 돌아가는 것도 중요한 고식 속성이다.

이후 동체 외면의 타날 방향이 바뀌지 않고 저부까지 직선적으로 이어지는 방향으로 전개되는 것으로 정리할 수 있다. 뿐만 아니라 동체 외면은 곡선적인 것에서 점차 직선적으로 축약되는 방향으로 전개되며 늦은 시기로 갈수록 저부로의 축약도가 커지는 것을 감지할 수 있다.

또한 漢代가 되면 부형토기의 구연단부가 내만하는 연식부가 등장하며 늦은 것일수록 그 축약도가 커지는 방향성이 인정된다. 그리고 미야모토(宮本)가 지적한 것처럼 거의 토기 외면 전체를 뒤덮었던 승문 타날의 흔적이 점차 줄어들어 나중에는 아예 타날에 의한 문양을 대부분 지운 토기들이 등장하는 것을 알 수 있다.[19]

끝으로 연산산맥 이남에서 전개된 이러한 연식부의 전개에서 간과해서는 안 될 가장 중요한 속성은 이들 토기에 거의 예외 없이 활석이 다량 혼입된다는 사실이다. 비짐뿐만이 아니라 베이스 점토 역시 활석에서 생성된 것을 이용한다. 내몽고와 중국 동북 지역, 그리고 한반도에서 출토되는 수많은 청동기 거푸집을 제작하는 암석이 활석인 것처럼, 열에 강하고 흡수된 열에너지를 오래 간직하는 암석의 특징이 고려된 것으로 이해할 수 있다. 이들 토기들이 대부분 자비용기로 사용되는 이유이기도 하다.

서북한 지역의 화분형토기로 대표되는 활석혼입계 토기들도 이들 연국토기에 계보가 있는 것임은 이미 여러 차례 언급하였기 때문에 생략한다.

2. 전형 燕式 釜形土器의 東界

위에서 살핀 전국시대 燕國의 토기는 연산산맥을 넘어 요서와 요동 지역으로 확산된다. 그 시기와 내용에 대해서는 다양한 논의가 있으나 연장 진개의 오군설치 기사를 설명하는 물적 증거로 활용되는 경우가 많다.

연산산맥을 넘어서 확산된 토기도 니질계 회도와 음식조리용의 煮沸容器로 나누어서 살필 필요가 있다. 그중 자비용기는 燕式 釜形土器의 확산이 가장 두드러진다. 연산산맥을 넘어선 일부 지역에서 연식력이 인정되나 요서 지역이나 요동 지역에서의 발견사례가 극히 드문 것을 보면 연산산맥

19 宮本一夫, 2012, 전게논문.

주변을 포함한 그 이남 지역과 요서와 요동 지역에서의 토기제작과 유통, 나아가 이에 기반하는 생활양식에서 차이가 있었을 가능성이 있다. 연식력이라는 것은 부뚜막과 같은 부속시설이 없이도 음식을 요리할 수 있는 편리한 기종이지만 동체부에 달린 3개의 가는 다리는 파손 가능성이 높다. 안정적인 정주생활이 가능한 공간에서와 그렇지 않았던 공간에서 선택적으로 채용되었을 가능성이 제기된다.

반면 연식부는 燕의 동방진출과 관련되어 언급되는 거점 취락이나 성지, 내몽고 등지의 전국시대 성지에서 집중적으로 발견되는 기종이다. 연산산맥 동북의 承德을 넘어 내몽고 赤峰에 이르는 교통로를 따라 연식부가 출토되는 취락과 성지는 수도 없이 많이 발견된다. 뿐만 아니라 적봉 주위로 전개되는 많은 성채에도 전형적인 연식부가 연식의 회도 단경호류와 함께 출토된다.

여기서 典型이라 함은 태토에 활석이 혼입되고 기형과 제작기법에서 燕下都를 중심으로 연산산맥 이남의 燕國 강역에서 출토되는 정형성이 강한 부형토기를 말하는 것이다. 안장자고성, 흑성고성 등은 燕이 개척한 5郡의 首城이라 비정되는 성지인데 현지를 답사한 결과 어김없이 전형적인 燕式釜가 출토됨을 확인하였다. 특히 흑성고성 성벽에서는 최하층과 상층을 막론하고 전형 연식부의 파편을 발견할 수 있다.

내몽고 경내에서 확인되는 燕北 南長城과 北長城의 상황도 이와 유사하다. 적봉현 미려하공사 인근의 여러 성채와 건평현 소고영자 부근의 장성 관련 유적에서도 전형 연식부가 사용되었던 사실을 현지조사를 통해서 확인할 수 있었다.

그런데 전형적인 연식부형토기, 즉 전국시대에 유행하던 형식은 그 東界가 존재한다는 사실을 오랜 현지조사와 보고 자료를 통해 인지할 수 있었다. 현재까지 알려진 자료로 보아 요서 지역의 금주시와 그 주변 지역이

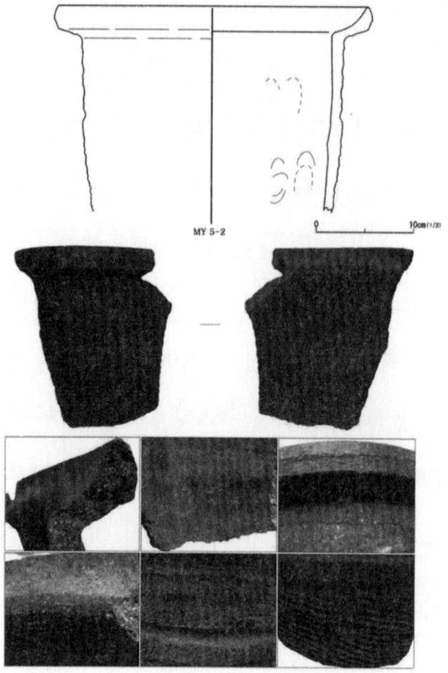

그림7 목양성의 부형토기
(연하도와 기형, 제작기법이 다르고 활석도 미혼입이다)

동계일 가능성이 높다. 대표적인 자료가 錦州市 박물관에 진열된 금주시 경제개발구 출토 토기인데 전형적인 연식 부형토기이며 회도인 타날문 단경호와 동반되었다. 보고서에서는 이러한 단경호를 전국시대 만기, 즉 우리 고고학에서의 후기로 판단한다. 이 토기에는 활석이 다수 포함되었으며 구연부 바로 아래까지 승문타날흔이 선명하게 남아 있어 연하도 출토 동종 토기와의 구별이 어려울 정도이다. 타날은 방향을 바꾸지 않고 저부까지 연속하듯 이어지는데 이러한 타날방법을 보이는 토기는 연국 중심지인 경우 戰國時代 中期에 이미 등장했을 가능성이 높지만 후기에 이르러 본격적으로 유행하였다. 다만 이 초기는 구연단부의 발달도가 떨어지기 때문에 역시 전국시대 후기 이후의 연대가 주어질 가능성이 높다.

연국의 장성으로 보고된 지역에서 전형적인 연식부형토기가 출토되는 지역 역시 현재의 자료로 보는 한 阜新보다 동쪽으로 전개되지 않는다. 결국 대릉하 유역과 그 주변이 연장성과 전형적인 연식부의 동계로 설정될 가능성이 대단히 높다고 할 것이다.

한편 이시가와(石川)는 목양성에서 출토된 부형토기를 전형적인 燕式釜라고 하였으나[20](石川 2009), 비록 기형상 유사성이 높은 토기일 뿐 활석립의 포함 정도나 소성 분위기는 전형적인 그것과는 차이가 있다. 그나마도 1~2점에 지나지 않는다. 뿐만 아니라 목양성 등지에서 출토되는 대부분의 부형토기는 연산산맥 이남에서 발견되는 전형적인 연식부와는 태토와 제작기법은 물론 기형에서도 차이가 있는 것이다.

Ⅴ. 細竹里-蓮花堡 유형 토기의 특징

1. 세죽리-연화보유형 토기의 검토

여기서는 위에서 살핀 연산산맥 이남의 燕式土器에 대한 이해를 바탕으로 요동 지역과 한반도 청천강 유역까지를 분포범위로 두는 세죽리-연화보 유형 토기의 특징을 살펴보고자 한다. 전국시대 이래 중원 토기문화가 요동 지역으로 전파되어 재지계 무문토기문화에 변용을 주어 성립된 토기문화가 세죽리-연화보 유형이다. 이 토기 유형은 이 지역에서 출토되는 명도전 등과 더불어 燕國의 세력확장으로 보는 연구자가 있는 반면 고조선의 토기문화라고 보기도 한다. 그런데 이와 관련된 연구는 유적별 토기자료에 대한 치밀한 분석에 기초하지 않았다는 근본적인 한계가 있었다. 전형적인 연국토기와의 구체적인 비교가 선행되지 않은 채 燕國의 토기와 동일시하

---

20 石川岳彦, 2007, 「第4章 2「牧羊城二・三類土器」における戦国時代土器」, 『遼寧を中心とする東北アジア古代史の再構成』(平成16年度~平成18年度科学研究費補助金(基盤研究(B))研究成果報告書:研究代表者:大貫静夫) 174-180頁.

거나 이 지역의 재지계 토기문화의 성격을 분명히 하지 않으면서 무수한 지역 양식을 설정하기도 하였다.

이러한 문제를 직시하여 여기서는 세죽리-연화보 유형에 속하는 요동지역의 대표유적에서 출토된 토기들을 검토하여 그 성격을 분명히 하고, 특히 이 지역의 취사용 토기가 연국의 전형적인 부형토기들과 어떠한 관계에 놓여 있는지를 검증하기로 한다.

1) 연화보 유적의 토기

연화보[21]는 소위 세죽리-연화보 유적의 대표 유적일 뿐만 아니라 재지계 토기와 중원계토기의 상호관계는 물론 최근 주목을 모으고 있는 주조철기류의 존재 양태를 이해할 수 있는 표지유물이기 때문에 층위관계와 유물들의 성격, 그리고 동반관계를 꼼꼼히 살필 필요가 있다.

연화보 유적은 무순시 동교의 渾河 남안의 평평한 대지에 위치한다. 유적의 층위는 상부 경작층과 아래 문화층으로 나누어진다. 문화층은 상·하로 나뉘는데 출토유물에는 차이가 없다. 이 문화층에서 석축유구 1기, 노지 2기, 구상유구(회구) 1기, 수혈유구 1기 등이 발견되었는데 유구 형성면에 대한 정보가 기록되지 않아 아쉬운 감이 있다. 석축담 시설이라 보고된 유구는 필자의 판단으로는 주거지일 가능성이 높다. 근처에서 점토덩어리가 다량으로 발견되었기 때문인데, 세죽리 주거지를 참고하면 주거지 내벽에 붙여서 만든 화덕시설일 수 있다. 이 유구에서 대량의 사립혼입 산화염토기편(夾砂粗陶)과 니질계 회도(泥質細陶)가 출토되었으며 燕系 鑄造鐵器와 동반된다.

아궁이를 갖춘 또 하나의 화덕 주거지가 있는데 보고서에서는 노지라고 표현하였다. 아궁이 내부에 유물은 없었지만 근처에서 협사토기 편이 다수

---

21 王增新, 1964,「辽宁撫順市蓮花堡遺址发掘简报」,『考古』第6期.

발견되는 가운데 니질계토기편도 일부 동반되었다. 노지 2라고 보고된 것도 필자는 주거지로 판단하는데 아궁이 시설 주변에서 불에 탄 뼈와 협사조도(粗陶)와 회도(니질세도편)가 발견되었다.

구상유구도 연화보의 토기조합을 이해하는 데 중요하다. 경작토 바로 아래에 제1층이 있고 여기에서 450점이 넘는 토기편이 발견되었는데 대개 협사토기이고 부분적으로 니질세도(泥質系灰陶)가 포함되며 주조철부가 동반된다. 제2층에서는 소수의 니질세도(灰陶)와 무문토기가 출토되었는데 완전한 豆形土器와 방추차, 어망추 등을 포함한다. 그 아래 제3층에서는 협사조도가 출토된 사실만 확인되며, 최하층은 무문토기(협사조도)만 출토되는 층이고 그 위에 협사조도와 회도가 동반된다.

평면원형의 수혈유구(灰壙)는 내부에서는 니질계의 紅陶釜 잔편과 니질계 회도편, 주조철부, 동촉편이 같이 출토되었다. 홍도부(釜形土器)라는 것은 미야모토(宮本) 등이 연식부로 인식하는 것이지만(宮本 2012)[22]활석이 혼입된 것이 아니다.

정리하면 연하도에는 최하층에 점토대토기를 중심으로 하는 무문토기층이 있고 그 위에 회도와 무문토기가 釜形土器[23]와 혼합되어 동시에 퇴적되는 층이 인정된다. 토기의 型式으로 보건대 개별 유구에서 출토되는 유물에서는 시기 차를 인지할 만한 형식 차가 크게 인정되지 않는다. 물론 앞으로 개별 유물들을 관찰할 수 있는 기회를 얻게 되면 추가로 분석할 필요가 있다.

연화보 유적의 토기에 주목해서 그 내용을 더 집중적으로 들여다보자. 우선 土器 편은 전체적으로 만여 점이 넘지만 복원되어 보고된 것은 소수에 불과하다. 보고자는 토기의 질을 바탕으로 2가지로 구분하였는데 협사

22 宮本一夫, 2012, 「樂浪土器의 成立과 擴散」, 『史淵』, 九州大學大學院人文科學硏究院.

23 전형적인 연식부와는 달리 활석이 모두 섞이지 않은 것이다.

조도와 니질세도이다. 한국 고고학에서 익숙한 용어로 설명한다면 산화염 소성에 무문토기질의 토기가 협사조도일 것인데 이는 전체 출토량의 2/3를 차지한다. 보고서에서는 여기에 부분적으로 입자가 굵은 활석립과 운모가 함유된 요동식 부형토기를 포함시켜서 설명한다. 토기들의 색조는 대개 회색과 갈색, 홍색으로 나누어지는데 회색이 가장 많다고 하였다. 그 다음이 갈색이고 가장 적은 것이 홍색이다. 균형감이 떨어지는 기형이라는 설명을 참고하면 수날법 성형이 기본이라는 것을 알 수 있다. 옹형토기, 단경호(관), 발형토기, 壺形土器, 豆形土器 등으로 구분할 수 있는데 豆形土器가 가장 많으며 그 다음이 단경호(罐)이다. 報告書에서 말하는 罐이란 粘土帶土器 甕과 短頸壺 등을 모두 포함하는 용어이다. 협사조도이면서 회색을 띠는 것이 많다는 지적도 중요한데 기존의 협사조도의 일부가 灰色으로 발색된다는 것은 새로운 제도기법이 정착하면서 기존의 토기문화가 그 體制로 부분 편입되었음을 시사한다. 이 문제는 가마 유적의 발굴을 통해 앞으로 검증되어야 할 것이다.

회도, 즉 보고서에서 말하는 泥質細陶는 전체 토기편 출토량의 1/3이다. 대개 토기의 색조가 회색으로 균일하다는 점이 협사조도와 다른 점이다. 안정된 가마 환경에서 환원소성되었음을 의미하는 것이며 연소실과 소성실의 분리를 추정할 수 있다. 다만 이들 토기들의 정선도가 그리 높지 않다고 표현하는 것은 중원 지역의 회도와 차이가 있다는 의미이다. 짙은 회색을 띠는 토기는 비교적 고운 모래의 포함이 많으며 옅은 회색을 띠거나 홍색이거나 갈색인 토기는 고운 모래의 함유가 적으며 소성도도 낮은 편이다.

보고서에는 紅陶釜(붉은색 부형토기)의 경우 상부는 니질이고 하부는 夾砂質이 두드러진다고 하였다. 이는 피열에 의한 박리현상으로 이해되는데 실제 釜形土器들이 자비용으로 이용되었음을 웅변한다. 이는 대단히 중요

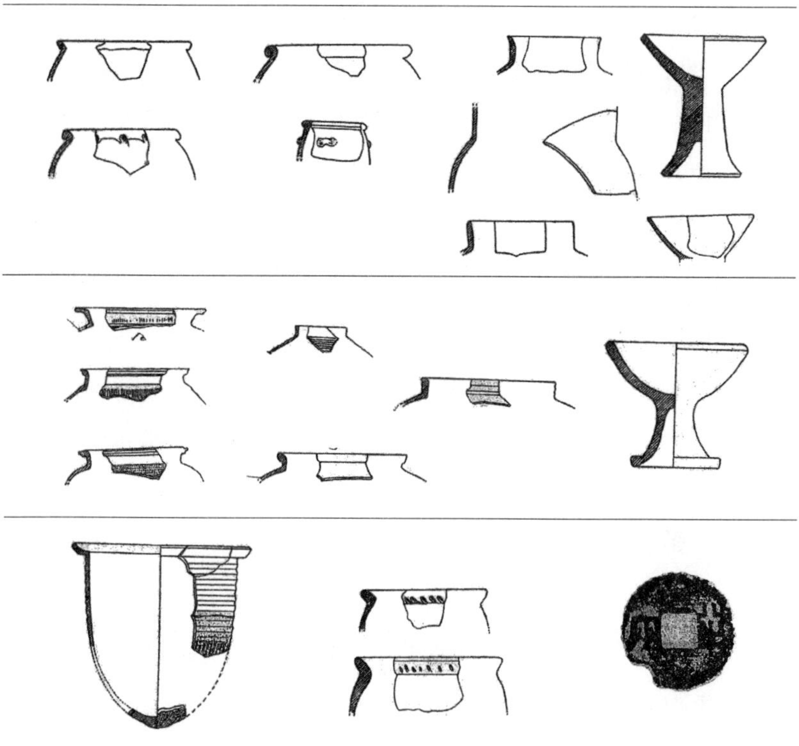

그림8 연화보 유적 출토 각종 토기
(상단: 점토대토기류, 중단: 연식회도류, 하단: 요동식 부형토기 A(좌측), B(우측 2점)

한 사실인데, 연화보 유적에서 발견되는 지역색 강한 부형토기도 대릉하 以西에서 발견되는 활석이 대량으로 섞인 典型 燕式釜形土器와 마찬가지로 자비용기임이 분명하기 때문이다.

이 유적의 회도, 즉 니질세도는 분형토기, 단경호(관), 호형토기, 발, 두형토기 등으로 분류되는데 물론 대부분 녹로제작이다.

다음으로 토기 형식과 관련된 보고서의 내용을 살펴보자

우선 釜形土器가 15점 출토되었다고 하는데 모두 파편이다. 구연부가 경사지게 뻗으면서 마무리되는 기형이 1점만 도면으로 소개되었다(그림8의 부형토기 A). 상반부 외연은 직선적이지만 저부가 좁아지며 축약되는 특징이 있다. 상반부 외면에 기와처럼 주름이 형성되어 있고 하반부는 승문이 시문되었다. 타날이 종방향으로 일정하게 이루어진 점이 특징인데 윤가촌 등지에서 발견되는 횡방향 타날과는 차이가 있다.

그 다음 甕形土器가 4점 출토되었는데 모두 구연부 잔편이다(그림8의 부형토기 B). 거친 태토에 홍색이거나 회색을 띠는데 태토에 대량의 활석이 섞인 것이 특징이다. 구연 아래에 지두흔이 균일하게 돌아가는데 마치 한반도의 점토대토기 구연부를 연상케 한다. 그런데 중요한 것은 연화보 유적에서 다수 발견되는 이러한 활석혼입계 토기는 연산산맥은 물론 요서 지역에서는 발견되지 않는 독특한 기형이라는 것이다. 최근 미야모토는 이러한 토기를 遼東釜라고 명명하여 요동반도 남단에 한정된 토기 기종이라고 하였으나[24] 연화보의 옹형토기라는 것도 필자가 확인한 바로는 그가 말하는 요동부임에 틀림없다. 구연부의 특징도 소위 연식부와는 확연하게 구분되는 것인데 일찍이 필자도 이러한 토기류가 요동 지역에서만 출토되는 현상에 주목하여 변형 연식부로 명명한 바 있다.[25]

연화보 유적에서 출토되는 이러한 특징적인 토기들은 목양성, 고려채 유적을 포함하여 비교적 광위의 범위에서 발견된다. 더욱 중요한 것은 전형적인 연식부와는 반대로 이 토기의 분포가 요하를 넘어 그 서쪽에서는 거의 발견되지 않는다는 것이다.

한편 이룡호 고성이나 세죽리 유적의 부형토기에 이 유형의 토기가 포함되어 있는지를 검토하는 것은 앞으로의 숙제이다. 그리고 이 토기 형식이 한반도 남부 지역의 삼각형 점토대토기와 유사하다는 점도 눈여겨 살펴야 된다. 제작기법도 점차 형뜨기로 변한다는 사실에 주목해야 되는데 서북한

24 宮本一夫, 2012,「樂浪土器의 成立과 擴散」,『史淵』, 九州大學大學院人文科學硏究院.

25 鄭仁盛, 2011,「東北아시아에서 打捺文短頸壺의 擴散」,『韓國基督敎博物館誌』제7호.

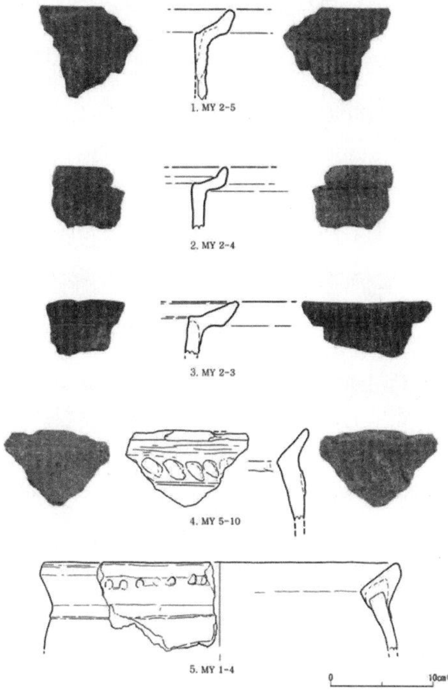

그림9 요동 지역의 활석혼입계 부형토기 B
(목양성 출토; 도쿄대학 소장유물-필자 작도)

지역의 화분형토기 역시 형뜨기 성형이기 때문이다. 이 토기의 성격은 삼도호 등지의 전한대 토기를 살피는 과정에서 더욱 분명해질 것이다.

나머지 토기들은 니질계 회도와 무문토기 질의 것으로 나누어진다.

니질계 회도에 속하는 盆形土器는 모두 16점이 출토되었다고 하는데 구연부의 형태를 중심으로 분류된다. 1식은 구연이 밖으로 말리면서 복부가 직선으로 전개되고 원저이다. 복원된 1점은 상부에 물손질 주름(현문)이 돌아가고 동체 중위는 문양이 없지만 하부와 저부에는 고운 승문(노끈문)이 돌아가는데 저부 원저화 타날이다. 상부에 문양이 지워진 이러한 토기는 연하도 내부에서도 발견되는 서한 초기 토기의 특징이다. 2식은 구연부가 직선적으로 경사지게 뻗으면서 마무리되는 것인데 태토는 니질이고 1식과 마찬가지로 회색으로 발색된다.

罐은 모두 39점이 출토되었는데 보고서에서는 6가지로 분류하고 있다.

1식(5점)은 겹아가리이고 둥근 몸체에 저부가 축약되면서 평평한 저부인 것이다. 협사의 조질회도인데(보고서 도판 1) 무문토기류가 일부 회색으로 소성된 것이다.

2식(14점)은 구연과 복부의 파편인데 구연부가 밖으로 접히고 복부가 둥글다. 구연부 아래를 손으로 눌러서 만든 것이 있는데 이는 점토대토기로 이해할 수 있다. 원형 점토대토기는 물론 삼각형 점토대토기에 가까운 것도 있으나 둘의 시간적 상관관계를 밝힐 수 있는 정보는 없다. 무순 지역에서도 삼각형 점토대토기와 유사한 기형이 있다는 것은 한반도의 원형 점토대토기가 요중에서 이입되고 삼각형 점토대토기는 요동반도 남단에서 이입되었다고 보는 주장과는 배치되는 것이다. 요남과 요중 지역의 점토대토기는 비교적 광역의 범위에서 제일성을 띠는 것으로 재인식할 필요가 있다.

3식(3점)은 구순이 평탄하거나 둥근 것이다. 목이 짧고 어깨가 넓으며 니질계의 심회도라 표현하였다. 구연부 바깥에 물손질 흔적이 있거나 구연부 아래의 어깨부에 물손질흔이 돌아가는 것이 특징이다.

4식과 5식은 모두 한국 고고학에서 타날문 단경호로 분류되는 기종이다.

6식 역시 구연부가 살짝 외반하고 단경이며 어깨가 넓고 어깨 아래로 가는 승문타날이 베풀어진 것이다. 타날 흔적을 지운 것도 있다. 현문이 돌아가는 것도 있는데 대부분 회색이고 갈색인 것도 포함된다.

즉 보고서에서 분류한 罐이라는 기형은 한국 고고학의 관점에서 보면 산화염토기 계열의 점토대토기류와 중원에서 전래된 몇몇 회도를 모두 포괄하는 의미인 것이다.

豆形土器는 50여 점이나 출토되었는데 기둥 같은 대각에 나팔처럼 수부와 대각이 달린 1식은 협사조갈도이다. 대각 속심이 비어 있고 대각단이 위로 약간 말리는 2식은 니질태토에 소성후의 색조가 회색인 것이다. 즉 豆形土器는 전통적인 재지의 산화염 계열의 것(1式)과 戰國時代 燕國土器의 계보를 끄는 회도 계열이 혼재하는 것이다. 이는 細竹里-蓮花保 유형이 산재하는 공간에서 발견되는 모든 두형토기를 연국토기의 영향으로 판단할 필요가 없음을 시사해 주는 것이다.

그 외에 把手류가 60여 점 출토되었는데 舌狀, 三角形, 環形 등등이 있는데 삼각형이 가장 많다고 하였다. 색조는 모두 회색에서 적색, 갈색이 모두 있다.

결국 연화보 유적은 산화염소성이거나 일부 회색으로 발색되는 점토대토기가 주종을 이루며 파수가 달리는 호형토기에 두형토기 등이 조합을 이루는 유적이다. 이는 점토대토기 문화의 내용과도 통하는 것이다. 점토대토기들의 상한연대를 추정할 수 있는 결정적인 유물은 없지만 燕山山脈 이남에서 서한대에 출현한 형식의 釜形土器가 없다는 점은 중요한 단서를 제공한다. 이는 서한대 이후로 시기가 내려오지 않을 가능성과 함께 전국시대 후기부터 연산산맥 이남과 요동 지역의 토기문화가 서로 다른 변천과정을 걸었을 가능성을 동시에 제시하는 것이다. 그런데 팔수반량전이 출토된 사실을 놓고 보면 후자일 가능성이 대단히 높다. 즉 연하도나 연산산맥 이남에서 일반적으로 발견되는 부형토기와는 다른 활석을 섞지 않고 성형기법이 다른 부형토기의 존재(본고의 요동식 부형토기 A), 그리고 활석이 섞였지만 그 형식이 근본적으로 다른 遼東式 釜形土器(부형토기 B)는 후자의 맥락에서 발생한 변화일 것이다. 연화보 유적의 형성 시기는 기원전 3세기대가 중심이지만 그 이전으로 소급될 것이며 서한 초기까지도 부분적으로 점유되었을 가능성이 대단히 높다.

2) 細竹里 遺蹟 출토토기의 검토

세죽리 유적[26]은 청천강 유역에 위치한다. 1961년에 발굴되었는데 보고자는 제1구역과 4구역의 기본 층위를 3개 문화층으로 나누었다. 최하층이 제1문화층(신석기)이고, 간층을 두고 제2문화층(청동기)이 놓이고 그 위에 제3문화층(고대층)이 형성된다.

그리고 고대문화층은 표토 아래에서 바로 확인되는데 유구는 고대문화층의 상면에서 굴착된 경우는 없으며 대개 제2문화층의 상면에 바닥을 둔다. 고대문화층에는 타날문 단경호, 두형토기를 비롯하여 갈색 무문토기류와 흑각색 마연토기들이 무질서하게 섞여 있다. 유물포함층인 것인데 이 층에서 燕式 주조철부, 반월형석도, 석부, 방추차, 활촉과 같은 각종 석기들도 같이 출토된다.

제1구역의 층위와 유구들과의 상관관계를 중점적으로 살펴보자.

표토 아래에 30−60cm 두께의 고대 문화층이 형성되었는데 원형 진흙무지가 일정한 간격을 두고 노출되었으며 그 주변에서 완전한 타날문 회도 3개와 무늬 없는 회색단지 1개가 출토되었다. 그런데 타날문 회도 안에서 명도전 2점이 발견되었는데 돌을 뚜껑 대신에 덮어둔 상태였다. 진흙무지는 주거지와 내부 시설이겠지만 파괴가 심하다. 이 고대층을 발굴하는 과정에서 드러난 구들시설도 그 전모는 분명하지 않지만 여기서 타날문 회도편, 산화염 소성의 두형토기와 다른 토기편, 그리고 흑갈색 마연토기들이 섞여서 출토된 점은 주목해야 된다. 재지계의 두형토기와 무문토기들이 타날문토기와 기타 회도 등과 같이 출토되는 양상이기 때문이다. 연화보 토기들과 기본적으로 통하는 것이다.

---

26 김종문, 1964, 「세죽리유적 발굴 중간보고」(1), 『고고민속』 2기, 사회과학원고고학 및 민속학연구소; 김용우, 1964, 「세죽리유적 발굴 중간보고」(2), 『고고민속』 4기, 사회과학원고고학 및 민속학연구소.

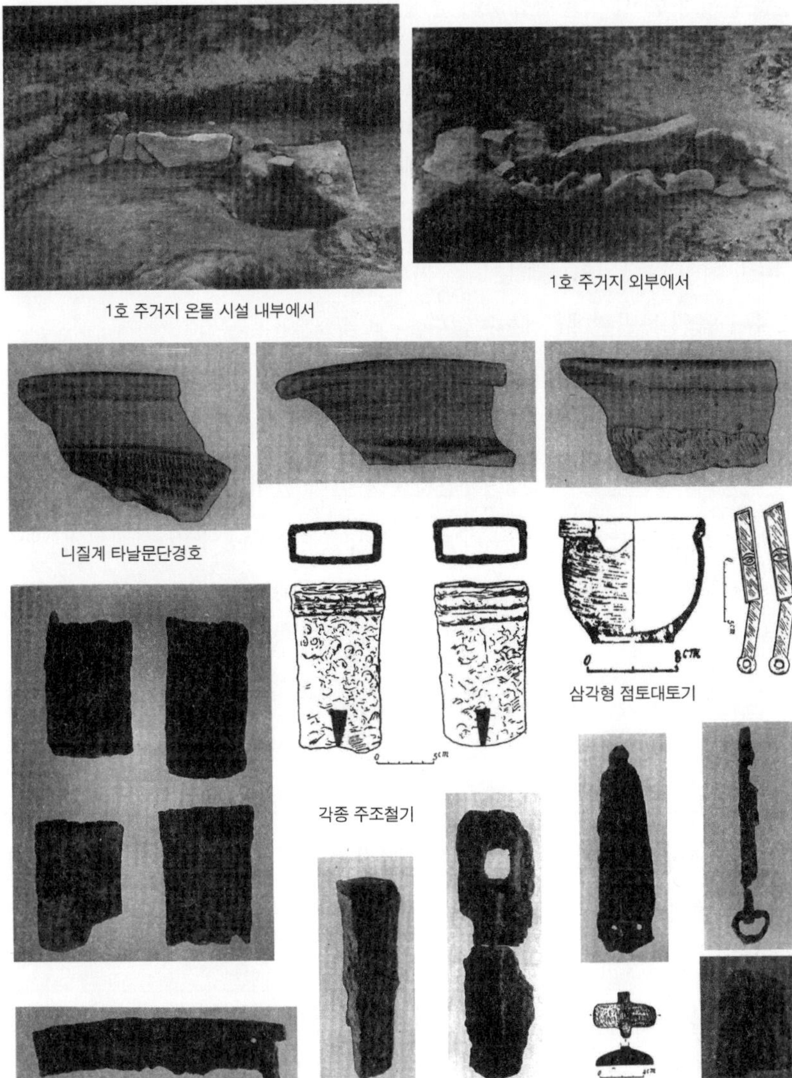

그림10 세죽리 유적 출토 토기류와 중요 동반유물

고대 문화층에서 확인된 구덩이에서는 50매씩 묶인 명도전 더미가 발견되었는데 2문화층을 굴착한 토광 내에서 발견된 것이다. 층위적으로 보아 진흙무지와 동 시기일 가능성이 높다.

제2구의 구상유구(1)에서는 승문회도와 시루편이 같이 출토되었고 다른 원형수혈에서는 모두 승문회도가 출토되었다. 고대문화층에서는 제1구와 마찬가지로 여러 시대의 유물이 섞여 있다고 보고하였으나 그 내용은 승문회도, 두형토기, 시루, 각종 철제도구, 청동촉, 명도전과 포전 등이다. 석제 검파두식이 발견되어 점토대토기 문화와의 관련성을 시사하지만 안타깝게도 유구와의 동반관계를 알 수 없다.

그리고 보고자는 유적의 제2문화층을 일괄하여 청동기시대로 상정하였으나 제20호, 21호, 22호는 나머지 주거지와 그 시기가 다를 가능성이 높다. 주거지의 가운데가 낮고 가장자리를 따라 단이 형성되는 등 구조에서 차이가 있기 때문이다. 특히 22호 주거지에서는 이중구연 평저토기 완형이 출토되었는데 필자가 판단키로 이것은 삼각형 점토대토기일 가능성이 높다.

3호 주거지의 바닥에서 심발형토기, 4호 바닥에서 회색 두형토기가 출토된 점도 특기할 만한데 삼각형 점토대토기와 외래계 회도가 공반되는 양상으로 이해할 수 있다.

보고문에서는 1호, 8호, 19호를 나머지 부류와 크게 다른 주거지로 평가하여 묶어서 설명한다. 그 근거는 주거지의 형태와 출토유물에 기준한 것 같지만 실상 평면구조가 아니라 출토유물을 기준으로 분리한 것임을 간파할 수 있다. 1호 주거지는 장방형 평면인데 동쪽 벽에 붙여서 외줄 온돌시설을 만들었다. 주거지의 남쪽 벽선 아래에 승문회도를 묻고 돌을 덮어 놓았는데 그 속에 명도전이 들어 있었다. 1호 주거지의 대략 연대가 정해지는 것이다. 승문회도 완형 1점과 구연부 3점이 출토되었으며 주조철부와 주조철착, 철편 등도 같이 출토되었다. 19호도 주조철부가 출토되었는데 청동제 검코도 동반되었는데 명도전과 관련된 시기이다.

보고문의 결론을 면밀히 살피면 출토유물에 회도와 철기류가 있는 경우 고대문화층으로 판단하고 나머지도 출토유물을 기준으로 신석기와 청동기로 나누었음을 알 수있다. 신석기와 청동기시대 층을 제외한 제2문화층에서 점토대토기 단계에 형성된 유구 및 유물과 고대문화층과 중복될 가능성이 높은 것으로 판단된다. 나아가 주조철기와 회도는 점토대토기나 두형토기 등과 동반되기도 하는데 여기에 명도전이 사용된 것을 보면 기본적으로 기원전 3세기를 중심에 두는 역연대를 얻을 수 있다. 이와 동반되거나 선행할 가능성이 있는 점토대토기류를 포함하는 유물로 보아 상한은 기원전 3세기대를 더욱 거슬러 오를 것이다.

이를 정리한다면 세죽리 유적은 점토대토기문화에 변용된 燕系土器가 부분적으로 더해진 것임을 알 수 있다. 그중에서도 부형토기의 사례가 두드러지는데 이는 앞에서 이미 말한 것처럼 연식부 그 자체가 아니라는 점이 중요하다. 연화보와 마찬가지로 요동 지역을 중심으로 자체적인 형식변화를 거친 기종임이 분명하다. 일부 타날문 단경호는 연하도와 같은 연산산맥 이남의 연국 중심지에서 발견되는 것과 유사한 형태이지만 이 역시 비짐 모래의 혼입량이 높아서 현지 제작일 가능성이 높다. 결론적으로 세죽리 유적의 토기를 燕國 토기 그 자체로 이해하고 이를 근거로 燕國의 직접 지배가 미쳤다고 보는 것은 문제가 있다.

3) 기타 관련 유적의 검토

여기서는 요동 지역 부형토기의 성격과 시기를 가늠할 수 있는 몇몇 유적을 추가로 검토하려 한다. 그런데 이미 그 내용이 알려진 목양성이나 고려채, 대령둔성지, 정가와자, 윤가촌 유적 등[27]이 아니라 새로 알려진 누상 생활

---

27 大貫靜夫 編, 2004,『遼寧을 中心으로 하는 東北아시아 古代史의 再構築』(平成16年度～平成18年度科學硏究費補助金(基盤硏究(B))硏究成果報告書.

유적과 오래전에 보고되었으나 제대로 다루어지지 않았던 삼도호 옹관장을 중심으로 살펴보려고 한다.

(1) 樓上 생활유적 출토 토기

연화보와 세죽리 유적을 검토하면서 드러난 요동식 부형토기는 2종류이다. 하나는 연화보 유적에서도 살핀 것처럼 전형적인 연식 부형토기와 달리 활석이 혼입되지 않았으며 구연단부 아래에 다수의 횡선이 돌아가는 것과 활석이 대량 혼입되고 경우에 따라서 내면에 포흔이 남는 것이다. 전자를 본고에서는 요동식 부형토기 A라고 하고 후자는 요동식 부형토기 B라고 한다. 이들 토기는 목양성이나 고려채 등 요동 지역의 여러 지역에서 발견된 바 있다. 요동식 부형토기 A는 부분적으로 요서 지역에서도 발견되는 사례가 있지만 중심은 요동 지역이다. 그런데 요동식 부형토기 B는 필자가 관찰한 자료로는 요동 지역을 벗어나 발견된 사례를 알지 못한다.

아래 그림11의 우측에 배치한 토기 3점이 전형적인 요동식 부형토기 B

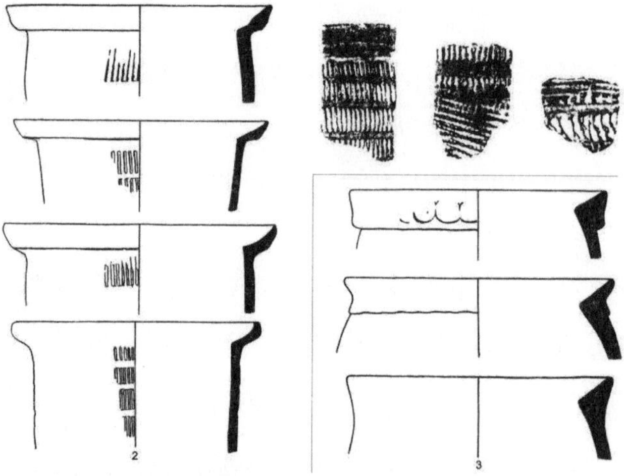

그림11 요동식부형토기 A(좌측 4점)와
요동식부형토기 B(우측 3점; 도쿄대 소장 목양성 출토유물)

이다. 중요한 특징으로는 활석이 다량 혼입된 것과 구연단부의 형태가 삼각형 점토대토기를 닮은 것이 있다는 점이다. 도쿄대학과 교토대학에 보관된 자료를 실사한 결과 이들 토기들의 일부가 형뜨기 기법으로 제작된다는 것을 알았다.

이 요동식 부형토기 B의 성격을 이해하는 데 도움이 되는 유적이 최근에 보고된 누상 생활유적이다.[28] 유적은 후목성역촌의 동쪽으로 500m 정도 떨어진 지점인데 누상무덤과는 수십 미터 떨어진 지근거리에 해당한다.

유적은 5×5m짜리 트렌치를 2개 조사한 것에 지나지 않지만 적지 않은 유물이 출토되었다. 유적 5층을 굴착하고 형성된 주거지에서는 수키와가 출토되었는데 니질에 홍색 소성이며 내부에 布痕이 선명하고 외면은 승문타날을 물손질하여 지워 내었다. 그리고 내부에서 니질 회도편과 승문타날, 호형, 두형, 분형 토기 등이 출토되었다. 타날문단경호가 주목되는데 승문타날로 구현한 동체부가 크게 부풀어 오른 형태이며 동체상위에는 여러 조의 紘文이 돌아간다. 구경부는 직립하는 느낌이며 구연단부는 결실되어 형태를 읽을 수가 없다. 보고서의 도면5-3 단경호는 구연단부가 크게 외반하는 형태이며 구경부 중위가 불룩하게 돌출되는 특징이 있다. 구경부 내면과 어깨 연결부가 약간 돌출된 형태로 필자의 낙랑토성 출토 단경호 분류 C형에 속하는 것이다. 豆形土器 대각과 수부편이 출토되었는데 모두 니질계이며 燕下都에서 戰國時代 後期로 편년되는 토기들과 유사성이 인정된다. 그러나 동반된 기와 등은 前漢 後期일 가능성이 있기에 정합성이 떨어진다.

보고서의 도면 5-6은 좁은 평저에 동체 상위로의 전개가 직선적인 형태의 토기인데 굵은 활석립과 활석분으로 이루어진 태토로 구성된다고 하였

---

28 大連市文物考古研究所, 2010,「樓上遺址發掘報告」,『大連土羊高速公路發掘報告集』, 科學出版社.

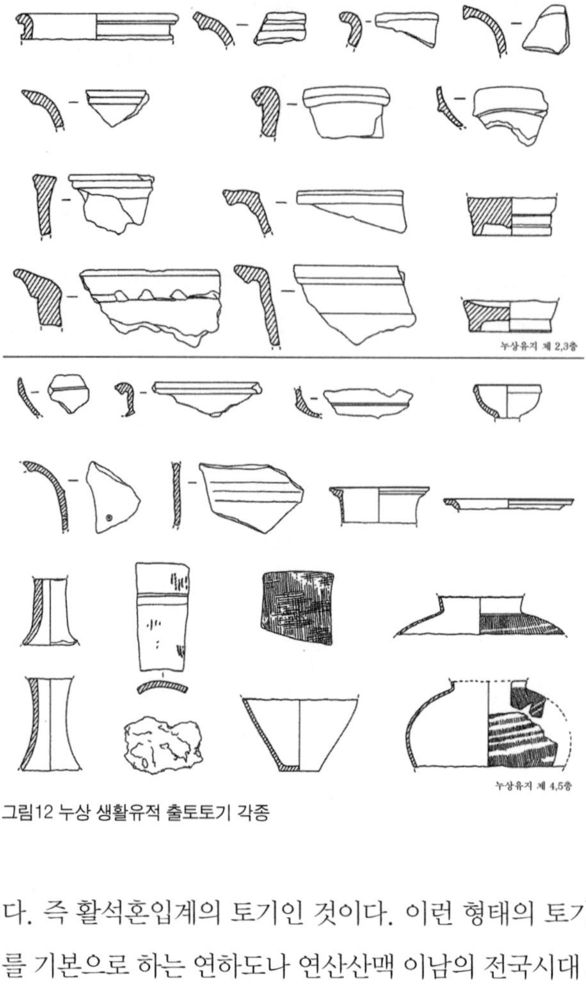

그림12 누상 생활유적 출토토기 각종

다. 즉 활석혼입계의 토기인 것이다. 이런 형태의 토기는 활석혼입계토기를 기본으로 하는 연하도나 연산산맥 이남의 전국시대 토기에서는 찾을 수가 없다. 비교되는 것은 활석이 다수 혼입된 삼도호 옹관묘의 저부인데 어쨌거나 요동 지역 특유의 토기임은 분명하다.

이에 비해 트렌치 1–3층 출토토기는 토기 조합에서 우선 차이가 인정된다. 늦은 시기의 도기편이 복수로 출토된 것을 보면 교란층이 분명하다. 분형토기는 구연단 둥글게 외반하는 것으로 대개 西漢 前期 이후로 편년되는 기형이다. 戰國時代 盆形土器의 특징인 구연 내부에 突線이 없는 점도 특기할 만하다.

이들 토기와 함께 출토된 것은 활석이 다량으로 혼입된 토기인데 구연부가 삼각형 점토대토기와 닮아 있다(보고서 도면 5-3). 필자의 요동식 연식부 B, 미야모토의 요동부인 것이다. 활석이 포함된 다른 한 점의 토기는 구연단부의 바깥으로 얇은 점토띠를 두른 것이다(보고서 도면 5-4). 이들 두 토기의 내면에 모두 선명한 포흔이 관찰되는 점은 특기해 둘 만하다. 4층과 5층에서 출토된 활석혼입계토기는 타날성형 토기이고 1, 2층에서 출토된 토기는 포를 씌워서 성형한 것이다. 다만 1, 2층이 모두 교란된 층이기 때문에 선후관계 설정은 신중할 필요가 있다.

(3) 三道濠 옹관묘의 검토

요양 지역은 연장 진개의 동방경략과 관련하여 설치된 연장성의 동단 거점성으로 이해되며 요동군치로 비정하는 것이 일반적이다. 그러나 이를 증명해 줄 고고자료가 분명하게 확보된 것이 아니며 각종 정황증거만이 난무할 뿐이다.

그렇기 때문에 요양 지역을 흐르는 태자하 변에서 발견된 삼도호 유적은 중요하다. 전국시대 후반, 혹은 연구자에 따라 전한 초기로도 편년되는 이 유적은 세죽리-연화보 유형의 특징과 편년적 위치를 더욱 선명하게 해줄 수 있다. 유적은 삼도호 취락유적[29]과 옹관묘군으로 이루어지는데 양자는 서로 500m-600m 정도의 거리를 두고 형성되었다. 옹관묘는 1954년과 1955년에 각각 조사되었는데 모두 348기의 옹관이 모습을 드러냈다. 인접하는 취락유적에서 사망한 아이들을 묻은 아동묘지인 것이다.

이 유적에서는 옹관으로 전용된 토기는 紅色이고 粗質이며 바닥이 둥근 것이 많다고 하였는데 대개 활석혼입계토기일 가능성이 있다. 특히 주목되

29 李文信, 1957-10, 「遼陽三道壕西漢村落遺址」, 『考古學報』.

는 옹관은 361호이다. 이 옹관은 합구식인데 하나는 외견상 요동 지역에서 특화된 필자의 요동식 부형토기 A를 닮았고 반대쪽 토기는 전국시대는 물론 한대의 燕의 중심 강역, 즉 연산산맥 이남에서는 발견되지 않는 기형으로 필자의 요동식 부형토기 B를 연상케 한다. 후자는 구연단이 분명히 외반하는 것이고 구경부에서 축약되었다가 동최대경이 상위에 형성되면서 어깨를 이룬다. 저부는 토기의 크기에 비해서 좁은 것이 특징인데 최대경에서 저부로 가면서 축약이 심하고 저부가 대단히 좁다. 보고문의 기록은 이 토기 태토가 거칠지만 회색이고 수날법으로 성형하였고 태토에 활석이 대량으로 섞였다고 하였다. 그리고 구연부 바깥에 '圍'자를 닮은 非文을 날인했다고 하였다. 나머지 하나는 태토가 거친 紅陶인데 태토에 역시 대량의 滑石이 섞였으며 수날법과 녹로 회전성형을 번갈아 구사한 것이라 하였다. 내부에 麻點紋 내박자의 흔적이 있다고 기술하며 동체 저부에는 거친 승문 타날이 인정되고 바닥은 원저로 판단된다.

보고문에 게재된 사진을 관찰하면 약간의 정보를 더할 수 있다. 즉 361호의 주옹(부형토기 B)은 외면에 타날흔 등 1차 성형 과정의 흔적이 관찰되지 않으며 무문인 상태로 마무리 되었다고 한다. 구연부 역시 발달한 삼각형구연 점토대토기와 유사한 점이 인정된다. 토기 내면의 포흔에 관한 설명이 분명하지 않은 점이 아쉬운 점이 있다. 이 토기는 목양성이나 고려채 출토 토기의 경우에도 모두 활석이 혼입된 것이다.

보조옹은 주옹의 구연부에 끼워져 있는 것인데 저부에는 거칠지만 수평 타날이 베풀어졌다. 동체의 중·상위에는 회전물손질에 의한 현문이 여러 개 돌아가면서 타날을 지우는 특징을 나타낸다. 기형상 연하도나 연산산맥 이남의 전형 부형토기와 닮은 점이 인정되지만 구연단부와 동체부 상위의 조정에서 차이를 나타낸다. 보고서는 다른 옹의 경우 내면에 포흔이 관찰되는 것이 일반적이라 하였지만 이 토기에는 마점문이 관찰된다고 하였다.

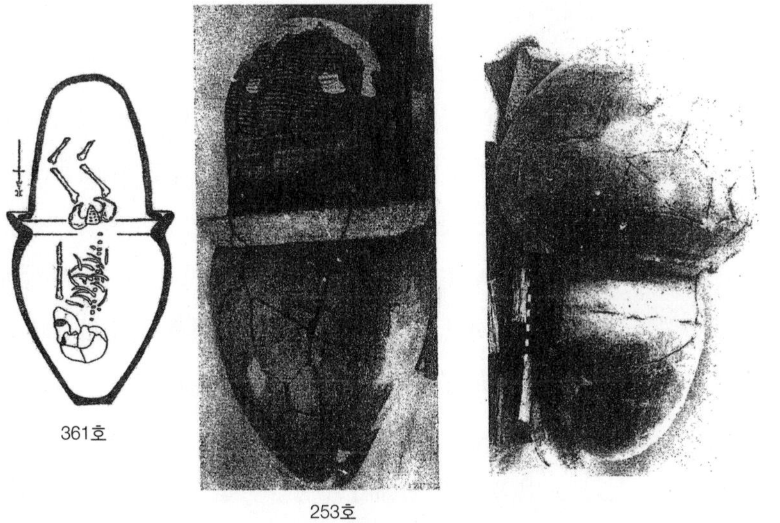

그림13 삼도호 유적의 옹관(361호의 막음옹이 요동식 부형토기 A, 253호의 부형토기는 활석 혼입계의 형뜨기 성형; 전형 연식 부형토기 변천표 참고)

즉 타날에 의지하는 성형이었음을 알 수 있다. 연산산맥 이남에서 전국시대 후기의 연식 부형토기가 형뜨기로 통일된다는 필자의 이해와 비교할 때 역시 이들 토기는 製法이 다른 요동 지역의 토기라 할 수 있다. 저부 외면에 남은 횡타날은 저부 원저화타날이며 상위의 횡방향 물손질흔 아래에 남은 것은 1차 성형 시의 타날흔이다.

이후 중국 동북 지역은 물론 한반도에서 전개되는 철기시대의 회도계열의 토기 제작기법과 기본적을 통하는 점은 특기할 만한 속성이다. 문제는 이 토기에 滑石이 혼입되었다고 설명한 점이다. 앞에서 여러번 설명하였듯이 연산산맥 이남의 전형 연식부형토기는 물론, 요서 지역까지 확산된 전형의 부형토기에는 공통적으로 활석이 섞이지만 요동 지역에서 특화된 동형의 토기에는 활석대신 굵은 석립이 섞이는 것이 일반적이기 때문이다. 만약 활석이 섞인 것이 사실이라면 현재까지 필자가 관찰한 요동식 부형토기 A 중에서는 유일한 사례가 된다. 그 사실 여하에 따라 요동식 부형토기

의 성립과 전개를 설명하는 데 중요하다고 판단되기 때문에 앞으로의 실물 관찰이 필요한 자료이다.[30]

보고문의 234번 옹관은 361번과 설명이 유사하다. 즉 주옹은 활석이 혼입된 것이고 수날과 녹로성형이 동시에 이루어진 것이다. 그리고 둥근 복부에 원저라고 형태를 설명하였는데 토기 내면에 布痕이 관찰된다고 기술한 점은 특기할 수 있다. 그 형태가 중요한데 도면과 사진이 제시되지 않아 크기 기술을 통해서 대략 추정이 가능하다. 구경에 비해 동체의 직경이 상당이 큰 토기인데 도판을 참고하건대 253, 131, 218호 옹관과 동일한 형태일 가능성이 높다. 즉 동최대경이 구연단에 있는 361번 주옹과는 그 형태가 다른 토기인 것이다. 막음옹도 그 형태가 주옹과 거의 동일하다고 설명하고 있다.

제271호 옹관은 옹형토기와 기와를 연결한 것이다. 동쪽의 主甕은 역시 활석혼입계로 원저에 배가 부르고 동최대경이 어깨에 있는 것으로 전체적으로 배가 부르다. 어깨에서 구연으로 가면서 급하게 축약되는데 어깨에는 '昌平'이라는 글자가 새겨졌다. 기와는 암키와인데 내면에 포흔이 외면에는 승문타날이 베풀어졌다. 外面 上下를 횡방향 물손질로 조정하여 승문을 지운 것이 특징인데 유리구슬과 半兩錢이 부장되었다. 내면에 포흔이 있는 암키와의 경우 중원 지역에서는 후한대 기와의 일반적인 특징이기 때문에 부장된 半兩錢과는 그 시기가 다르다.

제218호 옹관은 제시된 사진으로 보아 원저에 동최대경이 어깨에 있지만 전체적으로 胴體가 둥근 토기인데 어깨부가 내만하여 구연부는 짧게 직립한다. 3연식인데 두 개가 이러한 형태이고 나머지 하나는 동체에 비하여 기고가 높으며 구경부가 내만하는 것이다. 보고문에는 2개의 甕이 활석혼

30 요동 지역의 답사에서 관련 자료를 비교적 많이 접한 필자의 판단으로는 활석혼입이 아닐 가능성이 높다.

입계이고 나머지 하나는 설명이 없다. 218호의 동반관계는 이들 토기들의 시기를 결정하는 데 도움이 되는 정보가 얻어진다. 즉 기고가 높으며 어깨에서 축약이 현저한 토기와 동형식의 토기가 北京 서남부의 房山區에서 발견된 바 있는데 여기서는 '貨泉'이 동반되었기 때문이다(그림5의 18, 19번 토기 참조). 前後漢 교체기 이후의 옹관이 포함되었을 가능성이 높은 것이다.

359호는 역시 3연식인데 도면과 사진이 제시되지 않았다. 북쪽 옹과 중간옹이 모두 활석이 포함된 태토이고 내면에는 포흔이 있다 하였다. 구경에 비하여 동체부 직경이 큰 것이며 同種의 다른 토기들과 형태가 같다고 기술하였으며 남쪽의 토기는 陶鉢인데 거친 사립이 함유된 회색토기라고 하였다. 복부에 띠를 두른 평저라는 기술로 마무리되었는데 구체적으로 어떠한 토기 형식인지 분명하지 않다. 359호에서는 인골편과 함께 반량전 2매가 출토되었다고 하나 더 이상의 설명은 없다.

사진만이 소개된 253호 옹관도 삼도호 옹관을 이해하는 데 중요하다. 주옹은 131호나 218호 등과 유사한 형태인데 그 특징으로 보아 내면에 포흔이 있을 가능성이 대단히 높다. 문제는 막음옹인데 원저에 포탄처럼 생겼으며 동최대경이 상위에 있고 기고가 비교적 높은 부형토기이다. 동최대경 이하의 외면에는 종방향의 승문타날흔이 남아 있는 것이다. 이러한 형태의 토기는 앞에서 살핀 바와 같이 연산산맥 이남에서 전형적인 전한대에 발생하는 연식 부형토기이며 후한대가 되면 구경부이 축약이 더 커진다.

즉 전체적으로 삼도호의 옹관들은 요동에서 특화된 토기들이 있으며 여기에 연산산맥 이남에서 前漢代 이후에 성립된 전형 燕式의 활석혼입계 토기들이 보태진 것임을 알 수 있다. 이를 공격적으로 해석한다면 요동 지역에서 전국시대의 연국토기의 영향을 받은 지역토기가 형성되지만 漢代가 되어 연산산맥 이남에서 유행하던 토기가 다시 유입된 것으로 해석할 수 있다.

Ⅵ. 遼東式 釜形土器와 後期 古朝鮮土器

위에서 살핀 것처럼 세죽리-연화보 유형에 해당하는 요동 지역의 자비용 부형토기는 크게 3가지 종류로 정리할 수 있다.

연산산맥 이남의 전형적인 연식 부형토기를 닮았으되 제작기법과 태토가 다른 요동식 부형토기 A, 그리고 지역 무문토기의 기형과 유사하지만 활석이 혼입된다는 속성과 형뜨기라는 연국의 제도기술이 부분적으로 반영된 부형토기 B가 우선 주목된다. 나머지 하나는 삼도호에서 확인한 것처럼 前漢代 이후 연하도와 베이징 등에서 성립된 활석혼입계 토기(부형토기 포함)인데 이것은 완성품인 상태에서 요동의 일부 지역으로 반입되었을 가능성도 있다. 아울러 삼도호 취락유적에서 발견된 다수의 가마 유적을 고려하면 공인의 이동에 의한 현지제작 가능성도 배제할 수 없다. 이 경우 요동 지역으로 漢代의 주민이주를 상정할 수 있는 고고자료가 된다.

직접 관찰할 수 있는 토기량이 제한된 상황에서 그 전모를 완전히 파악하기는 어려우나, 앞에서 살핀 연화보-세죽리 토기상의 내용을 더하여 생각하면 다음과 같은 결론을 내릴 수 있다. 즉 한때 요동 지역에는 무문토기의 하나인 점토대토기가 광범위하게 사용되는 시기가 있었고 여기에 전국시대 이래로 연국의 토기문화가 부분적으로 전해지면서 지역 토기문화에도 변화가 발생한 것이다. 연식의 부형토기와 유사한 토기를 만들게 되지만 기본적으로 요서 지역까지 확산된 활석혼입계의 전형적인 연식 부형토기와는 다른 것이라는 것이 핵심내용이다. 무문토기에 형뜨기와 활석혼입이라는 속성이 채용되는 현상도 중요하다. 이것이 세죽리-연화보 유형토기의 본질이라고 정리할 수 있다.

그런 요동 지역의 토기문화는 漢代가 되어서 연산산맥 이남에서 새로 형식변화한 燕國토기의 일부가 새롭게 전해졌을 가능성이 높다. 물론 요동 지역에서 灰陶文化의 확산과 변용은 이 글에서는 논외로 한다.

그렇다면 세죽리-연화보 유형의 요동 부형토기 A라고 할 수 있는데 이 토기는 끝내 형뜨기와 무관한 성형법이 견지되는 토기이다. 형뜨기가 채용되는 전형의 연식 부형토기와의 차이점이라고 할 것이다. 역시 세죽리-연화보 유형에 속하는 요동식 부형토기 B는 전한 설립을 전후한 시점에 형뜨기 기법이 채용되었을 가능성이 높다. 이후 전한대 이후의 어느 시점에 연산산맥 이남에서 다시 기형이 日新된 전형의 연식 부형토기가 다시 유입된 것으로 이해된다. 삼도호의 활석혼입계 평저 옹관묘에도 형뜨기기법이 성행한 이유이다.

특히 요동 지역에서만 발견되는 활석혼입 점토대토기, 즉 형뜨기가 채용되는 토기에 대해서는 약간의 설명이 더 필요하다. 즉 요동식 부형토기 B인데 이는 미야모토가 설정[31]한 요동식부와 동일한 토기이다. 요동식부 A는 미야모토를 포함한 많은 연구자들이 전형적인 연식부의 하나로 판단하였고 이를 동일선상에 두고 型式 組列을 따졌다. 그러나 필자는 앞에서 설명한 것처럼 이것이 전형적인 연식부의 간접적인 영향으로 요동 지역에서 특화된 토기임을 확신한다. 이들 지역성이 매우 강한 요동 지역의 부형토기, 즉 자비용 토기는 연국의 직접지배가 이른 영역 내에서 발생한 것이 아니라 연과는 다른 정치체와 관련된 토기문화의 소산일 가능성이 높다. 다른 정치체란 다름 아닌 고조선이라 판단하는데 이는 재지의 점토대토기가 기반이 되며 연국에 계보를 두는 회도와 본고에서 살핀 자비용토기를 포괄적으로 사용하는 집단인 것이다. 결국 세죽리-연화보 유형이야말로 후기 고조선을 대표하는 토기문화인 것이다. 여기에는 산동을 중심으로 하는 전국 말-전한 초의 齊國土器 또한 부분적으로 포함될 가능성이 높으며 그 증거도 확보하고 있지만 이와 관련해서는 별고를 기약한다.

---

31 宮本一夫, 2012,「樂浪土器의 成立과 擴散」,『史淵』, 九州大學大學院人文科學硏究院.

다시 한 번 부기하지만 연하도 유적을 중심으로 연산산맥 이남에서 발달한 전형적인 燕式 釜形土器는 아직까지 요동 지역에서 분명한 출토사례가 없다. 목양성의 일부 자료를 전형적인 연식 부형토기라는 주장도 있으나[32] 활석혼입 여부는 분명하지 않으며 설령 그렇다고 하더라도 1, 2점에 지나지 않는다.

VII. 맺음말

이상의 분석을 통해 얻은 성과를 정리하는 것으로 결론에 대신하고자 한다.

우선 전국시대 燕國土器의 전개를 이해하는 것이 중요하다고 판단하여 연산산맥 이남에서 인지되는 燕國 토기문화 중 자비기인 연식부의 변천과정을 정리해 보았다. 그 결과 전국시대 전기부터 후기는 물론 한대에 걸쳐 진행된 연식토기의 기본적인 변천양상을 파악할 수 있었다. 즉 연식부는 이전 시기에 유행하였던 족부가 흔적기관으로 남아 동체가 둥글고 구연단부 안쪽에 복수의 침선이 돌아가는 것이 고식이다. 동체부에 1차 성형흔과 2차 원저화 타날의 흔적을 남기던 것이 그 다음 단계의 형태이고 동체부 외면의 타날이 구연단부 아래에서부터 저부까지 일직선으로 연결되는 것이 전국시대 후기 연식부의 특징이다. 저부로 가면서 직경이 줄어드는 것도 중요한 특징이다. 서한대가 되면 구연부가 축약되면서 최대경이 아래로 처지는 경향이 있다. 동체 외면의 승문타날흔이 지워지는 방향으로 전개되는 것도 중요한 변화이다. 또한 동체부가 직선화되는 단계가 되면 형뜨기

---

32 大貫靜夫 編, 2004,『遼寧을 中心으로 하는 東北아시아 古代史의 再構築』(平成16年度～平成18年度科學硏究費補助金(基盤硏究(B))硏究成果報告書.

가 중요한 성형법이 된다.

베이스점토는 물론이고 비짐도 활석으로 제작되는 전형적인 연식 부형토기는 연산산맥을 넘어 확산되는데 요서 지역의 금주와 부신 지역을 연결하는 선에서 더 이상 동으로 확산되지 않는다.

한편 세죽리-연화보 유형이라는 것은 대표유적을 검토한 결과 점토대토기가 바탕이 되며 연국계열의 토기문화가 이입되어 지역화된 것으로 정리할 수 있다. 다만 회도를 포함한 연식부 등도 재지화의 길을 걷고 기형도 한정되어 나타난다. 그리고 지역의 산화염 소성 점토대토기 중에서도 일부 기종은 燕式土器의 영향으로 독특한 변화를 보인다. 그렇기 때문에 세죽리-연화보 유형의 토기문화를 연국토기 그 자체로 판단하거나, 혹은 이 공간에서 출토되는 명도전 등을 전국시대 연국의 직접지배가 이른 고고학적인 근거로 판단해서는 곤란하다. 분명히 연국과는 다른 토기문화권인 것이다.

이러한 토기문화가 세죽리-연화보 유형일 것인데 한반도에서 철기시대 이래의 토기문화 변화는 낙랑토기 문화가 아니라 근본적으로 이와 통하는 것이다. 늦어도 기원전 3세기 초 이전에 성립된 이러한 토기문화는 요동 지역과 한반도 북부 지역에 걸쳐 넓게 분포하고 있었다. 물론 여기에는 연계의 주조철기가 중요한 문화요소의 하나이다.

그리고 최근 그 출토량을 늘려가고 있는 한반도 서남부 지역의 주조철기들은 그 형태적인 특징으로 보아 연산산맥 이남이 아니라 세죽리-연화보 유형의 토기들이 유행한 요동 지역과 관련되었을 가능성이 높다. 즉 유통의 주체를 연국이라 해서는 곤란하며 세죽리-연화보 유형 자체를 연의 직접지배의 확산증거로 보아서도[33] 안 된다.

---

33 石川岳彦, 2012, 「燕下都遺跡 鐵器文化의 性格」, 『2012 동아시아 고대철기문화연구-燕國 철기문화의 형성과 확산』, 국립문화재연구소; 吳江原, 2010, 「戰國時代 燕나라 燕北長城 동쪽

한편 서북한 지역에는 늦어도 기원전 2세기대 중엽에는 세죽리-연화보 유형의 영향을 강하게 받은 화분형토기를 중심으로 하는 토기문화가 성립되었다.[34] 즉 화분형토기를 포함한 낙랑토기양식이라는 것은 한무제의 군현설치 보다 이른 시기에 성립된 토기문화이다. 영남 지역의 회도류는 세죽리-연화보의 영향도 인정되지만 서북한 지역의 화분형토기를 사용하는 정치세력과 강한 관련성이 인정된다. 물론 그 시기를 낙랑군 설치 이후로 볼 필요는 없다. 본문에서 설명하지 않았지만 점토대토기 단계인 달성군 평촌리 유적에서 발견된 화분형토기가 이를 웅변한다.[35] 그렇기 때문에 樂浪郡이 설치되면서 灰陶를 포함한 선진문물이 비로소 한반도와 그 주변으로 확산된다는 설명은 더 이상 설자리가 없다고 판단하는 바이다.

결국 연산산맥 이남의 전형적인 취사토기와의 차이점, 그리고 그 영향을 받았으되 강한 지역색을 띠는 부형토기를 사용하며 점토대토기에 기초하는 세죽리-연화보 유형의 토기문화는 후기고조선을 대표하는 토기문화이고 서북한 지역의 화분형토기 문화는 그러한 토기문화의 영향으로 탄생한 것이다.

끝으로 이 글이 고조선 토기문화에 대한 본격적인 논의가 이루어지는 계기가 되기를 바라며 더 이상 미송리형 토기와 팽이형 토기 등이 고조선 토기를 대표하는 것으로 설명하는 분위기에서 탈피하기를 원한다. 南越國의 토기문화에서 드러나듯이 고조선의 토기문화에 중원 토기의 영향이 상존하는 것은 오히려 당연한 것이다. 중원 물질문화의 영향이 전혀 인지되지

구간의 構造的 實體와 東端」,『先史와 古代』33; 李漢祥, 2010,「燕北長城의 走向에 대한 論議」,『考古學探究』7, 考古學探究會; 吳江原, 2011,「기원전 3세기 遼寧 地域의 燕나라 유물 共伴遺蹟의 諸 類型과 燕文化와의 관계」,『韓國上古史學會』제71, 한국상고사학회.

34 鄭仁盛, 2004a,「樂浪土城의「滑石混入系」土器와 그 年代」,『百濟硏究』第 40輯; 鄭仁盛, 2004b,「樂浪土城의 土器」,『韓國古代史硏究』34, 韓國古代史學會.

35 鄭仁盛, 2013a,「衛滿朝鮮의 鐵器文化」,『白山學報』96.

않는 공간에서 고조선과 그 문화를 찾으려는 접근방법에서 벗어나야만 고조선이 제모습을 드러낼 것이라 믿는다.

참고 문헌

1. 논문 및 발표문

鄭仁盛, 2008,「瓦質土器 樂浪影響設의 檢討」,『嶺南考古學』47號.

鄭仁盛, 2011,「東北아시아에서 打捺文短頸壺의 擴散」,『韓國基督教博物館誌』제7호.

崔秉鉉, 1998,「原三國土器의 系統과 性格」,『韓國考古學報』38, 韓國考古學會.

中村大介, 2009,「점토대토기문화와 원삼국문화의 토기부장 변화 및 국제관계」,『호서고고학』21, 호서고고학회.

郭大順 · 張星德(김정렬 역), 2008,『동북문화와 유연문명』, 동북아역사재단.

박진일, 2012,「明沙里式土器考」,『釜山大學校 20周年記念論叢』, 釜山大學校考古學科.

2. 보고문(자료집)

국립문화재연구소, 2011,『韓中鐵器資料集—중국동북지역 출토 철기』I.

국립문화재연구소, 2012,『韓中鐵器資料集—하북성 출토 燕國 철기』II.

사회과학원출판사, 1966,「윤가촌」,『중국 동북지방의 유적발굴보고 1963−1965』.

사회과학원출판사, 1966,「조공가와 정가와자」,『중국 동북지방의 유적발굴보고 1963−1965』.

安志敏, 1953,「河北省唐山市贾各庄发掘报告」,『考古学报』第6期.

赵正之 · 舒文思, 1957,「北京广安門外发现战国和战国以前的遗跡」,『文物参考资料』第7期.

于临祥, 1958,「营城子贝墓」,『考古学报』第4期.

苏天钧, 1959,「北京昌平区松园村战国墓庄发掘记略」,『文物』第9期.
北京市文物工作队(郭仁), 1962,「北京怀柔城北东周两汉墓庄」,『考古』第5期.
北京市文物工作队(郭仁), 1963,「北京房山县考古调查简报」,『考古』第3期.
北京市文物工作队(苏天钧)编, 1963,「北京昌平半截塔村东周和两汉墓」,『考古』第3期.
河北省文化局文物工作队, 1965,「燕下都遗址外围发现战国墓葬群」,『文物』第9期.
河北省文化局文物工作队(孙德海), 1965,「河北易县燕下都第16号墓发掘」,『考古学报』第2期.
沈陽故宮博物馆地, 1975,「沈陽郑家洼子的两座青铜时代墓」,『考古学报』第1期.
河北省文物管理处(刘世枢), 1975,「河北易县燕下都第44号墓发掘报告」,『考古』第4期.
敖汉旗文化馆, 1976,「敖汉旗老虎山遗址出土秦铁和战国铁器」,『考古』第5期.
许玉林, 1980,「辽宁宽甸发现战国时代燕国的明刀钱和铁农具」,『文物资料丛刊』3.
北京市文物管理处(张宁), 1980,「北京又发观燕饕餮纹半瓦当」,『考古』第2期.
廊坊地区文物管理所 · 三河县文化馆, 1987,「河北三河大唐回, 双村战国墓」,『考古』第4期.
四平地区博物馆, 1988,「吉林城梨树县二龙湖古城址调查简报」,『考古』第6期.
河北省文物研究所, 1990,「燕下都 6號 遺址 漢墓發掘簡報」,『文物春秋』, 河北省文物局.
徐俊岩, 1991,「審陽上伯官汉墓整理报告」,『辽海文物学刊』第2期, 辽宁省考古博物馆学会外.
赵基昌, 1995,「蓟城的探索」陈光 汇编『燕文化研究论文集』, 中国社会科学出版社.
辽宁省文物考古研究所, 1996,「辽宁凌源安杖子古城址发掘报告」,『考古学报』第2期.
鐵嶺市文物管理辦公室, 1996,「遼寧鐵嶺市邱台遺址試掘簡報」,『考古』1996-2.
吉林大学考古学系, 1997,「辽宁省锦西市集屯小荒地秦汉古城址試掘简报」,『考古学集简』第11集.
魏海波 · 梁志龙, 1998,「辽宁本溪县上堡青铜短剑墓」,『文物』第6期.
河北省文物研究所, 1998,「唐山東歡坨戰國遺址發掘報告」,『河北省考古文集』, 東方出版社.

北京市文物研究所, 1999,『鎭江營與塔照』, 中國大百科全書出版社.

內蒙古文物管理處, 2000「包頭境內的戰國秦漢長城與古城」,『內蒙古文物考古』2000-1, 74-91.

中国国家文物局, 2000,「辽宁建昌东大杖子战国墓地的勘探与試掘」,『2000 中国重要考古发現』, 文物出版社.

河北省文物研究所, 2001,「燕下都遺址內的兩漢墓葬」,『河北省文物文集』2, 67-140.

河北省文物研究所, 2001,「河北省懷來縣官庄遺址發掘報告」,『河北省文物文集』2, 5-45.

辽宁省文物考古研究所 · 葫芦岛市博物馆 · 建昌县文管所, 2006,「辽宁建昌于道沟战国墓地调查发掘简报」,『辽宁省博物馆馆刊』第1缉, 辽海出版社.

北京市文物研究所, 2008,「岩上墓葬區考古發掘報告」,『北京段考古發掘報告集』, 科學出版社.

北京市文物研究所, 1989,「北京市拒馬河流域考古調查」,『考古』1989-3.

大連市文物考古研究所, 2010,「樓上遺址發掘報告」,『大連土羊高速公路發掘報告集』, 科學出版社.

北京市文物研究所,拒馬河考古隊, 1992,「北京市竇店古城調查與試掘調查」,『考古』1992-8.

北京市文物研究所, 1999,『鎭江營与塔照』, 中國大百科全書出版社.

北京市文物研究所, 2008,『房山南正遺址』, 科學出版社.

東亞考古学会, 1931,『牧羊城』, 東方考古学叢刊第一冊.

東亞考古学会, 1933,『南山裡』, 東方考古学叢刊第一冊.

東亞考古学会, 1934,『営城子』, 東方考古学叢刊第一冊.

북한의 '大同江文化論'과 고조선 인식 검토

조법종

I. 머리말

북한학계가 1998년 새롭게 제기한 '대동강문화'는 '대동강 유역 문화'를 줄인 말로 평양을 중심으로 한 대동강 유역이 인류 고대문명의 발상지이자 중심지로서 세계 4대문명에 비견되며 기원전 4000년 후반기에 문명사회로 변화, 발전하였다는 것이다. 이 논의는 1993년 단군릉 발굴 이후 평양 주변의 유적, 유물에 대한 조사를 진행하여 구석기, 신석기 유적과 함께 청동기 시대인 고조선시기를 중심으로 청동기 시대의 마을유적, 무덤유적, 성터, 제사유적 등을 조사하고 비파형 단검, 고인돌, 각종 청동제 유물 유적, 고대천문도(별자리가 새겨진 고인돌) 등이 이를 뒷받침한다고 주장했다. 북한학계는 이들 조사결과를 종합해 1998년 3월 '대동강문화'로 명명해 북한의 새로운 상고사 체계를 제시하였다.[1] 그리고 1998년 10월 2일 평양에서 '대

---

1 1998년 3월 11일 『로동신문』 4면에 「대동강과 더불어 빛을 뿌리는 유구한 역사와 찬란한 문화」에서 대동강문화가 처음 언급된 것으로 파악되고 있다. 서일범, 1999, 「북한 고고학의 최근 동향과 대동강문화론」, 『白山學報』 53, 37-395쪽; 장호수, 2000, 『북녘의 고고학과 문화재관리』백산자료원; 임효재, 2002, 「대동강문화와 한강문화—최근 평양 고대 유적 납사를 중심으로」, 『韓國先史考古學報』 9; 권오영, 2003, 「단군릉 사건과 대동강문화론의 전개」, 『북한의 역사 만들기』, 푸른역사; 하문식, 2006, 「대동강문화론에서 본 북한 학계의 연구 경향」, 『단군학연구』 14; 이영화, 2009, 「북한의 고대사 연구 동향—학술지 계량 분석을 중심으로」, 『한국고대사탐구』 3, 194-195쪽.

동강문화에 관한 학술발표회'를 개최하였다.

대동강문화에 대한 전반적인 소개와 연구 성과는 1999년 『력사과학』에 「조선의 대동강문화는 세계 5대 문명의 하나」[2]와 『조선고고연구』(1999-1호)에 대동강문화와 관련된 11편의 논문이 실렸다. 이를 바탕으로 북한 학계에서는 대동강문화에 대한 연구 성과를 외국 학계에 소개하기 위하여 2001년 영어, 일본어, 중국어판 단행본을 간행하였다.[3] 그리고 2009년 한국에서 사회과학원 고고학연구소의 조선고고학전서 61권 시리즈를 간행하면서 23권 『대동강문화』를 출판하였다.[4] 또한 2013년 『대동강문화』가 한글판 단행본으로 북한에서 다시 간행되었다.

『대동강문화』의 내용은 대동강 유역의 신석기문화와 단군릉, 비파형동검문화로 대표되는 청동기 시기의 부락, 성곽, 고인돌문화 등으로 집약된다.

본 연구는 우리민족의 상고역사체계를 확립함에 있어 북한학계가 주장한 대동강문화론의 핵심사항에 대해 정리하고 각 내용의 의미를 파악하고 중국 동북 지역의 청동기문화 등과 함께 면밀한 검토를 통해 그 실체와 문제점을 파악하고 한국 상고문화형성에 대한 균형잡힌 역사인식의 논리틀을 마련하는 토대구축을 모색하고자 한다.

II. 대동강문화론의 형성

'대동강문화'는 북한이 1998년 3월 11일 로동신문 4면에 「대동강과 더불어

---

2 허종호, 1999, 「조선의 대동강문화는 세계 5대 문명의 하나」, 『력사과학』 1999-1, 61-65쪽.

3 리순진 · 장우진 · 서국태 · 석광준 등이 2001년에 공동 집필한 영문판 『Taedonggang Culture』과 일문판, 중문판 『大同江文化』, 朝鮮外文出版社가 있다.

4 서국태 · 지화산, 2009, 『대동강문화』, 사회과학원고고학연구소, 조선고고학전서 23. 조선고고학전서의 일부로 간행된 대동강문화는 내용은 큰 변화는 없지만 목차체계를 단순화하였다.

빛을 뿌리는 유구한 역사와 찬란한 문화」에서 대동강문화를 처음 언급하면서 구체적으로 나타나게 되었다. 이 내용은 같은 날 조선중앙통신이 북한의 역사학학회가 최근 연구 성과를 발표하고 평양 일대의 고대문화를 '대동강문화'로 명명했다고 대외적으로도 보도하면서 대외적으로 공표되었다. 이후 공식화된 '대동강문화'는 평양을 중심으로 한 대동강 유역의 넓은 지역이 인류와 고대문화의 발상지, 중심지였음을 천명한 것으로 북한의 평양중심주의를 극명하게 표출한 것으로 파악된다.

또한 1998년 10월 2일 평양 '인민문화궁전'에서는 북한의 사회과학부문 관계자들과 역사학자, 언어학자들이 참석한 가운데 '대동강문화에 관한 학술발표회'가 개최됐다. 참석자들은 "단군릉 발굴을 비롯한 고고학적 발굴과 조사연구에 의해 우리 나라의 첫 고대국가 고조선이 기원전 30세기 초에 섰다는 것이 확인됐다"면서 "이는 대동강문화가 세계 5대문명의 하나로 된다는 것을 확증해 준다"고 학술적 발표를 진행하였다.

북한학계에서 진행한 대동강문화 논의(이하 대동강문화론)는 1993년 단군릉발굴을 기점으로 진행된 일련의 고대사 인식변화와 연결된다. 그리고 단군릉과 연결된 대동강문화론은 이에 앞서 1989년 김정일이 제창한 '조선민족제일주의'에 근거하여 나타난 일련의 결과이다.[5] '조선민족제일주의'

---

5 김정일, 1989, 「조선민족제일주의정신을 높이 발양시키자」, 『친애하는 지도자 김정일동지의 문헌집』, 249쪽. 조선민족제일주의는 1986년 7월 김정일의 담화 '주체사상 교양에서 제기되는 몇가지 문제에 대하여'에서 처음 제시된 이후, 오늘날 북한 사회에서 지배적인 담화의 하나로 자리 잡고 있다. 조선민족제일주의는 '민족자주의식의 높은 표현'으로서 "조선 민족의 위대성에 대한 긍지와 자부심, 조선 민족의 위대성을 더욱 빛내여 나가려는 높은 자각과 의지로 발현되는 숭고한 사상 감정"으로 규정된다(『철학연구』, 사회과학출판사, 1990년 4호). 조선 민족이 위대하다는 근거로는 김일성과 김정일이라는 지도자, 주체사상, 노동당의 혁명전통, 북한의 독자적 사회주의, 우리 민족의 유구한 투쟁의 역사를 들고 있다.

1989년 9월 북한 학자들에 의해 수정 보완되어 『우리민족제일주의론』이라는 단행본으로 발행되었다. 이와 관련해 단행본에서는 이 이론의 원천을 ① 김일성과 김정일이라는 지도자, ② 주체사상, ③ 노동당의 혁명전통, ④ 북한식 사회주의제도, ⑤ 우리민족의 유구한 투쟁의 역사를 들고

란 반만년의 유구한 역사를 지닌 우리 민족을 '김일성 민족'으로 만들고 그를 합리화하기 위한 일환으로 만들어진 것으로 보인다. 이 같은 정치적 목적을 역사적으로 합리화하기 위해 북한은 우리 민족의 원시조를 단군으로, 사회주의 조선의 시조는 김일성으로 설정해 우리 민족의 역사 체계를 단군—김일성으로 연결되는 인식체계 구축을 목표한 것이었다. 이 같은 '조선민족제일주의'는 1980년대 중후반 이래 소련을 비롯한 동구권에서의 사회주의 몰락 조짐으로 인한 북한 정권의 위기의식에서 등장한 것으로 파악되고 있다.[6] '조선민족제일주의'는 민족주의라는 용어를 직접적으로 사용하고 있지는 않으나, 실상은 '민족주의'와 동일한 개념이다.

이 같은 정치적 목적이 투영된 북한 민족주의의 표현인 '조선민족제일주의'는 1990년대에 북한 고대사를 전면적으로 개편시켰다. 1993년 이전에 이미 북한 지역에서의 개국시조들의 능을 개건하기 시작하였고, 상고사 및 고대사의 편년을 상향 조정하고 있었다. 즉, 1989—1993년 동명왕릉 및 정릉사의 개건과 1992—1993년 왕건릉 발굴 및 개건 그리고 1993년의 단군릉 발굴과 1994년 단군릉 개건 및 역사적 인물화는 고조선의 건국자이자 민족의 원시조 단군과 천년 강성대국 고구려의 건국자인 동명왕, 그리고 첫 통일국가 고려 태조에 대한 관련 능과 역사공간의 체계화를 통해 북한의 역사적 정통성과 공간적 성역화를 추진하였다. 그리고 1998년의 '대동강문화론 주창' 등은 북한 고대사의 민족주의 색채를 완성시켜 가는 일련의 과정이

있다. 북한이 주창하는 조선민족제일주의에는 유일 초강대국 미국과의 적대관계 속에서도 자신의 체제를 계속 지켜 왔다는 '자부심'이 배어 있다. 특히 1980년대 말에서 1990년 초에 이르는 동구권 사회주의 국가의 체제 붕괴와 1994년 김일성 주석의 사망과 연이은 자연재해, 미국과의 전쟁 위기설 등 체제가 흔들릴 위기 상황을 극복하고자 내세운 것으로 전문가들은 추론하고 있다. 1993년 5월 11일 '휴전' 40주년에 즈음해 발표한 '노동당중앙위원회 구호'에서 '우리 수령, 우리 당이 제일이고 주체사상과 우리식 사회주의가 제일이라는 조선민족제일주의정신을 높이 발양하자'는 구호를 제시한 데서도 알 수 있다.

6 서재진, 1993, 「主體思想과 民族主義의 關係」, 『통일연구원 세미나시리즈』, 76—86쪽.

었다.

또한 같은 시점에 '김일성 민족론'[7]이 주장되었다. 단군이 민족 시조라면 김일성은 민족중흥 시조이고, 양자 사이에는 순수한 혈통이 이어지고 있다고 하였다. 또한 "우리 민족의 혈통은 우리 인민이 수천 년 역사에서 처음으로 높이 모신 위대한 수령 김일성 동지에 의하여 훌륭히 마련되고 경애하는 김정일 동지에 의하여 순결하게 이어지고 고수되어 오는 혈통이다"라고 하여, 단군– 김일성– 김정일로 이어지는 민족적 혈통의 계보를 체계화하였다.

이 같은 '김일성민족론'은 앞서 조선민족제일주의[8]와 결합하여 그 역사적 근거[9]로서의 평양을 더욱 성역화하기 위한 이론틀로서 대동강문화론이 정착케 되었다고 파악된다.

Ⅲ. 대동강문화론의 내용과 전개

대동강문화론에 대한 기본 내용은 1999년『력사과학』[10]과 사회과학원 고고

---

7 강선, 1998,「위대한 령도자 김정일동지를 국방위원회 위원장으로 다시 높이 모신것은 김일성민족이 받아안은 최대의 영광」,『력사과학』, 1998–4, 10–12쪽; 김창호, 2000,「김일성민족으로서 우리 민족의 혈통을 고수해 나가시는 위대한 영도」,『력사과학』2000–2; 조선문화보존사 편집실, 2002,「(사설)김일성민족제일주의 정신으로 조국의 력사와 문화를 빛내여 나가자」,『민족문화유산』, 2002년 제1호(루계제5호), 7쪽; 리광우, 2006,「강좌:김일성민족의 정신도덕적재부는 우리 민족의 가장 값높은 혁명유산」,『철학연구』, 2006년 제1호(루계104호).

8 리승철, 2000,「조선민족제일주의정신의 본질과 특징」,『철학연구』, 2000년 제1호(루계80호), 43쪽; 김현환, 2003,『김정일장군조선민족제일주의론』, 평양출판사.

9 리원봉, 2002,「위대한 령도자 김정일동지의 현명한 령도밑에 력사유적유물과 민속전통을 통한 조선민족제일주의정신교양」,『력사과학』, 2002–3, 21–22쪽;「조선민족제일주의정신을 깊이 간직하고 우리의 력사와 문화를 더욱 빛내여 나가자」,『조선고고연구』, 2003–3, 2~4쪽.

10 허종호, 1999,「학계소식 : 조선의『대동강문화』는 세계5대문명의 하나」,『력사과학』, 1999–1,

학연구소에서 발간한『조선고고연구』1호(루계 110호)와 2호(루계 111호)에 실린 대동강문화론에 대한 논문에 나타나 있다. 이들 논문은 총 12편으로 대동강문화론의 전반 체계를 보여 주고 있다. 그리고 이를 반영한 역사지도인『최신 조선지도』가 1999년 일본 학우서방에서 간행되었다. 대동강문화론이 단행보 체계로 대외적으로 소개된 것은 리순진 · 장우진 · 서국태 · 석광준 등이 2001년에 공동 집필한 영문판『Taedonggang Culture』과 일문판, 중문판『大同江文化』로 정리되어 대외적으로 간행되었다.

『력사과학』과『조선고고연구』1, 2호에 수록된 관련 논문 내용을 보면 다음과 같다.

허종호,「학계소식: 조선의『대동강문화』는 세계5대문명의 하나」,『력사과학』, 1999-1, 61쪽

리순진,「『대동강문화』의 기본내용과 우수성에 대하여」,『조선고고연구』, 1999-1, 3-8쪽

박진욱,「단군조선의 국가적성격에 대한 고고학적고찰」,『조선고고연구』, 1999-1, 9-12쪽

김용간,「대동강류역은 신석기시대문화의 중심지」,『조선고고연구』, 1999-1, 13-16쪽

장우진,「대동강류역은 인류의 발상지이며 조선사람의 발원지」,『조선고고연구』, 1999-1, 17-20쪽

석광준,「대동강류역은 청동기시대문화의 발원지이며 중심지」,『조선고고연구』, 1999-1, 21-24쪽

남일룡,「대동강류역 고대성곽의 성격」,『조선고고연구』, 1999-1, 25-27쪽

김종혁,「대동강류역일대의 고대부락터유적에 대하여」,『조선고고연구』, 1999-1, 28-32쪽

김영진,「대동강류역에서의 도기문화의 발생발전」,『조선고고연구』, 1999-1,

61쪽.

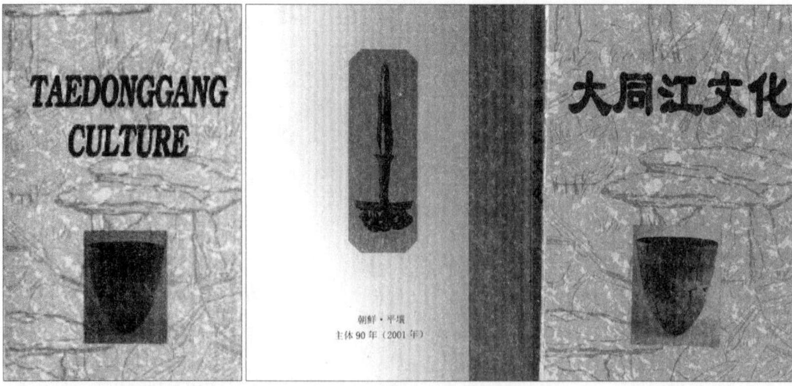

그림1 2001년 영문판 『Taedonggang Culture』와 중문판 『大同江文化』 표지

33-36쪽

리정남, 「대동강류역은 좁은놋단검문화의 발상지」, 『조선고고연구』, 1999-1, 37-38쪽

로철수, 「대동강류역에서의 금속가공기술에 대하여」, 『조선고고연구』, 1999-1, 39-41쪽

김동일, 「대동강류역은 고대천문학의 발원지」, 『조선고고연구』, 1999-1, 42-46쪽

서국태, 「대동강 유역에서 농업의 발생 발전」, 『조선고고연구』, 1999-2, 2-5쪽

북한학계에서 주장하는 대동강문화가 전개된 배경은 일제 식민사관과 부정확한 후속 연구의 극복이었다. 즉, '일제 어용사가'에 의해 제기된 구석기부재와 신석기문화 전파론 및 단군 및 고조선 역사부정의 극복이었다.[11] 또한 식민사학 극복을 위해 1990년대 초반까지 진행된 북한 역사학계의 연구성과인 3000년 역사복원 및 고조선 요동중심설의 진일보 확대를 목표로 제기하였다. 따라서 대동강문화는 5천 년 전 단군실재의 역사복원과 평양을 중심으로 한 대동강 유역의 문명 현상을 밝혀 '대동강문화'가 인류의 고

11 서국태 · 지화산, 2009, 「머리말」, 『대동강문화』, 사회과학원고고학연구소, 조선고고학전서23.

대 선진문명의 하나라는 것을 논증하는 것을 목표로 하고 있다.[12]

『대동강문화』의 내용체계를 목차를 통해 보면 다음과 같다.[13]

1. 대동강문화의 역사적 전제
   1)대동강유역의 자연환경
   2)대동강유역은 인류의 발상지, 인류문화의 발원지
   3)대동강유역은 신석기문화의 발원지, 중심지
   4)대동강유역은 청동기시대 문화의 발원지, 중심지
   5)대동강문화의 사회력사적 전제
2. 대동강문화
   1) 대동강유역에서 첫 고대국가—단군조선의 건립
      (1) 단군에 의한 고조선의 건립
      (2) 단군조선의 국가적 성격
      (3) 대동강유역 고대문명의 창조자
   2) 대동강유역 고대문화의 형성발전
      (1) 고대문화의 형성과 고조선 전기문화(비파형단검문화)
      (2) 고대문화의 발전과 고조선 후기문화(좁은놋단검문화)
3. 대동강문화가 차지하는 인류문화사적 지위
   1) 대동강유역은 우리나라 고대문화의 발원지, 중심지
   2) 대동강문화는 세계5대문명의 하나
      (1) 대동강유역은 세계 최초의 고대국가의 발상지의 하나
      (2) 대동강유역은 고대인류문화중심지의 하나

---

12 서국태 · 지화산, 2009, 「머리말」, 『대동강문화』, 사회과학원고고학연구소, 조선고고학전서23.

13 李淳鎭 · 張宇鎭 · 徐國泰 · 石光浚, 2001, 『大同江文化』, 朝鮮外文出版社(中文版)의 목차와 서국태 · 지화산, 2009, 「머리말」, 『대동강문화』, 사회과학원고고학연구소, 조선고고학전서23. 간행 내용이 목차에서 약간 차이가 있으나 내용은 기본적으로 같다. 여기서는 후속 자료의 목차를 활용한다.

이 같은 대동강문화의 핵심 내용은 1990년대까지 파악한 고고학적 유적 및 문화인식을 平壤 聖地論과 연결짓고 檀君의 실재확인을 통해 완성한 문명론이다. 처음 북한학계에서 주장하는 대동강문화의 내용은 언론보도[14]를 통해서도 소개되었는데 핵심 내용을 정리하면 다음과 같다.[15]

1. 구석기문화—인류문화 발상지

북한 고고학자들은 평양을 중심으로 한 대동강 일대의 구석기 시대 전기 검은모루유적-평양 역포 대현동유적-평양 승호구역 만달유적으로 연결되는 인골화석 등을 중심으로 고대문화의 자체 발생 및 민족 형성 체계를 구축하였다. 이같은 선사 이래 고대 시기의 문화 유적, 유물이 많이 발견된 평양을 중심으로 대동강 중·하류를 포괄하는 광대한 지역이 인류와 고대문화 발상지, 중심지의 하나였음을 전제로 우리 민족의 본토기원론과 단일민족론을 연결하여 대동강문화의 토대를 구축하여 제시하였다.[16]

즉, "대동강문화"는 인류의 요람, 인류 문화의 발원지의 하나인 대동강 유역의 평양시 상원군 흑우리 검은모루 유적을 백만 년 전까지 상승시켜 파악하고 평양시 역포구역 대현동 유적과 덕천시 승리산 동굴유적의 고인단계 화석인 "역포인" "덕천인"과 상원군의 용곡 마을 1호 동굴 유적과 중리 동굴의 금천동굴 유적, 덕천시 승리산 동굴 유적, 평양시 승호 구역 만달산 동굴 유적의 "용곡인" "금천인" "승리산인" "만달인" 등 신인의 화석이 발굴됐음을 강조하고 있다.

이 같은 인류 화석들을 근거로 북한학계는 구석기 시대의 전기, 중기, 후

14 「朝鮮新報」98년 4월 10일자.

15 대동강문화론의 기본 내용은 하문식, 2006, 「대동강문화론에서 본 북한 학계의 연구 경향」, 『단군학연구』14, 참조.

16 권오영, 2003, 전게논문, 103쪽.

기의 유적과 거기에서 발굴된 인류 화석에 따라 대동강 유역이 원시인 이전 사람, 신인 등 인류 진화의 단계를 거치면서 조선의 조상이 태고의 시대에서 집단을 이루고 생활해 온 삶 좋은 장소이며, 인류의 초기 문화가 태어난 유서 깊은 역사의 성지였음을 강조했다.[17]

2. 신석기문화—농경문화 중심지

대동강 유역은 구석기 시대 후기의 신인에서 발원한 '조선 옛 유형 사람'의 고향이며, 농경 문화를 위주로 하는 신석기 시대 문화와 고도로 발전된 금속 문화를 창조한 청동기 시대 문화가 매우 일찍부터 발전해 온 원시 문화의 발원지, 중심지였음을 확인했다고 하였다. 이 같은 논의는 조선민족 본토기원설[18]의 핵심적 사안으로 구석기인이 신석기인으로 그리고 청동기인으로 단일혈통체계로 계승되면서 자체 기술 발전의 양상을 보였다는 내용이다.

즉, 평양시 삼석구역 湖南里 南京유적과 表垈유적, 사동 지역의 金灘里유적, 용성구역의 長村里유적, 상원군 龍谷里유적, 덕천시 南陽유적, 온천군 운하리의 弓山유적 등 대동강 유역에 분포하는 신석기 시대의 유적과 팽이형토기를 사용한 청동기 시대의 주거지가 이 같은 내용을 증명하고 있다고 제기하였다.[19]

이같이 대동강 유역의 주거지 유적은 신석기 시대에 '조선 옛 유형 사람'이 대동강 유역의 넓은 땅에 정착, 생활, 농업을 위주로 다양한 생산 활동을 하고 있었다는 것을 보여 주고 있으며 각 유적에서 출토된 농기구는 조

17 李淳鎭 · 張宇鎭 · 徐國泰 · 石光浚, 2001, 『大同江文化』, 朝鮮外文出版社(中文版), 3-30쪽.
18 이선복, 1991, 「민족단혈성론의 검토」, 『북한의 고대사연구』, 일조각.
19 李淳鎭 · 張宇鎭 · 徐國泰 · 石光浚, 2001, 『大同江文化』, 朝鮮外文出版社(中文版), 31-60쪽.

선 옛 유형 사람이 신석기 시대 중기부터 돌쟁기를 이용해 농업을 영위하고 있던 것을 입증하고 있다고 주장하였다.[20]

3. 청동기문화—청동기의 우수성

북한학계는 신석기 시대의 조선 옛 유형 사람이 청동제련법을 발전시켜 독자적으로 새로운 청동기문화를 만들었다고 파악하고 있다.[21]

대표적 유적으로 평양 南京유적과 表垈유적, 사동구역의 金灘里유적, 낙랑구역의 猿岩洞유적, 서성구역의 臥山洞유적, 황해북도 송림시 石灘里유적, 평안남도 북창군 大坪유적, 덕천시 南陽유적의 팽이형 토기유적에서 신석기 시대 문화를 계승한 청동기문화를 상정하고 있다.[22]

특히, 표대유적 1기층 12호 주거지 팽이형 토기 연대 측정연대를 5,306년 전으로 제시하여 대동강 유역에서 청동기 시대가 단군조선의 성립 시기보다 훨씬 이른 기원전 4000년대 후반기부터 시작되었다고 제시하고 있다.

4. 고인돌문화의 중심지

청동기문화시대의 대표적 특징 현상으로 북한학계는 대동강 유역에 대형 고인돌과 석관이 가장 많이 분포하고 있는 것을 강조하고 있다. 고인돌은 함경남도, 양강도, 강원도, 요동 지역에 각각 100~500개 있다고 하는데, 대동강 유역을 조사하는 것만으로도 1만 4,000여 개가 있는 것으로 보고되었다. 고인돌 개석의 크기가 50여 평방미터, 무게가 40~70톤이나 되며, 높

20 서국태, 1999, 「대동강 유역에서 농업의 발생 발전」, 『조선고고연구』, 1999-2, 2-5쪽.

21 석광준, 1999, 「대동강류역은 청동기시대문화의 발원지이며 중심지」, 『조선고고연구』, 1999-1, 21-24쪽.

22 서국태 · 지화산, 2009, 『대동강문화』, 사회과학원고고학연구소, 조선고고학전서23, 56-58쪽.

이가 2.7미터 이상인 특대형도 적지 않다. 집중 분포 지역은 황주천 유역 1천여 기를 비롯하여 임진강 상류 지역, 석천산 기슭, 정방산 기슭, 연탄 두무리와 오덕리 등이다. 또한 평양 만경대 구역을 비롯하여 100여 기 이상 되는 곳이 20여 곳 알려져 있다.[23] 특히, 서북한 지역의 서해와 인접한 곳인 안악 노암리, 은율 관산리, 연탄 오덕리, 배천 용동리에는 규모가 상당히 큰 탁자식 고인돌이 있는데 이것은 서해 바다를 중심으로 요동반도의 개주 석붕산, 해성 석목성, 보란점 석붕구, 장하 대황지의 대형 고인돌과 연결되며 지배자분묘의 전형으로 파악되고 있다. 특히, 이들 고인돌에 대한 전자상자성공명법(ESR), 가열발광법(TL), 핵분열흔적법(FT) 등에 의한 절대연대 측정을 통해 성천 용산리 순장무덤이 5069±426bp, 5037±852bp로 가장 이른 시기이고 강동 구빈리 4990±444bp, 증산 용덕리 10호 4926±700bp, 성천 백원 노동자구 고인돌 3324±465bp 등 많은 연대값을 확보하고 단군릉의 연대와 연결짓고 있다.[24]

이것은 당시 평양 일대에 권력과 부를 독점한 특권층이 살고 있으며, 무덤의 축조에 걸친 공비와 노동력에서 볼 때 집단적인 노예 노동과 권력의 산물이었다 파악하고 있다.

또한 대동강 유역에서는 고인돌과 함께 석관도 발견되었는데 특히, 평양시 강동군 江東邑 順昌里, 松石里, 太岑里, 평안남도 성천군 綿坪里, 증산군 龍德里, 평성시 慶新里 등에서 금동, 순금 귀걸이와 목걸이, 반지, 청동제 대구, 회색 도기 등이 출토된 사실은 대동강 유역이 고대문화의 중심지인 것을 입증하고 있다고 주장하고 있다.[25]

---

23 하문식, 2005, 「고조선의 무덤 연구—북한 지역 고인돌을 중심으로」, 『단군학연구』 12, 138-141쪽.

24 하문식, 2006, 「대동강문화론에서 본 북한 학계의 연구 경향」, 『단군학연구』 14, 20쪽.

25 로철수, 1999, 「대동강류역에서의 금속가공기술에 대하여」, 『조선고고연구』, 1999-1, 39-41쪽.

5. 성지와 마을유적

북한 학계에서는 단군릉 발굴 이후 청동기시대와 고조선 문제를 새로운 시각으로 접근하는 데 기존에 고조선 후기에 해당하는 것으로 인식하고 있던 토성의 연대를 연대측정 자료에 근거하여 단군조선 시기로 새롭게 해석하고 있다. 즉, 평양시 강동군 남강 노동자구역의 黃垈城, 봉산군 智塔里土城, 온천군 城峴里 토성, 평양 청암동 토성, 평양성등을 발굴 조사하고 연대를 파악해 이들 유적이 국가가 형성된 것을 증명하는 실례로 제시하고 있다.[26]

황대성은 남강 옆에 자리한 높은 대지에 위치하며, 남강의 자갈돌을 옮겨 쌓고 그 가장자리는 흙을 덮은 토석 혼축의 축성법으로 만들었다. 성의 길이는 300m쯤 되고 높이 1m, 너비 10−5m이다. 특이한 점은 성벽 위에 탁자식 고인돌이 축조되어 고인돌과 성벽의 관계를 고려하여 성의 축조 시기를 가늠하고 있다.[27]

지탑리 토성은 주변의 흙을 가지고 막쌓기한 아래층과 판축법으로 쌓은 위층이 사이층을 경계로 하여 뚜렷이 구분된다. 아래층에서 신석기유물이 출토되었으며, 이 성은 단군조선 초기의 것으로 해석하고 있다. 성현리 토성은 청동기시대의 유물이 나오는 아래층을 진흙과 석비레로 쌓은 반면 위층은 판축법으로 쌓았다.[28] 또한 김일성종합대학 역사학부에서는 평양 지역 관련 성곽 조사의 일환으로 청암동 토성의 북문과 서문 주위를 발굴하였다. 조사 결과 성벽의 아래층은 흙으로만 쌓은 것으로 밝혀졌고 팽이형토기 조각, 반달돌칼 등 청동기 시대의 유물이 출토되어 고조선 시기에 축조

---

26 김종혁, 1999,「고조선 시기의 고대 성곽에 대하여」,『단군과 고조선』, 살림터, 166−172쪽.

27 리순진, 1995,「평양 일대에서 새로 발굴된 황대성에 대하여」,『조선고고연구』1, 7−12쪽.

28 남일룡, 1995,「평양지방의 고대 토성」,『조선고고연구』, 1995−2, 16−20쪽.

된 것으로 해석하고 있다.[29]

평양성은 현재 중성으로 알려진 서벽 쪽을 발굴하여 아래층이 막돌과 진흙을 섞어 막쌓기 하였음을 밝혀냈으며 높이는 1.5m, 너비는 11m로 보고되었다. 이곳에서는 팽이형토기, 반달돌칼, 가락바퀴 등이 찾아졌다.[30]

또한 대동강 유역에는 대규모 주거유적이 확인되었다고 한다. 15만 m^2에 달하는 평양시 삼석구역 호남리 表垈遺跡 승호구역 鳳島里유적, 梨川里유적, 순안구역 石岩유적, 평안남도 덕천시 南陽유적, 황해북도 황주군 高淵里유적 등을 발굴했다. 이들 대부분은 100~150여 개의 팽이형 토기 관계 주거지 유적에서 형성된 대규모 부락 유적이었다.

이러한 대규모 취락이 집중된 현상을 근거로 고대 문명의 중심지 현상으로 제시하고 있다.

6. 단군조선 시기 청동제품

북한학계는 대동강 유역에서 발굴된 청동기 등 관련 유물을 중심으로 비파형동검의 발상지와 중심지를 기원전 1200년 전 요동지방이 아닌 대동강 유역이라고 강조하였다. 즉, 대동강 유역의 고인돌과 팽이형토기 관련 주거지 유적에서 기원전 2600년경의 비파형창이 발견되어 비파형동검 문화의 발상지와 중심이 대동강 유역이라고 주장하고 있다.[31]

---

29 남일룡 · 김경찬, 1998,「청암동 토성에 대하여(1)」,『조선고고연구』, 1998-2, 13-15쪽; 2000,「청암동 토성에 대하여(2)」,『조선고고연구』, 2000-1, 6-9쪽. 청암리토성은 한때 고구려성으로 이해되었으나 발굴을 통해 이른 고조선 시기 유적으로 파악되었고 위만조선 시기 왕검성유적으로 유력히 논의되고 있다. 그러나 관련 유적 양상이 초기적 양상이 대부분이고 왕성으로서의 내용은 보여 주지 못해 북한학계에서 최근에는 왕검성 가능성을 낮게 보고 있다.

30 안병찬 · 최승택, 1998,「새로 발굴된 평양성에 대하여」,『조선고고연구』, 1998-4, 37-41쪽.

31 석광준, 1999,「대동강류역은 청동기시대문화의 발원지이며 중심지」,『조선고고연구』, 1999-1, 21-24쪽.

관련 유적으로 상원군 龍谷里 5호 지석묘와 삼석구역 호남리 表垈유적, 덕천시 南陽유적의 팽이형 토기관련 주거유적 등을 제시하고 있다. 그리고 비파형창의 출현에 앞서 대동강 유역에서 청동기 생산은 이보다 훨씬 이전인 기원전 4000년대 후반기에 시작되었다 주장하고 있다.

또한 기원전 2500~2400년대에 만들어진 토기와 기원전 1100년대에 만들어진 鉄鏡, 鉄器 등 대동강 유역을 중심으로 토기문화와 철기문화가 발생한 사실을 실물을 통해 확인할 수 있다고 주장하였다.[32]

7. 문자 사용

북한학계는 대동강 유역에서 매우 이른 벼를 비롯한 조, 콩, 수수 등의 오곡 농사와 다른 나라와는 완전히 다른 三眠蚕 양식을 했다는 물질적 자료도 발굴한 것으로 제시하고 있다.

특히, 별자리가 그려진 고인돌이 200여 개 발견되어 고조선 시기의 천문지식과 생산 활동과 생활에 이용한 것 등을 강조하며 관련 신지문자의 발생과 사용은 고대문화 발전의 수준을 재는 데 중요한 요소의 하나가 된다고 보았다.[33]

'대동강문화'를 제기한 북한은 대외적 홍보로서 먼저 1999년 2월 일본 도쿄에 있는 조총련계의 '학우서방'이 내놓은 『최신 조선지도』에 대동강문화를 소개하였다. 즉, '세계문화발상지와 인류화석의 발굴지'라는 제목 아래 세계 지도상에 에짚트(나일강), 메소포타미아, 인다스(인더스), 황하와 함께 대동강을 표시하고 이 지역을 고대문명 발상지로 명기했다. 또한 테베, 바빌론, 모헨조다로, 은허와 함께 평양을 고대 도시문명 발상지로 표기[34]하

32 김영진, 1999, 「대동강류역에서의 도기문화의 발생발전」, 『조선고고연구』, 1999-1, 33-36쪽.
33 김동일, 1999, 「대동강류역은 고대천문학의 발원지」, 『조선고고연구』, 1999-1, 42-46쪽.

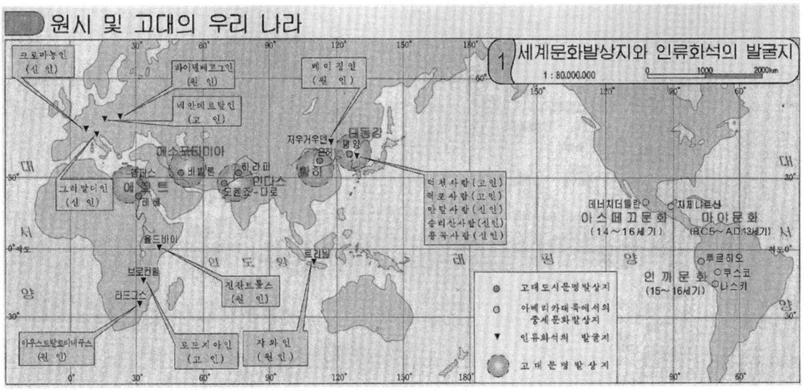

그림2 『최신 조선지도』(1999, 학우서방)에 나타난 '대동강문화'

고 공식화하였다.

그리고 2001년 영문 및 일문, 중문판 『대동강문화』 출간을 통해 대외적 홍보를 적극 진행하였다. 또한 2004년 8월 북한의 언론매체는 고조선, 고구려를 강조하며 대동강문화를 강조하였다. "조선 민족의 지혜 넘치는 고구려 무덤 벽화"(8.5. 평양 방송), '민족사를 실증하는 역사 유적 · 유물'(8.9. 조선 중앙 방송), "7000년 이전 찜통 발굴"(8.9. 조선중앙통신) 등을 통해 대동강과 지류 남강 사이의 승호 구역 이천 마을에서도 신석기 시대 가마터, 단군 조선 시대 기와 가마터, 신석기 시대 및 단군 조선 시대 집터, 고인돌 등이 최근 들어 발굴됐다고 밝혔다. 또 중앙 방송은 "대동강 유역에서 발굴된 것은 인류 문화의 발상지, 문화 발전의 중심지로서의 평양의 역사적 지위를 다시금 확증하는 발견이다"고 지적했다.

북한 역사학계는 구석기 시대 유적인 검은모루유적(평양 상원군)과 순장무덤(평안남도 성천군), 고조선 부락의 위치(평양 삼석구역) 등 대동강 일대에서 구석기 시대 이후 고대 국가에 도달하기까지 유적 · 유물이 대량으로 발굴된 것과 관련, 이 지역에서 꽃 피운 문화를 '대동강문화'로 명명하였다고

34 학우서방, 1999, 『최신 조선지도』.

그림3 북한 사리원 민족촌에 설치된 고조선 소개판

전했다.

북한의 조선중앙통신도 8월 9일 황해북도 봉산군 마산 마을 유적에서 7천 년 전 신석기 시대 중기 것으로 추산되는 시루 2개가 발굴되었다며 "단군 조선의 수도 평양을 중심으로 조선 인민의 우수한 민속 전통의 역사적 뿌리가 준비되고 물질문화 조건이 형성됐다는 것이 더욱 명확하게 확인되었다"고 강조했다.[35] 이 같은 대동강문화의 관련 유적도도 추가로 제시되었다.

이같이 평양을 중시하는 입장은 2010년 상해박람회의 북한관 테마가 '대동강문화에 기반하여 번영한 조선'으로 제시되어 나타났다.[36] 실제 전시 내용은 북한학계가 강조한 고조선 관련 내용이 아닌 고구려 및 후대 역사경관자료이지만 기본 개념은 대동강문화로 표현되었다는 점에서 대동강문화론이 여전히 유효함을 보여 준다.

한편, 북한의 황해도 사리원 민족촌 시설내용 중 '우리나라 인류 발상지'와 '대동강문화 발원지'라는 설명내용이 제시되고 있는 점이다. 이 자료는

---

35 http://www.pyongyangology.com/news-mt_old/archives/2004/08/post_1.html.

36 북한전시관 입구 부근에는 대동강을 이미지화한 장식물을 설치하고 돌다리의 모형을 건너 홀에 들어가게 하였다. 전시관 오른쪽에는 세계문화유산으로 등재된 강서 대 · 중 무덤 벽화의 모형이 전시되었고 왼쪽에는 대동강을 표현한 장식물에 이어지는 주체사상탑 모형이 서있다. 전시관의 중심에는 아이들의 조각상이 분수와 함께 설치되어 있다. 『朝鮮新報』, 2010년 2월 10일.

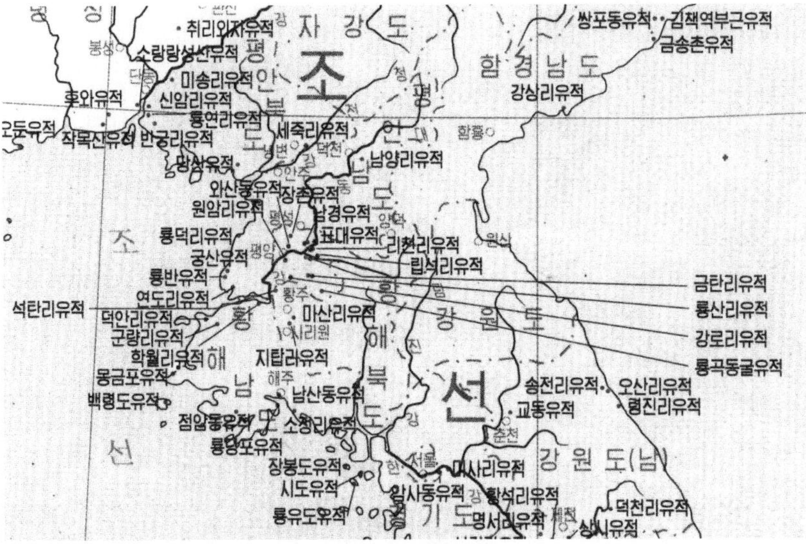

전조선(단군조선)령역 (B. C. 30세기초—B. C. 15세기중엽)

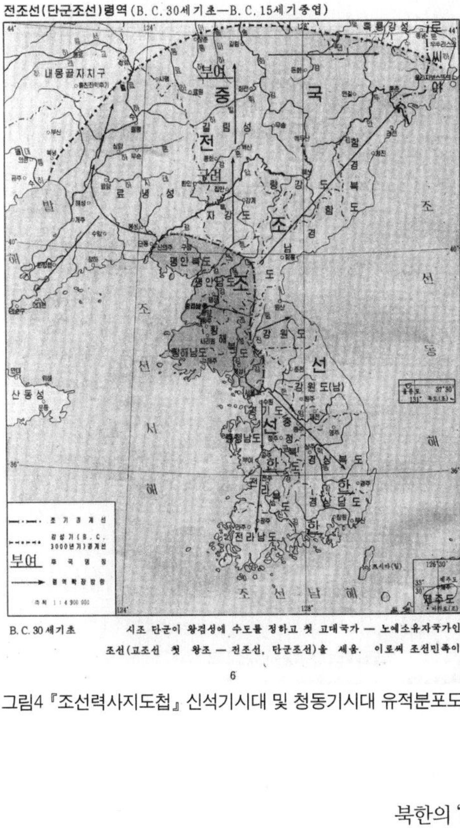

B. C. 30세기초 시조 단군이 왕검성에 수도를 정하고 첫 고대국가 — 노예소유자국가인 조선(고조선 첫 왕조 — 전조선, 단군조선)을 세움. 이로써 조선민족이

6

그림4 『조선력사지도첩』 신석기시대 및 청동기시대 유적분포도(상) 전조선(단군조선)영역(하)

앞서 북한학계가 제기한 대동강문화론이 일반 주민에게 적극 홍보되고 있는 양상을 보여 준다.

또한 이 자료가 일본인 자료에 소개되었다는 점에서 대외 홍보적 성격의 자료로 여전히 활용되고 있음을 보여 준다.

그러나 학술적으로는 1999년 대동강문화론 발표 이후 관련 논의와 내용이 크게 부각되어 제시되지 않고 있는 점이 주목된다. 즉, 이후 간행된『조선고고연구』등 관련 학술잡지에도 대동강 및 평양 등 지명적 성격의 표현이 연결된 논문 제목은 계속 등장하지만 '대동강문화'라는 개념화된 학술논문은 구체화되어 나타나지 않는 모습을 보여 준다.

특히, 2007년 간행된 사회과학원 력사연구소와 사회과학정보센터, 국가측지국에서 공동작업으로 간행한『조선력사지도첩』에서는 앞서〈최신조선지도〉에서 강조되었던 것과는 달리 대동강문화에 대한 언급이 제시되고 있지 않다. 즉, 지도첩의 시대구분표에 보면 대동강문화론에서 제시한 청동기-고조선 시기에 해당하는 시기에 대동강문화와 관련된 별도의 시대개념의 표시가 제시되지 않고 있다. 또한 인류의 발상지이자 세계 5대문명의 하나로 강조된 대동강문화의 중심지인 대동강 지역에 대한 특별한 표시가 전혀 표시되지 않은 채 '구석기 및 중석기 시대 유적분포'와 '신석기 시대 및 청동기 시대 유적분포', '전조선(단군조선) 령역(B.C.30세기초-B.C.15세기 중엽)' 등 해당 시기 지도에 표시가 없다는 점이 유의된다. 이는 력사연구소와 고고학연구소의 입장이 일정 부분 차이가 있을 가능성을 보여 준다. 그러나『조선고고학전서』등 사회과학원 고고연구소에서 간행한 책에는 여전히 대동강문화가 시리즈물로 유지되고 있다.

Ⅳ. 대동강문화론과 고조선

북한학계는 종래 고조선 요동중심설에 입각하여 중국 동북 지역의 청동기문화 양상을 〈편년표 1〉과 같이 이해하였다.

이 같은 인식틀은 대동강문화론이 제시되면서 연대관이 조정되어 전체적으로 기원전 2000년기가 4000년기로 2천 년 이상 상승하여 논리체계가 〈편년표 2〉와 같이 제시되고 있다.

북한의 대동강문화론의 핵심은 구석기-신석기문화를 토대로 대동강 유역을 중심으로 청동기문화가 독자적으로 성립되어 문명을 이루었다는 논리이다. 그런데 독자적 청동기문화가 신석기문화를 바탕으로 외부 영향 없

그림5 대동강문화유적분포도

이 자체 발전으로 이루어졌다는 논리는 관련 유적 유물의 계기적 설명 없이 단순한 추론만으로 논리를 전개하는 문제점을 보이고 있다.

또한 〈편년표1〉[37]과 〈편년표2〉에서 확인되듯이 북한학계의 기존 청동기 및 고조선사의 논의 구도를 단군 연대관에 맞추기 위해 시대를 2천여 년 이상 대폭 상승하여 새로운 연대관과 역사상을 만들었다.[38] 주목되는 것은 단군릉 발굴 이전의 북한 청동기문화 인식체계는 비파형단검문화의 발원지가 요동지방으로 기원전 12세기경 문화가 시작되고 있으며 길림, 장춘지방은 기원전 11세기, 요서지방은 기원전 9세기 중엽 등에 연대를 보이고 있어 그 상한연대에 의한 지역적 선후를 제시하였었다.[39] 그러나 단군릉 발굴은 고대사 연구의 사고를 교조의 낡은 틀에서 벗어나게 하고 주체의 방법론을 더욱 확립하게 한 획기적 사변이었다고 하고 단군유골의 측정결과를 믿고 논의 전개하겠다는 입장 전환을 천명하였다.[40]

따라서 고조선은 기원전 30세기 초에 수립된 국가이며 평양을 중심으로 한 서북조선 일대에서 박달민족을 기본으로 국가를 세운 단군은 점차 영토를 확장하여 그 전성기에는 한반도의 거의 대부분 지역과 북으로는 북류송화강 일대 길림지구, 서쪽으로는 요하하류계선까지 자기 영토를 확장한 큰나라로 되었고 후조선 시기에는 중국의 연, 진나라와 우위를 다투면

37 한국고고학회, 2012, 『개정신판 한국고고학강의』, 사회평론, 85쪽.

38 조법종, 2006, 『고조선 고구려사연구』, 신서원, 126-141쪽.

39 박진욱, 1987, 「비파형단검문화의 발원지는 창조자에 대하여」, 『비파형단검문화에 관한 연구』.

40 박진욱, 1995, 「고조선의 비파형단검문화에 대한 재검토」, 『조선고고연구』 95-2, 6-9쪽. 박진욱은 종전 고조선의 수도가 요동지방에 있었고 비파형단검문화의 발원지와 중심지가 요동지방이었다고 본 자신의 견해는(1987, 기존 견해: 요동지방-길림, 장춘, 요서, 남부조선으로 파급) 전혀 잘못된 것이라고 비판하고 미송리형단지 이전 서북조선에서 발생 발전한 비파형단검문화는 팽이그릇유적문화이고 미송리형단계에서 료동지방으로 보급되었고 그 연대는 기원전 26세기, 기원전 3000년기 이전(기존 기원전 12-기원전 6세기)이라고 주장하였다. 허종호, 1996, 「단군 및 고조선력사 연구에서의 몇가지 기본문제들과 그 해명」, 『력사과학』 96-2, 43-50쪽.

<table>
<tr><th rowspan="2"></th><th rowspan="2">신석기시대
신석기시대</th><th colspan="6">기원전 2천년기</th><th rowspan="2" colspan="4">기원전 1천년기 전반기</th></tr>
<tr><th>전반</th><th colspan="5">후반</th></tr>
<tr><td>압록강
하류,
요동반도
남단</td><td>쌍타자
1문화층</td><td>쌍타자2문화층
장군산 돌무지무덤
단타자돌무덤</td><td colspan="5">쌍타자3문화층
신암리3지점2문하층
양두와유적
대대산돌무지무덤</td><td colspan="4"></td></tr>
<tr><td>압록강
중상류
및 송화
강 유역</td><td></td><td></td><td colspan="2">공귀리하층</td><td colspan="2">공귀리
상층</td><td colspan="2">심귀리
1, 2호
주거지</td><td colspan="2">서단
산자
유형</td><td></td></tr>
<tr><td rowspan="2">대동강
유역</td><td rowspan="2"></td><td rowspan="2"></td><td>금탄리
3문화층
와산동</td><td colspan="4">석탄리
1기</td><td colspan="3">석탄리 2기</td><td>석탄리
3기</td></tr>
<tr><td colspan="2">신흥동유적
침촌리유적</td><td colspan="4">고연리1문화층
주암리유적</td><td colspan="3">입석리유적
원암리유적
강로리유적</td></tr>
<tr><td>두만강
유역</td><td></td><td>서포항유적
청동기1기
오동유적 1기</td><td>호곡2기
초도
서포항2기</td><td colspan="4">오동 3,4기
호곡3기,
호곡4기</td><td colspan="4"></td></tr>
</table>

표 1 〈편년표1〉 북한의 청동기시대 지역별 편년 1(1980년대안)
한국고고학회, 2012, 『개정신판 한국고고학강의』, 사회평론, 85쪽.

서 만리장성 경계선까지 진출한 것으로 보았다. 또한 고조선 세 왕조의 수도는 변함없이 평양으로서 이는 사서들에 언급되어 있고 특대형 고인돌 무덤이 집중분포하며, 고대성지, 금 및 금동제품과 비파형단검문화가 서북조선에서 발원하여 요동지방으로 보급된 사실 등에 의해 평양 일대가 고조선문화의 중심지였음을 천명하였다. 즉, 평양 일대에서 단군 및 고조선 시기의 유적 유물에 대한 발굴사업을 진행[41]하여 단군조선 건국시기를 확인하는 성[42]과 무덤[43], 부락터[44], 노예순장무덤[45], 청동비파형 창끝[46], 좁은놋단검[47], 금제품, 도기제품, 철기발굴[48] 및 인골연대의 확인[49]을 통해 그

41 류병홍, 1995, 「단군 및 고조선 시기의 유적 유물발굴성과에 대하여」, 『조선고고연구』 95-1; 리순진, 1995, 「평양일대에서 새로 발굴된 황대성에 대하여」, 『조선고고연구』 95-1; 김종혁, 1995, 「새로 발굴된 성천군 룡산리 순장무덤에 대하여」, 『조선고고연구』 95-1; 석광준, 1995, 「평양일대에서 새로 발굴된 고인돌과 돌관무덤에 대하여」, 『조선고고연구』 95-1; 한인호, 1995, 「고조선 초기의 금제품에 대한 고찰」, 『조선고고연구』 95-1; 김교경, 1995, 「평양일대의 단군 및 고조선 유적 유물에 대한 년대측정」, 『조선고고연구』 95-1; 장우진, 1995, 「평양일대의 단군조선

	시기	유적				유물		
		성곽	제단	집자리	무덤	청동기	석기	토기
청동기 시대 문화기	B.C. 4000년기 후반기				침촌형고인돌1, 2형식		조립식 돌단검	
고조선 전기문화 1기 (단군 조선 초기)	B.C. 3000년기 초-중엽	황대성 성현리 하층 지탑리 하층 청암동 하층	평양 용성구역 화성동 2호제단	표대 남경 남양리 석탄리 금탄리	침촌형고인돌 3,4형식, 오덕형고인돌 1형식(청동장식품) 묵방형고인돌/ 돌관무덤	-선암리석관묘 조립식 비파형동검/ 대아리 석관묘 비파형단검/ -표대10호 비파형창끝 -2인교예청동장식 (장리1호고인돌) -청동방울(장리1호)	농공구류 석기, 가락바퀴, 그물추, 별도끼	팽이그릇 + 조롱박단지 (1유형:미송리형)
고조선 전기문화 2기	B.C. 3000년기 말 - B.C. 2000년기 초엽	평양 덕산토성 지탑리 (중간)	평양 용성구역 화성동 1호제단 황해북도 오덕지구 3개제단	표대, 남경, 립석리, 남양리, 석탄리, 고연리, 신흥동	묵방형고인돌 2형식/ 오덕형고인돌 2형식 돌관무덤	-평양 형제산구역 서포동 비파형단검 -비파형창끝(남양리) -단추모양 청동기 5점 (남양리)		팽이그릇 + 조롱박단지 (2유형:묵방리형)
고조선 전기문화 3기	B.C. 2000년기 중엽-말엽	평양성 하층		표대, 남경, 남양리, 석탄리, 고연리	묵방형고인돌 3형식/ 오덕형고인돌 3형식 돌곽무덤 (신성동-비파형단검, 거울 등)	-후기비파형단검		팽이그릇 + 조롱박단지 (3유형:남양 형)

	시기	유적				유물		
		성곽	제단	집자리	무덤	청동기	석기	토기
고조선 후기문화 1기 (좁은놋 단검 문화)	B.C. 2000년기 말	황주군 고연리 토성/ 지탑리 상층/ 성현리 상층			묵방형고인돌/ 오덕형고인돌 돌관무덤 돌돌림무덤 움무덤 독무덤	좁은놋단검, 좁은놋창끝, 청동도끼, 청동비수, 청동팔찌,청동가락지/ 잔줄무늬놋거울/ 쇠도끼		
고조선 후기문화 2기(좁은놋단검 문화)	B.C. 1000년기 후반기 – B.C. 1000년기 말 (B.C.108년)	락랑토성 운성리 토성 청산리 토성			돌곽무덤, 나무곽무덤, 독무덤, 움무덤	–청동기류:좁은놋단검, 놋창끝 놋과,청동거울 –철기류:쇠단검,쇠장검, 쇠창끝,쇠뇌,쇠낫, 쇠도끼,쇠괭이(무기,농기구) –마구,수레부속		

표 2 〈편년표2〉 대동강문화에서 주장하는 편년표

연대와 중심지에 대한 종래 견해가 수정되었다고 주장하였다. 즉, 과거 청동 비파형창끝과 청동비파형단검을 내는 유적, 유물을 비파형단검문화로 보면서 그 발원지와 중심지를 요동 지역으로 설정하였던 견해를 수정하여 평양 지역의 고인돌 무덤과 집자리에서 처음으로 비파형창끝이 발굴됨으로써 비파형단검문화의 발원지와 중심지가 다름 아닌 평양이라는 것이 확인되었고 그 시기 또한 종래의 기원전 12세기가 아닌 24세기까지 상승되는 결과를 보여 주고 있다. 도기 및 뼈연대에 의해 고조선문화가 기원전 25-23세기에 이미 존재하였음을 확인할 수 있다고 하였다.

즉, 이 같은 대동강문화론의 논리를 정립하기 위해 제시된 핵심 사항은 단군릉 연대와 비슷한 시기의 무덤, 마을, 성터 등의 유적과 생업체제, 토기의 발달, 청동기와 금제품의 제작 등을 같은 연대로 맞추는 작업이었다. 따라서 종래 파악하였던 요동 지역의 청동기와 대동강 유역 청동기문화의

유적에서 발굴된 사람뼈에 대하여」, 『조선고고연구』 95-2; 박진욱, 1995, 「고조선의 비파형단검문화에 대한 재검토」, 『조선고고연구』 95-2; 김영진, 1995, 「평양일대에서 발굴된 고조선의 도기」, 『조선고고연구』 95-2; 남일룡, 1995, 「평양지방의 고대토성」, 『조선고고연구』 95-2; 강승남, 1995, 「고조선시기의 청동 및 철가공기술」, 『조선고고연구』 95-2.

42 평양시 강동군 남강로동자구의 황대성(고인돌무덤이 성위에 조성되었고 연대가 4795±215로 확인되었다고 함). 또한 함북 봉산군 지탑리 토성, 평남 온천군 성현리 토성도 이 시기의 성이라고 언급.

43 평양 주변 지역에서 1만여 기 무덤이 발굴되었고 특히, 고인돌이 500여 기로 초기에서 말기까지 고르게 분포하고 있음을 강조하였다.

44 평양 덕천시 남양리 유적

45 단군릉 동북쪽 11.5킬로미터, 평남 성천군 룡산리 순장무덤 주곽중심(2개체인) 주변 10개 돌칸 작은무덤(3-4개체분 뼈) 연대치 5069년.

46 평양시 상원군 룡곡리 5호 고인돌무덤(기원전 26세기) 평남 덕천시 남양리 16호 집자리.

47 평남 성천군 백원 로동지구9호 고인돌에서 기원전 14세기로 확인된 좁은 놋단검 발굴을 바탕으로 종래의 연대관을 수정하고 있다.

48 평양시 강동군 송석리 돌관무덤 뼈발굴을 통해 3104±179 라는 연대가 나왔고 이곳에서 철제품이 공반되었기 때문에 기원전 12세기 철제품생산이 확인되었다고 주장.

49 강동군 순창리 돌관무덤떼 : 5069-4400연대치 뼈 출토.

연대를 바꾸어 청동기 발상지로서 대동강 지역을 설정하는 문제를 야기하였다. 특히, 청동기문화의 물질문명사적 발생론에 대한 체계 설정 없이 일방적으로 논리를 전개하는 심각한 문제점을 보여 주고 있다.

한편, 세계 5대문명의 발상지 대동강 유역이란 개념을 충족하기 위해 고전적인 문명개념의 요소들과 연동되는 문화현상을 대응시켜 파악하였음을 보여 준다. 즉 일반론적인 문명현상은 도시, 문명, 국가와 연결되어 청동기, 문자, 거대분묘 물질문화 양상과 연결된 내용의 복합체인데 북한학계는 이 같은 내용에 해당하는 요소를 적극적으로 부각시키기 위해 작위적인 역사해석 및 문제점을 나타내고 있다.

특히, 대동강문화의 인류발상지, 인류문화발원지라는 주장에 대해 아프리카 인류발상지 논리를 대체할 화석인골 부재 및 인골 시기의 하향성에 대한 지적이 제기되었다.[50] 또한 고인돌 관련 연대측정치 및 각 성곽유적의 연대 등에 대한 문제도 제기되었다.[51]

북한학계는 단군릉 발굴 이후 평양설로 정리된 기존논의를 유지하면서 고조선의 시기 구분과 문화내용 및 영역 변화를 다음과 같이 제시하였다.

먼저 고조선을 전조선(B.C.30세기 초–B.C.15세기 중엽)–후조선(B.C.15세기 중엽–B.C.194년)–만조선(B.C.194–B.C.108)으로 구분하고 각 시기별 영역을 연계시켜 설정하고 있다.

전조선의 경우 초기 영역은 평양을 중심으로 북변은 청천강–압록강유역, 동쪽은 북대봉산줄기, 아호비령산줄기, 마식령산줄기계선이고 남쪽은 한강하류유역으로 설정하였다. 이 시기 대표유적으로 고인돌(오덕리형 및 묵방리형 고인돌), 돌관무덤 및 팽이형그릇, 조롱박 1유형단지(미송리형단지)로 보았다. 또한 기원전 3000년기 중엽에는 한반도 영역으로 영역이 확대

---

50 권오영, 2003, 앞의 논문, 106쪽.

51 하문식, 2006, 앞의 논문, 22쪽.

되었고 기원전 3000년기 말엽에는 요동지구, 길장지구, 및 두만강 유역, 연해변강 남부 지역 등이 포괄되었다고 보았다.[52] 기원전 15세기 중엽 고조선 내 왕조교체에 따라 후조선이 성립되었고 부여, 고구려 등이 분립되어 북쪽은 부여, 고구려와 접해 철령 일대로, 남변은 예성강-임진강계선, 동변은 강원도 등지로 보았다. 한편, 서쪽은 灤河 경계선까지 확대된 것으로 보았다. 기원전 3세기 초 燕將 秦開의 공격으로 영토의 축소가 있었다고 보았다.

즉, 연장 진개의 공격으로 서변 2천여 리를 상실하였는데 그가 차지한 2천여 리의 영역을 난하 중류로부터 요하 하류(서쪽 계선 요양하)에 이르는 지역으로 보고 경계가 된 만번한은 압록강 남쪽에 연진한의 장성이 없기 때문에 반한현의 한수가 새에서 나온다는 응소주를 이용해 이에 대응되는 반한현을 용양하 하류 반산 지역에 비정하였다. 또한 문현은 모용황 형제의 싸움이 있었던 문성으로 보아 신민 서남 요양하 좌우로 보았다.[53] 이같이 연의 전성기에 후조선의 영역은 요하 서쪽 요양까지 후퇴하였으나 다시 연의 쇠퇴할 시점에 패수(대릉하)계선을 회복하였다고 보았다.

기원전 222년 연 붕괴 후 진과 후조선의 접경은 沛水인데 이는 대릉하이며 이것이 한나라에도 연결되어 패수(대릉하)가 고조선과 한과의 경계로 되었다고 보았다. 여기서 북한학계는 만리장성의 동단을 현재의 山海關 지역으로 보았으며 열수는 요하로 보고 열구 또한 열수의 하구로 보았다.[54] 이 같은 고조선 영역에 대한 내용을 표시한 지도를 보면 〈고조선 영역도〉와 같다. 이 같은 북한학계의 인식을 검토하면 고조선 발원지를 평양으로 설정한 이후 이에 부응하는 역사 공간 설정이 일방적 확대지향에서 신축적

---

52 박득준, 1999, 『고조선력사개관』, 사회과학출판사, 49-58쪽; 전대준·최인철, 2010, 『조선단대사(고조선사)』, 8-9쪽.

53 전대준·최인철, 2010, 『조선단대사(고조선사)』, 83-84쪽.

54 전대준·최인철, 2010, 『조선단대사(고조선사)』, 83-87쪽.

인 내용을 보여 주고 있는 점이다. 물론 만왕조 영역표시 내용을 보면 요령 지역에 대한 공간을 포기한 것은 아니지만 과거 일방적으로 난하까지 확대한 공간 영역을 고집하던 입장에서 일부 변동을 보여 주고 있다.

따라서 최근 북한학계는 1998년 제시한 대동강문화란 용어는 학술적으로는 더 이상 사용치 않으면서 평양중심론은 여전히 유지하는 입장을 보여 주고 있다.

이 같은 상황은 결국 북한학계도 인류문화의 발상지부터 단군릉의 연대관을 그대로 반영한 대동강문화론이 대내외적으로 수용되기 어려운 현실을 인식하고 단지 평양중심주의적 고조선 인식체계만을 강화하는 연구가 진행되고 있음을 보여 준다. 문제는 앞서 제기한 연대문제와 청동기 자체 발생론에 대한 더 이상의 학문적 천착이 진행되지 못하는 상황에서 이 같은 인식과 논리가 객관화되기 어려운 상황이 지속된다는 점에서 문제가 있다.

V. 요하문명론과 대동강문화론

중국의 영토주의 역사관이 투영된 선사문화 인식인 '遼河文明論'은 遼河를 중심으로 大凌河, 西拉木倫河를 포괄하며 努魯兒虎山 등으로 연결된 공간에 전개된 新石器 이래 선사문화를 중심으로 淸代까지 포섭하는 문명론이다.[55] 이 같은 요하문명론의 뿌리는 蘇秉琦가 1980년대 초 제시한 區系類型論[56]을 바탕으로 1985년 그가 제기한 '古文化-古城-古國'으로 대표되는 중국문명기원론에 두고 있다. 소병기의 구계유형론은 70년대까지

55 본 절은 조법종, 2013,「중국 요하문명론의 전개와 의미」,『한국사학보』51, 고려사학회 내용을 중심으로 정리하였음. 郭大順, 1995,「遼河文明的提出與對傳統史學的沖擊」,『尋根』6.

56 蘇秉琦,殷瑋璋, 1981,「關於考古學文化的區系類型問題」,『文物』5.

중국 고고학계에 지배적이었던 문화 전파론적 해석을 부정하고 각 지역 고유의 문화적 발전을 강조한 입장이었다. 이를 통해 中原 중심에서 다원적 중화문명기원론으로 변화하여 각 지역의 고대문화발전을 中原 지역과 연계시키는 작업으로 확대되었다.[57] 이 논의에서 주목되는 것은 요서 지역 신석기문화인 紅山文化의 積石塚·祭祀유적과 청동기문화인 하가점하층문화의 성지유적, 그리고 燕文化를 古文化-古城-古國 단계의 대표적 예로서 제시하여 古文化-古城-古國이라는 문명론을 구체화한 점이다.[58]

이러한 입장은 고고학 자료를 해석하는 기반으로 마르크스주의 대신에 '中華民族의 역사'라는 점을 강조해서 전통적인 중화민족사의 인식으로 돌아갔다는 점에서 주목된다. 소병기의 주요 논점 중 하나인 다원문화설도 中華主義를 강조하는 중원일원론을 극복한 것이 아니라 중화의 개념을 중원에서 현재 중국의 영토로 확대한 것이다. 그런데 구계유형론에서는 고고학적 문화 구조에 대한 논의가 없고, 문화의 생성, 발전의 원인에 대한 언급이 미흡하다는 문제가 지적되고 있다.[59]

1980년대 소병기의 中國文明論이 태동하는 데에 결정적인 근거로 작용한 문화적 내용으로 요서지방의 紅山文化와 하가점하층문화 등이 사용된 이래, 郭大順은 요령성의 고고학적 성과를 중국문명론의 주요한 근거로 만드는 '遼河文明論'을 제창했다.[60] 곽대순은 요서 지역의 문명을 중원 문명의 기원지라는 요하문명론을 정식으로 『龍出遼河源』[61]에서 제기하고

57 蘇秉琦, 1994, 「國家的起源與民族文化傳統」, 『海峽兩岸考古學與歷史學學術交流硏討會』; 1997, 『中國文明起源新探』, 香港商務印書館; 2009, 「三部曲與三模式」, 『中國文明起源新探』, 遼寧人民出版社.

58 蘇秉琦, 1997, 『中國文明起源新探』, 香港商務印書館.

59 강인욱, 2005, 「區系類型論과 中國 東北地方의 考古學」, 『한국고고학보』56집, 한국 고고학회.

60 郭大順, 1995, 「遼河文明的提出與對傳統史學的沖擊」, 『尋根』6.

61 郭大順, 2001, 『龍出遼河源』, 百花文藝出版社.

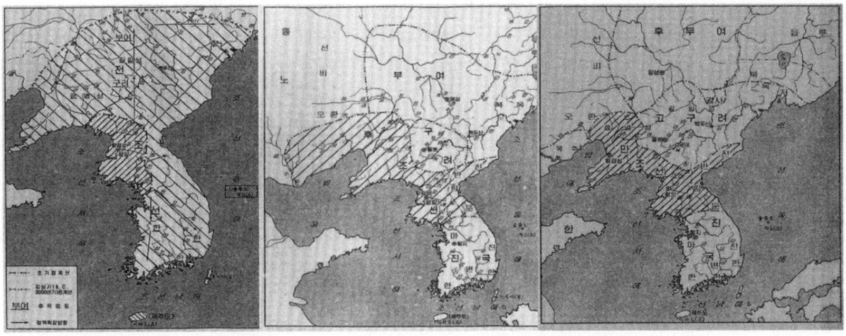

그림6 북한학계의 최근 고조선영역도: 전조선(단군조선)(p.70), 후조선(p.82), 만조선(p.87)
전대준 · 최인철, 2010, 『조선단대사(고조선사)』, 과학백과사전출판사.

그 근거로 세 가지를 들었다. 첫 번째는 중국 역사에서 기록된 신화적 시대인 三皇五帝의 단계에 해당하는 후기 신석기 시대의 龍山文化와 紅山文化가 발달된 계급사회라는 점이다. 두 번째로 중원 지역의 문명연대가 소급되면서, 그에 따라 주변 지역(산동반도, 장강유역) 등의 문명연대도 소급되는 상황인데 유독 동북 지역(遼河유역권)만 그러한 문명의 검토가 없다. 세 번째로 전통적인 서양 학계에서의 문명에 대한 인식은 都市-文明-國家로 대표되는 행정적인 중심인 것에 반해 중국에서는 祭祀에 근거한 문명의 형성이 주목되는데, 바로 紅山文化는 壇, 廟, 총(제단, 종묘, 무덤)으로 대표되는 제사 중심의 복합사회를 이루었다는 점이다. 이와 같이 遼河文明의 요체는 서양과는 다른 중원문명의 형성, 중국신화의 증명, 그리고 중원문명에서의 변방역할을 강조하기 위해서 제창되었다.

중국이 진행한 遼河文明論은 중화문명의 연원을 소급하는 과정에서 황하 중심주의를 탈피하여 遼河流域에서 전개된 문명적 현상을 체계화하여 다원적 중화문명 발상지의 출발점으로 자리매김한 작업이었다. 이는 중국 선사문화에 대해 현대 중국을 이해하기 위한 논리인 통일적 다민족국가론을 적용해 중화문명의 다원적 기원론에 따른 결과이다. 즉, 중국은 2000년대 초반 하상주 斷代工程으로 중국 역사를 1천여 년 상승시킨 이후 연속적으로 진행한 中華文明 探源工程에서 '遼河文明' 개념을 완성시킨 것이었다. 중화문명 탐원공정은 중국의 통일적 다민족 국가론의 선사문화 적용을 목표로 하고 있다. 즉, 중국 神話時代의 歷史化를 추구하는 것으로 최초의 국가 夏나라 이전의 시대인 三皇五帝 시대를 연구하는 것이다. 또한 중화문명의 기원을 황하 중심에서 벗어나 장강 지역과 요하 중심 문화현상에 입각하여 중화문명의 기원지는 다원적이며 특히 이들 3개 문명이 점차 황하의 중원 지역으로 문명 통합이 이뤄졌다는 논리체계를 구축하는 공정이었다.[62]

요하문명론의 핵심에는 紅山文化를 중심으로 중원 지역의 채도 중심의 신석기문화양상과 다른 동북아 신석기문화의 細石器, 之字紋, 針線紋 土器文化 특성을 보이는 신석기문화양상을 요하문명의 범주로 통합하고 중원의 彩陶文化와 玉文化와의 연결성을 부각하며 중화문명을 구성하는 중심축으로 부각하고 있다. 즉, 遼河文明論은 遼西 지역의 일부에서 보이는 中原文化와의 관련성을 만주 일대로 확대해 한국의 선사문화를 설명하는 논리체계에 대한 영향력은 매우 크다고 할 수 있다. 요하문명론은 현재 중국의 국가구성상황을 설명하는 논리인 중국의 다원일체론과 연결되어 만주 일대의 역사를 中原 중심의 역사에 편입하는 것을 기본골격으로 하고 있다.[63]

그런데 요하문명론 논리의 핵심은 牛河梁 女神廟, 東山嘴 祭儀空間이

---

62 박양진 외, 2008, 『중국 문명탐원공정과 선사고고학 연구현황 분석』, 동북아역사재단. 이 책에는 다음과 같은 논문이 수록되어 탐원공정에 대한 분석을 진행하였다. 박양진, 「'중화문명탐원공정'과 고고학문화 계보 연대의 연구 현황과 문제점」; 정대영, 「중화문명탐원공정의 연구동향과 전망-자연환경과 문명형성과정의 관계 연구를 중심으로」; 오세은, 「중국문명의 형성과 초기 발전 단계의 사회경제 연구」; 이성구, 「중화문명탐원공정 예연구와 제1단계의 '취락형태에 반영된 사회구조' 과제에 대한 연구」.

63 조법종, 2013, 「중국 요하문명론의 전개와 의미」, 『한국사학보』 51, 고려사학회.

中國 禮制를 대표하는 宗廟의 기원이라고 주장하고 홍산문화의 玉器 또한 神과 연결되는 중국적 가치관을 반영한 것으로 파악하였다. 그러나 牛河梁의 女神과 東山嘴의 裸體姙婦像은 중국적 神像 조영전통과는 연결되지 않는 유라시아 북부 초원지대의 풍요와 생산을 상징하는 대표적 조형물로서 중원문화로 대표되는 유적군에서는 사람 형상의 조형물이 존재하지 않는다는 점[64]에서 中原文化와의 연결은 문제가 크다.

아울러 홍산문화의 핵심적 요소인 之字紋土器(빗살무늬토기) 문화와 동북아 細石器문화 전통을 계승한 석기문화내용은 紅山文化 및 주변 신석기문화의 토대적 현상으로 그 기원과 계통 및 발전 양상에서 별도의 문화적 중심축과 발전양상을 설정하는 것이 적절하다. 또한 비파형청동단검, 즉 曲刃青銅短劍 문화의 기원과 계통에 대한 북한학계의 입장과 가장 크게 배치되고 있다.

대동강문화론과 요하문명론은 1990년대 국가의 정치적 목적성에 기반해 선사문화의 양상을 해석한다는 점에서 공통점을 보여 주고 있다. 특히, 서양의 문명론과 배치되는 논리와 역사이해방식을 보여 주고 있다는 점에서 보편적 문명논의의 틀과 내용이 아닌 특성을 보여 준다.

한편, 遼河文明論은 현재 중국의 요령성 지역 고대문화를 중화문명의 한 부분으로 정립시킨 것으로 북한의 대동강문화론의 확장공간이자 주요지역인 요동 및 요서 지역의 성격을 완전히 달리 파악하게 된다는 점에서 공간적 충돌이 발생하고 있다. 이 문제는, 특히 비파형동검문화로 대표되는 이 지역의 청동기 문화에 대한 이해 차이에서 극명하게 나타나고 있다.

북한의 대동강문화론에 입각한 논의구조는 대동강 유역에서 신석기문화이래 청동기문화가 발전하여 비파형동검문화가 형성되었고 이 문화가

---

64 김정열, 2009, 「랴오허문명과 홍산문화—홍산문화를 보는 하나의 시각」, 『홍산문화해제』, 동북아역사재단.

요동, 요서 및 길림, 장춘 지역으로 확산되었다는 논리이다. 그런데 이 문제와 관련하여 한국학계는 大凌河-遼河를 경계로 요서 지역 夏家店 上層文化의 담당자를 山戎族의 문화이고 요동 지역 遼寧式 銅劍文化의 담당자는 濊貊族 계통의 문화로 규정한 뒤 遼東 지역 청동기 문화를 고조선과 관련된 문화로 나눠보거나[65] 燕의 강역을 나타내는 표지적 유물로 파악되었던 明刀錢유적을 통해 대릉하유역권은 노노아호산-의무려산 구역으로 기원전 5-4세기 비파형동검문화가 소멸된 것으로 보고 요하 이동에서 한반도 서북부의 명도전 화폐유적이 고조선 주민의 문화로 파악하기도 하였다.[66] 또한 전기 비파형동검문화의 중심은 대릉하유역의 십이대영자 유형으로 중심지는 조양 지역이며 기원전 5세기 전후 후기 비파형동검문화 중심은 심양 지역으로 이동하였다고 보았다. 이 같은 변화는 연의 공격에 의한 2천 리 상실로서 이곳은 대릉하에서 천산산맥이서 만번한까지로 보았다.[67] 특히, 하가점상층문화와 십이대영자문화의 갑작스런 종말은 진개의 동호, 고조선 침입과 결부되며 하가점상층이 동호, 십이대영자문화가 고조선과 연결되는 것으로 보았다.[68] 결국 하가점 상층문화는 동호 또는 산융 혹은 넓은 의미의 예맥집단의 것으로 보고 십이대영자문화를 고조선 또는 예맥의 문화로 파악해 동방계 청동기를 표지로 볼 경우 고조선의 중심지는 대릉하 상류로 볼 수 있다고 보았다. 한편, 요동 지역의 지석묘와 대석개묘 축조집단을 고조선으로 볼 경우 이 문화는 비파형청동기문화의 핵심이 아니라고 보았다.

---

65 宋鎬晸, 2003, 「한국 고대사 속의 고조선사」, 푸른역사.

66 박선미, 2009, 『고조선과 동북아의 고대 화폐』, 학연문화사, 357-362쪽.

67 박준형, 2012, 「대릉하-서북한지역 비파형동검문화의 변동과 고조선의 위치」, 『한국고대사연구』 66, 203-204쪽.

68 조진선, 2010, 「요서지역 청동기문화의 발전과정과 성격」, 『요하문명의 확산과 중국 동북지역의 청동기문화』, 동북아역사재단, 184-186쪽.

따라서 고조선의 역사실체에 대응하는 문화는 기원전 1000년기 중반 심양 정가와자문화로서 이는 이중구연점토대토기와 흑도장경호를 공반하며 동경을 공반해 서북한 평양 신성동유적과 연결되는데 이 문화가 고조선의 중심집단의 것으로 파악될 수 있다고 보았다.[69] 이같이 최근 한국학계는 요동 요서 지역 비파형동검문화가 한반도 지역으로 전파 또는 영역적 이동이 진행되는 쪽으로 인식이 조율되고 있다. 이같은 상황은 중국학계의 입장과 일부 연결되거나 차이를 보이는 상황이기도 하다. 이는 북한학계의 대동강문화론 및 비파형동검문화를 대동강중심으로 이해하는 입장과는 크게 차이나는 입장임을 보여 준다.

한편, 북한의 단군릉 발굴을 통한 단군의 역사화에 뒤이은 대동강문화론과 대비되어 요하문명론에서 진행한 중국적 선사문화의 연대상승 및 삼황오제 신화의 역사화작업은 향후 그 실체와 각 유적 양상에 대한 정밀한 분석과 대응파악을 통해 향후 체계적인 확인이 필요함을 보여 주고 있다.

VI. 맺음말

북한학계가 주장한 '대동강문화'는 '대동강 유역 문화'를 줄인 말로 평양을 중심으로 한 대동강 유역이 인류 고대문명의 발상지이자 중심지로서 세계 4대문명에 비견되며 기원전 4000년 후반기에 문명사회로 변화, 발전하였다는 것이다. 이 논의는 1993년 단군릉 발굴 이후 이와 관련 있는 시기의 유적, 유물에 대한 조사를 진행하였고 구석기, 신석기 유적과 함께 청동기시대인 고조선 시기를 중심으로 청동기 시대의 마을유적, 무덤유적, 성터, 제사유적등을 조사하고 비파형단검, 고인돌, 각종 청동제 유물 유적, 고대

69 이청규, 2011, 「고조선과 요하문명」, 『한국사시민강좌』 49, 85-91쪽.

천문도(별자리가 새겨진 고인돌) 등이 이를 뒷받침한다고 주장했다.

이 같은 내용은 과거 요동 중심으로 고조선을 파악하였던 북한의 역사인식체계가 단군릉 발굴 이후 평양중심설로 고조선 인식틀을 바꾸고 평양성역화 및 김일성민족론을 역사적으로 재구성하기 위한 정치적 목적에 철저히 부응한 역사체계 수정으로 파악된다.

따라서 대동강문화에서 제기한 핵심적 사안인 조선민족 본토기원설 및 청동기문화의 자체 발전론, 대동강 유역의 비파형동검문화의 발상지, 단군원시조론과 역사연대 등으로 대표되는 대동강문화론의 핵심 사항에 대한 보다 심도 있는 학술적 접근과 검토가 요청된다. 특히, 북한학계에서도 대동강문화론을 강조하지 않는 최근 추세를 감안할 때 대동강문화론의 학술적 기반은 매우 취약해진 것으로 파악된다.

결국, 대동강문화론은 1998년 북한정권 창설 50주년이라는 역사적 시점[70]에 김일성-김정일 세습체계의 공고화를 위한 김일성민족주의 확립을 위한 역사인식체계이다.

앞서 검토하였듯이 북한한계는 동명왕릉정비 및 성역화, 왕건릉 정비 및 성역화를 단군릉 발굴 및 개건과 연결짓고 1990년대 후반에 대동강문화론을 설정하여 평양을 중심으로 한 김일성민족주의 역사관 체계를 완성하였다는 점에서 정치논리에 의한 역사왜곡과 파괴의 심각한 문제점을 보여주고 있다.

한편 대동강문화론과는 별개로 최근 한국학계에서 부각되고 있는 고조선문제 해명을 위해 고조선의 고고학적 실체에 대한 학자들간의 입장 조율이 요청된다. 이는 고조선의 실체를 언제부터 무엇을 근거로 보느냐의 문제와 관련되지만 적어도 묘제, 청동기 내용, 토기문화 등 고조선의 실체와

---

70 김영진, 1998, 「조선민주주의 인민공화국 품속에서 우리 고고학이 걸어온 자랑찬 승리의 50년」, 『조선고고연구』 1998-3.

연결되는 물질문화의 구체내용에 대한 정리와 합의가 필요하다.

한편, 중국학계가 추진하고 있는 遼河文明論은 遼河를 중심으로 大凌河, 西拉木倫河를 포괄하며 努魯兒虎山 등으로 연결된 공간에 전개된 선사문화를 중심으로 청대까지 포섭하는 문명론이다. 이는 요서지방의 紅山文化와 夏家店下層文化 등이 사용된 이래 요령성 지역의 신석기 및 청동기 문화 관련 고고학적 성과를 주요 근거로 사용해 제창한 것이다. 그런데 요하문명론은 중국의 다원일체론으로 만주 일대의 역사를 중원 중심의 역사에 편입하는 것을 기본골격으로 하고 있다. 더욱이 최근 장백산문화론에서 보듯, 遼河文明論은 遼西地域의 일부에서 보이는 중국과의 관련성을 만주 일대로 확대하는 결과를 가져오고 있기 때문에 동북3성 지역의 청동기문화를 중국적 인식틀로 재구성하여 고조선을 비롯한 한반도 역사를 포용하려는 정치적 역사해석으로 대동강문화론과 같은 성격을 보이고 있다. 이같이 북한의 정치적 목적성이 강하게 투영된 한국선사 및 고대문화 이해 양상은 중국의 요하문명론과의 대비를 통해 보다 구체적인 역사상 구축이 필요함을 보여 준다.

또한, 북한학계의 대동강문화론은 중국의 통일적 다민족국가론에 입각한 동북공정과 대비되는 배타적 역사해석의 성격을 보여 주는 예로서 중국학계의 역사해석 및 이해 내용과 상당히 배치되고 있어 한국, 북한, 중국학계의 문헌, 고고학적 연구 성과에 대한 비판적 검토와 종합화가 필요하다.

참고 문헌

강인욱, 2005, 「區系類型論과 中國 東北地方의 考古學」, 『한국고고학보』 56집.

권오영, 2003, 「단군릉 사건과 대동강문화론의 전개」, 『북한의 역사 만들기』, 푸른역사.
김정열, 2009, 「랴오허문명과 홍산문화-홍산문화를 보는 하나의 시각」, 『홍산문화해제』, 동북아역사재단.
박선미, 2009, 『고조선과 동북아의 고대 화폐』, 학연문화사.
박양진 외, 2008, 『중국 문명탐원공정과 선사고고학 연구현황 분석』, 동북아역사재단.
박준형, 2012, 「대릉하-서북한지역 비파형동검문화의 변동과 고조선의 위치」, 『한국고대사연구』 66.
박진욱, 1987, 「비파형단검문화의 발원지는 창조자에 대하여」, 『비파형단검문화에 관한 연구』.
서일범, 1999, 「북한 고고학의 최근 동향과 대동강문화론」, 『白山學報』 53.
서재진, 1993, 「主體思想과 民族主義의 關係」, 『통일연구원 세미나시리즈』.
송호정, 2003, 「한국 고대사 속의 고조선사」, 푸른역사.
이선복, 1991, 「민족단혈성론의 검토」, 『북한의 고대사연구』, 일조각.
이영화, 2009, 「북한의 고대사 연구 동향-학술지 계량 분석을 중심으로」, 『한국고대사탐구』 3.
임효재, 2002, 「대동강문화와 한강문화-최근 평양 고대 유적 답사를 중심으로」, 『한국선사고고학보』 9.
장호수, 2000, 『북녘의 고고학과 문화재관리』, 백산자료원.
조진선, 2010, 「요서지역 청동기문화의 발전과정과 성격」, 『요하문명의 확산과 중국 동북지역의 청동기문화』, 동북아역사재단.
______, 2006, 『고조선 고구려사연구』, 신서원.
조법종, 2013, 「중국 요하문명론의 전개와 의미」, 『한국사학보』 51, 고려사학회.
하문식, 2005, 「고조선의 무덤 연구-북한 지역 고인돌을 중심으로」, 『단군학연구』 12.
______, 2006, 「대동강문화론에서 본 북한 학계의 연구 경향」, 『단군학연구』 14.
이청규, 2011, 「고조선과 요하문명」, 『한국사시민강좌』 49.
한국고고학회, 2012, 『개정신판 한국고고학강의』, 사회평론.

강선, 1998, 「위대한 령도자 김정일동지를 국방위원회 위원장으로 다시 높이 모신것은 김일성민족이 받아안은 최대의 영광」, 『력사과학』, 1998-4.
강승남, 1995, 「고조선시기의 청동 및 철가공기술」, 『조선고고연구』 95-2.
김교경, 1995, 「평양일대의 단군 및 고조선 유적 유물에 대한 년대측정」, 『조선고고연구』 95-1.
김동일, 1999, 「대동강류역은 고대천문학의 발원지」, 『조선고고연구』, 1999-1.
김영진, 1995, 「평양일대에서 발굴된 고조선의 도기」, 『조선고고연구』 95-2.
______, 1998, 「조선민주주의 인민공화국 품속에서 우리 고고학이 걸어온 자랑찬 승리의 50년」, 『조선고고연구』 1998-3.
______, 1999, 「대동강류역에서의 도기문화의 발생발전」, 『조선고고연구』, 1999-1
김정일, 1989, 「조선민족제일주의정신을 높이 발양시키자」, 『친애하는 지도자 김정일동지의 문헌집』.
김종혁, 1995, 「새로 발굴된 성천군 룡산리 순장무덤에 대하여」, 『조선고고연구』 95-1.
______, 1999, 「고조선 시기의 고대 성곽에 대하여」, 『단군과 고조선』.
김창호, 2000, 「김일성민족으로서 우리 민족의 혈통을 고수해 나가시는 위대한 영도」, 『력사과학』 2000-2.
남일룡, 1995, 「평양지방의 고대토성」, 『조선고고연구』 95-2.
______, 1995, 「평양지방의 고대 토성」, 『조선고고연구』, 1995-2.
남일룡 · 김경찬, 1998, 「청암동 토성에 대하여(1)」, 조선고고연구, 1998-2.
______, 2000, 「청암동 토성에 대하여(2)」, 조선고고연구 , 2000-1.
로철수, 1999, 「대동강류역에서의 금속가공기술에 대하여」, 『조선고고연구』, 1999-1.
류병흥, 1995,「단군 및 고조선 시기의 유적 유물발굴성과에 대하여」, 『조선고고연구』 95-1.
리광우, 2006, 「강좌 : 김일성민족의 정신도덕적재부는 우리 민족의 가장 값높은 혁명유산」, 『철학연구』, 2006년 제1호(루계104호).
리순진, 1995, 「평양일대에서 새로 발굴된 황대성에 대하여」, 『조선고고연구』 95-1.
______, 1995, 「평양 일대에서 새로 발굴된 황대성에 대하여」, 『조선고고연구』 1.
리순진 · 장우진 · 서국태 · 석광준, 2001, 『Taedonggang Culture』.
李淳鎭 · 張宇鎭 · 徐國泰 · 石光浚, 2001, 『大同江文化』, 朝鮮外文出版社(中文版).

리승철, 2000, 「조선민족제일주의정신의 본질과 특징」, 『철학연구』, 2000년 제1호(루계80호).
리원봉, 2002, 「위대한 령도자 김정일동지의 현명한 령도밑에 력사유적유물과 민속전통을 통한 조선민족제일주의정신교양」, 『력사과학』, 2002-3.
박득준, 1999, 『고조선력사개관』, 사회과학출판사.
박진욱, 1995, 「고조선의 비파형단검문화에 대한 재검토」, 『조선고고연구』 95-2.
서국태, 1999, 「대동강 유역에서 농업의 발생 발전」, 『조선고고연구』, 1999-2.
서국태 · 지화산, 2009, 「머리말」, 『대동강문화』, 사회과학원고고학연구소, 조선고고학전서23.
석광준, 1995, 「평양일대에서 새로 발굴된 고인돌과 돌관무덤에 대하여」, 『조선고고연구』 95-1.
석광준, 1999, 「대동강류역은 청동기시대문화의 발원지이며 중심지」, 『조선고고연구』, 1999-1.
안병찬 · 최승택, 1998, 「새로 발굴된 평양성에 대하여」, 조선고고연구, 1998-4.
장우진, 1995, 「평양일대의 단군조선 유적에서 발굴된 사람뼈에 대하여」, 『조선고고연구』 95-2.
전대준 · 최인철, 2010, 『조선단대사(고조선사)』.
조선문화보존사 편집실, 2002, 「(사설)김일성민족제일주의 정신으로 조국의 력사와 문화를 빛내여 나가자」, 『민족문화유산』, 2002년 제1호(루계제5호).
학우서방, 1999, 『최신 조선지도』.
한인호, 1995, 「고조선 초기의 금제품에 대한 고찰」, 『조선고고연구』 95-1.
허종호, 1999, 「조선의 대동강문화는 세계 5대 문명의 하나」, 『력사과학』, 1999-1.
______, 1999, 「학계소식:조선의 『대동강문화』는 세계5대문명의 하나」, 『력사과학』, 1999-1.
______, 1996, 「단군 및 고조선력사 연구에서의 몇가지 기본문제들과 그 해명」, 『력사과학』 96-2.
김현환, 2003, 『김정일장군조선민족제일주의론』, 평양출판사.
「조선민족제일주의정신을 깊이 간직하고 우리의 력사와 문화를 더욱 빛내여 나가자」,

『조선고고연구』, 2003-3.

蘇秉琦,殷瑋璋, 1981,「關於考古學文化的區系類型問題」,『文物』5.

蘇秉琦, 1994,「國家的起源與民族文化傳統」,『海峽兩岸考古學與歷史學學術交流研討會』.

郭大順, 1995,「遼河文明的提出與對傳統史學的沖擊」,『尋根』6.

蘇秉琦, 1997,『中國文明起源新探』, 香港商務印書館.

郭大順, 2001,『龍出遼河源』, 百花文藝出版社.

蘇秉琦, 2009,「三部曲與三模式」,『中國文明起源新探』, 遼寧人民出版社.

제3부

부여-고구려의 문화와 중국 동북지방

부여 성곽의 고구려 연용에 대하여

이종수

Ⅰ. 머리말

고대국가에서 성곽은 국가의 보존과 발전을 위해 반드시 필요했던 시설물로 성곽의 출현은 고대국가의 건국과 지방통치 체제를 이해하는 데 중요한 자료를 제공해 주고 있다. 부여는 중앙의 왕과 지역을 다스리는 加를 중심으로 한 연맹체 왕국으로 초기 고대국가에 해당된다. 『後漢書』와 『三國志』 등의 문헌기록[1]을 통해 볼 때, 당시 왕이 거주하던 도성과 가들이 거주하는 읍락에 성곽이 존재하고 있음을 확인할 수 있다. 이러한 성곽은 부여 성립 초기인 기원전 2세기경부터 출현하고 있으며,[2] 고구려 역시 이와 비슷한 시기에 성곽의 존재가 확인되고 있다.[3]

현재 길림시를 중심으로 한 부여 경역 내에는 수많은 성지들이 남아 있다. 그러나 이 중 부여에 의해 축조된 것으로 확인된 성은 그리 많지 않으며, 이 역시 지표조사 과정에서 수습된 유물을 통해 부여의 성지로 추정하고 있을 뿐이다. 일부 성지는 발굴 조사가 이루어졌으나 보고서가 未刊되

1 『後漢書』에는 "以圓柵爲城, 有宮室 · 倉庫 · 牢獄."라는 기록이, 『三國志』에는 "作城柵皆圓, 有似牢獄."이란 기록이 남아 있다.

2 이종수, 2003, 「夫餘城郭의 特徵과 關防體系 硏究」, 『白山學報』 제67호, 白山學會.

3 余昊奎, 1998, 『高句麗城I-鴨綠江中上流篇』, 國防軍史硏究所.

어 세부적인 내용을 확인하는 데 어려움이 있다. 이로 인해 그동안 부여 성곽은 대부분 고구려 혹은 발해에 의해 축성된 것으로 인식되고 연구되어 왔다.

부여와 고구려의 관계는 『삼국지』와 '廣開土太王碑文'[4] 및 『三國史記』 등의 사서에 고구려의 출자가 부여이고, 부여 멸망 시 왕과 그 일족이 고구려에 투항하고 있는 기록을 통해 볼 때, 두 나라는 500여 년의 기간 동안 화친과 대립을 반복하며 함께 공존하고 있다는 점에서 양국의 성곽 간에도 밀접한 관련이 있었던 것으로 추정된다.[5]

이 글은 그 동안 연구가 미진했던 부여 성곽의 특징을 종합적으로 정리해 보고 더불어 이들 성곽에 대한 세부적인 분석을 통해 이후에 이 지역을 점령한 고구려가 부여 성들을 어떻게 재사용하고 있는지 알아보고자 하는 데 그 목적이 있다. 이를 위해 먼저 부여 도성과 지방성의 특징을 정리하고, 더불어 필자가 직접 조사한 자료를 토대로 고구려가 부여 성곽을 어떻게 보수하고, 어떤 용도로 재사용되고 있으며, 고구려 관방체계에서 부여 성곽이 가진 의미가 무엇인지를 면밀하게 살펴보도록 하겠다.

II. 부여 성곽의 구조와 특징

부여 성곽의 특징을 살펴보기 위해서는 먼저 부여의 통치체제에 대한 이해가 우선되어야 한다. 부여의 통치조직은 중앙은 왕을 중심으로 국무를 담당하는 大使, 使者 등의 관직이 있고, 지방은 馬加, 牛加, 豬加, 狗加 등을

4 『三國志』 魏書, 東夷傳, 高句麗條에 "東夷舊語以爲夫餘別種, 言語諸事, 多與夫餘同." 내용이 광개토태왕 비문에 "惟昔始祖鄒牟王之創基也出自北夫餘"란 기록이 남아 있다.

5 이종수, 2005, 「고구려의 부여진출과정 연구」, 『高句麗研究』 21집, 고구려연구회.

중심으로 한 가들이 휘하 읍락의 백성들을 지배하고 있었는데, 중앙의 왕은 가들의 자치권을 인정해 주면서, 이들을 통해 간접적으로 백성을 지배하는 연맹체적 통치방식을 취하고 있었다.[6] 이와 같이 부여는 정치적으로 연맹체 국가라는 한계로 인해 왕의 통치력이 지방 각지에까지 강하게 작용하지 못하였고, 때문에 부여가 다스리던 경역을 선을 그어 뚜렷하게 확인하는 것은 불가능하며, 시기별 국력의 강약에 따라 그 경역 범위는 매우 유동적이었을 것이다.

부여가 건국되는 기원전 2세기경에는 그 범위가 지금의 吉林市 일대를 중심으로 第二松花江 연안과 그 주변 지역에 한정되었던 것이, 기원전후한 시기에 동북 지역의 패자로 성장하면서 동북쪽은 長廣才嶺을 경계로 挹婁와, 동쪽은 牧丹嶺을 경계로 沃沮와, 서쪽은 松嫩平原 일대까지, 남쪽은 龍崗山脈을 경계로 고구려와, 북쪽은 第一松花江 혹은 黑龍江까지 그 범위가 확대되고 있다. 그러나 3세기 이후 선비 모용씨의 침입으로 세력이 약화되면서 부여의 경역은 후기 도성인 遼原市 일대로 급격하게 축소된다.[7]

부여 경역 내의 지리환경은 大黑山山脈을 경계로 以西와 以東 지역이 큰 차이를 보이고 있다. 이서 지역은 대흥안령 동록에 이르기까지 드넓은 평원이 펼쳐져 있는데, 이로 인해 이 지역에서는 모두 평지에 토축으로 이루어진 성지만 확인되고 있다. 그러나 지금까지 조사된 많은 토축성들 중에서 부여 성곽임을 입증할 만한 관련 유물이 발견된 예는 없다. 이동 지역은 중앙으로 제이송화강이 흐르고, 그 주변으로 넓은 충적평원과 나지막한 구릉성 산들이 이어져 있다. 특히 제이송화강의 중류에 위치한 길림시 일대는 주변이 산으로 둘러싸인 분지로 선사시대부터 근대까지 정치 문화의

6 송호정, 1997, 「부여」, 『한국사4—초기국가(고조선 · 부여 · 삼한)』, 국사편찬위원회.

7 李鍾洙, 2004, 『夫餘文化硏究』, 吉林大學 박사학위논문.

중심지였다. 현재 길림시를 중심으로 한 대흑산산맥 이동 지역에서 다수의 성지들이 조사되었다. 기존 연구에 의하면 지금까지 이 지역에서 확인된 부여 성곽의 수는 대략 40여 기에 이르는 것으로 보고되었다.[8] 그러나 이들 성곽은 대부분 지표조사를 통해 확인된 것으로 모두 부여의 성곽으로 보기에는 제시된 근거 자료가 미약하기 때문에 본문에서는 이들 중 발굴조사가 이루어져 부여 관련 유구나 유물이 확인된 성지만을 대상으로 하겠으며, 도성과 지방성으로 나누어 부여 성곽의 특징을 살펴보도록 하겠다.

1. 도성

부여의 도성은『資治通鑑』에 기록된 346년 "西徙近燕"에 근거하여, 전기 도성과 후기 도성으로 구분된다. 일반적으로 전기 도성의 위치는 지금의 길림시 일대로 비정되고 있다. 후기 도성의 위치에 대해서는 여러 견해가 제기되고 있는데, 대표적으로 四平 四面城설,[9] 農安 일대설,[10] 西豊 城子山山城설,[11] 柳河 羅通山城說설[12] 요원시 일대설[13] 등이 있다. 그러나 이들 지역에서는 지금까지 부여에 의해 축조된 것으로 볼 수 있는 성지가 발견되지 않고 있다는 점에서 본문에서는 전기 도성인 길림시 일대에서 확인되는 부여 성곽만을 대상으로 그 특징을 살펴보도록 하겠다. 길림시 일대에서 확인된 부여 성곽으로는 東團山山城과 平地城,[14] 龍潭山山城 등이

---

8 이종수, 2003, 앞의 글, 785쪽. 〈표 1〉 부여성곽 일람표, 〈도 1〉 부여성지 분포도 참조.

9 金毓黻, 1997,『東北通史』上篇, 社會科學戰線雜誌社.

10 李建才, 1982,「夫餘的疆域和王城」,『社會科學戰線』(1982-4), 社會科學戰線雜誌社.

11 王綿厚, 1990,「東北古代夫餘部的興衰及王城變遷」,『遼海文物學刊』(1990-2), 遼寧省博物館 · 遼寧省文物考古硏究所.

12 王綿厚, 2002,『高句麗古城硏究』, 文物出版社, 215쪽.

13 李鍾洙, 2004, 앞의 글.

14 과거에는 南城子城으로 명명되었으나, 최근에는 동단산산성과 하나로 보아 동단산 평지성으

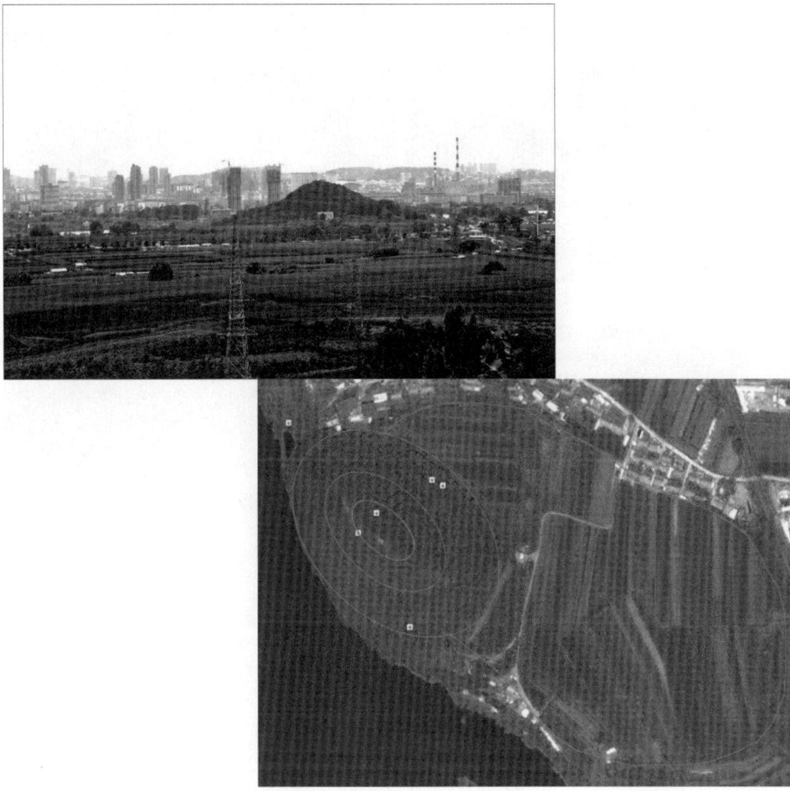

그림1 동단산 전경(상) 및 동단산산성과 평지성 평면도(하)

있다.

먼저 이들 성곽이 위치한 지역의 입지적 특징을 살펴보면, 부여의 전기 도성인 길림시 일대는 중앙으로 제이송화강이 흐르고, 그 주변은 산으로 둘러싸인 분지지형을 이루고 있어, 적의 침입을 방어하기에 유리한 지형조건을 갖추고 있다. 특히 부여 왕성으로 추정되는 永安村 일대는 북쪽에 길림시 일대를 한눈에 관망할 수 있는 용담산이 위치해 있고, 서쪽은 제이송화강이 남에서 북으로 흘러 천연의 해자를 형성하고 있으며, 동쪽과 남쪽

로 부르고 있다.

1. 남쪽 성벽 절개조사 모습　2. 절개면 토층 세부 현황

3. 도로 부분 성벽 절개면　4. 절개면 세부 모습

그림2 동단산 평지성 남쪽 성벽 절개면 및 토층 세부 모습

은 비교적 낮은 구릉성 산들로 이어져 있다. 그 중앙에는 드넓은 평지가 펼쳐져 있어 도성의 입지로는 가장 적합한 지역이라 할 수 있다.

이 지역에서 확인된 부여 성곽은 모두 3개소이다. 이 중 2개소는 제이송화강 동안에 우뚝 솟은 천연의 보루인 동단산과 그 주변의 평탄대지에 위치해 있으며, 다른 한 개소는 이들 성곽으로부터 북쪽 2.5km 거리에 위치한 용담산 정상부에서 확인된다. 현재 학계에서는 일반적으로 동단산 평지성을 부여의 전기왕성으로 인식하고 있으나,[15] 일부에서는 용담산과 동단산의 중간지점에 왕성이 위치해 있었던 것으로 추정하고 있다.[16] 아직까지 두 지역에 대한 전면적인 발굴조사가 이루어지지 않아 어느 곳이 당시의 왕성

15 武國勛, 1983,「夫餘王城新考－前期夫餘王城的發現」,『黑龍江文物叢刊』4期.

16 李建才, 1982,「夫餘的疆域和王城」,『社會科學戰線』4期, 社會科學戰線雜誌社.

이었는지 현재로서는 판단하기 어렵다. 그러나 왕성의 위치가 어느 곳이든지 간에 당시 부여 도성은 평지성과 산성을 하나로 묶어 활용하는 방어 시스템을 갖추고 있다. 평지성은 일반적으로 왕이 거주하는 왕성으로 사용되며, 왕과 백성들의 평상시 경제·생활공간으로 이용되고 있다. 또한 왕성 주변의 높은 산에는 비상시에 적의 침입으로부터 방어 혹은 농성을 위해 산성이 축조되고 있는데, 이러한 방어 시스템은 이후 고구려의 관방체계에도 영향을 미친 것으로 추정된다.

부여의 왕성으로 추정되는 동단산 평지성은 전체 길이가 1,300m 내외의 대형성으로 평면은 불규칙한 타원형을 이루고 있다. 이러한 평면 형태는 문헌기록상의 "以城柵皆圓"과 일정 부분 부합된다고 할 수 있다.

성의 축성 방법은 아직 발굴보고서가 발간되지 않아 세부적인 내용은 파악할 수 없다. 다만 필자가 직접 확인한 발굴 당시의 성벽 절개면과 도로 건설 과정에서 절개된 성벽 단면을 참고하면, 성벽의 기단부는 점토와 탄재를 섞어 다진 층으로 이루어져 있고, 그 상층은 점토층, 그 위에 다시 사질토층이 확인되고 있다.

성문은 남쪽과 북쪽에 각각 하나씩 나 있다. 남문의 너비는 16m 내외이며, 북문은 44m로 보고되어 있으나, 이는 후에 도로를 내는 과정에서 넓어진 것으로, 그 본래 폭은 남문과 비슷했을 것으로 추정된다.[17] 남문 부근에는 길이 150m, 넓이 73m에 성내 지면보다 1~1.5m 정도 높은 장방형의 토축 기단부가 남아 있는데, 아마도 이곳에 將臺가 설치되었던 것으로 추정된다. 또한 동단산과 접한 서쪽을 제외하고 3면의 성벽 바깥쪽에 해자시설이 확인된다.

---

17 董學增, 1982,「吉林東團山原始 · 漢 · 高句麗 · 渤海諸文化遺址調査略報」,『博物館研究』(1982-1).

그림3 동단산 평지성 출토 주거지(좌) 및 수혈유구(우)[18]

성지 내부에 대한 몇 차례의 발굴조사 결과 소수의 주거지[19]와 수혈유구가 확인되었다. 일반적으로 왕성에는 궁궐을 비롯한 각종 관청과 고급 주택들이 일정한 구역에 밀집 분포했을 것으로 추정할 수 있다. 그러나 지금까지의 조사 결과 성내에서 왕성으로 비정할 만한 고급 건축물들이 발견되지 않고 있다는 점이 이 성을 부여의 전기 왕성으로 비정하는 데 걸림돌이 되고 있다.

동단산 평지성과 이어져 있는 산성은 산허리 부분의 외성을 시작으로 정상으로 가면서 중성과 내성이 산세를 따라 타원형을 이루고 있다. 서쪽의 제이송화강과 접한 구간은 성벽을 세우지 않고 자연 절벽을 그대로 이용하고 있다. 현재 외성과 중성 성벽이 비교적 잘 남아 있다. 외성은 둘레 230m, 폭 70~115m, 잔존높이 10m 내외이다. 중성은 둘레 170m, 폭 30~62m, 잔존높이 12m 내외이며, 외성과의 거리는 53.5m이다. 내성은 이미 심하게 훼손되어 정확한 형태를 알아볼 수 없으며, 중성과의 거리는 35.2m이다.

---

18 〈그림 3〉 좌 : 吉林省文物考古硏究所, 2008,『田野考古集粹』, 文物出版社, 재인용, 우 : 長春晩報 인용.

19 주거지의 구조와 형태가 마치 백제 초기의 철(凸)자형 주거지와 유사하다는 점에서 향후 두 지역 간의 문화적 계승관계를 설명하는 데 좋은 자료를 제공해 주고 있다.

그림4 동단산산성 외성 현황(좌) 및 성벽 조사 모습(우)[20]

동단산산성 역시 외성 성벽 일부 구간에 대한 발굴 조사가 실시되었으나 보고서가 미간되어 성벽 축조 방법에 대한 세부적인 상황은 확인할 수 없다. 다만 발굴 당시의 사진 자료를 통해 보면,[21] 성벽은 모두 토석혼축으로 이루어져 있으며, 벽면은 먼저 산의 경사면을 깎아 낸 후, 그 위에 다시 흙과 화강암 잡석을 섞어 성벽을 쌓고 있다. 성벽 기저부의 가장자리는 석축으로 보축하고 있으며, 토축 성벽의 바깥쪽 면은 가공한 돌을 이용해 쌓아 올려 성벽을 보강하고 있다.

성문은 동쪽과 북쪽에 각각 하나씩 나 있다. 동문에는 옹성시설이 갖추어져 있는데, 이 옹문이 부여 시기에 축조된 것인지는 지금 단계에서 확인이 어려우나 아마도 고구려가 이 성을 재사용하는 과정에서 새롭게 축조한 시설물일 가능성이 높다.

용담산산성은 산 능선을 따라 구축되어 있어 평면이 불규칙 다변형을 이루고 있다. 성의 동남쪽은 산의 급경사면을 그대로 성벽의 일부로 이용하고 있어 성벽의 높이가 그리 높지 않다. 전체 성곽의 둘레가 2,396m로, 지금까지 확인된 부여 성곽 중 규모가 가장 크다. 성벽 중 잔존 상태가 가장 양호한 부분의 최고 높이는 10m이고, 가장 낮은 지점은 2m 내외이다. 성벽 기저부의 폭은 3~10m, 상단부 폭은 1~2m 정도이며, 횡단면은 사다리

20 〈그림 4〉 우 : 吉林省文物考古硏究所, 2008,『田野考古集粹』, 文物出版社, 재인용.

21 唐音, 2008,「東團山遺址」,『田野考古集粹』, 文物出版社.

그림5 용담산 전경(좌) 및 용담산산성 평면도(우)[22]

그림6 용담산산성 서문지 주변 성벽 현황(좌) 및 단면 세부 모습(우)

꼴 형태이다.

성벽 대부분 구간이 황토와 응회암 잡석을 섞어서 쌓은 토석혼축이고, 일부 구간만 황토를 판축한 토축 성벽으로 이루어져 있다. 방어가 취약한 지점에는 토축 성벽 바깥쪽면에 석축을 덧대 보축한 흔적이 확인되고 있다. 현재 서문지 양측에 절개된 성벽 단면을 통해 보면, 판축 두께는 6~12m, 폭은 1~1.5m 정도이다.

---

22 〈그림 5〉 우: 國家文物局 主編, 1993, 『中國文物地圖集—吉林分冊』, 中國地圖出版社, 123쪽 도판 재인용.

성곽 부속 시설로는 성문, 해자, 각루, 망대 등이 있으며, 성내 시설물로는 건물지, 우물지, 저장시설 등이 있다. 성문은 2개가 확인되는데, 서쪽 성벽의 양쪽 곡간부 지점에 각각 1개씩 나 있다. 서문은 '龍潭' 바로 옆에 위치해 있으며, 남문은 현재 공원 진입로가 나 있는 곳에서 남쪽으로 성벽을 따라 20m 정도 가다 보면 옹성 시설을 갖춘 문지가 확인된다. 현재 서문지로 인식되는 공원 진입 도로는 과거에 공원 진입로를 개설하는 과정에서 성벽이 헐린 구간으로 이곳에는 수구가 설치되었을 가능성이 높다. 이 밖에도 성벽의 돌기된 네 지점에 각루로 추정되는 평대가 설치되어 있다. 평대의 길이는 20~25m, 넓이는 6~9m이다. 특히 남쪽의 돌출된 각루 부분은 성벽 바깥쪽을 석축으로 보강한 흔적이 확인된다. 또한 성내에서 가장 높은 지점에 망대를 설치했던 흔적이 남아 있으며, "용담"이라 불리는 저수지와 정확한 용도를 파악할 수 없는 "旱牢" 등의 시설물이 남아 있다.

2. 지방성

『삼국지』에 부여의 지방에는 '四出道'가 있다는 기록이 남아 있다.[23] '사출도'라는 말은 단순히 지방을 네 개의 행정구역으로 구분했다는 의미보다는 고구려의 五那部처럼 도성을 중심으로 방위에 따라 사방을 나눈 것을 의미한다. 따라서 사출도는 도성으로부터 사방으로 통하는 길로서 고대국가의 지방지배의 기본이 되는 도로와 그 주변 읍락을 의미하는 말이며, 완비된 행정구역을 의미하는 것은 아니라고 할 수 있다.[24] 왕이 직접 다스리는 중앙을 제외한 4개 지역집단 밑에는 부여 연맹체를 구성하는 기본 집단인 읍락이 있었으며, 각 읍락들은 '가'들에 의해 자치권이 행사되고 있었다. 이를

23 『三國志』魏書 30, 烏桓鮮卑東夷傳 30, 夫餘.

24 송호정, 1997, 앞의 글.

그림7 경화성지 평면도(상) 및 성내 전경(하)[25]

통해 볼 때, 부여의 각 읍락에는 대부분 城柵이 구축되어 있었을 가능성이 매우 높다. 지금까지 조사된 부여의 지방성으로는 흑룡강성 賓縣의 慶華城址,[26] 길림성 蛟河市의 新街城址와 福來東城址 등이 있다.

경화성지는 경화촌 북산 남쪽 구릉의 평탄한 대지상에 위치해 있다. 성의 남쪽에는 작은 하천이 흐르고 있고, 하천 건너편에 경화촌이 자리하고 있다. 성의 동남쪽은 대청산이 길게 이어져 있고, 북쪽은 넓은 충적평원이 펼쳐져 있으며, 북쪽으로 20km 정도 거리에 第一松花江이 흐르고 있다.

---

25 〈그림 7〉 좌 : 구글지도 인용.

26 黑龍江省文物考古硏究所, 1988,「黑龍江賓縣慶華遺址發掘報告」,『考古』(1988-7), 中國社會科學院考古硏究所.

그림8 신가성지(좌) 및 복래동성지(우) 전경

성의 평면 형태는 불규칙한 타원형이며, 규모는 650m 내외로 중형성에 속한다. 성벽은 대부분 황토를 판축한 토축으로 이루어져 있다. 다만 성벽 기저부와 성문 부근에 다량의 석재가 널려 있는 것으로 보아, 성벽 기저부와 성문은 석재를 이용하여 견고하게 보강한 것으로 추정할 수 있다. 성벽의 잔존높이는 1.5m 정도이며, 성내의 지세는 북쪽이 높고 남쪽이 낮다. 성문은 동, 서, 남 세 방향에 설치된 것으로 보고되었는데, 폭은 7m 내외이다. 다만 남문의 경우 성내에 경작물을 재배하기 위해 도로를 확장하는 과정에서 크게 훼손되었다. 해자시설은 현재 도로가 개설되어 있는 동쪽을 제외한 나머지 구간에서 모두 확인된다. 성내 일부 지역에 대한 발굴 결과 주거지와 수혈유구가 조사되었다. 이 밖에도 성내의 중앙에서 약간 서쪽으로 치우진 곳에 인공으로 쌓아 올린 높이 4m 정도의 토대가 확인되는데, 원래 장대 건물의 기단부였던 것으로 추정된다.

신가성지와 복래동성지[27]는 拉法河 하류의 서안 대지상에 위치해 있다. 동쪽으로 납법하가 흐르고 있고, 서쪽과 남쪽은 충적평원과 나지막한 구릉성 산들로 이어져 있다. 이와 같이 평지성들은 대부분 강이나 하천 주변의 대지 혹은 구릉 등 생활환경이 편리한 지역에 입지하는 특징을 보이고

27 董學增, 1989, 「吉林蛟河縣新街·福來東古城考」, 『博物館研究』(1989-2), 吉林省博物館學會·吉林省考古學會.

그림9 복래동성지 근경(좌) 및 출토 유물(우)

있다.

이 두 성의 평면은 모두 말각장방형으로 신가성지는 둘레가 184m, 복래동성지는 160m이다. 이들 소형성의 규모와 형태는『삼국지』의 "作城柵皆圓, 有似牢獄."이라는 내용과 부합되고 있다. 성벽은 토축으로 황토를 판축하는 방법으로 쌓았다. 현재 성벽은 기저부 일부만 남아 있다. 조사보고서에 의하면 신가고성의 성문은 서남쪽, 복래동성지는 남쪽에 설치되었던 것으로 기록되어 있다. 해자시설의 경우 조사보고서에는 언급되어 있지 않지만, 필자가 직접 현지를 답사한 결과 성벽 주변으로 움푹 들어간 흔적이 확인되고 있어 해자시설이 존재했을 가능성이 높다.

III. 부여 성곽의 고구려 연용 관계 검토

고구려가 부여의 도성인 길림시 일대를 점령한 것은 5세기 초 광개토태왕 대로 볼 수 있다. 광개토태왕의 부여 정벌 기사를 살펴보면, 동부여는 본래 추모왕의 속민이었는데, 도중에 조공을 해 오지 않아 왕이 몸소 군사를 이끌고 동부여의 餘城에 쳐들어가 항복을 받아 내자, 이에 왕을 사모하여 5개소의 압로가 따라왔고, 왕이 공격한 성이 64개, 촌락이 1,400여 개소에 이른다고 기록되어 있다.

광개토태왕이 부여를 정벌할 당시 고구려는 이미 한반도 남부와 요동 지역을 모두 복속시키고 있었다. 이들 지역을 복속시킨 광개토태왕은 다시 부여정벌을 감행하여 대대적인 성과를 올리고 있다. 당시 부여는 전연의 침략으로 인해 국력이 쇠약해진 상태였고, 西晉의 남천으로 인해 주변국의 지원을 받을 수 없는 고립된 상태였기 때문에 고구려의 침입에 속수무책으로 당할 수밖에 없었다.

410년 광개토태왕이 공략한 부여의 64개 성과 1,400여 개의 촌락은 부여 대부분 지역에 해당된다고 볼 수 있다. 당시 부여는 346년 "서사근연"으로 수도를 요원시 일대로 옮긴 상태였다. 광개토태왕이 여성 즉 현재의 요원시 일대에 들어오자 부여왕은 곧바로 항복하였다. 그러나 이는 부여가 고구려에 복속되었음을 의미할 뿐, 멸망을 의미하는 것은 아니었다. 후기 부여는 494년 물길의 남하로 왕과 그 처자가 고구려에 망명할 때까지 계속 명맥을 유지하고 있다. 다만 부여의 전기 도성이었던 길림시 일대는 고구려에서 북부여수사를 파견하고 있다는 점에서 고구려의 직접지배에 포함되고 있다. 이는 '牟頭婁墓誌銘'의 '令北夫餘守事'를 지냈다는 기록과 광개토태왕 때 북부여를 진수하였다는 내용 및 『魏書』 435年, "高句麗北界已達舊夫餘疆域"란 기록[28]을 통해서 확인할 수 있다. 또한 당시 고구려의 북계가 현재의 길림시와 교하시 일대까지였고, 이들 지역까지만 고구려 성곽과 유적이 확인되고 있다는 점에서 그 근거를 찾을 수 있다. 특히 길림시 일대의 부여 성곽들은 대부분 고구려에 의해 재사용되고 있는데, 용담산산성, 동단산산성과 평지성은 부여 시기의 성곽을 그대로 이용하거나 혹은 보축하여 사용하고 있다.

최근 길림시에서는 문화여행사업의 일환으로 용담산에 대형 광장과 박

---

28 『魏書』 100, 列傳 88, 高句麗.

그림10 용담산산성 남쪽 성벽 절개면(좌) 및 서단산문화 유물 출토 현황(우)

1. 각루 기저부
2. 각루 상단부
3. 각루 기저부 석축 세부
4. 한뢰 석축 세부

그림11 용담산산성 남쪽 각루 현황 및 석축 세부 비교

물관을 조성하는 사업을 시행하고 있다. 사업 시행 과정에서 광장과 박물관부지에 대한 시굴조사를 실시하였는데, 이곳에서 대량의 부여 및 고구려 시기 유물이 출토되었다.[29] 그동안 이 성은 고구려에 의해 축조된 것으로

29 劉玉成, 2012, 「吉林市龍潭山鹿場遺址出土陶片的初步研究」, 『東北史地』 6, 吉林省社會科

인식되어 왔다. 그러나 성곽에 대한 세부적인 답사 결과 이 성은 부여에 의해 초축되었으며, 이후 고구려에 의해 재사용되었음을 확인할 수 있었다. 용담산산성이 부여에 의해 초축되었다는 근거는 남쪽 각루에서 동쪽으로 이어진 성벽의 단면에서 확인할 수 있다. 현재 남쪽 성벽의 대부분은 등산로로 이용되고 있는데, 등산로 주변에 가로등을 설치하는 과정에서 훼손된 성벽 단면을 확인한 결과 성벽 단면의 토층에서 서단산문화 관련 토기편만 확인될 뿐, 부여 시기의 유물은 한 점도 발견되지 않았다.

또한 이 성이 고구려에 의해 보축되어 재사용되었음을 설명해 주는 근거로는 산성 남쪽 각루에서 확인된 석축 성벽을 들 수 있다. 현재 각루의 기저부 일부에 3단 정도만 잔존해 있는데, 정교하게 다듬은 돌을 6합 쌓기 방식으로 쌓아 올리고 있다. 이는 고구려가 기존에 부여가 쌓은 용담산산성을 재사용하는 과정에서 용담산산성에서 가장 중요한 방어 부분인 남쪽 각루를 보강하기 위해 고구려의 전통적인 축성방법을 이용하여 성벽을 보축한 흔적으로 볼 수 있다.

동단산산성의 경우도 성벽의 바깥쪽 면에 석축이 이루어지고 있다는 점에서 고구려에 의해 보축되었을 가능성이 있다. 고구려는 길림시 지역을 점령한 이후에 부여의 성곽을 보축하여 사용한 것 외에도 제이송화강 서안에 三道嶺子山城을 새롭게 축조하여 길림시 일대의 방어체계를 강화하고 있다. 이와 같이 고구려가 길림시일대의 부여 산성을 보축하여 재사용하거나 혹은 새로 성곽을 신축한 목적은 길림시 일대에 대한 직접지배 강화와 더불어 북쪽에서 내려오는 勿吉의 남하를 방어하기 위해서였다.[30]

다음으로 부여 지방성의 고구려 연용에 대해 살펴보도록 하겠다. 부여

學院; 劉玉成·關長春·楊僬峰·劉力·翟敬源·杜戰偉·王樂文·于立群·高秀華, 2014, 「吉林市龍潭山鹿場遺址發掘簡報」, 『北方文物』(2014-1).

30 魏存成, 1999, 「吉林省內高句麗山城的現況和特性」, 『高句麗研究』 8, 고구려연구회.

의 지방성들은 그 규모에 따라 중형성과 소형성으로 나눌 수 있는데, 중형성의 경우 대부분 사출도의 중요 거점 지역에 위치해 있어, 행정적 혹은 군사적으로 중진 역할을 담당하고 있으며, 소형성은 소읍의 행정적 군사적 중심지 역할을 담당하고 있다.

최근에 발표된 부여 교통로 연구에 의하면 부여의 교통로는 모두 8개로 나뉘어져 있다. 첫째는 부여의 전기 도성인 길림시에서 輝南을 경유하여 撫順 일대로 이어지는 현도군로, 두 번째는 길림시에서 遼源을 거쳐 遼陽에 이르는 요동군로, 세 번째는 길림시에서 휘남을 거쳐 고구려 도성인 集安에 이르는 고구려로, 네 번째는 길림시에서 楡樹와 賓縣을 거쳐 읍루로 이어지는 읍루로, 다섯 번째는 유수에서 서북쪽의 松原을 거쳐 肇源으로 이어지는 탁리국로, 여섯 번째는 길림시에서 舒蘭, 五常, 尙志를 거쳐 목단강을 경유하여 북옥저로 이어지는 북옥저로, 일곱 번째는 길림시에서 교하와 敦化를 거쳐 연변 지역의 동옥저로 이어지는 동옥저로, 마지막으로 전연의 수도인 朝陽으로 연결되는 전연로 등으로 구분된다.[31]

이상의 교통로를 통해 볼 때, 부여의 주요 거점 지역은 남쪽의 휘남, 서쪽의 요원, 북쪽의 유수, 북동쪽의 빈현으로 비정할 수 있다. 이들 주요 거점 중 부여 시기의 성곽이 확인된 곳은 빈현 일대의 경화성지가 유일하다. 빈현은 부여에서 읍루로 이어지는 대읍루 교통로상의 행정·군사적 거점 지역으로, 읍루세력을 통제하는 매우 중요한 역할을 담당하고 있다. 『삼국지』 魏書 東夷傳 挹婁條에 "自漢以來, 臣屬夫余, 夫余責其租賦重, 以黃初中(220~225)叛之."라는 기록을 통해 보면, 비록 읍루가 부여에 신속되었다고는 하나, 조세가 무거울 때는 부여에 저항하고 있다는 점에서 부여연맹체에는 속하지 않았던 것으로 볼 수 있다. 즉 읍루는 부여의 세력이 강성했을 때는 부여에 신속되었다가, 부여의 세력이 약해지면 부여의 변방 지

31 이종수, 2013, 「부여의 대외교류와 교통로 연구」, 『백산학보』 95호, 백산학회.

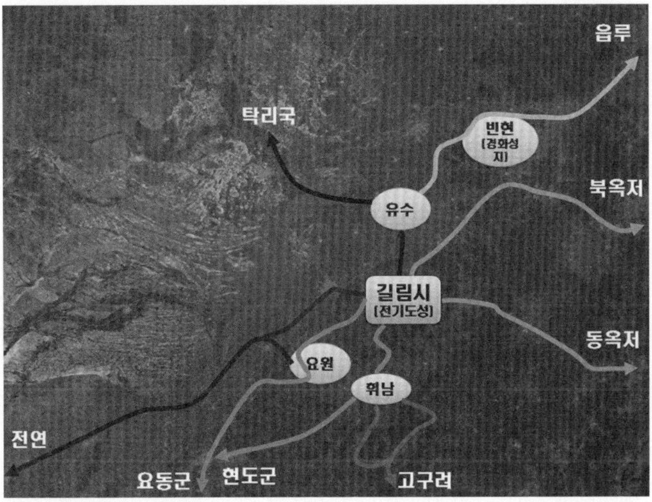

그림12 부여의 중요 교통로

역을 침입하여 약탈을 감행했던 것으로 추정할 수 있다. 이로 인해 이 지역에는 경화성지를 비롯해 다수의 소형성들이 축조되고 있으며, 더불어 이 성들의 주 방어 방향이 모두 읍루의 중심지인 동북쪽을 향해 있다는 점에서도 기록을 뒷받침해 주고 있다.[32]

그러나 경화성지가 고구려에 의해 재사용되었을 가능성은 매우 적다. 광개토태왕의 부여 정벌 이전 부여는 285년 모용외의 침입으로 도성이 함락되어 왕이 자살하고, 1만여 명이 포로로 잡혀가는 사건이 발생한다. 북옥저로 피난하였던 왕실이 돌아와 복국을 하였으나, 이미 심각한 타격을 입은 부여는 쇠퇴의 길을 걷게 된다. 이러한 상황에서 읍루의 후신인 물길 세력이 점차 부여 지역으로 남하해 오자 346년 "西徙近燕"을 하게 된다. 이후 곧바로 전연 모용황의 공격을 받아 부여왕 玄 이하 5만 명이 포로로 잡혀가는 결정적인 타격을 입게 되는 상황에서 빈현 일대는 이미 물길의 지배

32 이종수, 2004, 「松花江流域 初期鐵器時代 文化 硏究I—黑龍江省 慶華城址를 중심으로」, 『博物館紀要』 19, 단국대학교 석주선기념박물관.

하에 들어간 것으로 볼 수 있다.

또한 광개토태왕이 부여를 정벌한 이후 그 북계가 길림시와 교하시 일대까지였다는 점도 경화성지가 위치한 빈현 일대는 이미 물길에 의해 점령되었음을 설명해 주고 있다. 특히 경화성지를 비롯한 그 주변 지역의 유적에서 부여 시기 이후에 물길 혹은 말갈 관련 유적과 유물만 확인될 뿐, 고구려 관련 유적 유물은 전무하다는 점에서도 이 지역은 늦어도 4세기 초에 이미 물길에 의해 점령되었을 가능성이 높다.

이 밖에도 부여의 거점 지역 중 관심 있게 지켜볼 부분이 휘남 지역이다. 비록 본문에서 부여의 성곽으로 다루지 않았지만 이 지역을 대표하는 성곽으로 輝發城을 들 수 있다. 휘발성은 휘발하 동안에 위치해 있는데, 산의 해발고도는 그리 높지 않지만, 평원 한 가운데에 솟아 있어 이 지역 일대를 한눈에 내려다볼 수 있는 군사적 요충지라 할 수 있다. 성의 둘레 역시 706m로 일반적으로 부여의 지방 거점성으로 사용되던 중형성에 속한다.

이 성의 초축 시기에 대해서는 아직까지 정확하게 밝혀진 바가 없다.[33] 다만 『삼국사기』 기록에 "대무신왕 22년, 고구려가 부여의 남쪽 界線에 도착하자 부여는 전국의 군사를 총동원하여 남쪽 진펄지대에서 큰 싸움을 벌어졌다"[34]라는 내용을 통해 볼 때, 당시 싸움이 벌어졌던 진펄지대가 아마도 지금의 휘발성 일대였던 것으로 추정된다. 이는 휘발성 남쪽에 드넓은 충적평원이 펼쳐져 있으며, 그 가운데를 흐르는 휘발하 주변에 많은 호수와 늪지가 형성되어 있다는 점에서 그 근거를 찾을 수 있다. 또한 길림시에서 집안으로 향하는 교통로상에 위치하고 있다는 점 역시 휘발성이 부여의 남쪽 중진으로 사용되었을 가능성을 높여 주고 있다. 이 성은 이후 고구려

33 최근 휘발성에 대한 전면적인 발굴이 이루어졌으나 보고서가 미간되어 정확한 정보를 확인할 수 없다.

34 『三國史記』13, 高句麗本紀 2, 大武神王 5年.

그림13 휘발성 전경(좌) 및 성벽 절개 모습(우)

에 의해 재사용되고 있다.

신가성지와 복래동성지는 동옥저 교통로상에 위치해 있다. 이 두 성은 모두 납법하 서안의 대지상에 위치해 있는데, 주변이 모두 넓은 평원과 구릉성 산들로 이어져 있어 생활환경이 매우 양호한 지역이라 할 수 있다. 이러한 소형 行在城들은 대부분 소규모 읍락의 통치지배 집단이 거주하면서 행정기능을 담당하고, 전시에는 방어기능을 담당했던 것으로 보인다. 다만 이 같은 행재성들은 규모가 너무 작았던 관계로 대규모 전쟁 시에는 농성과 방어에 별 다른 기능을 하지 못했던 것으로 추정된다. 이로 인해 고구려가 이 지역을 점령한 이후 이들 성은 모두 폐기되고 있다. 이는 두 성의 내부에서 부여 관련 유물만 출토될 뿐, 고구려와 관련된 유물은 출토되고 있지 않다는 점에서 그 근거를 찾을 수 있다.

고구려는 평지에 위치해 방어적 기능이 미약한 이들 소형 성을 폐기한 후, 교하에서 물길 일대로 통하는 교통로상의 요충지에 小砬子山城, 東山山城, 南山山城 등을 새롭게 축조하고 있다. 소립자산성과 동산산성의 경우 산 정상부에 위치한 보루형 산성으로 교통로를 통제할 목적으로 축조되었으며, 남산산성은 규모가 비교적 큰 중대형 산성으로 이 지역을 직접 지배하기 위해 새롭게 축조한 고구려의 지방 거점성으로 볼 수 있다.

Ⅳ. 맺음말

이상으로 부여 성곽의 특징과 관방체계 그리고 이들 성이 고구려에 의해 재사용되는 과정에 대해 살펴보았다. 부여 성곽의 기원에 대해서는 기록이 남아 있지 않아 그 정확한 시기를 규명할 수 없으나, 부여의 성립과 더불어 성곽이 축조된 것으로 파악할 수 있다. 부여는 행정단위가 읍락을 기초로 하고 있어 각 읍락마다 성책이 축조되었을 가능성이 높다.

현재 부여 경내에서 확인된 부여 성곽은 도성으로 동단산산성과 평지성, 용담산산성이 있으며, 지방성으로는 경화성지, 신가성지, 복래동성지 등이 있다. 도성에는 평시에 왕이 거주하는 왕성과 전시에 피난과 농성을 위한 산성을 하나로 묶는 방어 시스템이 구축되어 있다. 성벽은 대부분 토축 혹은 토석혼축으로 이루어져 있으며, 형태는 불규칙 타원형이거나 장방형을 이루고 있어 문헌기록의 "以城柵皆圓"과 부합되고 있다. 성문은 일반적으로 2~3개가 설치되어 있으며, 장대와 각루, 해자와 같은 시설물이 설치되어 있으며, 성내에서 건물지와 저장구덩이 등이 확인된다.

부여에 의해 초축되어 사용되다가 고구려에 의해 재사용된 성은 대부분 부여의 전기 도성인 길림시 일대에 집중되어 있다. 고구려가 부여의 전기 도성인 길림시 일대를 점령한 것은 5세기 초 광개토태왕 시기로, 이때부터 이 지역은 고구려의 직접 지배를 받게 된다. 고구려의 부여 성곽 재사용 흔적은 용담산산성의 남쪽 각루 기저부에서 확인된다. 각루 기저부의 토축 성벽 바깥쪽 면에 덧대어 석축 성벽이 확인되는데, 고구려의 전형적인 육합쌓기 방식이 사용되고 있다. 또한 토축 성벽 단면에서 서단산문화 토기편만 주로 확인되고 있다는 점에서 용담산산성의 부여에 의해 초축되었으며, 5세기 고구려가 이 지역을 점령한 이후 성을 보수하여 재사용한 것임을 알 수 있다. 이 밖에도 고구려는 부여의 북쪽 경계 지역을 점령한 이후 방어

기능이 미약한 지방의 소형 행재성을 폐기하고, 교통로 주변의 군사적 요충지에 보루형 산성과 중대형의 거점성을 새롭게 축조하고 있다. 이러한 일련의 작업은 모두 북쪽에서 남하하는 물길세력을 방어하기 위한 목적으로 시행되고 있다.

참고 문헌

1. 남한

공석구, 1990,「광개토왕릉비 동부여에 대한 고찰」,『韓國史硏究』70, 한국사연구회.

김광수, 1993,「夫餘의 '大使'職」,『朴永錫敎授華甲紀念韓國私學論叢』上.

노중국, 1983,「동부여의 몇 가지 문제점에 대하여」,『韓國史論集』10.

노태돈, 1989,「부여국의 강역과 그 변천」,『國史館論叢』4, 1989.

박경철, 1995,「부여사의 전개와 지배구조」,『韓國史 2』, 한길사.

박경철, 1996,「부여국가의 지배구조 고찰을 위한 일시론」,『古朝鮮과 夫餘의 諸問題』, 신서원.

서길수, 1995,「송화강유역의 고구려 산성 연구(I)」,『고구려연구』1, 고구려연구회.

서영수, 1988,「광개토왕릉비문의 정복기사 재검토」,『역사학보』195, 역사학회.

송기호, 2005,「부여사 연구의 쟁점과 자료해석」,『한국고대사연구』37, 한국고대사학회.

송호정, 1997,「夫餘」,『한국사 4—초기국가(고조선 · 부여 · 삼한)』, 국사편찬위원회.

송호정, 2000,「고조선 · 부여의 국가구조와 정치운영」,『한국고대사연구』17, 한국고대사학회.

송호정, 2003,「고대 부여의 지배구조와 사회구성」,『강좌 한국고대사』10.

송호정, 2005,「부여의 국가형성 과정과 문화 기반」,『북방사논총』6호, 고구려연구재단.

양시은, 2013,『高句麗 城 硏究』, 서울대학교 박사학위 논문.

여호규, 1998, 『高句麗城I—鴨綠江中上流篇』, 國防軍史硏究所.

여호규, 1999, 『高句麗城II—遼河流域篇』, 國防軍史硏究所.

여호규, 2012, 「고구려 성곽과 방어체계의 변천」, 『한국군사사—성곽』 14, 육군본부.

이도학, 1991, 「방위명 부여국 성립에 관한 검토」, 『백산학보』 38, 백산학회.

이병도, 1976, 「부여고」, 『韓國古代史硏究』, 博英社.

이종수, 2003, 「부여성곽의 특징과 관방체계연구」, 『백산학보』 67, 백산학회.

이종수, 2004, 『夫餘文化硏究』, 吉林大學 박사학위논문.

이종수, 2004, 「松花江流域 初期鐵器時代 文化 硏究I—黑龍江省 慶華城址를 중심으로」, 『博物館紀要』 19, 단국대학교 석주선 기념박물관.

이종수, 2005, 「고구려의 부여진출과정 연구」, 『高句麗硏究』 21집, 고구려연구회.

이종수, 2007, 「中國의 夫餘史 認識과 硏究現況 檢討」, 『高句麗硏究』 28집, 고구려연구회.

이종수, 2009, 「무덤의 변화양상을 통해 본 부여사 전개과정 고찰」, 『先史와古代』 30, 한국고대학회.

이종수, 2009, 『송화강유역 초기철기문화와 부여의 문화기원』, 주류성출판사.

이종수, 2010, 「고고자료를 통해 본 부여의 대외교류 관계 검토」, 『先史와古代』 33, 한국고대학회.

이종수, 2013, 「송화강유역 초기철기문화의 변천과 부여문화 성립과정 고찰」, 『동양학』 53호, 단국대학교 동양학연구원.

이종수, 2013, 「부여의 대외교류와 교통로 연구」, 『백산학보』 95호, 백산학회.

정원철, 2010, 『高句麗山城硏究』, 길림대학 박사학위논문

2. 북한

김순남, 2000, 「고구려 초기 수도방위성 체계」, 『조선고고연구』(2000−1).

리지린, 1963, 「부여에 대한 고찰」, 『고조선연구』, 과학원출판사.

리경일, 2003, 「길림성 교하일대의 요새유적」, 『조선고고연구』 1.

사회과학원력사연구소, 1979, 「부여사」, 『조선전사』 2, 과학백과사전출판사.

3. 중국

景愛 · 董學增, 1987,「吉林舒蘭縣古界壕,烽台與城堡」,『考古』(1987−2).

耿鐵華 · 王志敏 · 李魁星, 1988,「柳河縣三統河流域原始文化遺址踏查」,『博物館研究』(1988−2).

耿鐵華 · 王志敏 · 李魁星, 1989,「柳河縣一統河流域的原始文化遺」,『博物館研究』(1989−1).

喬梁, 2004,「慶華遺存試論」,『北方文物』(2014−1).

國家文物局主編, 1993,『中國文物地圖集—吉林分冊』, 中國地圖出版社.

吉林省地方志編纂委員會編, 1994,『吉林省志卷43—文物志』, 吉林人民出版社.

吉林省文物管理委員會, 1965,「輝發城調査簡報」,『文物』(1965−7).

馬德謙, 1987,「淡淡吉林龍潭山, 東團山一帶的漢代遺物」,『北方文物』(1987−4).

馬德謙, 1991,「夫餘文化的幾個問題」,『北方文物』(1991−2).

馬德謙, 1994,「夫餘叢說」,『博物館研究』(1994−3).

馬德謙, 1995,「夫餘前期國都的幾個問題」,『博物館研究』(1995−3).

唐音 · 翟敬源 · 張寒冰, 2003,「吉林市東團山漢魏時期及明代遺址」,『中國考古學年鑒2002』, 文物出版社.

唐音, 2008,「東團山遺址」,『田野考古集粹』, 文物出版社.

唐洪源, 2000,「遼源龍首山再次考古調査與清理」,『博物館研究』(2000−2).

董學增, 1992,「吉林張廣才嶺上的前進古城考」,『北方文物』(1992−1).

董學增, 1998,「吉林蛟河八垧地青銅時代遺址及其附近"堡塞"遺迹調查」,『遼海文物學刊』2.

董學增, 1982,「吉林東團山原始 · 漢 · 高句麗 · 渤海諸文化遺址調査略報」,『博物館研究』創刊號.

董學增, 1989,「吉林蛟河縣新街 · 福來東古城考」,『博物館研究』(1989−2).

董學增, 1996,「從東團山 · 帽兒山漢晉時代的文化遺存看當時今吉林市的歷史與民族」,『中國考古集成東北卷秦漢至三國』, 北京出版社.

董學增, 1986,「吉林市龍潭山高句麗山城及其附近衛城調査報告」,『北方文物』(1986−4).

武國勛, 1983,「夫餘王城新考-前期夫余王城的發現」,『黑龍江文物叢刊』(1983-4).
邵蔚風, 2001,「吉林市東團山遺址局部調查簡報」,『博物館硏究』(2001-1).
嚴長錄, 1994,「夫餘的遺迹和遺物」,『民族文化的諸問題』, 世宗文化社.
遼源市文物管理所, 1994,「吉林遼源市龍首山城內考古調查簡報」,『考古』(1994-3).
遼源市文物管理所, 1997,「吉林遼源市龍首山遺址的調查」,『考古』(1997-2).
魏存成, 2002,『高句麗遺迹』, 文物出版社.
劉玉成, 2012,「吉林市龍潭山鹿場遺址出土陶片的初步硏究」,『東北史地』6. 吉林省社會科學院.
劉玉成·關長春·楊儁峰·劉力·翟敬源·杜戰偉·王樂文·于立群·高秀華, 2014,「吉林市龍潭山鹿場遺址發掘簡報」,『北方文物』(2014-1).
李建才, 1982,「夫餘的疆域和王城」,『社會科學戰線』(1982-4).
李建才, 1995,「吉林市龍潭山山城考」,『博物館硏究』(1995-2).
李建才, 1995,「再論北夫餘·東夫餘卽夫餘的問題」,『東北史地考略』續集, 吉林文史出版社.
李建才, 2001,「三論北夫餘·東夫餘卽夫餘的問題」,『東北史地考略』第三集, 吉林文史出版社.
李文信, 1992,「吉林市附近之史蹟與遺物」,『李文信考古文集』, 遼寧人民出版社.
李文信, 1992,「吉林龍潭山遺蹟報告」,『李文信考古文集』, 遼寧人民出版社.
林沄, 1994,「夫餘史地再探討」,『北方文物』(1999-4).
張博泉, 1981,「夫餘史地叢說」,『社會科學輯刊』(1981-6).
張博泉·魏存成 主編, 1997,『東北古代民族、考古與疆域』, 吉林大學出版社.
張博泉, 1998,「夫餘的地理環境與疆域」,『北方文物』(1998-2).
張福有·孫仁杰·遲勇, 2011,「夫餘後期王城考兼說黃龍府」,『東北史地』(2011-2).
翟立偉·仇起, 2004,「吉林市的城市起源-兼論龍潭山城的始建年代」,『東北史地』(2004-9).
田耘, 1987,「兩漢夫餘硏究」,『遼海文物學刊』(1987-2).
王綿厚·李健才, 1990,『東北古代交通』, 沈陽出版社.
王綿厚, 1990,「東北古代夫余部的興衰及王城變遷」,『遼海文物學刊』(1990-2).

王綿厚, 2002,『高句麗古城研究』, 文物出版社.
黑龍江省文物考古研究所, 1988,「黑龍江賓縣慶華遺址發掘報告」,『考古』(1988-7).

4. 기타

池內宏, 1932,「夫餘考」,『滿鮮地理歷史研究報告』13.
白鳥庫吉, 1970,「夫餘國の始祖東明王の傳說に就いて」,『白鳥庫吉全集』5.
田村晃一, 1987,「新夫餘考」,『青山考古』3.
日野開三郎, 1946,「扶餘國考」,『史淵』34, 九州大.
中山淸隆, 1998,「濊·夫餘の考古新探」,『北方の考古學』.
井上秀雄, 1976,「夫餘國王と大使」,『柴田實記念日本文化史論叢』.
Mark E, Byington, 2005,「A Study of Cultural and Political Relations Between PUYO and KOGURYO」,『고구려와 동아시아—문물교류를 중심으로』, 고려대학교 국제학술 심포지움(학술14) 자료집.

考古資料를 통해 본 三燕과 高句麗의 문화적 교류

조윤재

I. 머리말

3~6세기 동북아시아 지역은 다양한 배경을 가진 종족의 정치체들이 각축했던 역사적 발전단계를 형성한 바 있다. 소위 중원을 거점으로 오랜 시간 국가체제를 이룩하며 팽창해 왔던 漢帝國이 그 패권을 소실하는 시점이기도 하며 동시에 이러한 공백을 틈타 漢의 嫡統을 자처하며 각자 分立의 政權을 통해 성장하려던 三國의 爭覇가 시작되는 시점이기도 하다. 아울러 북방의 전통적인 강호인 匈奴와 鮮卑도 내부적 분열과 통합을 거쳐 기존의 한제국 주변부를 서서히 잠식해가며 성장해 가던 시기이다. 특히 선비세력은 그들의 거점 지역이었던 북방의 광활한 지역에서 황하상류의 요충 지역인 지금의 내몽고 지역으로 그 세력을 넓힌다. 지리적 위치에 따라 전통적으로 東部鮮卑와 北部鮮卑로 대별하는데 이 중 동부선비는 다시 慕容, 宇文 및 段部鮮卑系로 세분된다. 특히 모용선비는 다수의 정권을 건립한 선비부족으로 4~5세기경에 前燕, 吐谷渾, 後燕, 西燕 및 南燕 등의 다섯 개 정권을 수립한 전력을 가지고 있다. 모용선비에 대한 본격적인 언급은 東漢 桓帝時期(147~168년)에 등장하는데[1] 曹魏 初期 모용선비는 남하하여

지금의 大凌河 流域으로 진출한다. 이 지역은 당시 요서의 腹地로서 독립된 정치체로 割據하는 전기를 마련하게 된다. 이후 다수의 정권이 교체하면서 五胡十六國時期 北方의 영향력 있는 국가로 성장해 나간다. 이들 초기 선비문화에 관한 구체적 정보는 사료의 결핍으로 그 전모를 파악하는 데 어려움이 따른다. 다만 1950년대부터 확인되기 시작하는 고고자료로 인해 그 실체가 부분적으로 인지되고 있다.[2] 특히 요서 지역 및 하남 지역에서 前·後燕 및 北燕의 고고자료가 대량으로 검출되면서 이에 관한 본격적인 탐색과 연구가 모색되었다. 특히 "三燕"이라 지칭하는 前·後燕 및 北燕의 기년고분이 다수 검출됨으로써 모용선비문화의 주체가 상당부분 노출된 것은 주목할 만한 대목이다.[3] 물론 北燕을 건립한 馮跋은 漢系人物이지만 이들은 상당히 선비화가 진행된 상층부 인사이기에 北燕의 통치계층도 선비문화의 색채를 강하게 표출하고 있다. 이들 문화는 특히 고분 및 출토유물을 통해 독자적 면모를 보여 주고 있는데 당시 요서 및 요동 지역의 주류 문화를 형성한 것은 분명한 사실이다.

한편 이 시기 요동 지역에는 또 다른 배경을 가진 강력한 고대국가 고구려가 연접해 자리 잡고 있었다. 역사적으로 고구려는 삼연정권과 경쟁과 갈등을 거치며 내재적 성장을 도모하였다. 그러나 북연 시기에 이르러 고구려는 갈등과 불화보다는 평화적인 관계를 설정하며 대중원 교섭의 편

---

1 『三國志·魏書』卷三十, 烏丸鮮卑東夷傳: "桓帝時使匈奴中郎將張奐征之, 不克. …據後漢書鮮卑傳改貊爲東部, 二十餘邑, 其大人曰彌加·闕機·素利·槐頭. 從右北平以西至上穀爲中部, 十餘邑, 其大人曰柯最·闕居·慕容等, 爲大帥."

2 陳大爲, 1960, 「遼寧北票房身村晉墓發掘簡報」, 『考古』1期; 劉謙, 1963, 「遼寧義縣保安寺發現的古代墓葬」, 『考古』1期; 黎瑤渤, 1973, 「遼寧北票縣西官營子北燕馮素弗墓」, 『文物』3期; 洛陽博物館, 1973, 「洛陽北魏元邵墓」, 『考古』4期; 遼寧省博物館文物隊·朝陽地區博物館文物隊·朝陽縣文化館, 1984 「朝陽袁台子東晉壁畫墓」, 『文物』6期; 遼寧省文物考古研究所·朝陽市博物館·朝陽縣文物管理所, 1997, 「遼寧朝陽田草溝晉墓」, 『文物』11期.

3 孫危, 2007, 『鮮卑考古學文化研究』, 科學出版社.

의를 구하였다고 보는 시각도 있다.[4] 요하유역의 분쟁종식은 兩者間의 인적 · 물적 교류를 증대시켰으며 이러한 과정에서 선비문화는 물론 중원의 선진문물도 삼연 지역을 통해 원활히 수급되는 국면이 조성되었다. 이러한 역사적 배경은 양자의 고고자료에서도 다분히 포착되고[5] 있어 이에 대한 면밀한 고찰의 필요성이 강조되고 있다. 본문은 삼연의 고고학적 문화를 검토하고 이들 문화요소가 고구려에 유입된 과정과 계기를 구명해 보려 한다. 아울러 삼연문화의 면면에서 고구려 문화의 수용도 보이고 있어 이왕의 고고자료에 대한 논의도 병행하려 한다.

II. 三燕文化의 定意와 形成

선비세력은 3세기 초부터 요서 지역을 장악하면서 중원으로 그 세력을 팽창하기 위한 교두보를 마련하게 된다. 요서로 진출한 선비세력 중 慕容皝은 棘城에 도읍을 정하고 燕을 건국하는데 이를 前燕이라 부르고 있다. 이후 慕容垂는 하북성 中山으로 천도하고 새로운 전기를 마련하는데 이를 後燕이라 부른다. 이후 慕容泓, 慕容德 등은 관중과 산동에 또다시 선비정권을 수립하는데 이를 西燕과 南燕이라 칭하고 있다. 이외에도 선비화된 漢人 모용운과 풍발은 後燕 慕容熙을 제거하고 신정권을 건립하는데 이를 北燕이라 부른다. 일반적으로 三燕은 요서 지역의 龍城을 도읍으로

---

4 張國慶, 1989,「略論高句麗與"三燕"的戰和關系」,『遼寧教育學院學報』2期.

5 王巍, 1997,「從出土馬具看三至六世紀東亞諸國的交流」,『考古』12期; 田立坤, 1998,「三燕文化與高句麗考古遺存之比較」,『青果集－吉林大學考古系十周年紀念文集』, 知識出版社; 魏存成, 1991,「高句麗馬具的發現與研究」,『北方文物』4期; 神谷正弘, 2006,「中國 · 韓國 · 日本出土の馬胄と馬甲」,『東アジア考古學論叢』, 奈良文化財研究所 · 遼寧省文物考古研究所; 諫早直人, 2008,「古代東北アジアみにおける馬具の製作年代」,『史林』91－4.

한 선비정권을 말하는데 前燕(337~370년), 後燕(384~409년), 北燕(409~436년)의 세 정권을 지칭한다. 아울러 三燕文化는 요서 龍城 및 그 주변 지역에서 발견된 魏晉南北朝時期 모용선비 및 삼연 시기의 고고학적 문화를 통칭한다.

삼연문화와 관련된 최초의 고고자료는 1956년 조사된 北票 房身墓를 들 수 있다. 이후 北燕 馮素弗墓, 後燕 崔遹墓, 袁臺子壁畫墓 등 중요한 고고학적 지표가 출현하면서 삼연문화에 대한 본격적인 논의가 시작되었다.[6] 이들 분묘유적들은 그 성격에 대한 철저한 논의와 규명이 진행되지 못함으로써 고분의 年代와 墓主의 성격을 제대로 밝혀내지 못하였다. 이러한 상황은 출토된 여러 고분을 명명할 때 상당한 혼란을 가져오게 되는 원인을 제공하였다. 예로 "晉墓", "鮮卑墓" 혹은 묘주의 성명을 고분에 冠名하는 사례가 발생하면서 고분 자체에 대한 성격규명에 어려움을 주었다. 삼연문화의 제창은 1990년 大連에서 개최된 環渤海考古學術大會에서 최초로 제시되었는데 요서 龍城 및 주변 지역에서 발견된 魏晉十六國時期 慕容鮮卑 및 三燕時期의 고고유적을 삼연문화라는 속성으로 파악하여 탐색해야 할 필요성을 강조하였으며 요동 지역 고구려문화와의 관계도 함께 논의되었다.[7]

선비족의 발흥과 삼연문화의 성립은 직접적인 인과관계를 형성하고 있다. 선비족은 고대 중국의 북방 지역에 형성된 非漢族政治體 중 그 세력과 판도가 중원의 한족정권에 가히 위협을 줄 수 있는 변방민족 세력이었다. 漢代의 문헌기록 중 鮮卑에 대한 기록은 東漢 이후 그 세력과 판도를 계속 확장해 간 것으로 기록하고 있다. 선비족의 慕容部는 중심세력으로 향후 삼연문화를 형성하는 데 결정적인 역할을 한다. 초기 慕容部는 서요하유

6 遼寧省文物考古研究所, 2002,『三燕文物精粹』, 遼寧人民出版社, 3~6쪽

7 龍源, 1991,「1990年環"渤海考古"學術討論會紀要」,『遼海文物學刊』1期, 17쪽.

역을 중심으로 세력을 점하고 있었으며 유목을 주요 생업으로 하는 경제 형태를 유지하고 있었다.

曹魏年間, 모용씨의 莫戶跋이 요서로 진출하면서 요서 지역은 본격적으로 모용부의 통제를 받기 시작한다. 289년, 慕容廆는 大凌河流域으로 천이하면서 棘城에 거점을 정한다. 337년 모용외의 아들 慕容皝이 燕王을 자칭하면서 棘城을 도읍으로 정하고 정권을 수립한다. 352년 다시 鄴城으로 도읍을 옮기며 팽창을 꾀하지만 370년 前秦에 의해 소멸된다. 384년 모용수는 중산에 후연정권을 수립하지만 오래지 않아 馮氏가 건립한 북연정권에 패멸된다.

이러한 삼연의 형성은 용성 및 그 주변 지역에 다양한 물질문화를 생성하였다. 특히 고분유적에서는 다양한 부장유물이 검출되고 있어 당시 삼연사회의 특성과 속성을 판단하는 데 유용한 근거를 마련해 주고 있다. 특히 삼연문화의 속성 중 주목해야 할 대목은 선비계 외의 漢人系 문화가 혼재되어 있는 복합적 구성체를 표출하고 있다는 점이다. 또 삼연과 요동 지역의 고구려는 정치, 경제, 문화적으로 상당히 밀접한 관계를 맺고 있었다. 咸康七年(341)전연의 慕容皝은 사만의 군대를 이끌고 고구려를 공격하여 고구려 수도 丸都城과 宮室을 태우고 남녀 오만 명의 인질까지 포획하여 귀환한 기록도 보이고 있다.[8] 삼연의 고고자료를 통한 동북아시아의 비교 검토는 당시 고대 한국의 政治體는 물론 일본열도의 倭와도 그 연관성을 노출하고 있어 면밀하게 주시해야 할 대상이다.

8 『晉書』 慕容皝載記.

Ⅲ. 三燕 考古學文化의 성격

초기 선비문화 및 삼연문화에 고고학적 접근은 1950년대 말에 시작되었다. 이후 자료의 증가와 상관연구의 축적으로 선비문화에 대한 고고학적 조명은 이미 하나의 영역으로 발전하였다. 선비에 대해 역사적인 시각으로 접근한 연구는 白鳥庫吉의 『東胡民族考』를 들 수 있으나 이후 중국 내부의 연구 성과는 제대로 이루어지지 못하였다. 실제적으로 고고학적인 이해를 시도한 것은 1950대에 들어와서 초보적인 유적조사와 이를 정리한 자료가 공개되면서부터이다.

최근까지 고분을 통한 연구가 대종을 이루고 있는데 그 대상 지역은 서요하유역과 小陵河流域을 중심으로 집중적인 조명이 진행되고 있다. 이 중 고분의 분포가 집중되는 舍根墓群, 新勝屯墓群, 王子墳山墓群, 喇嘛洞墓群 등의 중심고분에 대한 조사가 상당 부분 이루어졌다. 현재까지 약 500여 기의 고분에 대한 고고학적 조사가 이루어졌는데 자료가 공개된 것은 130여 기에 이르고 있으나 고분의 구조와 부장유물의 組合相이 비교적 정연한 것은 약 70여 기로 보고되었다.[9] 三燕時期 고분의 연구는 주로 모용선비문화의 계통성과 그 문화적 맥락을 밝히는 데 집중되고 있다.[10] 특히 선비유적의 분기문제, 고분의 형식과 계통, 고분의 속성(鮮卑系와 漢系의 구성), 선비문화의 원류 및 모용과 탁발의 상관관계, 선비족의 공간적 이동, 삼연벽화묘의 속성과 원류, 선비문화와 주변 지역 타 문화의 교류(한국 및 일본과의 교섭) 등에 대한 연구과 모색이 다수를 점하고 있다. 통계에 따르면, 요서 지역의 삼연고분은 지금까지 70여 기가 발견되었다. 삼연 시기

9 遼寧省文物考古研究所, 2002, 『三燕文物精粹』, 遼寧人民出版社, 13쪽.

10 田立坤, 2001, 「三燕文化墓葬的類型與分期」, 『漢唐之間文化藝術的互動與交融』, 文物出版社.

고분연구 관련논문은 발굴보고서 이외에 개별 연구자들의 관련 연구가 진행되었다.[11] 본장의 검토 방식은 최근까지 공개된 삼연고분 관련 자료를 정리하여, 고분의 구조적 특징, 시대 구분, 출토유물의 편년 및 조합상 등으로 나누어 고찰한다. 그러나 최근 새로이 발표된 삼연고분 관련 연구 자료는 다수 수록되어 있지 않았다. 이에 본문은 요서 지역 삼연고분 자료를 전면적으로 정리하여 고분의 특징, 시대 구분 및 몇 가지 새로운 인식으로 나누어 논하고자 한다.

1. 三燕古墳의 分期設定

삼연의 전신인 모용선비의 기원은 비록 이른 시기부터로 추정하고 있으나 기록의 초현은 약 3세기 전반부터 구체적으로 보이기 시작한다. 曹魏 초기 모용선비 세력은 大凌河 유역까지 남하하여 요서 지역의 腹地를 점거하면서 본격적인 영역 확보를 진행해 나간다. 이후 약 200여 년간에 걸쳐 북방지역에 강력한 세력을 구가하며 前燕, 後燕, 南燕, 西燕 및 吐谷渾 등의 정권을 차례로 건립하였는데 중국의 五胡十六國時期 가장 많은 수의 정권을 건립한 부족이기도 하다. 그러나 상대적으로 너무나 영성한 문헌기록으로 인해 이들 민족과 문화에 관한 구체적 묘사가 용이하지 않은 상황이다. 그러나 1950년대 이후 遼西地域과 河南省 등지에서 발견된 삼연 관련 고고자료로 인해 모용선비 연구의 새로운 돌파구를 마련하게 된다.[12] 특히 일

11 宿白, 1977,「東北·內蒙古地區的鮮卑遺跡-鮮卑遺跡輯錄之一」,『文物』9期; 徐基, 1987,「關於鮮卑慕容部遺跡的初步考察」,『中國考古學會第六次年會論文集』, 文物出版社; 田立坤, 1991,「三燕文化遺存的初步研究」,『遼海文物學刊』1期; 田立坤, 2001,「三燕文化墓葬的類型與分期」,『漢唐之間文化藝術的互動與交融』, 文物出版社.

12 米文平, 1981,「鮮卑石室的發現與初步研究」,『文物』2期; 陣大爲, 1960,「遼寧北票房身村晉墓發掘簡報」,『考古』1期; 劉謙, 1963,「遼寧義縣保安寺發現的古代墓葬」,『考古』1期; 黎瑤

부 고분 중에서 출토된 기년유물은 이 시기 물질자료를 통한 편년설정에 결정적인 근거를 제시해 주었다.

삼연은 비록 100여 년의 짧은 역사를 가지고 있지만, 그 주요 활동 지역인 요서 지역에 대량의 특색 있는 유물을 남겼으며, 고분이 대종을 이루고 있다. 분포 지역은 주로 요서 지역의 강가, 산비탈, 산록 지대 등 다양하다. 지금까지 발견된 고분의 묘주는 대부분은 선비족이며, 모용 선비 정권에 속한 漢人도 다수이다. 묘주가 漢人으로 추정되는 고분은 錦州 李廆墓, 太平房村壁畫墓, 後燕의 崔遹墓, 馮素弗墓 등이 있다. 특히 풍소불의 경우 혈통은 漢系였으나, 이미 鮮卑化가 된 대표적인 漢系鮮卑人으로 볼 수 있다. 비록 이들이 선비계 인물은 아니었지만 모용선비문화의 영향을 강하게 받았기 때문에 삼연유적은 모용선비문화를 골자로 하는 문화적 특색을 보여준다. 일반적으로 삼연 지역 고분들을 근거로 하여 그 계통성과 연속성에서 이른 시기의 속성을 보이는 고분을 포함하여 시기별로 4기로 분류한다.(표1, 2, 3)

1) 제1기(2세기 말~3세기 전반)

이 시기에 해당하는 고분으로는 通遼市 科左中旗의 六家子古墳, 科左後旗의 新勝屯古墳, 舍根古墳 및 毛力吐古墳 등이 있다.[13] 이 중 六家子

渤, 1973, 「遼寧北票縣西官營子北燕馮素弗墓」, 『文物』 3期; 中國社會科學院考古研究所安陽工作隊, 1983, 「安陽孝民屯晉墓發掘報告」, 『考古』 6期; 遼寧省博物館文物工作隊 · 朝陽地區博物館文物隊 · 朝陽縣文化館, 1984, 「朝陽袁臺子東晋壁畵墓」, 『文物』 6期; 遼寧省博物館, 1984, 「遼寧本溪晉墓」, 『考古』 8期; 李宇峰, 1986, 「遼寧朝陽兩晉十六國時期墓葬清理簡報」, 『北方文物』 3期; 田立坤, 1994, 「朝陽前燕奉車都尉墓」, 『文物』 11期; 璞石, 1994, 「遼寧朝陽袁臺子北燕墓」, 『文物』 11期; 孫國平 · 李智, 1994, 「遼寧北票倉糧窖鮮卑墓」, 『文物』 11期; 遼寧省文物考古研究所 · 朝陽市博物館, 1997, 「朝陽王子墳山墓群1987 · 1990年度考古發掘的主要收穫」, 『文物』 11期; 遼寧省文物考古研究所 · 朝陽市博物館 · 朝陽縣文物管理所, 1997, 「遼寧朝陽田草溝晉墓」, 『文物』 11期.

古墳群의 묘제와 출토유물이 비교적 선명한 특징을 보여 주고 있다. 출토유물로는 토기, 금은기, 동기, 철기, 호박 및 옥석제품 등이 대표적이다. 이 중 새로운 조형의 토기가 출현하고 있는데 구연이 외반된 舌狀口脣壺가 확인되고 있어 부장토기상의 획기를 이룰 수 있는 지표를 제공해 주고 있다.

2) 제2기(3세기 중엽-4세기 初)

이 시기에 해당하는 고분은 內蒙古自治區 烏蘭察布市 察右前旗 下黑溝古墳群[14], 遼寧北票房身村古墳[15], 義縣保安寺古墳[16], 朝陽王子墳山古墳(M9001～9004, 臺M8702～8705, 臺M8708～8713, 臺M9014～9016, 臺M9019, 臺M9021, 臺M9022, 臺M9028)[17], 十二臺鄕塼廠古墳(十二臺M2～M4)[18] 및 單家店古墳(단가점M1, M3, M4)[19] 등이 있다. 고분구조에 의하여 수혈토광묘와 석곽묘로 대별된다. 이 중 왕자분산고분이 수혈토광묘로 대부분 평면상 제형의 토광구조를 취하고 있으며 목관의 형태도 한쪽이 넓고 반대쪽이 좁은 제형을 이루고 있다. 장법은 대다수가 신전장을 채용하고 있다. 부장품은 일반적으로 목관 내에 안치하고 있으나 일부 벽감을 둔 고분의 경우 토기와 소뼈를 감실에 안치한 경우도 보인다.

---

13 張柏忠, 1989,「內蒙古科左中旗六家子鮮卑墓群」,『考古』5期.

14 郭治中 · 魏堅, 1994,「察右前旗下黑溝鮮卑墓及其文化性質初論」,『內蒙古文物考古文集』第一輯, 中國大百科全書出版社.

15 陣大爲, 1960,「遼寧北票房身村晉墓發掘簡報」,『考古』1期.

16 劉謙, 1963,「遼寧義縣保安寺發現的古代墓葬」,『考古』1期.

17 遼寧省文物考古硏究所, 1997,「朝陽王子墳山墓群1987～1990年度考古發掘的主要收穫」,『文物』11期.

18 李宇峰, 1986,「遼寧朝陽兩晉十六國時期墓葬淸理簡報」,『北方文物』3期.

19 위의 논문.

3) 제3기(4세기 전반~5세기 초, 전·후연 시기)

이 시기에 해당하는 고분은 모두 遼寧省과 河南省에 분포하고 있는데 遼寧省 朝陽 三合成古墳群[20], 田草溝古墳[21], 八寶村古墳[22], 大平房村古墳[23], 北廟村古墳[24], 十二臺鄉塼廠88M1[25], 奉車都尉墓[26] 및 北票倉糧窖古墳[27], 安陽孝民屯古墳[28] 등이 있다. 고분구조에 따라 수혈식토광묘와 석실묘로 대별된다. 이 중 三合成古墳, 孝民屯古墳, 倉糧窖古墳 등이 수혈식토광묘로 분류된다. 평면은 장방형으로 남북장축 방향 혹은 동서장축 방향을 이루고 있으며 대부분 梯形의 木棺을 안치하고 있다. 장법은 모두 신전장을 채용하고 있으며 부장품은 벽감과 목관 내부에 부장하고 있다. 부장유물은 토기, 자기, 철기, 금동마구 등이 확인되고 있다. 이외의 고분은 모두 석실묘로서 장대석을 이용하여 석실을 덮은 구조를 이루고 있으며 목관을 안치하고 있다. 장법은 수혈식토광묘와 같이 신전장을 채용하였으며 유물은 목관 내부, 이실 및 제대 상면에 부장하고 있다. 부장유물은 토기, 칠기, 금은기, 동기, 철기 및 소의 대퇴골 등이 확인되었다. 일부 고분의 경우 벽화의 흔적도 보이고 있다.

---

20 于俊玉, 1997,「朝陽三合成出土的三燕文物」,『文物』11期.

21 遼寧省文物考古硏究所·朝陽市博物館·朝陽縣文物管理所, 1997,「遼寧朝陽田草溝晉墓」,『文物』11期.

22 朝陽地區博物館, 1985,「遼寧朝陽發現北燕·北魏墓」,『考古』第10期.

23 위의 논문.

24 위의 논문.

25 遼寧省文物考古硏究所·朝陽市博物館, 1997,「朝陽十二臺塼廠88M11發掘簡報」,『文物』11期.

26 田立坤, 1994,「朝陽前燕奉車都尉墓」,『文物』11期.

27 孫國平·李智, 1994「遼寧北票倉糧窖鮮卑墓」,『文物』11期.

28 中國社會科學院考古硏究所安陽工作隊, 1983,「安陽孝民屯晉墓發掘報告」,『考古』6期.

4) 제4기(5세기 전반, 북연 시기)

이 시기에 해당하는 고분은 모두 遼寧省 범위 안에 분포하고 있다. 北票馮素弗墓[29], 朝陽袁臺子北燕墓[30] 등으로 공히 석실묘 구조를 갖추고 있다. 고분의 구조가 이전 시기에 다소 복잡해지는 경향을 보이는 것이 특징이다. 이전의 단실구조에서 벗어나 墓道, 甬道, 前廊, 耳室 등을 갖춘 다실묘의 형태를 보여 주고 있다. 장구는 모두 목관을 사용하고 있으며 다량의 부장품을 안치하고 있는데 토기, 동기, 철기, 금은기, 칠기, 옥기, 유리제품, 마구, 무기, 儀仗車 부속구 등을 부장하고 있다.

표1 삼연고분 형식변화

분기	고분구조	비고
제1기	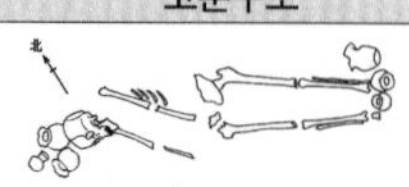	AD 2세기 말-3세기 1/4분기 신승둔M2
제2기	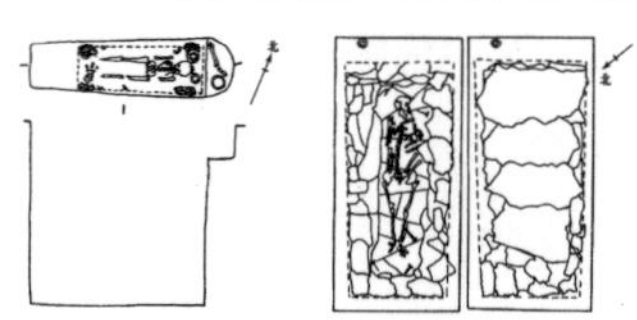	AD 3세기 중엽-4세기 초 왕자분산臺M9022 單家店鄉M3
제3기	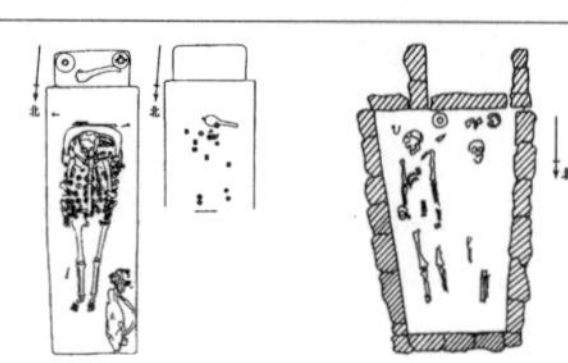	AD 4세기 1/4분기 -5세기 초(전후연) 孝民屯M154 북묘촌M1
제4기	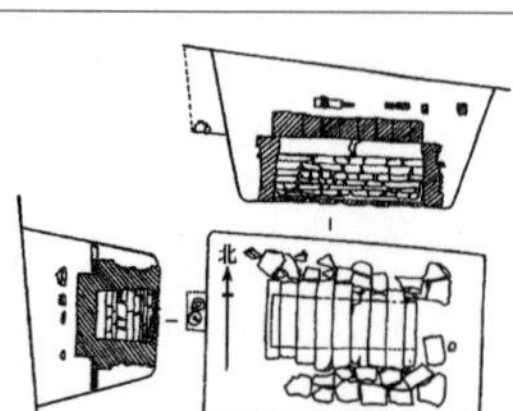	5세기 2/4분기 풍소불묘

29 黎瑤渤, 1973,「遼寧北票縣西官營子北燕馮素弗墓」,『文物』3期.

30 璞石, 1994,「遼寧朝陽袁臺子北燕墓」,『文物』11期.

표2 慕容鮮卑 및 삼연고분 출토 토기 형식 변화

기종	제1기	제2기	제3기	제4기
외반구연 鼓腹罐			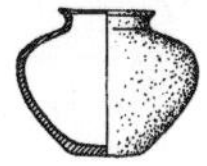	
외반구연 折肩罐				
雙耳罐	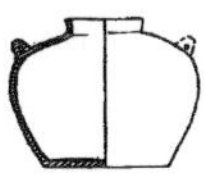			
외반구연 舌形口脣壺				
직구 雙耳壺	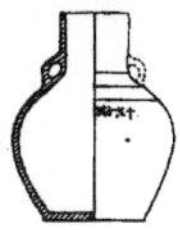			
小口壺		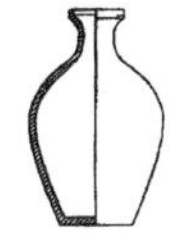	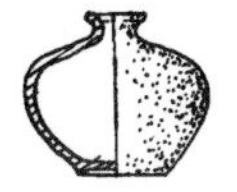	
甕		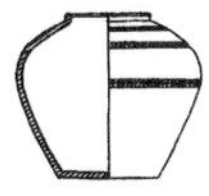	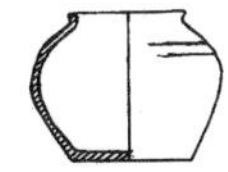	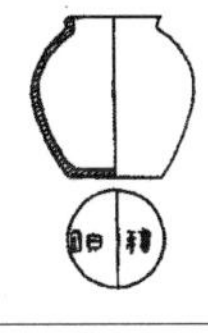
尊		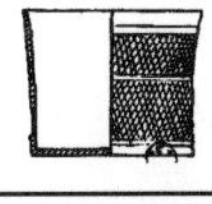		

1.北瑪尼吐M14:2 2.北瑪尼吐M8:1 3.六家子 4.六家子 5.六家子 6.王子墳山臺M9022:6
7.十二臺鄉塼廠M4 8.十二臺鄉塼廠M4 9.王子墳山臺M8712:11 10.北廟村M2:1 11.孝民屯M196:1
12.田草溝M2:18 13.大平房村M1:1 14.孝民屯M197:1 15.大平房村M1:2 16.袁臺子

주: 토기형식 분기설정의 시간적 분절은 고분과 동일하다.

표3 삼연 고분 출토 부장품

기종	제1기	제2기	제3기	제4기
철기		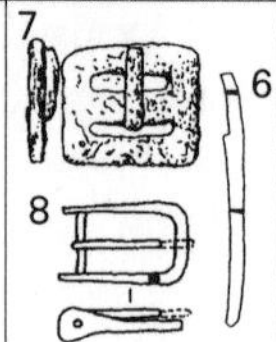 6, 7, 8	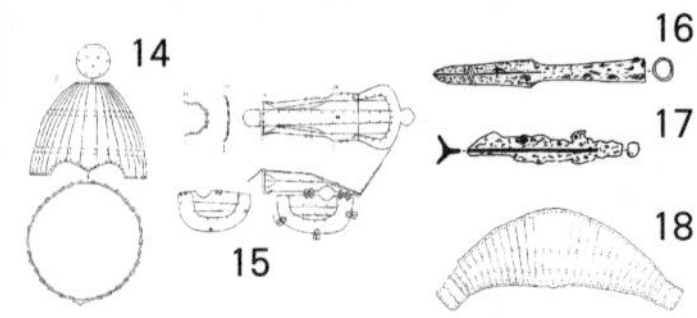 14, 15, 16, 17, 18	
동기	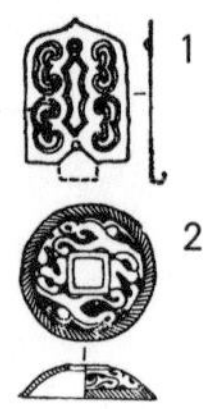 1, 2	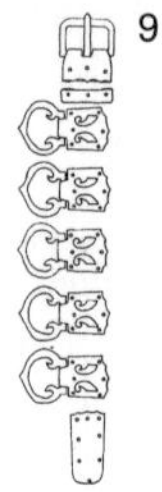 9	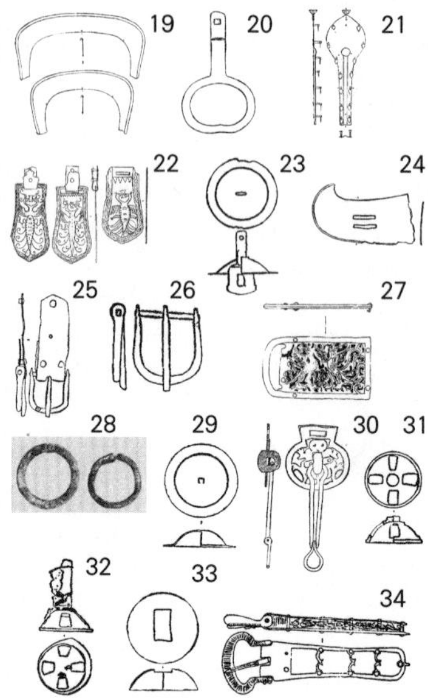 19, 20, 21, 22, 23, 24, 25, 26, 27, 28, 29, 30, 31, 32, 33, 34	
골각기		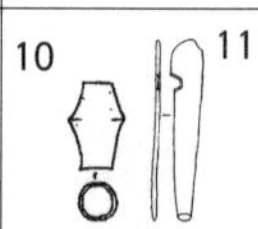 10, 11		
금은 장신구	 3, 4, 5	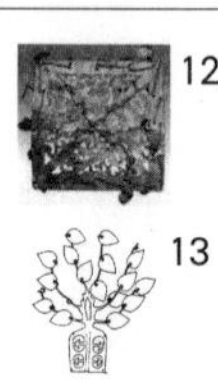 12, 13	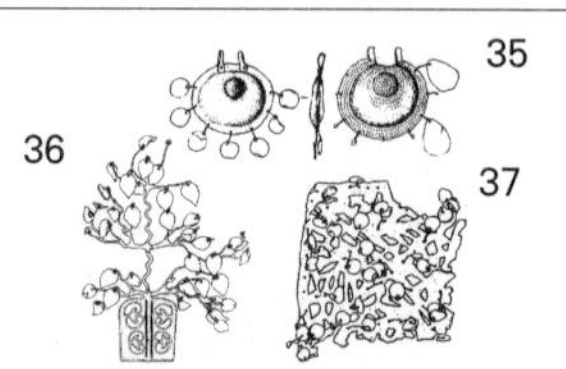 35, 36, 37	 38

1~5.六家子 6.王子墳山M9019 7.十二臺塼廠M3 8,9.王子墳山腰M9001 10.下黑溝 11.王子墳山臺M8712 12.房身村M2 13.王子墳山臺M8713 14, 15.十二臺鄕塼廠88M1 16, 17.三合成墓 24.십이대향전창88M125 25~33.孝民屯M154 34.朝陽八寶村M1 35~37.田草溝M1,2 38.馮素弗墓

2. 三燕古墳의 型式과 葬俗

고분은 대부분 동서 방향이고, 일부는 남북 방향이거나 약간 벗어나 있다. 주요 평면은 대부분 계단형으로 현재 발견된 바로는 수혈토광묘의 수량이 石構墓보다 많다. 석구묘는 대부분 돌을 곽으로 하고 내부에 쇠못으로 봉합한 梯形 목관이다. 삼연 시기 고분 형식은 크게 土坑墓, 石槨墓, 磚槨墓, 石室墓 네 가지로 나눌 수 있다.

1) 토광묘

지표에 수직으로 토광을 파고, 그 안에 목관을 배치하는 구조가 간단한 고분 형식이다. 묘혈 평면은 장방형 수혈 토광묘와 제형 수혈 토광묘로 나눌 수 있다. 장방형고분의 규모는 일정한 정형성은 보여 주고 있지는 않으나 대형고분의 경우 묘광의 길이가 대략 5m, 깊이가 4m가량이며 중형고분의 경우 길이 3m, 깊이 2m 내외이며 소형의 경우 길이가 2~3m, 깊이가 2m 이하의 규모를 보여 주고 있다. 장구는 라마동M19가 일관일곽의 형식을 채용한 것 외에는 모두 단관을 사용하였고 관과 묘광 사이에는 충진토를 채우고 단을 만들어 놓고 있다. 장방형토광묘로는 라마동M5, M9, M17, M19, M202, M266, M49, M101, M106 등을 들 수 있다. 제형토광묘는 평면이 사다리꼴을 취하고 있으며 묘광의 길이는 2~3m이며 토광바닥의 면적이 묘구면적보다 다소 작다. 다수가 단인장을 채용하고 있으며 일부 고분의 경우 두향부위에 단을 이루거나 감실을 조성해 놓고 있다. 장구는 목관을 사용하고 있고 목관의 형태도 사다리꼴을 이루고 있다. 이러한 고분으로는 왕자분산대M8702~M8716, M9019, M9021, 효민둔M154, M165, M195, 라마동M197, 北票倉糧窯墓, 朝陽三合成墓 등으로 동서 혹은 남북 방향이다.

2) 석곽묘

고분의 사면이 석판으로 축조되었고 석조로 지붕으로 덮고, 묘도, 묘문이 없다. 석곽 형식은 전면은 높고 넓으며 후면은 낮고 높은 형태로 평면이 대부분 좁고 긴 腰梯 형식으로, 내부에는 같은 형태의 목관을 배치한다. 개별 석곽은 머리 쪽에 감실을 두거나 우측 전방에 耳室을 두고, 곽실 내에 벽화를 그렸다. 방향은 남북향이 대부분이고, 동서향은 비교적 적다. 석곽묘 형식의 고분으로는 北票房身村晉墓, 十二台鄕磚廣墓, 單家店鄕墓, 朝陽八室村一號墓, 太平房村壁畫墓, 朝陽奉車都尉墓, 朝陽後燕崔遹墓, 北票馮素弗墓, 北廟村二號墓 등이 있다.

3) 전곽묘

지금까지 錦州前燕李廆墓와 錦州M2가 유일하다. 그 평면은 장방형으로 전면이 좁고 후면이 넓은 형태를 보이고 양측 묘벽이 호선형으로 돌출되어 있고 一順一丁 축조 기법을 채용하였으며 묘 천장은 반달 모양 형식으로 하였고, 바닥은 벽돌을 깔았고, 묘도, 묘문은 없으며, 남북향이다.

4) 전실묘

전실묘는 錦州 前山墓가 유일하다. 묘도, 묘문, 용도 및 묘실로 구성된 전형적인 단실 전실묘의 형태를 보여 주고 있다. 묘실의 평면은 장방형으로 묘벽이 동장되어 있고 순정기법으로 체축하고 있다. 묘실의 길이는 3.2m, 너비는 0.8～1.04m에 이른다.

5) 석실묘

고분의 사면이 석판으로 축조되었고 석판 및 석괴를 사용해 묘실의 지붕을 덮고 묘도와 묘문을 두지 않고 있다. 이 고분의 형식은 위진 시기 요양 지역

묘제의 영향을 받은 것으로 판단된다. 이후 그 영향은 약화되어 석실묘는 점차 간소화되었다. 묘실 방향은 남북향과 동서향 모두 존재하고 있다. 석실묘 고분은 朝陽袁台子東晉壁畫墓, 朝陽北廟村一號墓, 朝陽袁台子北燕墓, 朝陽十二台鄉磚廣88M1, 朝陽田草溝晉墓M1·M2 등 6기가 있다. 묘실 바닥은 석판 혹은 벽돌을 깔거나 흙을 다지는 등 수차례의 정지과정을 거쳤다. 일부 고분은 석회를 바르기도 하고, 대형 고분의 경우 목탄을 채우거나 돌로 메운 현상이 확인되었다. 고분의 대부분은 단인장이며 일부 고분에서 부부합장의 장법을 사용하기도 하였다. 장법은 대부분 仰身直肢의 一次葬이나, 北票喇嘛洞7號墓에서 二次葬도 나타난다.[31] 馮素弗묘의 경우 부부 同塚異穴葬으로, 馮素弗墓 관내에는 어린 아이를 부장하였다.

관련 문헌에 따르면 선비족은 "斂屍以棺", "肥養一犬", "祠用牛羊"[32] 등의 상장풍속을 지니고 있다고 기록되고 있다. 이러한 정황은 고고자료에서도 확인되고 있는데, 朝陽 袁台子 東晉壁畫墓 수장된 칠기 중에는 양머리 뼈, 척추뼈 등이 있고, 八寶村一號墓에는 소 넓적다리를 제물로 하였으며, 王子墳山墓群, 朝陽十二台鄉磚廣88M1, 田草溝晉墓에는 모두 소뼈가 수장되었다. 또한 北票馮素弗墓 중 감실 단상에서 소뼈와 갈비뼈가 발견되었으며, 수장된 칠기 내에서 양뼈, 닭뼈 등이 발견되었으며, 馮素弗처의 묘실에는 개를 순장하였고 벽화에도 다수의 개의 형상이 도안되어 있다. 이는 당시 선비족이 가축을 순장하는 상장풍습을 반영한 것으로 한족의 일부 고분에서도 이러한 풍습의 영향을 받은 것으로 보인다.

八寶村一號墓, 後燕崔遹墓, 北票馮素弗妻屬墓에서 모두 타원형의 석침(石灰枕)을 사용하였는데, 이는 위진 남북조 시기 북방 지역에서 유행한 장구이다. 일부 고분에서는 오수, 화천 등의 동전을 수장하였는데, 이는 한

---

31 遼寧省文物考古研究所, 2004,『遼寧北票喇嘛洞墓地1998年發掘報告』,『考古學報』2期.

32『後漢書·烏桓鮮卑列傳』.

족의 매장 풍습의 하나이다. 北票倉糧窯, 房身村, 喇嘛洞, 朝陽三合成 등의 고분에 수장된 도기는 입구를 따라 일정하게 이가 빠지는 공통점을 보이고 있다. 朝陽十二台鄕塼廠88M1의 말 등자와 안장에는 칼로 파낸 흔적이 있다. 이는 고분 주인의 損壞所致를 보여 주는 것이며, 선비족의 '毁器' 풍습의 반영이다. 주목할 만한 점은 王子墳山墓群 중 모두 5기의 고분에서 부장된 호형토기 내부에 17개의 작은 돌을 내장해 놓고 있으며, 朝陽田草溝晉墓 M1, M2에서는 7개 호형토기가 일정한 위치에 고정되어 배치되어 있는데, 이 7이라는 숫자에 어떤 특별한 의미가 있는 것이 아닌가 추측된다.

3. 삼연고분 출토 유물

1) 土器

현재까지 확인된 삼연문화 고고자료에서 문자 혹은 기록을 동반한 사례는 매우 빈약한 실정이기에 삼연문화에 대한 학술적 판단은 대부분 출토자료에 의해서 진행되고 있다. 그중에서 토기의 수량과 그 변용의 속도는 삼연문화의 차별성을 가장 배타적으로 반영하고 있으며 자체적 토기문화의 내재적 변화도 비교적 선연하게 보여 주고 있다. 삼연문화 토기는 현재까지 그 연대를 명확히 밝혀 줄 수 있는 표지유물이 뚜렷하지 않으나 下葬年代를 구명할 수 있는 일부 紀年墓를 토대로 교차편년을 진행하고 있는 상황이다. 예로 馮素弗墓[33], 崔遹墓[34], 袁台子壁畫墓[35], 李廆墓[36] 등 이들 고분에서 출토된 토기의 형식과 조합상을 상호비교를 통해서 여타 삼연고분

33 黎瑤渤, 1973, 「遼寧北票縣西官營子北燕馮素弗墓」, 『文物』3期.

34 陳大爲 · 李宇峰, 1982, 「遼寧朝陽後燕崔遹墓的發現」, 『考古』3期.

35 遼寧省博物館文物隊 · 朝陽地區博物館文物隊 · 朝陽縣文化館, 1984, 「朝陽袁台子東晉壁畫墓」, 『文物』6期.

의 연대를 비정하고 있다. 물론 토기 외에도 마구, 장신구 및 기타 유물의 분석을 통한 상대연대 설정이 함께 이루어지고 있다. 삼연고분 출토 토기의 조합상은 비교적 단순하며, 대부분 생활 도구들이다. 罐, 壺 위주이며, 甕, 盆, 尊 등도 출토되었다. 그 밖에 유채 도기 및 남방의 자기 등도 일부 출토되었다. 倉, 竈, 井, 磨, 碓 등의 생활용기는 明器의 형식으로 그 성격이 변모하였다.(표4)[37]

토기의 기종은 호, 관, 발이 대종을 이루고 있다. 호의 경우, 토기의 태토는 니질회도의 특징을 보여 주고 있으며 구연이 외반되고 경부가 급격하게 굴곡을 이루고 있다. 경부에는 상하 방향으로 암문을 시문하고 있으며 견부에는 집선문을 시문하고 있다. 동부는 마연과 압인문이 보이고 있으며 기면조정은 부분적으로 두 가지 기법을 사용하여 처리하고 있다.

2) 鐵器

고분 출토 철기 중에는 劍, 矛, 環首刀 등 병기가 주종을 이루고, 일정 수량의 鐮, 钁, 鑿, 斧 등 생산 도구도 검출되고 있다. 철촉의 경우 2종류로 분류되는데 후단에 정이 있는 것과 공병 형태의 것으로 분류된다. 철모는 최근까지 확인된 예는 모두 모두가 철제로 제작되고 있다. 모두의 단면은 능형, 삼각형, 타원형 등이 출토되었다. 銅鏡, 熨斗, 掛鉤, 四通管, 弓距 등의 장신구 및 의장 도구 등도 보이고 있다. 특히 라마동고분군의 경우, 이상의 420기 고분 중 308기의 고분이 철기를 반출하고 있는데 전체 고분 수량의 73.3%에 해당한다. 출토된 철기의 수량은 약 2,690여 점으로 전체 출토유물의 53.8%에 상당하고 있다.

개별 고분들 간의 철기 부장 수량은 서로 큰 편차를 보이고 있어 많게는

36 辛發, 1995,「錦州前燕李廆墓清理簡報」,『文物』6期.

37 표4에 사용된 채색도판은 2008년 한국고고환경연구소해외저명학자 강연회에서 발표된 田立坤의『三燕文化陶器』(발표자료)에서 전재하였다.

표4 삼연고분 출토 토기

출토유적	출토토기	자료출처
喇嘛洞고분군 (3세기 말 ~4세기 初)		『考古學報』 2004년2期
十二臺鄕塼廠墓 (3세기 중엽 ~4세기 初)		『文物』1997년11期 대M9014, 대M9022 대M8712
三合成墓 (4세기 初 ~중엽)		『文物』 1997년11期
李廆墓 (324년)		『文物』 1995년6期
원대자벽화묘 (4세기 중엽)	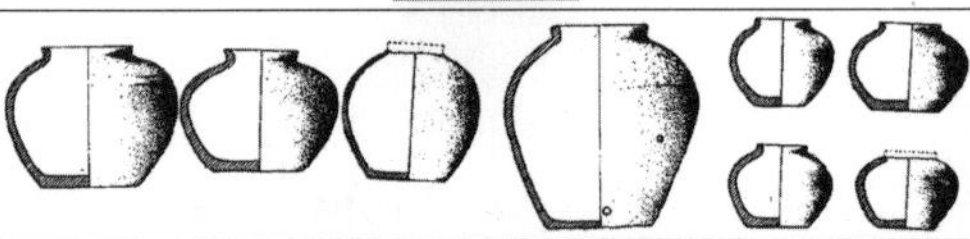	『文物』 1984년6期
최훌묘 (395년, 후연)	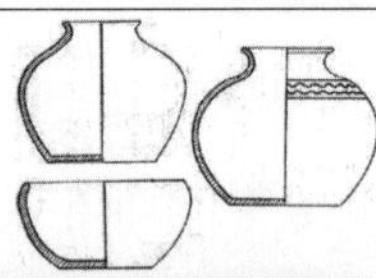	『考古』 1982년3期
十二臺鄕塼廠 88M1 (4세기 初 ~중엽)		『文物』 1997年11期
安陽孝民屯墓 (4세기 初 ~중엽)	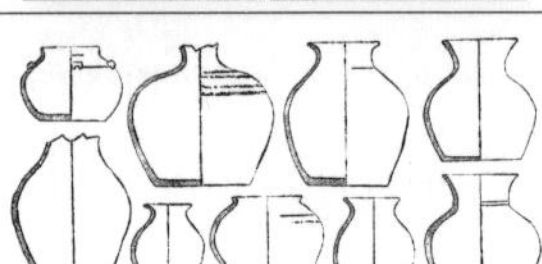	『考古』 1983년6期. M154, 125, 165, 195, 196, 197
원대자북연묘 (4세기 初 ~중엽)	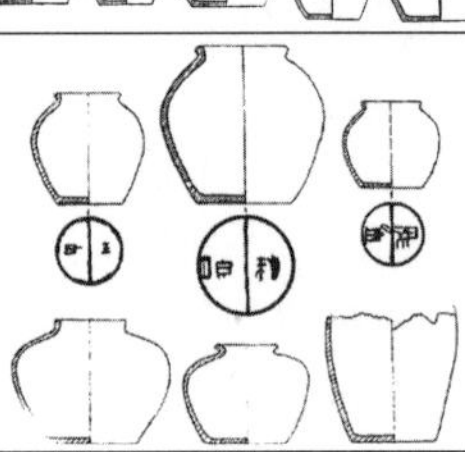	『文物』 1994年11期

표5 삼연고분 출토 철기

출토유적	출토철기	자료출처
喇嘛洞 古墳群	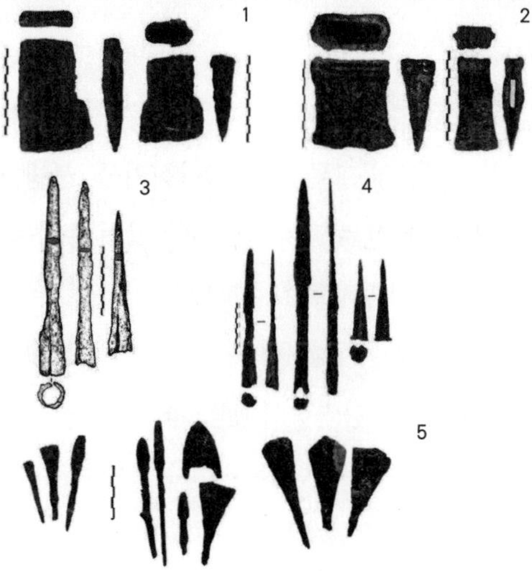 1.M14 2.M266 3,M5 4,M266 5,M108:M379	「중국 요서지역 십육국시기의 철기문화」, 『김해 양동고분군과 고대동아세아』 2012년
十二臺鄉塼廠 88M1	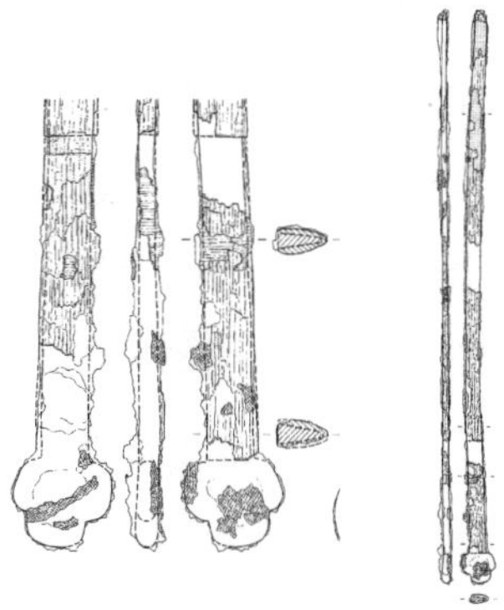	『三燕文化の考古新發見』 2009년

50여 점에서 적게는 1점에 불과한 정도이다. 부장 철기의 수량은 약 154기가 2~9점을 수장하고 있어 수량적인 집중현상을 보여 주고 있다. 고분 내에서 철기의 부장위치는 묘주의 측면이나 족부 아래쪽이며 토기와 청동기는 머리 쪽에 매납하고 있다. 출토철기의 대부분은 보존상태가 양호하나

일부 철기의 경우 부식이 비교적 심한 편이다.(표5)

3) 銅器

삼연고분 출토품 중 청동용기 및 장신구의 수량은 철기, 금제품, 토기 등에 비해 적은 편이나 중원과의 교류를 통한 한식기물, 북방 지역의 초원문화를 상징하는 동(철)복 등이 혼재되어 나타나고 있어 흥미롭다. 동(철)복은 십육국시기 능하유역에서 집중적으로 출토되고 있다.[38] 주로 釜, 鍑, 提梁罐, 洗, 鉢, 錐斗, 虎子, 銅鏡, 香爐 등의 생활용기와 釵, 鐲, 指環 등의 장신구 및 鍾, 熨斗, 帳角, 금동인면장식, 鹿形器 등의 청동기물이 대량 출토되었다. 그중 鹿形器의 형식은 독특하며, 처음 출토된 기물로서 현재까지 그 용도에 대해서는 구체적인 논의가 진행되지 못하고 있다.(표6)

4) 金製裝身具

형식이 독특한 머리 장식과 기타 장식품이 대량 출토되었다. 머리 장식은 주로 冠飾과 頭飾으로 나눠지며 관식은 山形, 초승달형으로 금과 옥을 상감한 형식을 보이는데, 더욱 특이한 것은 花樹 모양, 꽃가지 모양의 金步搖이다. 頭飾은 한문화에서 볼 수 있는 다양한 길이의 금은 비녀가 주를 이루었다. 장식품은 은제 목걸이, 은제 팔찌, 금제 반지, 금제 귀걸이, 금제 머리꽂이개 및 각종 패식이 출토되었다. 이식, 보요장식, 금당, 반지 등의 양식과 제작상의 계통은 선비계의 분화과정에서 동부선비계의 전통을 상당 부분 습용하고 있다.(표7)

---

38 尙曉波, 1996,『大凌河流域鮮卑文化雙耳鏤孔圈足鍑及相關問題考』,『遼海文物學刊』1期.

표6 삼연고분 출토 청동기

출토유적	출토유물	자료출처
라마동고분군	 1.M311 2.M166 3.M202 4.M364 5.M328 6.M196 7.M5 8.M226 9.M315 10.M6 11.M9 12.M17 13.M9 14.M17 15.M221 16.M189 17.M266 18.M314 19.채집 20.M10 21.M17	『三燕文物精粹』 2002년
馮素弗墓		『三燕文物精粹』 2002년
袁臺子M1	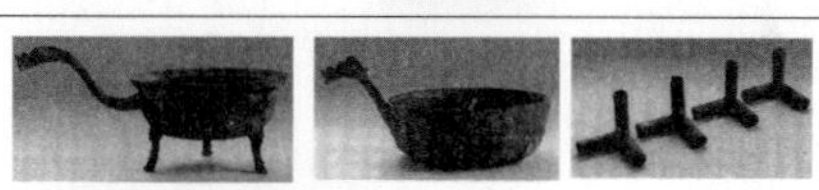	『三燕文物精粹』 2002년
奉車都尉墓		『三燕文物精粹』 2002년
倉糧窖廟		『三燕文物精粹』 2002년

표7 삼연고분 출토 금은제 장식

출토유적	출토유물	자료출처
삼연고분	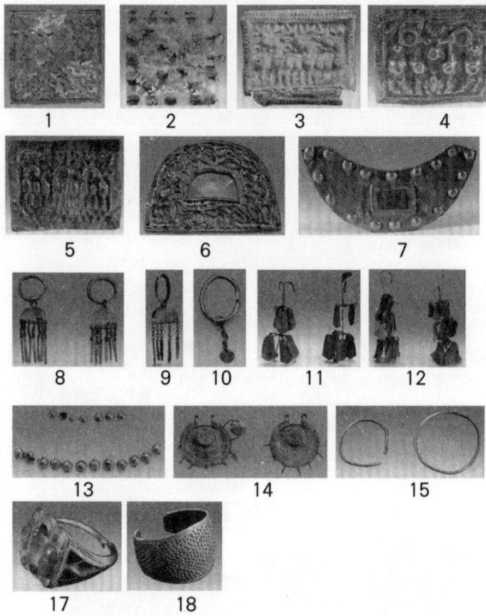 1,6, 14.田草溝M1 2,7, 13, 15, 17, 18.房身2號墓 3,8.義縣保安寺 4.喇嘛洞M13 5.喇嘛洞M192 9.喇嘛洞M198 10.喇嘛洞M71 11.喇嘛洞M266 12.喇嘛洞M17	『三燕文物精粹』 2002년

(5) 馬具

삼연문화의 특징 중 하나인 마구부장 현상은 삼연문화의 기원과 계통을 추적하는 데 유력한 단서로 인식되고 있다.[39] 마구는 거의 대부분의 삼연고분에서 검출되고 있으며 종류와 부장 조합상도 매우 다양함을 보여 주고 있다. 삼연마구의 대량 출토는 한국과 일본을 포함한 동북아시아 지역의 마구계통과 변용의 맥락을 탐색하는 데에도 결정적인 자료로 평가받고 있다. 출토마구의 종류는 다양하여 말 얼굴 씌우개(馬面簾), 마갑, 재갈, 안장(鞍

39 董高, 1981,「朝陽地區出土鮮卑馬具的初步研究」,『遼寧省考古 · 博物館學會成立大會會刊』; 王巍, 1997,「從出土馬具看三至六世紀東亞諸國的交流」,『考古』12期; 花谷浩, 2006,「三燕地域出土馬具ついて」,『東アジア考古學論叢』, 奈良文化財研究所.

표8 삼연고분 출토 마구

출토유적	출토유물	자료출처
遼寧北票北溝 M8	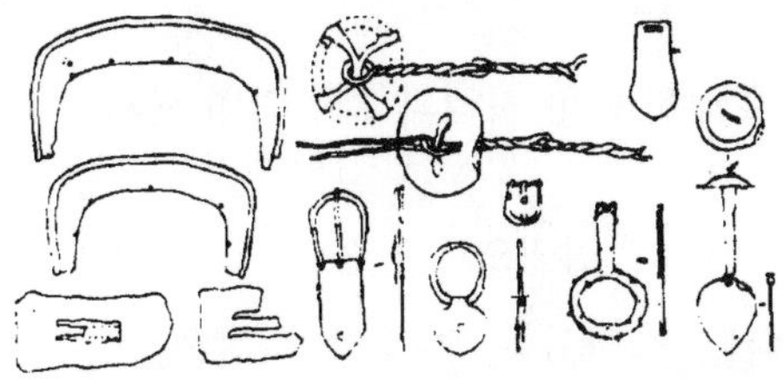	『中國考古學會第六次年會論文集』 1990年
安陽孝民屯墓	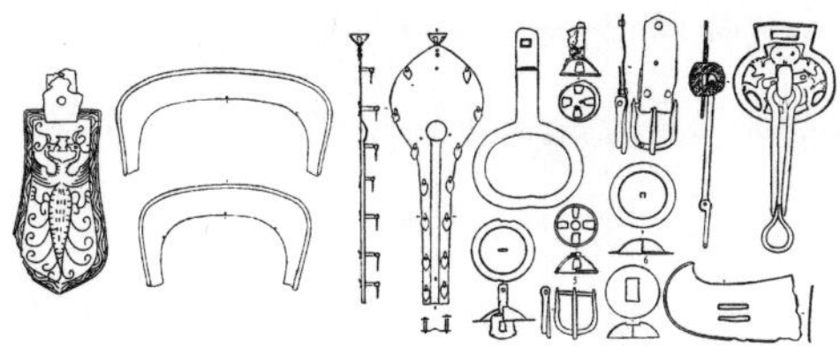	『考古』 1983年6期
朝陽袁臺子M1	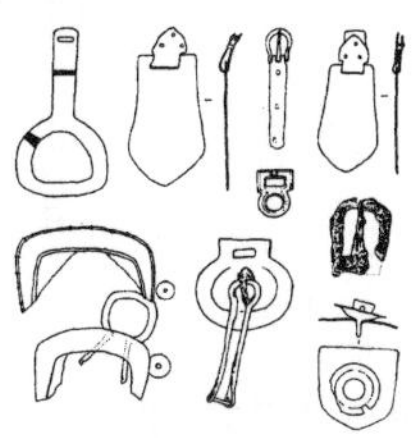	『文物』 1984年6期
遼寧北票採集	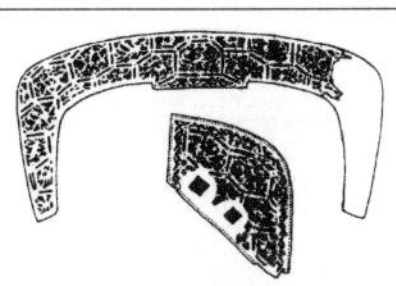	『文物』 1994年11期

橋) 등자, 각종 장식용방울(金銅鈴, 三環鈴) 및 각종 말 장식품 등 비교적 완정한 마구조합을 보여 주고 있다. 마구의 재질은 주로 청동 및 철을 재료로 하여 제작하고 있다.(표8)

Ⅳ. 고고자료를 통해 본 三燕과 고구려의 관계

1. 慕容鮮卑 및 三燕時期 요동 지역과 고구려의 관계

삼연은 동북 지역의 선비계 정권으로 연접한 요동북부의 고구려와 빈번하게 충돌하면서 관계를 형성하였다. 특히 전연 · 후연과는 수십 차례에 걸쳐 전쟁을 치르며 각축했다. 동진 咸和六年(331), 미천왕이 죽고 고국원왕이 계위하는데 이 시기에 즈음하여 모용선비부에도 세대교체가 이루어진다. 모용외가 죽자 그의 아들 모용황이 즉위하는데 咸康三年(337), 모용황은 요서 지역을 기반으로 燕王을 자칭하며 전연을 건국한다. 咸康五年(336), 모용황은 건국 이후 처음으로 고구려를 침공한다. 그러나 新城에 도달해 고구려와 회맹을 맺고 귀환한다.[40] 咸康六年(340)[41], 咸康八年(342)[42], 永和元年(345)[43], 永和十一年(355)[44] 등 이 시기 요동은 전연과 고구려의 각

---

40 『資治通鑑』 卷第九一, 晋紀 : "高句麗數寇遼東, 廆遣慕容翰 · 慕容仕伐之. 高句麗王乙弗利逆來求盟, 翰 · 仁乃還."

41 『資治通鑑』 卷第九六, 晋紀 : "燕王皝以慕容恪爲渡遼將軍, 鎭平郭. 自慕容翰 · 慕容仁之後, 諸將無能繼者. 及恪至平郭, 撫舊懷新, 屢破高句麗兵, 高句麗畏之, 不敢入境."

42 『資治通鑑』 卷第九六, 晋紀 : "十一月, 皝自將勁兵四萬出南道, 以慕容翰 · 慕容霸爲前鋒, 別遣長史王寓等將兵萬五千出北道, 以伐高句麗. 高句麗王釗果遣弟武帥精兵五萬拒北道, 自帥羸兵以備南道. 慕容翰等先至, 與釗合戰, 皝以大衆繼之. 左常侍鮮於亮曰 : "臣以俘虜蒙王國士之恩, 不可以不報; 今日, 臣死日也!" 獨與數騎先犯高句麗陣, 所向摧陷. 高句麗陣動, 大衆因而乘之, 高句麗兵大敗. 左長史韓壽斬高句麗將阿佛和度加, 諸軍乘勝追之, 遂入丸都. 釗單騎走, 輕車將軍慕輿泥追獲其母周氏及妻而還. 會王寓等戰於北道, 皆敗沒, 由是皝不複窮追. 遣使招釗, 釗不出. 皝將還, 韓壽曰 : "高句麗之地, 不可戍守. 今其主亡民散, 潛伏山穀; 大軍既去, 必複鳩聚, 收其餘燼, 猶足爲患. 請載其父屍 · 囚其生母而歸, 俟其束身自歸, 然後返之, 撫以恩信, 策之上也." 皝從之. 發釗父乙弗利墓. 載其屍, 收其府庫累世之寶, 虜男女五萬餘口, 燒其宮室, 毀丸都城而還."

43 『資治通鑑』 卷第九七, 晋紀 : "冬, 十月, 燕王皝使慕容恪攻高句麗, 拔南蘇, 置戍而還."

44 『資治通鑑』 卷第一百, 晋紀 : "十二月, 高句麗王釗遣使詣燕納質修貢, 以請其母. 燕主俊許

축의 장이라고 해도 과언이 아닐 정도로 빈번한 군사적 충돌과 정치적 교섭이 발생했던 지역이었다.

東晋 太和五年(370), 前燕이 前秦에 의해 패망하면서 고구려와의 갈등은 잠시 가라앉는다. 고구려는 이 기간 동안 내치와 경제적 회복을 도모한다. 특히 소수림왕(371~383)과 고국양왕(384~391)의 재위 기간 동안 국가의 전장을 보완하고 불교 등의 외래문화를 수용하게 된다. 그러나 太元九年(384) 모용황의 아들 모용수는 전진의 쇠약을 틈타 후연을 건국한다. 그 이듬해 太元十年(385) 고구려의 고국양왕은 출병해 공략하지만 그해 11월 慕容農의 공격을 받는다.[45] 이로써 한동안 수면에 가라앉았던 고구려와 연의 갈등은 다시 재점화되기 시작한다. 이후 동진 隆安四年(400), 元興元年(402), 義熙元年(405), 義熙二年(406) 등 수차례에 걸쳐 후연정권과 충돌하였다. 義熙三年(407) 慕容熙의 죽음으로 후연이 멸망하자 비로소 고구려는 후연과의 적대적 관계를 청산하게 되며 전체 요동 지역을 완전히 장악하게 된다.

한편 동진 義熙五年(409), 한계귀족인 馮跋은 후연의 뒤를 이어 遼西 龍城을 근거지로 하는 北燕政權을 수립한다.(도4) 북연은 前代의 전·후연 정권과는 달리 고구려와 시종일관 평화적 관계를 유지하는 睦隣으로, 고구려의 對中原 교섭과정에서 상당한 편의를 제공하였다. 이 시기 요동 지역은 비교적 안정을 유지하며 사회적 생산력을 제고하게 된다. 특히 고구려와 후연의 충돌이 종식되자 상당수의 漢人과 鮮卑遺民 및 夫餘人들이 요하유역으로 이주하면서 이 지역에 대한 개발이 가속화되는 계기를 맞게 된다. 고구려는 이러한 인적자원을 활용하여 경제적 성장을 도모하였을 뿐만

之, 遣殿中將軍刁龕送釗母周氏歸其國. 以釗爲征東大將軍 · 營州刺史, 封樂浪公, 王如故."

45 『資治通鑑』 卷第一百六, 晉紀 : "頃之, 農將步騎三萬至令支, 岩衆震駭, 稍稍逾城歸農. 岩計窮出降, 農斬之. 進擊高句麗, 複遼東 · 玄菟二郡."

아니라 이러한 정치적·사회적 환경은 고구려 사회의 문화적 포용성을 증가시키는 전기로 작용하게 된다. 바로 이 시기에 한계문화 혹은 선비계문화의 유입이 고구려 사회의 내부로 활발하게 진행되었을 가능성이 크다.

2. 出土 유물로 본 三燕과 高句麗

최근의 고고자료를 통한 고찰 결과 고구려문화에 영향을 끼친 선비문화는 주로 모용선비계의 요소가 강하게 표출되고 있다. 이는 당시 고구려와 삼연을 구축한 주요 세력인 모용선비 집단과의 정치·외교적 관계를 감안한다면 쉽게 설명이 되는 대목이기도하다.[46] 물론 탁발선비와 모용선비의 분화과정에서 이루어진 범선비계 세력과의 접촉을 배제할 수는 없으나 현재까지 탁발선비계 문화와의 선명한 접촉흔적 혹은 교류현상이 적출되지 않고 있다.

1) 馬具

선비계의 마구체계는 고구려 마구의 출현 시기보다 이른 것으로 확인되고 있다.[47] 그래서 학계에서는 일반적으로 고구려 마구의 성립에 초기 선비계 마구의 문화적 영향이 강하게 남아 있다고 보고 있다.[48] 먼저 마구의 성형기법이나 양태가 상당한 친연성을 가지고 있다. 고구려의 경우 안교의 형태가 높고 직립한 형태를 취하고 있으며 일부 鞍橋에는 투각시문이 확인되

---

46 張國慶, 1989,「略論高句麗與"三燕"的戰和關系」,『遼寧敎育學院學報』2期.

47 董高, 1995,「公元3−6世紀慕容鮮卑 · 高句麗 · 朝鮮 · 日本馬具的比較硏究」,『文物』10期.

48 穴澤和光 · 馬目順一, 1973,「北燕 · 馮素弗墓の提起する問題−日本朝鮮考古學との關聯性」,『考古學ジャナル』85號; 王巍, 1997,「從馬具出土看3至6世紀東亞諸國的交流」,『考古』12期; 神谷正弘, 2006,「中國 · 韓國 · 日本出土馬冑と馬甲」,『東北アジア考古學論叢』, 奈良文化財硏究所.

고 있다. 재갈(馬鑣)의 겨우 타원형의 판상표가 대종을 이룬다. 轡의 경우도 마찬가지인데 이들 재갈의 구조와 제작기법은 고구려고분 출토의 마구와 매우 유사한 것을 알 수 있다. 마등의 구조와 형태도 고구려의 등자는 輪部가 대부분 타원형이며 柄部의 길이는 輪部의 높이와 상응하고 있다. 馬鐙의 제작기법은 목심을 사용하여 그 표면을 금박으로 감싸는 木芯金銅被鐙子의 영향을 그대로 수용하고 있다. 고구려의 경우 5세기 중엽 이후 철제마구가 증가하기 시작하는데 이는 삼연 지역의 마구의 변화와 궤를 같이하고 있다. 특히 집안 만보정M78과 칠성산M96에서 출토된 마구일괄은 고구려 마구의 특성을 갖추고 있는 대표적 고분이다. 이들 고분의 연대는 4세기 후반에서 5세기 초로 비정되고[49] 있어 이 시기 고구려 마구의 정황을 확연하게 보여 주고 있다. 모용선비 및 삼연마구와 고구려 마구의 유사성은 마구부장의 조합상에서 가장 확연하게 드러나고 있다.[50] 대부분 일괄마구로서 안교, 표비, 등자, 운주, 대구 등으로 구성되어 있으며 금동제가 다수를 차지하고 있다.(표9)

2) 步搖

중국에서 步搖裝飾의 기원이 어느 시점부터인지 구체적이지 않지만 적어도 선비족이 요서 지역에 진출할 시기 이미 燕代 지역에서는 步搖冠을 사용하고 있었던 것으로 확인된다.[51] 그렇다면 이보다 더 이른 시기부터 보요의 雛形이 존재했을 것이며[52] 보요장식을 자주 사용한 데서 부족의 명칭인

---

49 東潮, 1997,『高句麗考古學硏究』, 吉川弘文館, 165~169쪽.

50 田立坤, 2013,「高鐙新考」,『文物』11期.

51『晉書』卷108, 載記第八, 慕容廆 : "曾祖莫護跋, 魏初率其諸部入居遼西, 從宣帝伐公孫氏有 功, 拜率義王, 始建國於棘城之北. 時燕代多冠步搖冠, 莫護跋見而好之, 乃斂髮襲冠, 諸部因呼之爲步搖, 其後音訛, 遂爲慕容焉. "

52『後漢書』卷91, 烏桓鮮卑列傳 : "父子男女相對踞蹲. 以髡頭爲輕便. 婦人至嫁時乃養髮, 分爲髻, 著句決, 飾以金碧, 猶中國有簂步搖. 簂步搖按 : 三國志注引魏書作「冠步搖」."

표9 삼연, 고구려 마구 일람

출토유적	출토마구
고구려고분 (4세기 ~5세기 중엽)	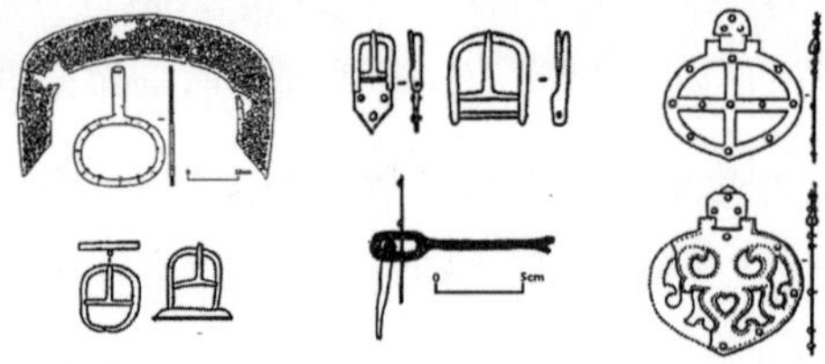 집안만보정M78
	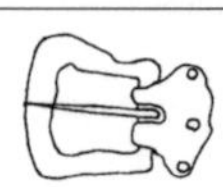 집안만보정M242
	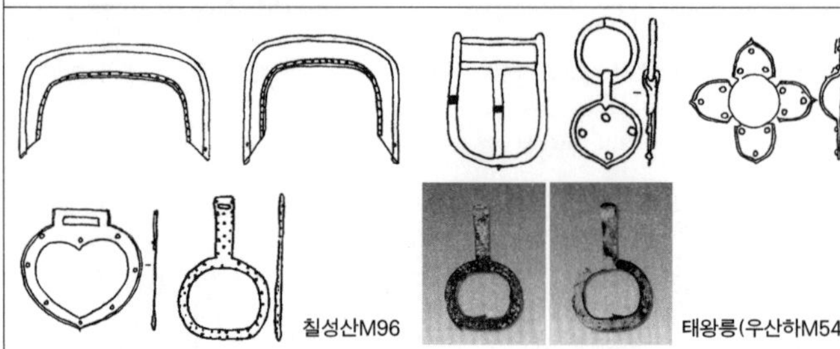 칠성산M96 태왕릉(우산하M541)
	 평양안악M3벽화 마주  집안삼실묘벽화 마주
삼연고분 (3세기 말 ~5세기 중엽)	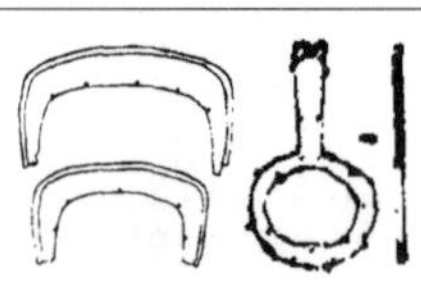 北票北溝墓M8 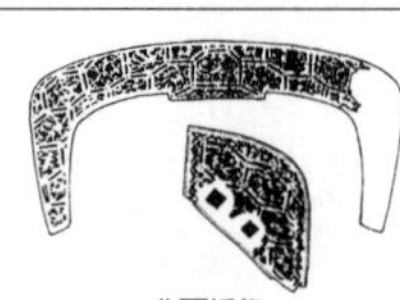 北票採集
	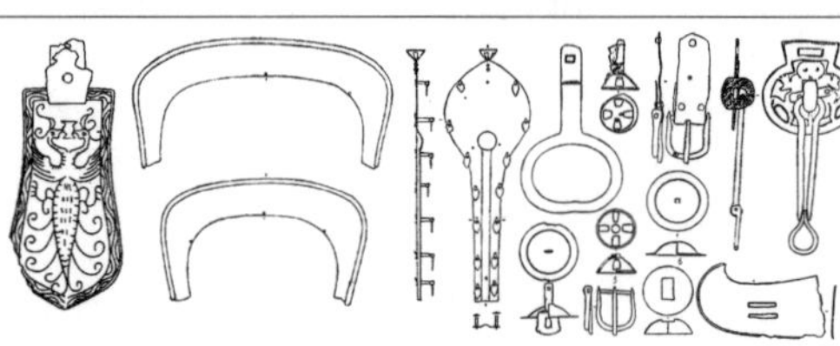 孝民屯M154 마구일괄
	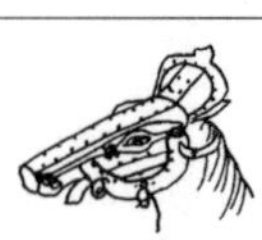 十二臺鄉塼廠88M1 馬胄

慕容이 衍生되었다는 점도 이채롭다. "步則搖動", 즉 걷거나 움직이면 찰랑찰랑 움직인다는 것이다. 이러한 장식은 움직임에 따라 빛의 분산과 반사를 거듭 반복함으로써 상당한 시각적 효과를 거둘 수 있다. 중국은 선진 시기부터 여성의 머리장식이 등장하고 있는데 주로 두발에 구슬 모양의 장식을 다는 풍속이 존재했다. 그러나 동한 중기 즈음부터 중원 지역에서는 새로운 장식이 출현하는데, 주로 금제의 보요장식, 동물형태, 方勝, 동전 등으로 머리를 꾸미는 장식기법이다. 예로 洛陽燒溝漢墓 M1040, 邗江甘泉山二號墓, 定縣43號墓 등의 고분에서는 서로 유사한 장식기물들이 확인된 바 있는데 이는 현재까지 가장 이른 시기의 보요장식 부속물이다.[53]

보요관의 기원에 관해서는 일찍이 중앙아시아(아프가니스탄) 및 러시아 남부 지역, 내몽고의 初期鮮卑系 고분, 부여계 고분유적 등에서 동아시아 지역 보요장식의 雛形이라 볼 수 있는 실물 자료가 출토된 바 있다.[54] 그러나 아직까지 그러한 문화의 소유세력이 문헌기록에서의 實體와 구체적으로 整合된 예는 많지 않다. 최근 삼연 지역에 西域文化를 仲介한 勢力으로 大月氏 勢力을 指目하고 있어 흥미롭다.[55] 그러나 당시 서역세력들의 東漸이 매우 복잡하고 累層的으로 이루어졌기 때문에 실상 그들의 문화요소를 種族 혹은 政治體 別로 對應시키는 것이 용이하지는 않다. 그렇다면 이 시기 燕·代 地域에 大月氏 勢力 外의 또 다른 西域集團의 실체도 想定해야 할 것이다.(도1·2)

---

53 中國科學院考古研究所, 1959, 『洛陽燒溝漢墓』, 科學出版社; 紀仲慶, 1981, 「邗江甘泉山二號墓」, 『文物』11期.

54 В.И.Сарианиди, Афганистан: сокровища безьымянных царейфиг.Москва, 1983; 陸思賢·陳裳棟, 1984, 「達茂旗出土的古代北方民族金飾件」, 『文物』1期; 吉林省文物考古研究所, 1987, 『榆樹老河深』, 文物出版社; 이송란, 2003, 「皇南大塚 新羅冠의 技術的 系譜」, 『한국고대사연구』31, 한국고대사학회.

55 韋正, 2012, 「龜甲文與步搖冠飾—大月氏文化對三燕地區影響淺析」, 『신봉동 백제고분군 발굴 30주년 기념 국제학술회의』, 충북대학교박물관.

도1 아프가니스탄 sibrkand 4호 大月氏고분 출토 步搖, 내몽고 達茂旗 西河子窖藏 출토 鮮卑步搖

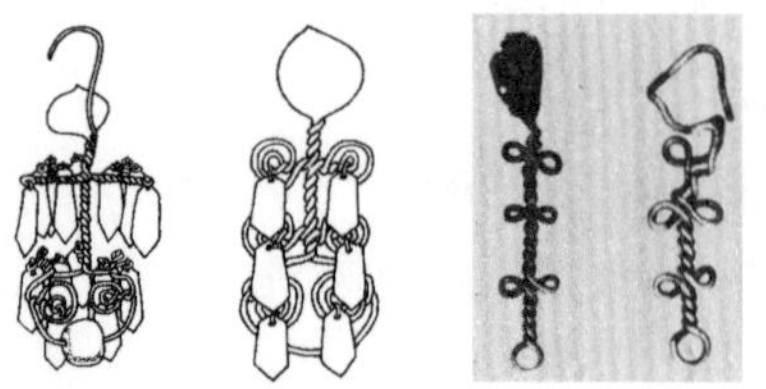

도2 榆樹老河深, 西岔溝 고분유적 출토 步搖 耳飾

삼연의 보요장식은 금제장식품을 대표하는 기물로서 그 출토량도 여타 기물에 비해 많은 편이다.[56] 북표방신M2, M8, 풍소불묘, 라마동IM7, 조양전초구M1, M2, 왕자분산M8713, 왕자분산M1, 원대자3호분, 십이대향전창88M1, 서단산묘지11호분 등 모두 18점이 확인되었다. 보요의 형식은 형태와 구조에 따라 3형식으로 분류하고 있는데 A형의 경우 수지형을 기본으로 하고 얇은 금박을 사용해 잎과 고리, 줄기 등을 만들어 부착한 형태이다. 북표방신M2, M8, 라마동IM7, 조양전초구M1, M2, 왕자분산M8713, 왕자분산M1, 원대자3호분, 십이대향전창88M1, 서단산묘지11호분 등이 이에 속한다. 이 중 북표방신M8 출토품의 경우 저부가 금당형이 아닌 소(혹은 말)머리형을 취하고 있어 達茂旗 西河子窖藏[57] 출토품과 유사하다.

56 萬欣, 2003,「鮮卑墓葬 · 三燕史蹟與金步搖飾的發現與研究」,『遼寧考古文集』, 遼寧民族出版社.

57 孫機, 1996,「步搖 · 步搖冠 · 步搖飾片」,『中國聖火』, 遼寧教育出版社, 89~91쪽.

표10 삼연, 고구려 보요장식 일람

출토유적	步搖技法裝飾
고구려고분 (4세기 ~5세기 중반)	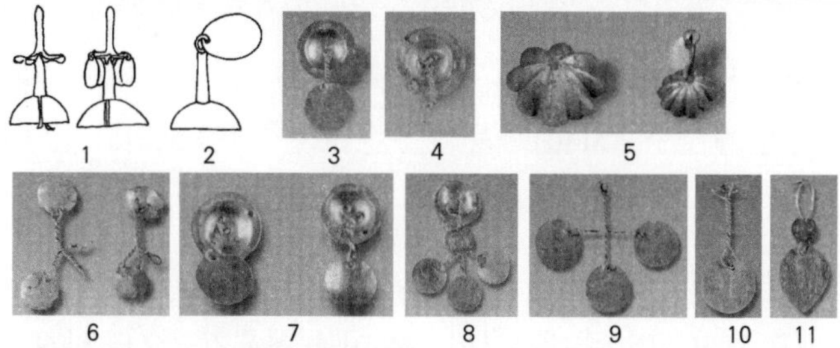 1.집안만보정M78 2.집안장천2호분 3,4,5.우산묘구992호 6,7마선묘구2100호 8,9,10.태왕릉
삼연고분 (3세기 말 ~5세기 중엽)	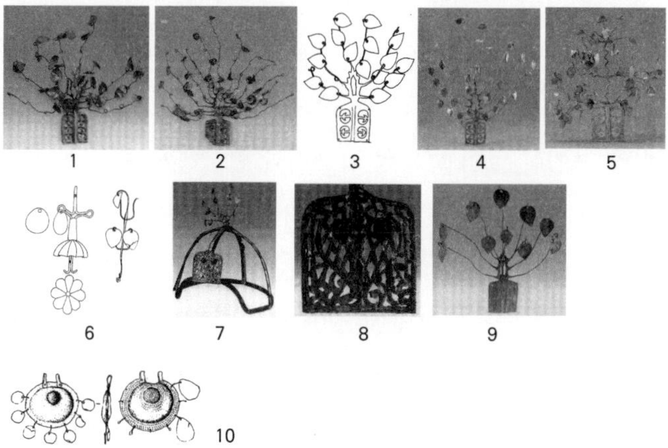 1,2. 방신2호묘 3.왕자분산대M8713 4.전초구M1 5.전초구M2 6.북표서구촌 7. 풍소불묘 8.풍소불묘(금당) 9.라마동M7 10.전초구M1,M2

B형은 여러 개의 가지를 한다발로 묶어 覆鉢形 관식 중앙부에 삽입한 형태로 풍소불묘, 왕자분산M1 등이 이로 분류된다. C형은 금박에 천공하여 금실을 관통시켜 여러 번 꼬아 넝쿨과 유사한 형태로 장식하였다. 북표방신M2 출토품, 원대자3호분 출토품 등이 이에 속한다. A형의 출토량이 가장 많으며 그 시기도 3세기 정도로 가장 이르다.[58](표10)

58 孫國平, 1981,「試論鮮卑族的步搖冠飾」,『遼寧省考古·博物館學會成立大會會刊』.

고구려의 금제보요장식은 집안 지역에서 집중적으로 출토되고 있는데 步搖葉을 장식한 것이 대종을 이룬다. 보요장식은 대부분 萬寶汀M75, 長川2號, 禹山墓區992號[59], 麻線墓區2100호[60], 太王陵[61], 臨江墓[62], 千秋墓[63], 麻線安子溝M401[64] 등의 고분유적에서 출토되고 있다. 이 중 태왕릉의 출토량이 가장 많으며 보요의 양식도 다양하다. 금제보요가 출토된 집안 지역 고구려고분은 3세기 말로 비정되는 臨江墓의 출토품을 가장 이른 시기로 보고 있으나 대부분의 고분이 4~5세기경으로 비정되고 있어 삼연 지역의 보요장식보다는 늦은 양식으로 판단된다.

고구려의 보요장식은 삼연 지역의 樹枝形 보요장식과는 달리 樹葉形 보요장식을 금박에 금실로 부착하는 기법 및 금구슬, 석주 등을 함께 꿰맨 양식을 보이고 있어 보요의 고구려화 현상이 돌출된다. 보요장식의 전통을 이른 시기부터 수용한 삼연문화와의 교류가 고구려에 일정한 영향을 준 것은 상정되나 고구려 건국 전후 시기 시점의 고분인 요령 환인 망강루M4호분[65]에서 출토된 금실을 꼬아 만든 이식은 부여계 유적인 楡樹老河深,[66] 西豊西岔溝[67] 등지의 고분유적에서 검출된 보요이식의 제작기법과 그 맥락을 같이하고 있어 금제장식에 대한 고구려의 최초 인식은 夫餘系 문화와의 관계를 통해 성립되었을 가능성이 크다. 이는 문헌에서 보이듯이 고구려 영역 내에서 금의 생산이 이루어지지 못해 그 조달이 부여에서 수급되어

---

59 吉林省文物考古研究所, 2002, 『集安高句麗王陵』, 科學出版社.

60 위의 책.

61 위의 책.

62 위의 책.

63 위의 책.

64 위의 책.

65 李新全, 2008, 『高句麗早期遺存及其起源研究』, 吉林大學博士學位論文, 355쪽.

66 吉林省文物考古研究所, 1987, 『楡樹老河深』, 文物出版社.

67 孫守道, 1960, 「匈奴西岔溝文化古墓群的發現」, 『文物』8·9期合刊.

북위에 조공한 기록과도 연동되고 있다.[68] 이후 부여가 勿吉에 의해 패망하자 고구려의 북위조공에 금이 포함되지 못한 사실은 부여의 금제품 및 금 생산 정황에서 그 원인을 찾을 수 있을 것이다. 보요장식을 포함하는 금제 기물의 형성 배경에는 부여문화의 속성이 이른 시기부터 작동했으며 다만 4세기 초반부터 진행된 고구려와 삼연의 빈번한 접촉[69]으로 발생된 금제장식의 일부 양식 및 제작기술의 영향은 부정할 수 없을 것이다. 즉 대량의 삼연유민이 고구려로 편입되면서 삼연문화의 유입은 자연스럽게 진행되었을 것이며[70] 이에 대한 고구려 사회의 대응도 짐작되는 대목이다.(표10)

3) 帶金具

중국에서 대금구의 출현은 춘추 말기부터 중원 및 주변 지역에서 확인되고[71] 있으며 동한 시기로 오면서 소위 "晉式帶金具"라는 腰帶金具의 초기

---

68 『魏書』 卷100, 高句麗傳 : "世祖時, 釗曾孫璉始遣使者安東奉表貢方物, 並請國諱. 世祖嘉其誠款, 詔下帝系名諱於其國, 遣員外散騎侍郎李敖拜璉爲都督遼海諸軍事 · 征東將軍 · 領護東夷中郎將 · 遼東郡開國公 · 高句麗王. ……後貢使相尋, 歲致黃金二百斤, 白銀四百斤. ……正始中, 世宗於東堂引見其使芮悉弗, 悉弗進曰 : 「高麗係誠天極, 累葉純誠, 地產土毛, 無愆王貢. 但黃金出自夫餘, 珂則涉羅所產. 今夫餘爲勿吉所逐, 涉羅爲百濟所並, 國王臣雲惟繼絕之義, 悉遷於境內. 二品所以不登王府, 實兩賊是爲.」

69 『資治通鑑』 卷123 : "夏, 四月, 魏娥淸 · 古弼攻燕白狼城, 克之. 高麗遣其將葛盧 · 孟光將衆數萬隨陽伊至和龍迎燕王. 高麗屯於臨川. 燕尚書令郭生因民之憚遷, 開城門納魏兵; 魏人疑之, 不入. 生遂勒兵攻燕王, 王引高麗兵入自東門, 與生戰於闕下, 生中流矢死. 葛盧 · 孟光入城, 命軍士脫弊褐, 取燕武庫精仗以給之, 大掠城中. 五月, 乙卯, 燕王帥龍城見戶東徙, 焚宮殿, 火一旬不滅; 令婦人被甲居中, 陽伊等勒精兵居外, 葛盧 · 孟光帥騎殿後, 方軌而進, 前後八十餘裏. 古弼部將高苟子帥騎欲追之, 弼醉, 拔刀止之, 故燕王得逃去. 魏主聞之, 怒, 檻車征弼及娥淸至平城, 皆黜爲門卒. 戊午, 魏主遣散騎常侍封撥使高麗, 令送燕王.

70 『魏書』 卷100, 百濟國 : "自馮氏數終, 餘燼奔竄, 醜類漸盛, 遂見陵逼, 構怨連禍, 三十餘載, 財殫力竭, 轉自孱踧. ……今璉有罪, 國自魚肉, 大臣强族, 戮殺無已, 罪盈惡積, 民庶崩離. 是滅亡之期, 假手之秋也. 且馮族士馬, 有鳥畜之戀, 樂浪諸郡, 懷首丘之心. 天威一擧, 有征無戰."

71 孫機, 1996, 『中國聖火』, 遼寧教育出版社, 64~67쪽.

양식이 출현하기 시작한다. 현재까지 가장 이른 시기의 출토품으로는 河北定縣43號墓에서 확인된바 있다.[72] 魏晉南北朝時期로 오면서 대금구는 중원은 물론 북방 및 남방 지역에도 광범위하게 확산된다. 三國時期의 고분유적으로는 洛陽曹休墓[73], 南京東吳薛秋墓[74], 南京上坊東吳墓[75] 등에서 출토된바 있으며 西晉時期에는 宜興西晉周處墓[76], 洛陽西晉墓M24 등에서도 확인되었다. 이보다 조금 늦은 시기인 十六國時代 초기의 고분으로는 朝陽袁臺子, 湖北漢陽墓[77], 廣州大刀山東晉太寧二年墓(324년)[78], 朝陽十二臺鄉塼廠88M1 등에서도 대금구의 일부 장식이 출토되었다.(도3·4)

대금구는 일반적으로 전연부가 둥근 굴곡을 가진 弧形을 취하고 있으며 후연 부분은 장방형을 띠고 있다. 주로 초기 대금구는 용, 호랑이, 사슴 등의 동물문양을 투조하고 있으며 帶鉤, 帶扣 등을 갖추고 있는 腰帶帶金具로 부장되고 있다. 학계에서는 일반적으로 서진 시기 형성된 대금구 양식을 전형적 대금구로 보고 "晉式帶金具"라는 명칭을 사용하고 있으나 최근 洛陽曹休墓 및 南京東吳薛秋墓 등에서 기존의 "晉式帶金具"가 확인되고 있어 용어에 대한 재검토가 요구되기에 이에 논의가 필요한 시점이다.[79] 三燕帶金具의 구조는 帶扣, 帶先, 帶銙, 鉈尾 등으로 구성되어 있다.[80]

---

72 定縣博物館, 1973, 「河北定縣43號漢墓發掘簡報」, 『文物』 11期.

73 洛陽市第二文物工作隊, 2011, 「洛陽孟津大漢塚曹魏貴族墓」, 『文物』 9期.

74 南京市博物館, 2008, 「南京大光路孫吳薛秋墓發掘簡報」, 『文物』 3期.

75 南京市博物館 · 南京市江寧區博物館, 2008, 「南京江寧上坊孫吳墓發掘簡報」, 『文物』 12期.

76 南京博物院, 1957, 「江蘇宜興晉墓發掘報告—兼論出土的清瓷器」, 『考古學報』 4期.

77 劉森森, 1994, 「湖北漢陽出土的晉代鎏金銅帶具」, 『考古』 10期.

78 夏鼐, 1972, 「晉周處墓出土金屬帶飾的重新鑒定」, 『考古』 4期.

79 "中原式帶金具"의 의미는 단지 공간적인 함의만이 아니라 대금구 자체가 중앙정부의 사여체계 안에서 분배되었던 점을 감안한 설정이기에 본문에서는 잠정적으로 "晉式帶金具"라는 용어 대신 "中原式帶金具"로 대체하여 서술한다. 용어에 대한 재검토 제안은 다음 글을 참고한다. 권오영, 2013, 「"대성동 88호분의 진식대금구와 중국 · 왜"의 토론문」, 『최근 대성동고분군의 발굴성과』, 대성동고분박물관 10주년 기념 국제학술회의 자료집.

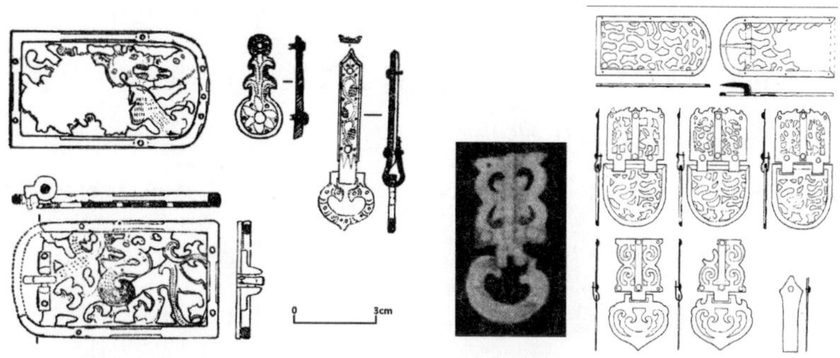

도3 湖北 漢陽晉墓 出土 帶金具, 河北 定縣43號墓 出土 帶金具 素環垂形銙, 南京 東吳薛秋墓 出土 帶金具

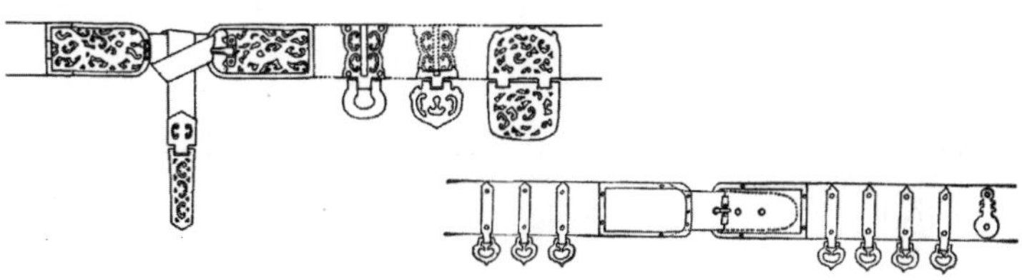

도4 江蘇 宜興 周處墓 出土 帶金具, 湖北 漢陽晉墓 出土 帶金具

魏晉時期 중원에서 고안된 대금구는 요령의 삼연 지역에도 파급되어 널리 사용되었는데 이를 요령형 대금구라 분류하고 있다.[81] 삼연에서는 요령형1기에 중원식 대금구의 초현이 확인되고 있으며 요령형2기 즉 340년경부터 중원식 대금구를 번안한 요령형 대금구의 제작이 이루어진다.[82] 요령형 대금구의 기술적 계통은 동오 지역의 삼국 말기 대금구 전통에서 그 연원을 구할 수 있을 것인데 주로 원대자벽화묘, 봉거도위묘, 십이대향전창88M1, 라마동IIM101묘 등 삼연의 초기 고분에서 출토되고 있다. 이들 대금구의 제작기법을 살펴보면 중원식 대금구에서는 보이지 않는 독특한 도상을 채용하고 있다.

80 田立坤, 1996,「論帶扣的型式及演變」,『遼海文物學刊』1期, 35~37쪽.

81 千賀久, 2007,「中國遼寧地域帶金具と馬具」,『日中交流考古學』, 同成社.

82 藤井康隆, 2002,「晉式帶金具製作動向」,『古代』第111號, 早稲田大學考古學會.

한편 고구려는 이전 시기부터 중원정권인 兩晉과 교류하면서 중원식 대금구의 고분부장[83]이 개시되는데 이러한 요령형 대금구의 수용이 이루어지면서 대금구의 고분부장 현상은 더욱 선명해진다. 고구려의 경우 3세기 말~4세기 초 시점부터 고분에 부장되기 시작하는데[84] 초기 서진의 제품이 유입되었으며 이후 4세기 중엽 고구려 자체의 번안이 행해진 것으로 보이나 요령형 대금구의 영향을 받았을 가능성이 제기된다. 특히 우산하연강향19호, 산성하M152 등에서 출토된 대금구는 삼연에서 제작되어 부장되었을 가능성이 크다. 요령3기 시점부터는 중원식 대금구의 형식이 쇠퇴하고 삼연 지역의 독자적인 대금구 제작이 이루어지기 시작하는데 이는 고구려에도 영향을 주게 된다. 예로 연강향19호 출토 대금구 및 산성하M159의 대금구는 라마동M196 출토 대금구와 매우 유사한 양식을 취하고 있는데 이는 중원식 대금구를 모방한 요령형 대금구의 고구려 유입 동향을 반영한 것으로 이해할 수 있다.[85]

동북아시아 대금구문화의 전체적인 향배는, 중원정권과의 외교적 관계를 통해 직접 유입된 중원식 대금구도 고구려고분에서 확인되고 있기에[86] 중원–요동–서북한–한반도 중남부–일본으로 연계되는 공간적인 흐름을 보여 주고 있다. 이는 중원식 대금구 및 삼연식 대금구의 東漸路線에서 고구려가 하나의 分節点이었다는 사실을 의미하고 있다. 대금구는 당시 관복에 수반되는 장신구로서 조공 및 책봉의 순환적인 사여체계 속에서 유입되었을 것이다. 삼연과 고구려가 한때 이러한 공적 관계[87]를 맺은 것은 고

83 町田章, 2006,「鮮卑の帶金具」,『東北アジア考古學論叢』, 奈良文化財硏究所, 46~52쪽.

84 姜賢淑, 2010,「帶金具 副葬 高句麗 古墳의 考古學的 含意」,『한국고대사연구』59, 113쪽.

85 이한상, 2011,「허리띠 분배에 반영된 고대 동북아시아의 교류양상」,『동북아역사논총』33호, 373쪽.

86 姜賢淑, 2010,「帶金具 副葬 高句麗 古墳의 考古學的 含意」,『한국고대사연구』59, 119쪽; 이한상, 2011,「허리띠 분배에 반영된 고대 동북아시의 교류양상」,『동북아역사논총』33호, 373쪽.

표11 삼연, 고구려 대금구 대조표

출토유적	출토유물
고구려고분 (4세기 초 ~5세기 전반)	 1 2 3 4 5 6 7 1.집안산성하M152 2.집안산성하M330 3.산성하M159 4.연강향19호 5.우산하M3560 6.칠성산M96 7.평양고산동10호묘
삼연고분 (4세기 초 ~4세기 말)	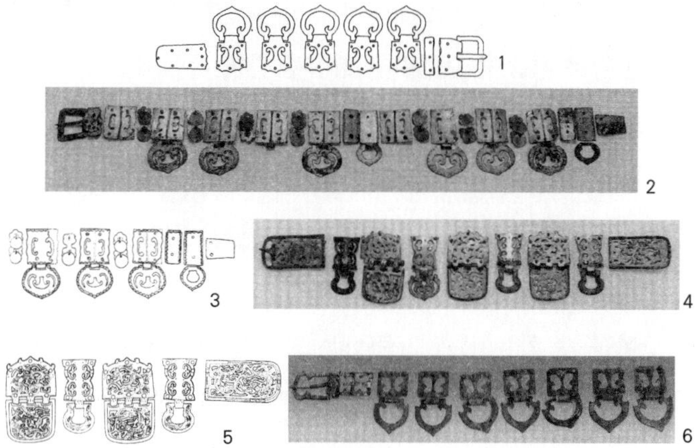 1.왕자분산요M9001 2,3.라마동M196 4,5.라마동M275 6.서구촌채집

구려 고분의 대금구 출토와 연계하여 주목해야 할 사안이다.(표11)

4) 土器

삼연문화의 토기 편년연구는 여타 지역 고분의 출토 토기와는 다른 지역적, 문화적 특성을 지니고 있다. 즉 토기의 편년을 설정하기 위한 표지적 근거가 극도로 빈곤하다는 것이다. 토기의 제작연대와 사용기한의 추정은 동일고분에서 출토된 기년유물과 하장연대를 통해서만 가능하다. 물론 여

87 여호규, 2006,「고구려와 모용연의 조공 책봉관계 연구」,『한국고대국가와 중국왕조의 책봉관계』, 고구려연구재단 연구총서 15.

타 지역의 토기문화도 이러한 방식을 통해 그 연대를 가늠하고 있으나 삼연문화 토기의 경우 그 제작기술과 계통성을 적출해 내기가 용이하지 않은 데서 발생하는 특수성으로 인해, 안정적인 토기의 편년수립도 어려움을 겪고 있다.[88] 그러나 다행히 紀年墓와 관련 유물이 일부 존재하기에 이를 통한 절대연대의 기준설정은 여타 고분의 토기와 비교검토를 가능케 한다. 최근 연구에서 본격적인 삼연의 토기는 아니지만 그 전신인 모용선비 고분에서 출토된 일부 기종이 고구려의 영향을 받아 생성되었을 가능성이 제기되고 있어 엄밀한 논의가 필요해 보인다.[89]

3세기경 고구려토기 중 전형적인 기종으로 四耳壺, 深鉢, 球形壺 등이 모용선비의 일부 토기 기종에 영향을 주었을 정황이 포착되고 있다. 3세기 이후 시점, 즉 모용선비 중만기 고분의 구형호는 이전 시기 토기 전통에서는 찾아볼 수 없는 신출기종으로, 그 형성에는 고구려와의 교류가 상정된다. 마선구M118, 마선구M940, 산성하M195[90] 등에서 출토된 구형호와 만보정M172, 칠성산M1196에서 출토된 심발형 토기는 고구려의 이른 시기 즉, 3세기 초~3세기 말 시점으로 편년되는 고분들이다.[91]

한편 구형호와 심발형토기를 반출하는 모용선비고분은 본계진묘, 북묘촌M2와 동일한 유물 조합상을 보이는 西五家子鄉 柏樹溝 채집토기[92], 왕자분산대M8712, 왕자분산대M8708 등은 모두 3세기 이후 조영된 고분들이며 이들 고분에서 보이는 두 유형의 토기는 모용선비 초기의 토기전통에서는 찾아볼 수 없는 기종들이다. 예로 西五家子鄉 柏樹溝에서 채집된 球

---

88 金田明代, 2006, 「遼西地區鮮卑墓出土陶器的考察」, 『東北亞考古學論叢』, 奈良文化財研究所.

89 孫危, 2007, 『鮮卑考古學文化研究』, 科學出版社, 143쪽.

90 東潮, 2004, 「土器からみに高句麗の正體性」, 『高句麗研究』18집, 高句麗研究會.

91 李殿福, 1980, 「集安高句麗墓研究」, 『考古學報』2期; 東潮, 1997, 『高句麗考古學研究』, 吉川弘文館.

形壺는 태토가 니질이며 회도의 색조를 띠고 있다. 단경이며 견부에서 완만하게 굴곡하여 동부 중앙 상단에서 최대경을 이룬다. 문양은 없으며 기고가 13cm, 구경이 9.6cm에 이른다. 본계진묘 출토 토기도 역시 니질회도 계통이며 돌림판을 사용해 제작하였다. 기표는 마연을 행하여 윤택이 있으며 구연은 나팔형으로 외반하였다. 단경이며 동부 중앙 상단에서 최대경을 이룬다. 견부에는 1조의 현문이 돌아가고 있으며 현문의 상하부에 자돌문을 시문하고 있다. 구경은 10.8cm, 동부최대경은 16cm, 기고 16cm, 저경이 6.4cm에 이른다. 또 심발 기종의 출현도 같은 맥락에서 이해할 수 있을 것이다. 만보정M172, 칠성산M1196 등 고구려 초기 고분에서 출토되는 심발은 모용선비고분 제4기로 비정되는 왕자분산대M8712, 왕자분산대M8708에서 보이고 있다.[93] 이들 기종 역시 모용선비 전기 단계에서 보이지 않던 토기 전통을 보여 주고 있다. 왕자분산대M8712출토 토기의 경우 사질혼입의 갈색을 띠며 구연이 급하게 외반되며 원형의 구순으로 처리하였다. 기면은 마연을 진행하여 광택이 나며 동부의 중앙부가 최대경을 이룬다. 기고 13.2cm, 구경 10.2cm, 저경 6.1cm에 이른다. 왕자분산대M8708 출토 토기의 경우도 대동소이한 특징을 보여 주고 있다.(표12)

이들 토기들은 단순한 기종의 수용이라기보다는 고구려와의 빈번한 관계 속에서 형성된 토기 組合相으로 볼 수 있을 것이다. 그러나 선비사회 내부에서 이러한 토기의 소구가 구체적으로 어떠한 배경에서 발생되었는지는 여전히 논의 중에 있다. 이는 향후 양자의 토기제작법상의 친연성과 기종자체의 용도를 면밀하게 파악해야만 진일보된 이해가 가능할 것으로 생각된다.

---

92 朝陽地區博物館, 1985,「遼寧朝陽發現北燕 · 北魏墓」,『考古』第10期.

93 遼寧省文物考古研究所, 1997,「朝陽王子墳山墓群19871990年度考古發掘的主要收穫」,『文物』11期.

표12 모용선비계, 고구려 토기 대조표

출토유적	출토유물
고구려고분 (3세기 초 ~3세기 말)	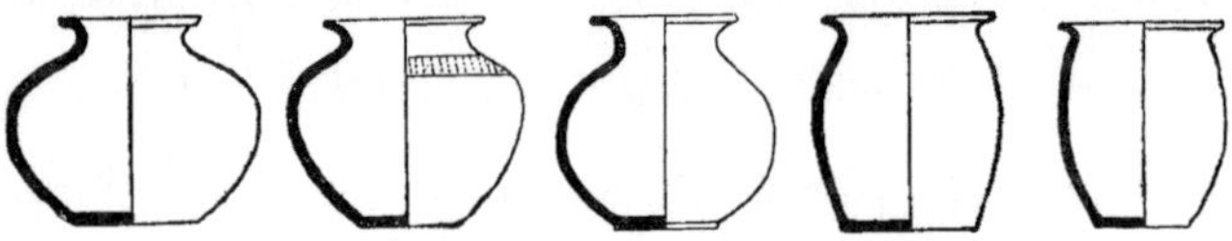 마선구묘M118 마선구묘M940 산성하M195 만보정M172 칠성산M1196
모용선비계고분 (3세기 말 ~4세기 초)	 遼寧本溪晉墓 五家子鄉柏樹溝採集 王子墳山臺M8712 王子墳山臺M8708

Ⅳ. 맺음말

五胡十六國時期 遼寧地域에 성립된 삼연정권은 기원 4세기 초경에서 5세기 중반까지 중원정권 및 고구려 등과 계기와 배경을 달리하는 교섭관계를 형성하였다. 특히 한반도 서북 지역과 중국 하북 지역의 중간에 위치하는 지리적 특수성으로 인해 이 시기 동북아 지역의 문화적 互交作用에 중요한 역할을 수행하게 되었다. 물론 이들의 전신인 탁발선비계와 모용선비계의 분화과정에서 중원의 한계정권과는 빈번한 접촉과 충돌을 겪어 왔으나 4세기 중엽을 기점으로는 고구려와의 관계가 더욱 돌출되고 있어 주목을 받고 있다.

기존의 문헌자료에서 삼연과 고구려의 관계는 상당한 구체성을 띠고 있어 요동을 중심으로 하는 공간적 배경을 무대로 하는 양자의 교류는 새삼 반복할 필요가 없을 것이다. 이후 이 지역에서 대량의 삼연계 고고자료가 출현하면서 삼연문화의 범주적 설정과 이에 관한 연구 성과의 축적이 이루어지면서 고구려문화의 연구에도 새로운 방향을 제시하는 계기가 되었다.

특히 고분벽화, 마구, 보요장식, 토기, 대금구 등에서 보이는 양자의 문화적 互交性은 유적 및 기물 자체의 출자, 수용배경, 유입과정, 제작기술상의 계보, 사여, 편년 등이 착종되어 있어 면밀한 비교고찰이 담보되어야 설명이 가능한 대목이다. 이 중 고분벽화, 마구, 보요장식 및 대금구에 대한 연구는 양적인 축적과 함께 상당한 진전을 보이고 있으나 토기의 관련성은 아직 문제제기의 수준에만 이르고 있다. 이는 물질자료의 선별성을 구명해야만 입론이 가능한 고고학적 특수성에 기인한 바가 크다.

正始七年(246년) 고구려가 처음으로 모용선비세력과 조우한 이래로 빈번한 충돌을 겪은 것은 익히 알려진 사실이다.[94] 특히 342년 용성천도 후 행해진 모용선비의 대고구려 공격은 대량의 고구려유민과 인질을 선비 지역으로 강제 유입시킨[95] 계기가 되었는데 이와 유사한 사례는 정도를 달리할 뿐 여러 차례 발생하였다. 양자는 영역의 헤게모니에도 집중했지만 재화와 노동력의 재생산을 창출하는 인구의 확보에도 열을 올렸다. 인적자원의 쌍방 간 흐름은 삼연과 고구려의 문화적 互交性을 추동하는 주요 배경으로 작동했을 것이다.

향후 삼연고고학에 대한 국내의 연구는 정량적 증가를 보일 것으로 기대되지만 역시 핵심 고고자료에 대한 접근성이 호전되지 않고 있어 안타깝다. 이를 보완할 적극적 연구방법이 현재로는 수립되지 않고 있어 관련 자료의 체계적 집성과 기초자료에 대한 재검토라도 먼저 이루어져야 할 것이다. 차후 본문의 미진한 부분도 이러한 작업과 궤를 같이하면서 고찰해 나갈 계획이다.

94『北史』卷93 : "魏初, 率諸部落入居遼西從司馬宣王討公孫氏, 拜率義王, 始建王府於棘城之北. 祖木延, 從毌丘儉征高麗有功, 始號 左賢王."

95『晉書』卷109 : "咸康七年, 皝遷都龍城. 率勁卒四萬, 入自南陜, 以伐宇文 · 高句麗,……皝掘釗父利墓, 載其屍並其母妻珍寶, 掠男女五萬餘口, 焚其宮室, 毀丸都而歸. 明年, 釗遣使稱臣於皝, 貢其方物, 乃歸其父屍.

참고 문헌

『三國志』

『魏書』

『資治通鑑』

『晉書』

『後漢書』

諫早直人, 2008, 「古代東北アジアみにおける馬具の製作年代」, 『史林』 91-4.

姜賢淑, 2010, 「帶金具 副葬 高句麗 古墳의 考古學的 含意」, 『한국고대사연구』 59.

郭治中 · 魏堅, 1994, 「察右前旗下黑溝鮮卑墓及其文化性質初論」, 『內蒙古文物考古文集』 第一輯, 中國大百科全書出版社.

권오영, 2013, 「"대성동 88호분의 진식대금구와 중국 · 왜"에 토론문」, 『최근 대성동고분군의 발굴성과』, 대성동고분박물관 10주년 기념 국제학술회의 자료집.

紀仲慶, 1981, 「邗江甘泉山二號墓」, 『文物』 11期.

吉林省文物考古研究所, 1987, 『楡樹老河深』, 文物出版社.

吉林省文物考古研究所, 2002, 『集安高句麗王陵』, 科學出版社.

金田明代, 2006, 「遼西地區鮮卑墓出土陶器的考察」, 『東北亞考古學論叢』, 奈良文化財研究所.

洛陽博物館, 1973, 「洛陽北魏元邵墓」, 『考古』 4期.

南京博物院, 1957, 「江蘇宜興晉墓發掘報告—兼論出土的淸瓷器」, 『考古學報』 4期.

南京市博物館, 2008, 「南京大光路孫吳薛秋墓發掘簡報」, 『文物』 3期.

南京市博物館 · 南京市江寧區博物館, 2008, 「南京江寧上坊孫吳墓發掘簡報」, 『文物』 12期.

寧省博物館文物工作隊 · 朝陽地區博物館文物隊 · 朝陽縣文化館, 1984, 「朝陽袁臺子東晋壁畵墓」, 『文物』 6期.

董高, 1981, 「朝陽地區出土鮮卑馬具的初步研究」, 『遼寧省考古 · 博物館學會成立大會會刊』.

董高, 1995,「公元3−6世紀慕容鮮卑·高句麗·朝鮮·日本馬具的比較硏究」,『文物』10期.
東潮, 1997,『高句麗考古學硏究』, 吉川弘文館.
東潮, 2004,「土器からみに高句麗の正體性」,『高句麗硏究』18집, 高句麗硏究會.
藤井康隆, 2002,「晉式帶金具製作動向」,『古代』第111號, 早稻田大學考古學會.
洛陽市第二文物工作隊, 2011,「洛陽孟津大漢塚曹魏貴族墓」,『文物』9期.
黎瑤渤, 1973,「遼寧北票縣西官營子北燕馮素弗墓」,『文物』3期.
遼寧省文物考古硏究所, 1997,「朝陽王子墳山墓群1987～1990年度考古發掘的主要收穫」,『文物』11期.
遼寧省文物考古硏究所·朝陽市博物館, 1997,「朝陽十二臺塼廠88M11發掘簡報」,『文物』11期.
遼寧省文物考古硏究所·朝陽市博物館·朝陽縣文物管理所, 1997,「遼寧朝陽田草溝晉墓」,『文物』11期.
遼寧省博物館文物隊·朝陽地區博物館文物隊·朝陽縣文化館, 1984「朝陽袁台子東晉壁畫墓」,『文物』6期.
劉謙, 1963,「遼寧義縣保安寺發現的古代墓葬」,『考古』1期.
萬欣, 2003,「鮮卑墓葬·三燕史蹟與金步搖飾的發現與硏究」,『遼寧考古文集』, 遼寧民族出版社.
米文平, 1981,「鮮卑石室的發現與初步硏究」,『文物』2期.
璞石, 1994,「遼寧朝陽袁臺子北燕墓」,『文物』11期.
飛鳥資料館, 2009,『三燕文化の考古新發見』, 奈良文化財硏究所飛 鳥資料館圖錄第51冊.
尙曉波, 1996,『大凌河流域鮮卑文化雙耳鏤孔圈足鍑及相關問題考』,『遼海文物學刊』1期.
徐基, 1987,「關於鮮卑慕容部遺跡的初步考察」,『中國考古學會第六次年會論文集』, 文物出版社.
孫國平, 1981,「試論鮮卑族的步搖冠飾」,『遼寧省考古·博物館學會成立大會會刊』.
孫國平·李智, 1994,「遼寧北票倉糧窖鮮卑墓」,『文物』11期.

孫機, 1996,『中國聖火』, 遼寧教育出版社, 64~67쪽.
孫守道, 1960,「匈奴西岔溝文化古墓群的發現」,『文物』8·9期合刊.
孫危, 2007,『鮮卑考古學文化研究』, 科學出版社.
宿白, 1977,「東北·內蒙古地區的鮮卑遺跡—鮮卑遺跡輯錄之一」,『文物』9期.
神谷正弘, 2006,「中國·韓國·日本出土の馬冑と馬甲」,『東アジア考古學論叢』, 奈良文化財研究所·遼寧省文物考古研究所.
辛發, 1995,「錦州前燕李廆墓清理簡報」,『文物』6期.
黎瑤渤, 1973,「遼寧北票縣西官營子北燕馮素弗墓」,『文物』3期.
여호규, 2006,「고구려와 모용연의 조공 책봉관계 연구」,『한국고대국가와 중국왕조의 책봉관계』, 고구려연구재단 연구총서 15.
王巍, 1997,「從馬具出土看3至6世紀東亞諸國的交流」,『考古』12期.
遼寧省文物考古研究所, 2002,『三燕文物精粹』, 遼寧人民出版社.
遼寧省文物考古研究所, 2004,『遼寧北票喇嘛洞墓地1998年發掘報告』,『考古學報』2期.
遼寧省文物考古研究所·朝陽市博物館, 1997,「朝陽王子墳山墓群1987·1990年度考古發掘的主要收穫」,『文物』11期.
遼寧省文物考古研究所·朝陽市博物館·朝陽縣文物管理所, 1997,「遼寧朝陽田草溝晉墓」,『文物』11期.
遼寧省博物館, 1984,「遼寧本溪晉墓」,『考古』8期.
龍源, 1991,「1990年環"渤海考古"學術討論會紀要」,『遼海文物學刊』1期.
于俊玉, 1997,「朝陽三合成出土的三燕文物」,『文物』11期.
韋正, 2012,「龜甲文與步搖冠飾-大月氏文化對三燕地區影響淺析」,『신봉동 백제고분군 발굴 30주년 기념 국제학술회의』, 충북대학교박물관.
魏存成, 1991,「高句麗馬具的發現與研究」,『北方文物』4期.
劉謙, 1963,「遼寧義縣保安寺發現的古代墓葬」,『考古』1期.
劉森森, 1994,「湖北漢陽出土的晉代鎏金銅帶具」,『考古』10期.
陸思賢·陳裳棟, 1984,「達茂旗出土的古代北方民族金飾件」,『文物』1期.
이송란, 2003,「皇南大塚 新羅冠의 技術的 系譜」,『한국고대사연구』31, 한국고대사학회.

李新全, 2008,『高句麗早期遺存及其起源硏究』, 吉林大學博士學位論文, 355쪽.

李宇峰, 1986,「遼寧朝陽兩晉十六國時期墓葬淸理簡報」,『北方文物』3期.

李殿福, 1980,「集安高句麗墓硏究」,『考古學報』2期.

이한상, 2011,「허리띠 분배에 반영된 고대 동북아시의 교류양상」,『동북아역사논총 』33호.

張國慶, 1989,「略論高句麗與"三燕"的戰和關系」,『遼寧敎育學院學報』2期.

張柏忠, 1989,「內蒙古科左中旗六家子鮮卑墓群」,『考古』5期.

田立坤, 1991,「三燕文化遺存的初步硏究」,『遼海文物學刊』1期.

田立坤, 1994,「朝陽前燕奉車都尉墓」,『文物』11期.

田立坤, 1996,「論帶扣的型式及演變」,『遼海文物學刊』1期.

田立坤, 1998,「三燕文化與高句麗考古遺存之比較」,『靑果集－吉林大學考古系十周年紀念文集』, 知識出版社.

田立坤, 2001,「三燕文化墓葬的類型與分期」,『漢唐之間文化藝術的互動與交融』, 文物出版社.

田立坤, 2013,「高鐙新考」,『文物』11期.

町田章, 2006,「鮮卑の帶金具」,『東北アジア考古學論叢』, 奈良文化財硏究所.

定縣博物館, 1973,「河北定縣43號漢墓發掘簡報」,『文物』11期.

朝陽地區博物館, 1985,「遼寧朝陽發現北燕·北魏墓」,『考古』第10期.

中國科學院考古硏究所, 1959,『洛陽燒溝漢墓』, 科學出版社.

中國社會科學院考古硏究所安陽工作隊, 1983,「安陽孝民屯晉墓發掘報告」,『考古』6期.

陣大爲, 1960,「遼寧北票房身村晉墓發掘簡報」,『考古』1期.

陳大爲 · 李宇峰, 1982,「遼寧朝陽後燕崔遹墓的發現」,『考古』3期.

千賀久, 2007,「中國遼寧地域帶金具と馬具」,『日中交流考古學』, 同成社.

夏鼐, 1972,「晉周處墓出土金屬帶飾的重新鑒定」,『考古』4期.

穴澤和光·馬目順一, 1973,「北燕 · 馮素弗墓の提起する問題－日本朝鮮考古學との關聯性」,『考古學シ゜ ヤナル』85號.

花谷浩, 2006,「三燕地域出土馬具ついて」,『東アジア考古學論叢』, 奈良文化財研究所.

В.И.Сарианиди, Афганистан: сокровица безъымянных царейфиг.Москва, 1983.

찾아보기

ㅇ

한국 상고문화와 중국 동북지방

초판 발행 1쇄 2015년 11월 30일
지은이 박대재 외
펴낸곳 고려대학교출판문화원
www.kupress.com
kupress@korea.ac.kr
02841 서울특별시 성북구 안암로 145
02-3290-4230, 4232
Fax 923-6311
찍은곳 한국컴퓨터인쇄정보사

ISBN 978-89-7641-894-4 93910

값 22,000원
* 잘못 만들어진 책은 바꿔드립니다.